W0217857

Amplitude

LIVRE-CAHIER

MATHS 5e secondaire

Johan BAENS
Vincent DE CLERCK
Gaëtan KLINSPORT
Jonathan VALENZANO
Julie VAN KERKHOVEN
Simon VAN SCHINGEN

Plantyn

Remerciements

Merci à l'Olympiade Mathématique Belge (www.omb.sbpm.be) de nous avoir permis de reproduire ici certains exercices.

Merci aux relecteurs et à toutes les personnes ayant participé de près ou de loin à la réalisation de ce projet.

Les auteurs

Graphisme intérieur : Nord Compo
Graphisme de couverture : Nord Compo et Catherine Bourgeois
Mise en page : Nathalie de Jamblinne
Illustrations de couverture et intérieures :
sauf mention contraire, Renaud Collin
Photos : Adobe Stock, Shutterstock

SCRIPT
Service de Coordination de la Recherche et de l'Innovation pédagogiques et technologiques

Adapté conformément au programme luxembourgeois par un groupe de travail du SCRIPT/MENJE.

Plantyn

Parc de l'Alliance
Place du Luxembourg 1 - bât. E1
1420 Braine-l'Alleud
T. 0800 99 084
service@plantyn.com
www.plantyn.com

Conformément à la circulaire n°2475 émise le 25/09/2008, les Éditions Plantyn ont décidé d'appliquer la nouvelle orthographe dans leurs publications et, pour des raisons de lisibilité, de le faire également dans les textes et documents cités.

Cet ouvrage a été imprimé sur du papier d'origine responsable.

ISBN 978-2-8010-5840-4 AMPL50LW_001-00 / P00018463 D/2024/0120/027

Introduction

Durant cette année, **Amplitude** sera ton manuel de référence en mathématiques. Nous avons souhaité rendre cet ouvrage le plus clair, dynamique et concret possible pour toi.

Afin de t'aider dans ta démarche d'apprentissage, voici la structure de chaque chapitre et une explication des pictogrammes que tu vas rencontrer.

Chaque chapitre commence par une page résumant les prérequis et les objectifs du chapitre. Les prérequis décrivent les notions que tu dois maitriser avant d'aborder le chapitre. Les objectifs listent le vocabulaire à connaitre, les techniques et procédures à savoir utiliser ou encore les raisonnements que tu seras capable de comprendre en fin de chapitre.

ACTIVITÉ Les premières activités te permettront d'assimiler les différentes notions pas à pas. Elles sont basées, pour la plupart, sur tes acquis de l'école fondamentale, de 7e et de 6e, sur des situations de la vie de tous les jours ou encore sur des notions déjà abordées dans le manuel.

R95 3 Tu rencontreras souvent ce symbole durant les activités. Il te renvoie à la partie **Référentiel** où tu découvriras une synthèse des notions importantes à connaitre, abordées dans les activités, mais aussi des procédures pour t'aider à solutionner les exercices. Les pages du référentiel sont numérotées séparément (R1, ...).

EXERCICES À la suite des activités se trouvent des exercices en lien direct avec les notions abordées. Ils te permettront de fixer tes nouveaux acquis et parfois de les réutiliser dans de nouvelles situations.

p.40 2 Ce symbole, placé en marge de certains exercices, te renvoie à une série d'indices se trouvant en fin de chapitre. Si nécessaire, tu y trouveras une aide méthodologique qui te permettra de résoudre l'exercice. Un coup de pouce, et ça repart !

Ce pictogramme signifie que tu peux te servir d'une calculatrice afin de résoudre l'exercice.

Dans chaque chapitre, quelques questions de dépassement te permettront de relever certains défis. Elles sont issues de l'Olympiade Mathématique Belge (OMB), un concours annuel pour les élèves du secondaire, auquel tu es convié(e).

Exercices supplémentaires Après avoir abordé toutes les notions du chapitre, tu trouveras une série d'exercices supplémentaires similaires à ceux réalisés préalablement en classe. Nous les avons imaginés afin que tu puisses retravailler la matière par toi-même, en dehors des cours, que ce soit chez toi ou durant les heures de surveillance. Tu devras les réaliser sur des feuilles séparées.

Teste-toi! Le chapitre est terminé ? Teste-toi grâce à une page d'autoévaluation ! Mets-toi en situation d'interrogation et teste tes connaissances pour vérifier si tu es prêt(e) !

RÉFÉRENTIEL 1 Pour t'aider dans ton étude, une synthèse des éléments théoriques t'est présentée sur des pages séparées, en fin de chaque chapitre. Les définitions y sont mises en évidence visuellement sur un fond coloré. Nous t'invitons à reprendre les pages référentiel des classes de 7e et de 6e dans ton classeur. En effet elles te seront utiles pour revoir les notions abordées précédemment.

Tu ne te souviens plus d'une définition ? Sers-toi de l'index pour la retrouver facilement dans ton Référentiel.

Tu trouveras également à la fin de ton manuel une liste des notations mathématiques les plus utilisées.

Au fil des chapitres, tu seras accompagné(e) par Amplix, notre sympathique mascotte qui, selon les cas, te donnera une définition, un conseil ou un petit mot d'histoire.

Pour réussir brillamment en mathématiques, nous t'invitons à :

– être **très attentif(-ve)** au cours ;

– **suivre les conseils** de ton (ta) professeur(e) ;

– **refaire les exercices** qui ont été réalisés en classe, surtout ceux qui t'ont causé des difficultés ;

– étudier le **vocabulaire** et les **définitions** des notions vues en classe ;

– vérifier dans la liste des **objectifs** que toutes les notions sont maitrisées ;

– terminer ton étude par une **autoévaluation**. Essaie de la réaliser sans ton cours et ensuite, s'il y a des erreurs, utilise-le pour les corriger ;

– **poser des questions** à ton (ta) professeur(e) !

Bon travail,

Les auteurs.

Sommaire

CHAPITRE 08
Traitement de données

CHAPITRE 09
Angles et cercle

CHAPITRE 10
Transformations du plan

CHAPITRE 11
Axes et centres de symétrie

CHAPITRE

1

Distributivité et produits remarquables

PRÉREQUIS

Pour commencer ce chapitre, tu as besoin de :

- savoir calculer dans $\mathbb{Z}$ et appliquer les priorités des opérations ;
- savoir réduire des expressions algébriques ;
- connaitre la définition d'une puissance ;
- connaitre les règles liées aux puissances ;
- savoir calculer des aires de figures ;
- savoir simplifier des fractions.

OBJECTIFS

Au terme de ce chapitre, tu seras capable de :

- différencier le rôle des parenthèses lors d'une soustraction, d'un produit ou d'une puissance et les supprimer adéquatement ;
- connaitre et appliquer les trois formules de produits remarquables (carré d'une somme de deux termes, carré d'une différence de deux termes, produit de binômes conjugués).

1 Suppression de parenthèses

ACTIVITÉS

1 À côté de chaque calcul, indique ce qui a été utilisé pour passer d'une étape à l'autre. Justifie chaque égalité par l'une des propositions suivantes : priorités des opérations, suppression des parenthèses, associativité ou distributivité.

1. $2 + (3 + 5) = 2 + 8$ ....
2. $2 + (3 + 5) = 2 + 3 + 5$ ....
3. $2 + (3 + 5) = (2 + 3) + 5$ ....
4. $2 - (3 + 5) = 2 - 3 - 5$ ....
5. $2 \cdot (3 + 5) = 2 \cdot 3 + 2 \cdot 5$ ....
6. $2 \cdot (3 + 5) = 2 \cdot 8$ ....
7. $2 - (3 + 5) = 2 - 8$ ....
8. $2 - (3 + 5) = 2 - 3 - 5$ ....

2 Réponds aux questions suivantes.

a Quelle propriété a été utilisée dans l'égalité $5 + (a + 3) = 5 + a + 3$?

....

b Est-il possible d'utiliser une autre propriété pour réduire l'expression $5 + (a + 3)$? Explique ta réponse.

....

c L'expression $5 + (a + 3a)$ peut se réduire de deux manières différentes. Écris-les.

....

EXERCICES

1 Réduis les expressions suivantes.

1. $12 + (5a - 4) =$ ....
2. $7 + (5 - 9) =$ ....
3. $(8a + 4) - 8a =$ ....
4. $22 - (3a - 4) =$ ....
5. $78 - (16 + 32) =$ ....
6. $-6b - (-3a - 7) =$ ....
7. $3 \cdot (4a + 2) =$ ....
8. $-3 \cdot (-6b - 8) =$ ....
9. $(-6c - 3a) \cdot 2a =$ ....

2 Complète le tableau suivant si tu sais que $a = 2$; $b = -3$; $c = -1$.

	Expression algébrique	Expression algébrique réduite	Valeur numérique
1	$3a + (5c - 8a)$	....	....
2	$5a - (4c + 2a)$	....	....
3	$3c \cdot (6a + 2b)$	....	....

3 Réduis les expressions suivantes.

Série 1

p.25 1

1 $4ab - (3ab + a - 2b) =$ ....

....

2 $3a - (2 + 5a - 4) + (a + 1) =$ ....

....

3 $x^2 + (3 - 2x - 6x^2) - x - (-x^2 + 1) =$ ....

....

Série 2

1 $(-x + 2y - 5) \cdot (-3x) =$ ....

....

2 $13 \cdot (a - 4b) + b \cdot (5a - 1) =$ ....

....

3 $3 \cdot (x - 3y) + 5 \cdot (7y + 3x) =$ ....

....

Série 3

1 $4 - (6x - 1) - 3 \cdot (x + 5) =$ ....

....

2 $3a^2 \cdot (a + 2) - (2a^3 + 3) - 5a \cdot (2 - 5a) =$ ....

....

3 $(y - 2) \cdot 3y - 2y \cdot (1 - 4y) + (-y + 2) \cdot 13y =$ ....

....

2 Double distributivité

ACTIVITÉS

1 Les élèves de la classe de Madame Moly veulent organiser un petit concert en plein air. Ils se rendent au parc pour en mesurer les dimensions afin d'estimer le nombre de places assises qu'ils peuvent y installer. Voici le plan du parc :

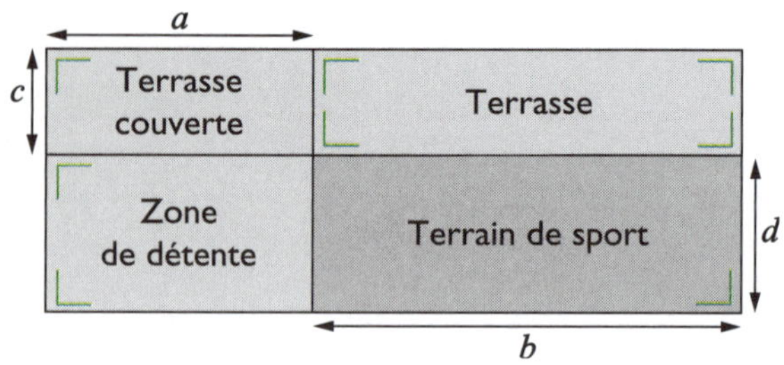

a Calcule de deux manières différentes l'aire du parc si a = 10 m ; b = 16 m ; c = 4 m ; d = 6 m.

....

....

....

....

....

b Détermine deux expressions littérales qui expriment l'aire du parc si on ne connait pas les valeurs de a, b, c et d.

....

....

....

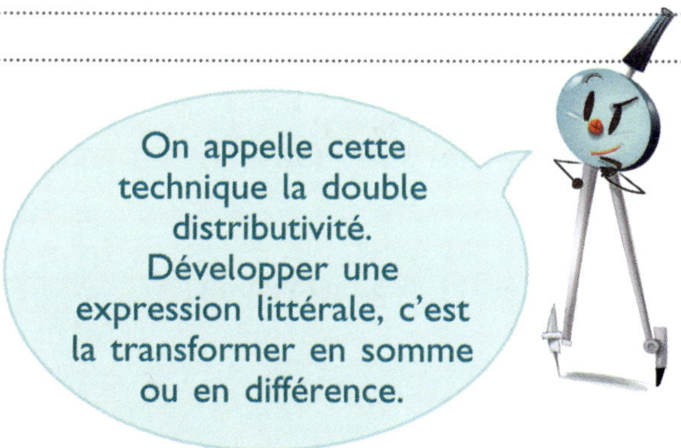

c Complète la règle suivante à partir de tes observations.
Pour effectuer le produit d'une somme de termes par une autre somme de termes, on .... chaque terme d'une des parenthèses par chaque .... et on .... les produits obtenus.

$(a + b) \cdot (c + d) =$ ....

d Complète les étapes de réduction de la double distributivité.

$(x - 2) \cdot (-3x - 3) = [x +$ ....$] \cdot [(-3x) +$ ....$]$

$= x \cdot (-3x) +$ ....

....

....

e Complète la règle suivante à partir de tes observations.
Pour effectuer une double distributivité où il y a des soustractions, il faut ....

....

2 Joëlle, Benoit et Martine ont réalisé la réduction suivante. Seul l'un d'entre eux a correctement réalisé l'exercice. Coche le nom de l'élève qui a trouvé la bonne réponse et trouve les erreurs commises par les autres.

☐ Joëlle :
$3 \cdot (2a + b) \cdot (3c + d) = 3 \cdot (6ac + 2ad + 3bc + bd) = 18ac + 6ad + 9bc + 3bd$

☐ Benoit :
$3 \cdot (2a + b) \cdot (3c + d) = 6a + 3b \cdot (3c + d) = 18ac + 6ad + 9bc + 4bd$

☐ Martine :
$3 \cdot (2a + b) \cdot (3c + d) = (6a + 3b) \cdot (9c + 3d) = 54ac + 18ad + 27bc + 9bd$

R111 2

3 Sur la base de tes observations, simplifie l'expression suivante.
$-(5a + 2b) \cdot (10c - 7d) =$ ……………………………………………
……………………………………………
……………………………………………

EXERCICES

1 Voici le plan d'aménagement d'une maison. La partie 1 correspond à la future salle à manger et la partie 2 au salon.

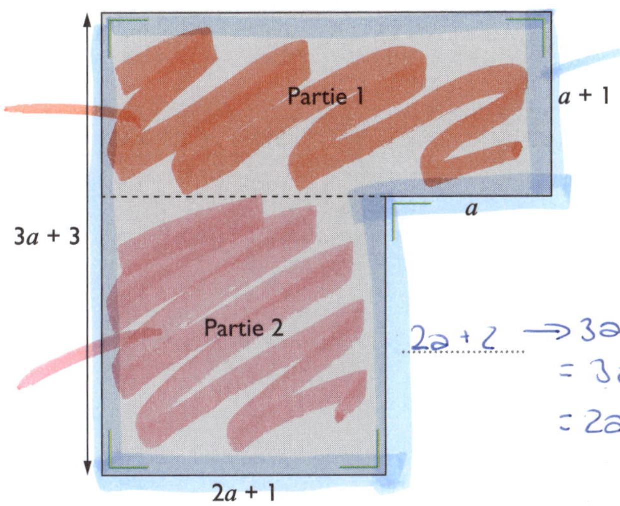

a Détermine l'expression qui correspond à la longueur des cotés inconnus.

b Détermine l'expression réduite qui correspond à la surface de chacune des deux pièces.

……………………………………………

c Quel est le périmètre du futur salon-salle à manger ?

……………………………………………

1

2 Effectue et réduis.

p.2… 2

1 $(2a + 3) \cdot (2b + 5)$

= ....

= ....

= ....

2 $(2a^3 + 4) \cdot (9 + 5a^3)$

= ....

= ....

= ....

3 $(2x^3 - 12) \cdot (yx - 5)$

= ....

= ....

= ....

4 $(x^4 + 2) \cdot (3x^4 - 1)$

= ....

= ....

= ....

5 $4 \cdot (2y + 3) \cdot (5 - 3y)$

= ....

= ....

= ....

6 $-(4t - 3) \cdot (2t + 5)$

= ....

= ....

= ....

3 Effectue et réduis.

p.2… 3

Série 1

1 $2x - (7x + 3) \cdot 3x$

= ....

= ....

= ....

2 $2x \cdot (7x + 3) - 3x$

= ....

= ....

= ....

3 $5 \cdot (x + 2) + 2x \cdot (20x - 7)$

= ....

= ....

= ....

4 $3a - (5a - 3) \cdot (1 - a)$

= ....

= ....

= ....

5 $(2 + a) \cdot (2a + 4) - 2 \cdot (a + 3)$

= ....

= ....

= ....

6 $(1 + 5y) \cdot (1 - 5y) - (1 - 5y) \cdot (1 - 5y)$

= ....

= ....

= ....

Série 2

1 $6 \cdot (4y - 3) \cdot (1 + y)$

= ....

= ....

= ....

2 $2x \cdot (x - 1) - (x + 6 - x^2) + (x + 1)$

= ....

= ....

= ....

3 $(2x - 12) \cdot (y - 5) + (x + 2y) \cdot (-3x)$

= ....

= ....

= ....

4 $-2a \cdot (2a - 1) - (5 - a) \cdot (2 - 5a)$

= ....

= ....

= ....

5 $3x \cdot (2 + x) + (3 + x) \cdot (5 - 3x)$

= ....

= ....

= ....

6 $-(b - 2a) \cdot (2a - b) + b \cdot (a - 2)(a - 2)$

= ....

= ....

= ....

3 Carré d'une somme de deux termes

ACTIVITÉS

1 Voici le schéma d'un potager carré. On y cultive dans la partie verte des salades, dans la partie grise des tomates et dans la partie orange des courgettes.

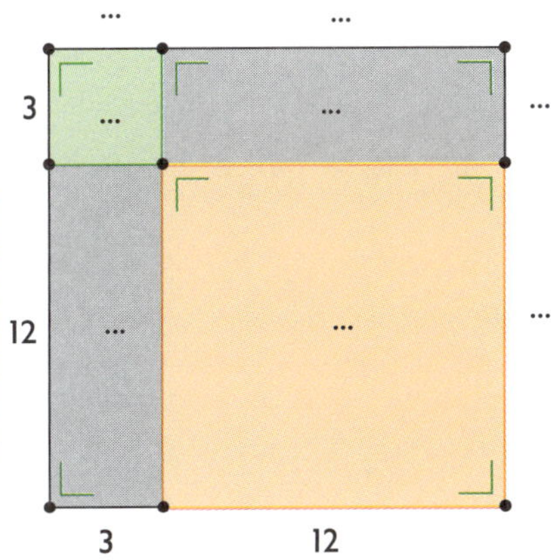

a Complète les données manquantes des mesures du potager.

b Détermine l'aire totale du potager de deux manières différentes.

....

....

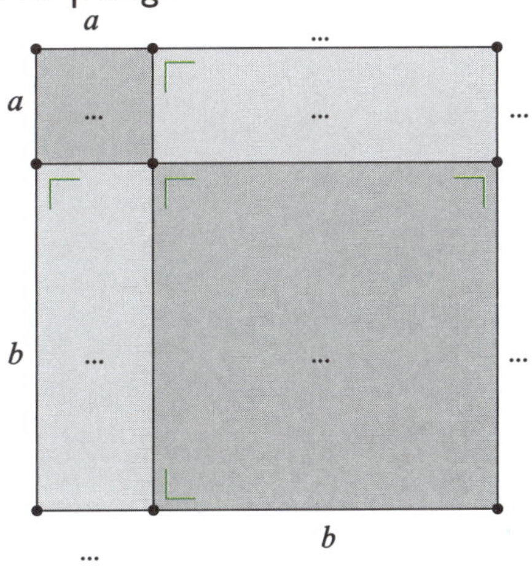

2 Complète les données manquantes des mesures algébriques de ce carré et détermine son aire de deux manières différentes.

....

....

3 Complète les pointillés.

$(a + b)^2 = (\ldots\ldots) \cdot (\ldots\ldots) = \ldots\ldots$

4 Complète la règle et la formule.

Le carré de la somme de deux termes est égal à ....

....

$(a + b)^2 = \ldots\ldots$

5 Observe l'expression $-3 \cdot (5a + 2)^2$

p.25 4

voir en classe X

a Effectue.

$-3 \cdot (5a + 2)^2 = -3\,[(5a)^2 + 2 \cdot 5a \cdot 2 + 2^2]$

$= -3\,(25a^2 + 20a + 4)$

$= -3 \cdot 25a^2 - 3 \cdot 20a - 3 \cdot 4$

$= -75a^2 - 60a - 12$

R112 3

b Explique pourquoi on ne peut pas commencer par distribuer le facteur -3 en début de calcul.

X Dans les priorités des opérations, les puissances se calculent avant le produit.

1

EXERCICES

1 Applique la formule du carré d'une somme de deux termes.

p.25 5

1. $(a + 5b)^2 =$ ....
2. $(4y + x)^2 =$ ....
3. $(a^4 + 7)^2 =$ ....
4. $\left(5 + \frac{3x}{2}\right)^2 =$ ....
5. $(3a + 2)^2 =$ ....
6. $(4 + 2x)^2 =$ ....
7. $(9y + 2c)^2 =$ ....
8. $(7x + 6)^2 =$ ....

Olympiade Mathématique Belge

Le produit des diviseurs de l'un des nombres suivants est égal au carré de ce nombre. Lequel ?

☐ 11 ☐ 11^2 ☐ 11^3 ☐ 11^4 ☐ 11^5

2 Le magicien Stéphane l'Étrange effectue le tour suivant :

- Il invite Bénédicte à choisir un nombre.
- Il lui demande d'ajouter 5 à ce nombre et d'effectuer le carré du résultat.
- Enfin, il lui dit de soustraire à ce nouveau nombre le carré du nombre de départ avant de lui communiquer le résultat.

Bénédicte annonce 65. Stéphane l'Étrange lui répond qu'elle avait choisi le nombre 4.

a. A-t-il raison ? Vérifie cette réponse.

....

b. Si le nombre de départ avait été 2, quel aurait été le résultat annoncé ? ....

c. Si le résultat annoncé avait été 125, quel aurait été le nombre de départ ?

....

1

d Quelle méthode rapide le magicien a-t-il utilisée pour retrouver le nombre de départ ?

....

3 Complète les éléments manquants afin d'obtenir une égalité.

1 $(2a + \ldots)^2 = 4a^2 + \ldots + 9$

2 $(6y + \ldots)^2 = \ldots + 24y + 4$

3 $(\ldots + \ldots)^2 = 81b^2 + 18b + 1$

4 $\left(\frac{a^{10}}{10} + \ldots\right)^2 = \ldots + \ldots + 36$

4 Effectue et réduis.

1 $-3 \cdot (3a + b)^2 =$ ....

2 $5a \cdot (3a + 2x)^2 =$ ....

5 Voici une technique pour calculer rapidement le carré d'un nombre :

$21^2 = (20 + 1)^2 = 20^2 + 2 \cdot 20 \cdot 1 + 1^2 = 400 + 40 + 1 = 441$

Utilise-la pour calculer les carrés des nombres suivants.

1 $23^2 =$ ....

2 $35^2 =$ ....

3 $51^2 =$ ....

4 $103^2 =$ ....

4 Carré d'une différence de deux termes

ACTIVITÉ

a Complète les pointillés.

$(a - b)^2 = (\ldots) \cdot (\ldots) =$ ....

b Complète la règle et la formule.

Le carré de la différence de deux termes est égal à ....

....

....

$(a - b)^2 =$ ....

R113 4

c Effectue et réduis.

$4 \cdot (a - 5)^2 =$ ....

....

....

1

EXERCICES

1 Effectue et réduis.

1 $(4 - 3b)^2 =$ ……………………

2 $(3x - 10y)^2 =$ ……………………

3 $\left(6 - \frac{7x}{2}\right)^2 =$ ……………………

4 $(x^3 - 4x)^2 =$ ……………………

2 Effectue et réduis à l'aide des formules de produits remarquables.

1 $(-5a + 1)^2$
= ……………………
= ……………………
= ……………………

2 $(-3x + 4y)^2$
= ……………………
= ……………………
= ……………………

3 $2x \cdot (5x - y)^2$
= ……………………
= ……………………
= ……………………

4 $-5 \cdot (2a - 1)^2$
= ……………………
= ……………………
= ……………………

3 Complète chacun des produits remarquables suivants par les données manquantes.

1 $(1 - \ldots)^2 = 1 - \ldots + 9x^2$

2 $(5a - \ldots)^2 = 4 + \ldots - 20a$

3 $(\ldots - \ldots)^2 = -\frac{6}{5}a + \frac{9}{25} + a^2$

4 $(\ldots - \ldots)^2 = 25x^2 + 9x^4 - 30x^3$

4 Voici une technique pour calculer rapidement le carré d'un nombre :
$19^2 = (20 - 1)^2 = 20^2 - 2 \cdot 20 \cdot 1 + 1^2 = 400 - 40 + 1 = 361$
Utilise la même technique pour calculer les carrés de chacun des nombres suivants.

1 $29^2 =$ ……………………
2 $38^2 =$ ……………………
3 $47^2 =$ ……………………
4 $99^2 =$ ……………………

Olympiade Mathématique Belge

$(62 - 36) \cdot (62 - 36) \cdot (62 - 36) + (36 - 62) \cdot (36 - 62) \cdot (36 - 62) = \ldots$

☐ 52^3 ☐ $2 \cdot 26^3$ ☐ 26^3 ☐ 0 ☐ $-2 \cdot 26^3$

5 Produit de deux binômes conjugués

ACTIVITÉ

a Détermine l'aire de la partie colorée de deux manières différentes.

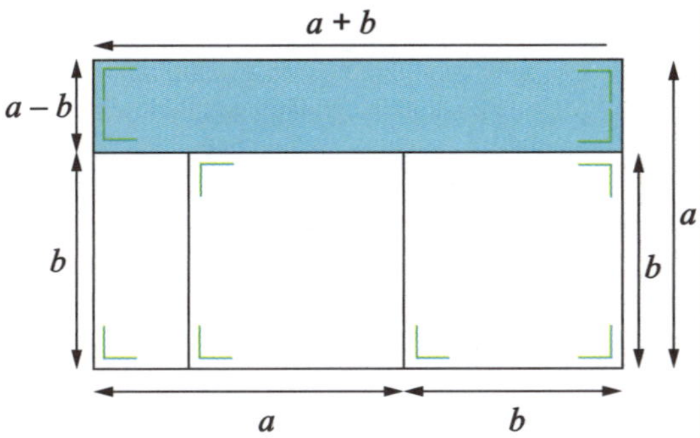

b Réduis l'expression obtenue en appliquant la double distributivité.

$(a + b) \cdot (a - b) =$ ……

c Complète la règle et la formule.

Le produit de deux binômes conjugués est égal à ……

$(a + b) \cdot (a - b) =$ ……

d Réduis cette expression…

1. en commençant par le produit des deux binômes conjugués.

$-(2a - 5) \cdot (2a + 5) =$ ……

2. en commençant par prendre l'opposé de la première somme/différence.

$-(2a - 5) \cdot (2a + 5) =$ ……

R114 5

e Que constates-tu ?

EXERCICES

1 Pour chaque binôme, entoure la ou les propositions de binômes conjugués correctes.

	Binôme	Binômes conjugués				
1	$a - 2b$	$2a + b$	$-2a - b$	$-a - 2b$	$a + 2b$	$-a + 2b$
2	$5x + 3y$	$-3y - 5x$	$3y - 5x$	$-5y + 3x$	$-5x + 3y$	$-3y + 5x$
3	$a - 9$	$9 + a$	$9 - a$	$-a - 9$	$-a + 9$	$-(a - 9)$

2 Voici une série de paires de binômes.

a Barre les paires de binômes qui ne sont pas des binômes conjugués.

b Dans les paires de binômes conjugués, souligne le terme qui change de signe.

1 $3y + 5$ et $5 - 3y$

2 $2x - 4$ et $4 - 2x$

3 $3y - 1$ et $-3y - 1$

4 $2a + b$ et $b - 2a$

5 $4a^2 - b$ et $-4a^2 + b$

6 $3x^2y^2 + 5x$ et $-3x^2y^2 + 5x$

3 Effectue et réduis en utilisant la formule des binômes conjugués.

1 $(x - 3y) \cdot (x + 3y) =$ ....

2 $(-6 + b) \cdot (b + 6) =$ ....

3 $(5b - 4a) \cdot (5b + 4a) =$ ....

4 $\left(\frac{4}{5} + x\right) \cdot \left(-\frac{4}{5} + x\right) =$ ....

5 $(x^3 - 7) \cdot (x^3 + 7) =$ ....

6 $(11y - 1) \cdot (1 + 11y) =$ ....

7 $(2a^4 - 1) \cdot (-2a^4 - 1) =$ ....

8 $\left(\frac{-7}{3} - x\right) \cdot \left(x - \frac{7}{3}\right) =$ ....

Olympiade Mathématique Belge

$\frac{50^2 - 40^2}{5} = \dots$

☐ 20 ☐ 36 ☐ 180 ☐ $\frac{324}{5}$ ☐ 225

4 Complète les produits remarquables par les données manquantes.

1 $(2a + \dots\dots) \cdot (\dots\dots - 3) = 4a^2 - \dots\dots$

2 $(\dots\dots - \dots\dots) \cdot (\dots\dots + \dots\dots) = 100b^2 - 1$

3 $(3xy + \dots\dots) \cdot (\dots\dots - \dots\dots) = 1 - 9x^2y^2$

4 $(5x^3 + \dots\dots) \cdot (\dots\dots - \dots\dots) = \dots\dots - 121y^2$

5 Effectue et réduis.

1 $5 \cdot (-2x - 8) \cdot (2x - 8) =$ ....

2 $-2 \cdot (5 - y) \cdot (y + 5) =$ ....

6 Voici une technique de calcul mental :
$21 \cdot 19 = (20 + 1) \cdot (20 - 1) = 20^2 - 1^2 = 400 - 1 = 399$
Utilise-la pour calculer les produits suivants.

1 $17 \cdot 23 =$ ....

2 $36 \cdot 44 =$ ....

3 $47 \cdot 53 =$ ....

4 $105 \cdot 95 =$ ....

Olympiade Mathématique Belge

$(a + 1) \cdot (a - 1) + (a + 1) = ...$

☐ $a^3 + a^2 - a - 1$ ☐ $a^2 + a + 1$ ☐ $a^3 + 1$ ☐ $3a + 1$ ☐ $a^2 + a$

6 Exercices de synthèse

EXERCICES

1 Donne la règle ou la formule qui a été appliquée en premier lieu pour trouver la forme réduite.

1 $(3a - 4)^2 = 9a^2 - 24a + 16$ ....

2 $(3x)^2 = 9x^2$ ....

3 $(3 - x^2) \cdot (x^2 + 3) = 9 - x^4$ ....

4 $4 - (2a + b - 4) = 8 - 2a - b$ ....

5 $4 - 3 \cdot (3a - 4) = 16 - 9a$ ....

6 $(a + 2b) \cdot (2a + b) = 2a^2 + 5ab + 2b^2$ ....

7 $(a - 3b) \cdot (-3b + a) = a^2 - 6ab + 9b^2$ ....

2 Détermine, le plus précisément possible, de quel produit il s'agit.

		Carré d'une somme	Carré d'une différence	Produit de 2 binômes conjugués	Aucun produit remarquable
1	$(2y - x)^2$				
2	$(x - 2y) \cdot (x + 2y)$				
3	$(x + 2y) \cdot (2y + x)$				
4	$(2 - 3x) \cdot (2x + 3)$				

3 Effectue et réduis, en utilisant si possible les produits remarquables.

1. $(3x - 5) \cdot (5 + 3x)$
= ....
= ....

2. $4x \cdot (4x - 3)$
= ....
= ....

3. $(11x + 3) \cdot (3 + 11x)$
= ....
= ....

4. $(2x + 5) \cdot (3 - 7x)$
= ....
= ....

5. $(3x - 6) \cdot (6x + 3)$
= ....
= ....

6. $(2x - 8x^3) \cdot (2x - 8x^3)$
= ....
= ....

7. $3x \cdot (5x - 1)^2$
= ....
= ....

p.25 6

4 Effectue et réduis, en utilisant si possible les produits remarquables.

1. $(3a - 5) \cdot (3a + 5) + 6a^2 =$ ....
2. $12 + (x - 4) \cdot (x + 4) =$ ....
3. $16x^2 - (4x - 2) \cdot (2 + 4x) =$ ....
4. $2 \cdot (-3b + 4) \cdot (4 + 3b) - 19 =$ ....
5. $-(5a + 4) \cdot (5a - 4) + (2a + 5) \cdot (2a - 5) =$ ....
6. $(3x + 8) + (3x + 8) \cdot (3x - 8) =$ ....

5 Complète les éléments manquants pour respecter l'égalité.

1. $(4x +$ ....$) \cdot ($.............. $- 3) = 16x^2 -$ ....
2. $(-3y + 4x) \cdot ($.............. $+ 4x) =$ .... $- 24xy +$ ....
3. $(7x +$ ....$) \cdot ($.............. $-$ ....$) = 4 - 49x^2$
4. $($.............. $+$ ....$) \cdot ($.............. $+$ ....$) = 25a^2b^2 + 1 + 10ab$
5. $(-10x - 6) \cdot ($.............. $-$ ....$) = 100x^2 - 36$
6. $($.............. $- 3a^2) \cdot ($.............. $+ 4) =$ .... $- 24a^2 +$ ....

6 Relie chaque figure au calcul qui représente l'aire grisée. Relie ensuite chaque calcul d'aire à l'expression réduite correspondante. Tous les angles des figures sont supposés droits.

	Figure	Calcul de l'aire grisée	Expression réduite de l'aire grisée
1	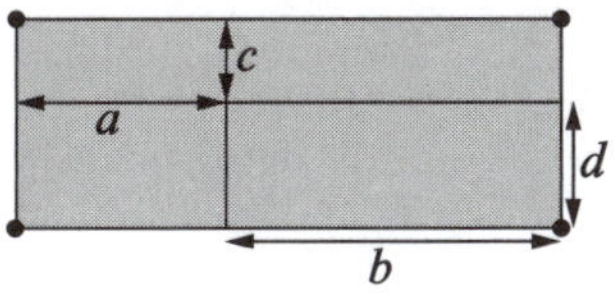	$(a + b)^2$	$a^2 - b^2$
2	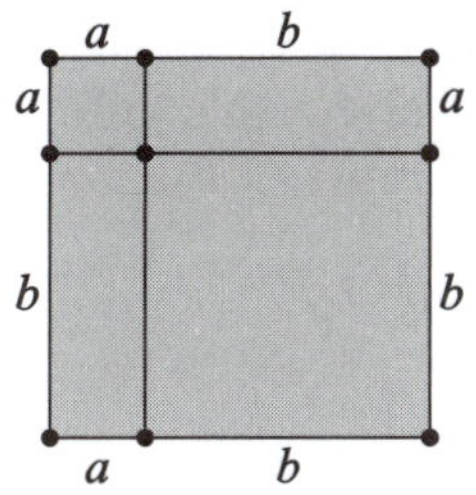	$(a - b)^2$	$ac + bc - bd - ad$
3	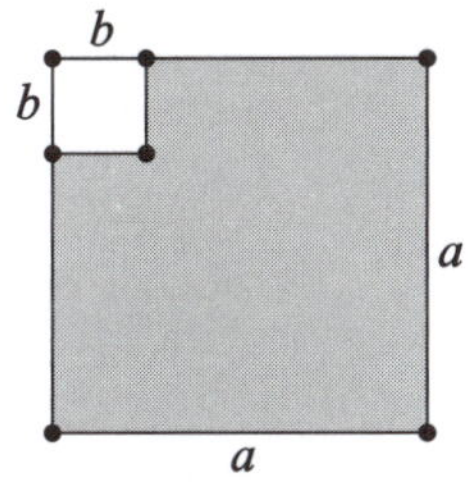	$(a + b) \cdot (c + d)$	$a^2 + 2ab + b^2$
4	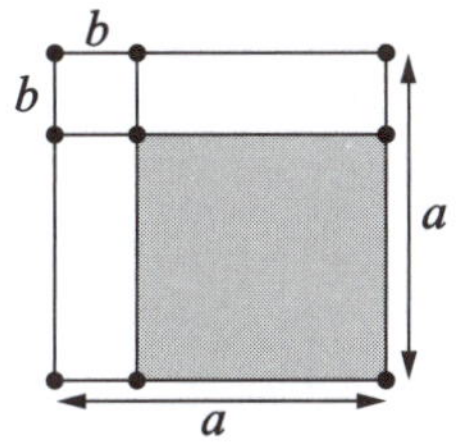	$(a + b) \cdot (a - b)$	$ac + ad + bc + bd$
5	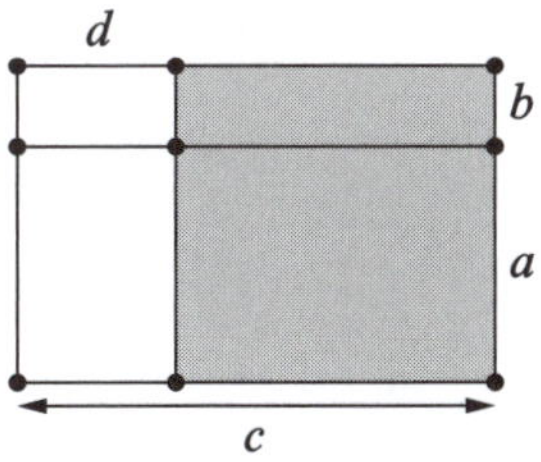	$(a + b) \cdot (c - d)$	$a^2 + b^2 - 2ab$

Olympiade Mathématique Belge

Une seule des cinq égalités suivantes est correcte. Laquelle ?

- ☐ $22^2 = 444$
- ☐ $142{,}7 + 61{,}3 = 203{,}73$
- ☐ $100 + 80 + 16 = 14^2$
- ☐ $\frac{3}{17} + \frac{2}{5} = \frac{5}{22}$
- ☐ $4{,}05^2 = 16{,}25$

1

Exercices supplémentaires

1 Suppression de parenthèses

1 Effectue et réduis.

1. $3b + (4 + 5b) =$
2. $-15 + 3a + (-12b + 3a) =$
3. $4c + (7a + 2c) - 3a =$
4. $5a - (6 + 3a) =$
5. $3a + 5 - (6 - 3a) =$
6. $-(2a + 4) - 5 + 2a =$
7. $6 \cdot (5 - 7a) =$
8. $-8 \cdot (12 \cdot 4) =$

2 Réduis les expressions puis calcule leur valeur numérique si tu sais que $a = 2$; $b = -3$; $c = -1$.

1. $5b \cdot (a - 4) =$
2. $3c - (-2a - 3c) =$

3 Effectue et réduis.

1. $2x + (3 - x) =$
2. $3x + (2 + 5x - 4) - (x + 1) =$
3. $5a^2 - (-4a^3 - a^2) - (13a^3 + 2a^2) =$
4. $5a \cdot (5a + 3 - 6b) =$
5. $2a \cdot (x + 3) + (5x + 1) \cdot 7a =$
6. $2 + 3 \cdot (-a - 10) + (5a + 1) \cdot 7 =$
7. $3 \cdot (x + 2) - (x + 9) - 4 + (2 - 5x) =$
8. $a^2 + a^3 + 10a \cdot (a^2 + 4) - a \cdot (32 + a) =$

2 Double distributivité

1 Effectue et réduis.

1. $(5x + 4) \cdot (y + 7) =$
2. $(a^2 + 2) \cdot (3a^2 + 1) =$
3. $(4a - 1) \cdot (b + 3) =$
4. $(-4x - 3) \cdot (6 - 8x) =$
5. $3 \cdot (-8x + 4) \cdot (2 - 3x^2) =$
6. $-5 \cdot (2 - 3x^5) \cdot (5 + 2x^5) =$

2 Effectue et réduis.

1. $3x - (2x + 1) \cdot 5x =$
2. $2x^3 \cdot (x - 1) - 3x^3 =$
3. $9 - (2x + 1) \cdot (x - 6) =$
4. $9b - (2b - 7) \cdot (-3 - b) =$
5. $(3 - x) \cdot (5x + 1) - 3 \cdot (x + 2) =$

3 Carré d'une somme de deux termes

1 Applique la formule du carré d'une somme de deux termes.

1. $(x + 3)^2 =$
2. $(5 + a)^2 =$
3. $(t + 3a)^2 =$
4. $(11 + d)^2 =$
5. $(b + 2x)^2 =$
6. $(9 + 11x)^2 =$
7. $(1 + x^3)^2 =$
8. $(x^2 + 3x)^2 =$
9. $\left(11y + \frac{4}{3}\right)^2 =$

2 Complète les éléments manquants afin de respecter l'égalité.

1. $(\ldots + 3x)^2 = y^2 + \ldots + 9x^2$
2. $(3 + \ldots)^2 = \ldots + 30a + 9$
3. $(\ldots + \ldots)^2 = 32ab + 64 + 4a^2b^2$
4. $\left(\frac{5}{4}x + \ldots\right)^2 = \ldots + \ldots + \frac{49}{25}$

3 Effectue et réduis.

1. $2 \cdot (4a + 5ab)^2 =$
2. $-10 \cdot (1 + x)^2 =$
3. $-5 \cdot (7x^3 + 2)^2 =$

4 Carré d'une différence de deux termes

1 Effectue et réduis si possible en utilisant les produits remarquables.

1. $(y - 2)^2 =$
2. $(9 - 2x)^2 =$
3. $(3 - 4x)^2 =$
4. $(c - 3y)^2 =$
5. $(4a - 2b)^2 =$
6. $(2a - 9x)^2 =$
7. $(a^6 - 5)^2 =$
8. $(x^2 - 1)^2 =$
9. $\left(y - \frac{13}{3}\right)^2 =$

2 Effectue et réduis si possible en utilisant les produits remarquables.

1. $(-x + 2y)^2 =$
2. $(-9y - 7a)^2 =$
3. $3 \cdot (x - 2y)^2 =$
4. $-10 \cdot (-5a + a^3)^2 =$

3 Complète les éléments manquants afin de respecter l'égalité..

1. $\left(\frac{5}{4}a - \ldots\right)^2 = \ldots - \ldots + 36a^2b^2$
2. $(4 - \ldots)^2 = a^2 - 8a + 16$
3. $(\ldots - \ldots)^2 = 81b^2 - 18b + 1$
4. $(8 - \ldots)^2 = x^{16} + 64 - \ldots$

5 Produit de deux binômes conjugués

1 Effectue et réduis.

Série 1

1. $(a + 3) \cdot (a - 3) =$
2. $(4x + 2) \cdot (4x - 2) =$
3. $(x - 7) \cdot (x + 7) =$
4. $(2 - x) \cdot (x + 2) =$
5. $(3y + x) \cdot (x - 3y) =$
6. $(8a + b) \cdot (8a - b) =$

Série 2

1 $(a - 4b) \cdot (4b + a) =$

2 $(-y - 5x) \cdot (5x - y) =$

3 $(7y + 7x) \cdot (7x - 7y) =$

4 $(-2 + a) \cdot (2 + a) =$

5 $(a^2 - 3b^3) \cdot (3b^3 + a^2) =$

6 $\left(-x^5 - \frac{9x}{5}\right) \cdot \left(-\frac{9x}{5} + x^5\right) =$

7 $(x^9 - 9) \cdot (9 + x^9) =$

8 $\left(-a^3 - \frac{2b}{3}\right) \cdot \left(-\frac{2}{3}b + a^3\right) =$

9 $6 \cdot (a - 9) \cdot (a + 9) =$

10 $-(3a^2 - 4) \cdot (3a^2 + 4) =$

2 Complète les éléments manquants afin de respecter l'égalité.

1 $(-6y + \ldots) \cdot (\ldots + 2x) = 4x^2 - \ldots$

2 $(\ldots - \ldots) \cdot (\ldots - \ldots) = 64b^2 - 9$

3 $(\ldots - 3x) \cdot (\ldots - 4) = \ldots - 9x^2$

4 $(\ldots + \ldots) \cdot (\ldots - 3b^9) = 49a^{16} - \ldots$

6 Exercices de synthèse

1 Détermine de quel produit remarquable il s'agit.

		Carré d'une somme	Carré d'une différence	Produit de 2 binômes conjugués
1	$(-x - 2y) \cdot (x - 2y)$			
2	$(x - 2y) \cdot (x - 2y)$			
3	$(-x - 2y) \cdot (-2y + x)$			
4	$(-x + 2y) \cdot (2y - x)$			
5	$(x + 2y) \cdot (x + 2y)$			

2 Effectue et réduis en utilisant si possible les produits remarquables.

1 $(7x + 2)^2 =$

2 $(-2x + 9)^2 =$

3 $(3x^4 - 10) \cdot (10 + 3x^4) =$

4 $(x^3 - 6x)^2 =$

5 $(x^5 - 5)^2 =$

6 $3 \cdot (2x - 1) \cdot (2x + 1) =$

3 Complète les éléments manquants pour respecter l'égalité.

1 $(5x^2 + \ldots) \cdot (\ldots - 7) = 25x^4 - \ldots$

2 $(\ldots - \ldots) \cdot (5x + \ldots) = 81 - 25x^2$

3 $(-y + x) \cdot (\ldots + x) = \ldots - 2xy + \ldots$

4 $(-50x - 60) \cdot (\ldots - \ldots) = 2500x^2 - 3600$

5 $(\ldots + \ldots) \cdot (\ldots + \ldots) = 36x^6y^{10} + 1 + 12x^3y^5$

6 $(\ldots - a^2) \cdot (\ldots + 5a) = 25a^2 - 10a^3 + \ldots$

Teste-toi !

1 **INDIQUE** la règle utilisée pour réduire les expressions algébriques suivantes.

1. $(2a + 3)^2 = 4a^2 + 12a + 9$
2. $3a \cdot (2x - 2) = 6ax - 6a$
3. $3a \cdot (5x - 2x) = 3a \cdot 3x = 9ax$

2 **EFFECTUE** et **RÉDUIS**.

1. $3x - (5 - 4x) =$
2. $3a + 2 \cdot (4 - 12a) =$
3. $(11x - 4)^2 =$
4. $(2a - 5) \cdot (2a + 5) =$
5. $(3a + 5b^8)^2 =$
6. $(3a^2 + 2a^3)^2 =$
7. $\left(\frac{3a}{2} - \frac{5a^2}{6}\right)^2 =$
8. $2x^2 - (x - 5) + (x - 2) \cdot (x + 2) =$
9. $x^2 - (5x - 2) \cdot (-2 + 5x) =$

3 **COMPLÈTE** les éléments manquants pour que l'égalité soit vérifiée.

1. $(4a + \ldots)^2 = \ldots + 24ab + \ldots$
2. $(\ldots - 6x)^2 = \ldots + 81a^2 + \ldots$
3. $(\ldots + 3y^2) \cdot (\ldots - \ldots) = \ldots - 49a^2b^4$

4 La largeur du rectangle *ABCD* mesure $3x - 2$ et sa longueur mesure 4 unités de plus.

a) **DÉTERMINE** une expression réduite de l'aire du rectangle *ABCD*.

b) **DÉTERMINE** une expression réduite du périmètre du rectangle *ABCD*.

c) Si son périmètre est de 60 cm, **DÉTERMINE** ses dimensions.

1. Entoure l'élément se trouvant devant la ou les parenthèses.
2. Fais attention aux signes qui précèdent les lettres. N'hésite pas à reproduire cette structure :

$$(a + b) \cdot (c - d) = a \cdot c - a \cdot d + b \cdot c - b \cdot d$$

3. Mets en avant ce qui précède chaque parenthèse.
4. Les priorités des opérations restent d'application.
5. N'oublie pas les règles liées aux exposants (R88).
6. Commence par indiquer la règle à appliquer en premier.

Correctif

1 1 Carré d'une somme 2 Simple distributivité 3 Priorité des opérations

2 1 $3x - 5 + 4x = 7x - 5$
2 $3a + 8 - 24a = -21a + 8$
3 $121x^2 - 88x + 16$
4 $4a^2 - 25$
5 $9a^2 + 30ab^8 + 25b^{16}$
6 $9a^4 + 12a^5 + 4a^6$
7 $\frac{9a^2}{4} - \frac{5a^3}{2} + \frac{25a^4}{36}$
8 $2x^2 - x + 5 + x^2 - 4 = 3x^2 - x + 1$
9 $x^2 - (5x - 2)^2 = x^2 - (25x^2 - 20x + 4) = x^2 - 25x^2 + 20x - 4 = -24x^2 + 20x - 4$

3 1 $(4a + 3b)^2 = 16a^2 + 24ab + 9b^2$
2 $(9a - 6x)^2 = 36x^2 - 108ax + 81a^2$
3 $(7ab^2 + 3y^2)(3y^2 - 7ab^2) = 9y^4 - 49a^2b^4$

4 a $l = 3x - 2$ et $L = 3x - 2 + 4 = 3x + 2$
$\rightarrow$ Aire $(ABCD) = (3x + 2) \cdot (3x - 2) = (3x)^2 - 2^2 = 9x^2 - 4$

b Périmètre $(ABCD)$ $= 2 \cdot [(3x + 2) + (3x - 2)]$
$= 2 \cdot (3x + 2 + 3x - 2)$
$= 2 \cdot 6x$
$= 12x$

c $12x = 60$
$x = \frac{60}{12}$
$x = 5$
$S = \{5\}$

Les dimensions du rectangle *ABCD* sont de 17 cm $(3 \cdot 5 + 2)$ sur 13 cm $(3 \cdot 5 - 2)$.

Distributivité et produits remarquables

1 Suppression de parenthèses

Retrouve les règles de suppression des parenthèses aux pages R48-R49.

2 Double distributivité

Pour **effectuer** le produit d'une somme de termes par une autre somme de termes, il faut…

- multiplier chaque terme d'une des sommes par chaque terme de l'autre somme ;
- additionner les produits obtenus.

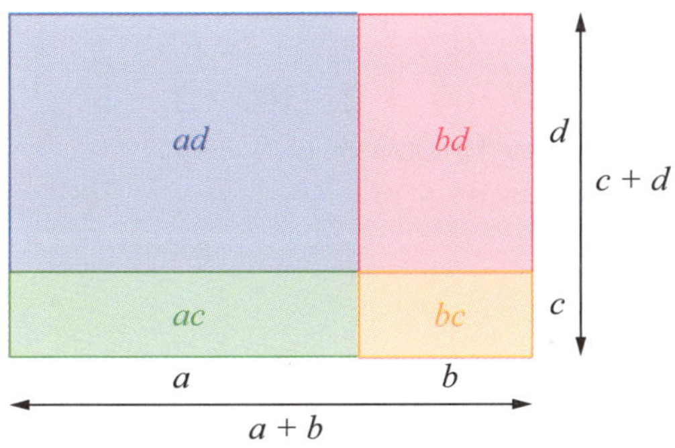

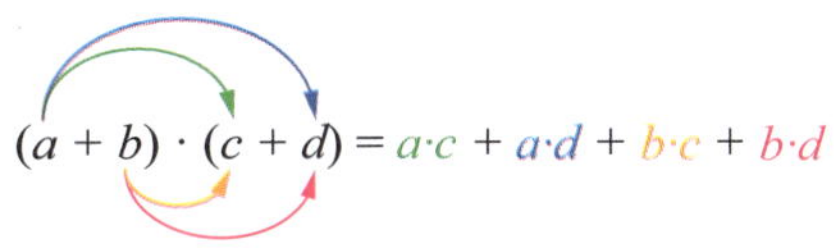

EXEMPLES :

$$(x + 3) \cdot (x + 2) = x \cdot x + x \cdot 2 + 3 \cdot x + 3 \cdot 2$$
$$= x^2 + 2x + 3x + 6$$
$$= x^2 + 5x + 6$$

$$(2x - 3y) \cdot (3a - 2b) = 2x \cdot 3a + 2x \cdot (-2b) + (-3y) \cdot 3a + (-3y) \cdot (-2b)$$
$$= 6ax - 4bx - 9ay + 6by$$

$$103 \cdot 104 = (100 + 3) \cdot (100 + 4)$$
$$= 100 \cdot 100 + 100 \cdot 4 + 3 \cdot 100 + 3 \cdot 4$$
$$= 10\,000 + 400 + 300 + 12$$
$$= 10\,712$$

REMARQUES :

- Une somme algébrique peut être soit une somme soit une différence de termes.
- **Développer** une expression littérale, c'est effectuer tous les produits qu'elle contient pour la transformer en somme.

3 Carré d'une somme de deux termes

Le carré d'une somme de deux termes est **égal** à **la somme des carrés** des deux termes **augmentée du double produit** de ces termes.

$$(a + b)^2 = a^2 + \underline{2 \cdot a \cdot b} + b^2$$

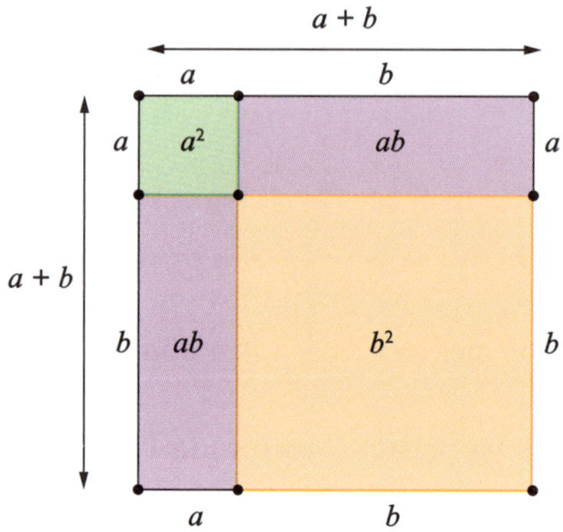

PREUVE :

$$\begin{aligned}(a + b)^2 &= (a + b) \cdot (a + b)\\ &= a \cdot a + a \cdot b + b \cdot a + b \cdot b\\ &= a^2 + ab + ab + b^2\\ &= a^2 + 2ab + b^2\end{aligned}$$

EXEMPLES :

$$\begin{aligned}(5x + 3)^2 &= (5x)^2 + 2 \cdot 5x \cdot 3 + 3^2\\ &= 25x^2 + 30x + 9\end{aligned}$$

$$\begin{aligned}103^2 &= (100 + 3)^2\\ &= 100^2 + 2 \cdot 100 \cdot 3 + 3^2\\ &= 10\ 000 + 600 + 9\\ &= 10\ 609\end{aligned}$$

4 Carré d'une différence de deux termes

Le carré d'une différence de deux termes est **égal** à **la somme des carrés** des deux termes **diminuée du double produit** de ces termes.

$$(a - b)^2 = a^2 - 2 \cdot a \cdot b + b^2$$

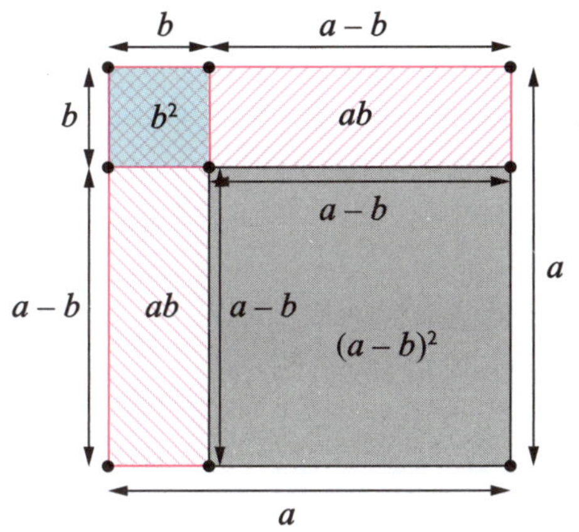

PREUVE :

$$\begin{aligned}(a - b)^2 &= (a - b) \cdot (a - b)\\ &= a \cdot a + a \cdot (-b) + (-b) \cdot a + (-b) \cdot (-b)\\ &= a^2 - ab - ab + b^2\\ &= a^2 - 2ab + b^2\end{aligned}$$

EXEMPLES :

$$\begin{aligned}(2x - 5y)^2 &= (2x)^2 - 2 \cdot 2x \cdot 5y + (5y)^2\\ &= 4x^2 - 20xy + 25y^2\end{aligned}$$

$$\begin{aligned}97^2 &= (100 - 3)^2\\ &= 100^2 - 2 \cdot 100 \cdot 3 + 3^2\\ &= 10\,000 - 600 + 9\\ &= 9409\end{aligned}$$

5 Produit de deux binômes conjugués

Le produit de deux binômes conjugués est **égal** à **la différence** entre **le carré** du terme qui **ne change pas de signe** et **le carré** de celui qui **change de signe**.

$$a^2 - b^2 = (a + b) \cdot (a - b)$$

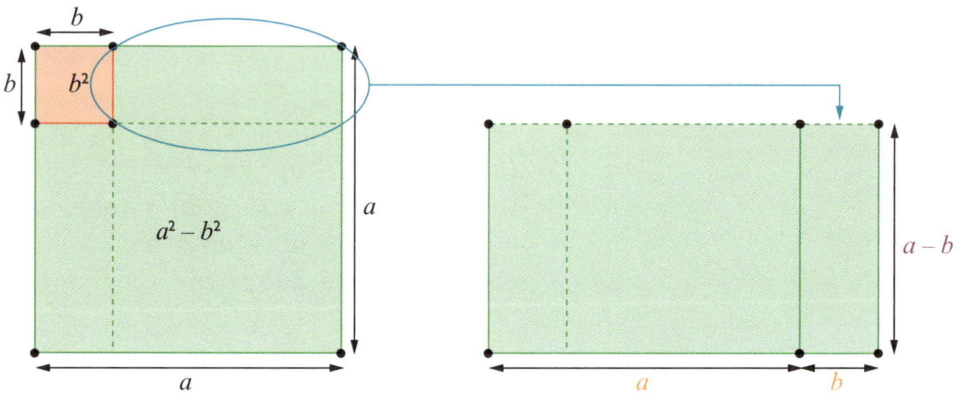

$$a^2 - b^2 \quad = \quad (a + b) \cdot (a - b)$$

PREUVE :

$$\begin{aligned}(a + b) \cdot (a - b) &= a \cdot a + a \cdot (-b) + b \cdot a + b \cdot (-b)\\ &= a^2 - ab + ab - b^2\\ &= a^2 - b^2\end{aligned}$$

EXEMPLES :

$$\begin{aligned}(7x - 11) \cdot (7x + 11) &= (7x)^2 - 11^2\\ &= 49x^2 - 121\end{aligned}$$

$$\begin{aligned}103 \cdot 97 &= (100 + 3) \cdot (100 - 3)\\ &= 100^2 - 3^2\\ &= 10\ 000 - 9\\ &= 9\ 991\end{aligned}$$

REMARQUES :

- Un binôme est une somme ou une différence de deux termes.
  Exemples : $(2a + 4)$; $(3x + 5y)$; $(3x - 7y)$; $(-2a - 4b)$ sont quatre binômes.
- Des binômes conjugués sont des binômes qui ne diffèrent que par le signe d'un de leurs termes.

EXEMPLE :

- $(3a - 4)$ est conjugué avec $(3a + 4)$.
- $(3a - 4)$ est aussi conjugué avec $(-3a - 4)$.

6 Synthèse

Les trois formules qui permettent de calculer le carré d'une somme de deux termes, le carré d'une différence de deux termes et le produit de deux binômes conjugués sont appelés **produits remarquables** ou **identités remarquables**.

$$(a + b)^2 = a^2 + 2ab + b^2$$
$$(a - b)^2 = a^2 - 2ab + b^2$$
$$(a + b)\ (a - b) = a^2 - b^2$$

CHAPITRE

2 Équations

PRÉREQUIS

Pour commencer ce chapitre, tu dois être capable de/d' :

- citer les propriétés des égalités ;
- supprimer les parenthèses dans une expression algébrique (suppression de parenthèses, distributivité simple, distributivité double, produits remarquables) ;
- résoudre une équation du premier degré à une inconnue non particulière ;
- opérer avec des fractions ;
- résoudre un problème en précisant les étapes de résolution.

OBJECTIFS

Au terme de ce chapitre, tu seras capable d'/de :

- appliquer les propriétés des égalités ;
- vérifier si un nombre est une solution d'une équation ;
- résoudre une équation du premier degré à une inconnue et donner l'ensemble de ses solutions ;
- résoudre une équation impossible ou indéterminée et donner l'ensemble de ses solutions ;
- résoudre un problème pouvant mener à une équation et donner l'ensemble de ses solutions.

1 Équations du premier degré à une inconnue

ACTIVITÉS

1 Tu as 20 minutes pour résoudre les trois défis qui te sont proposés ci-dessous. Note sur une feuille à part ta démarche pour résoudre les problèmes proposés. La case « Démarche commune » sera complétée ensuite avec ton professeur.

Défi n° 1	Défi n° 2	Défi n° 3
Détermine le nombre manquant à la base de la pyramide additive et complète-la. 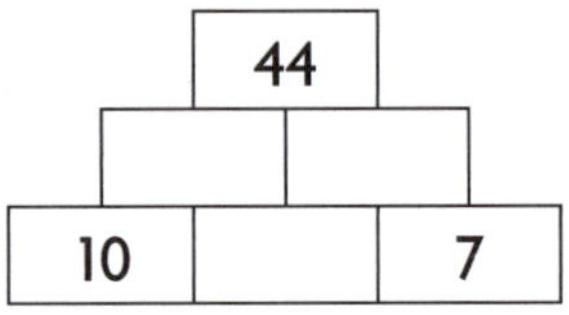	Je choisis un nombre et je le multiplie par 2. Ensuite j'ajoute 3 au produit obtenu. Je reprends le même nombre, je lui ajoute 2 et je multiplie la somme par 3. J'obtiens deux fois le même résultat. Quel est le nombre choisi au départ ?	À quelle distance de [*AB*] faut-il placer [*EG*] pour que le périmètre du triangle équilatéral *BFE* soit égal au périmètre du rectangle *ECDG* ? ((*EG*) // (*AB*)) *AD* = 10 cm et *AB* = 3 cm 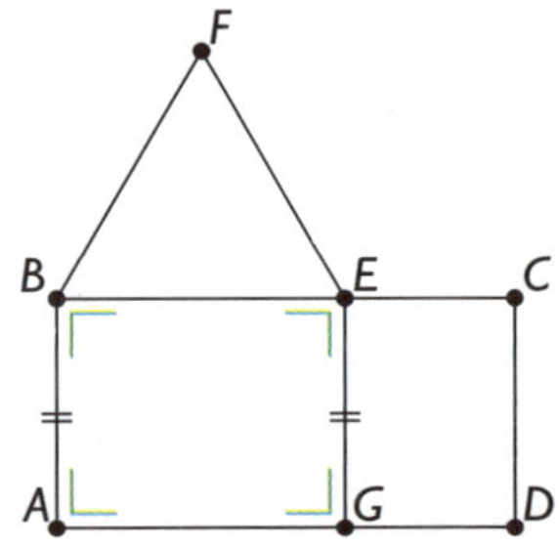
Démarche commune	**Démarche commune**	**Démarche commune**
Choix de l'inconnue	Choix de l'inconnue	Choix de l'inconnue
Mise en équation	Mise en équation	Mise en équation
Résolution	Résolution	Résolution
Preuve	Preuve	Preuve
Solution	Solution	Solution

2 Le professeur demande à Edwin de justifier les étapes de la résolution de l'équation proposée ci-dessous à l'aide des propriétés des égalités. Aide Edwin à compléter ces étapes.

⇔ signifie que la nouvelle expression est logiquement équivalente à la précédente.

Étapes	Justification
$-4x - 6 = 3x + 4$	
$\Leftrightarrow \quad -6 = 7x + 4$	car on utilise le ....
$\Leftrightarrow \quad -10 = 7x$	car on utilise le ....
$\Leftrightarrow \quad \frac{-10}{7} = x$	car on utilise le ....
$\Leftrightarrow \quad x = \frac{-10}{7}$	car on utilise le ....
$S = \left\{\frac{-10}{7}\right\}$	

3 Laure a trouvé le nombre 4 comme solution de l'équation $2x - 6 = -3x + 15$. Vérifie sa réponse, sans résoudre l'équation.

....

....

....

....

....

Olympiade Mathématique Belge

Si $x^2 + 5x + 6 = 20$, que vaut $3x^2 + 15x + 17$? ....

2

4 Le professeur de Gaspard a posé le problème suivant : « *La somme de deux nombres entiers consécutifs vaut 30. Quels sont ces nombres ?* »
Résous le problème et explique pourquoi son professeur a ensuite annulé cette question.

Schématisation du problème :	**Choix de l'inconnue (CI) :**
....	....
Mise en équation (ME) :	**Résolution de l'équation (R) :**
....	....
Preuve (P) :	**Expression de la solution du problème (S) :**
....	....

Explication : ....

....

R115-1 1.1-

EXERCICES

$(a + b)^2 = a^2 + 2 \cdot a \cdot b + b^2$
$(a - b)^2 = a^2 - 2 \cdot a \cdot b + b^2$
$(a + b) \cdot (a - b) = a^2 - b^2$

1 Résous les équations proposées ci-dessous.

Série 1

1. $2x - 1 = 3$
2. $-3x + 2 = 0$
3. $4 + 3x = 7x - 9$

Série 2

1. $(2x + 1) \cdot 3 = 6 + x$
2. $2x - (-2x + 3) = x - 3$
3. $3x - (2x - 3) = 6 \cdot (x - 2)$

Série 3

1. $(x + 3) \cdot (x - 2) = x \cdot (x + 2)$
2. $(x + 4)^2 = (x - 2)^2$
3. $4x^2 + 2x = (2x + 3) \cdot (2x - 3)$

Série 4

1. $\frac{x}{3} + 5 = 12$
2. $\frac{x+3}{4} - \frac{2x+1}{2} = \frac{x}{3} + \frac{2x+1}{4}$
3. $\frac{x}{2} + \frac{x}{3} + \frac{x}{4} = x + 1$

Série 5

1. $\frac{2 \cdot (x - 3)}{5} = 10$
2. $\frac{1}{2} = \frac{2x - (x + 1)}{3}$
3. $\frac{3 \cdot (2x + 3) \cdot (2x - 3)}{4} = \frac{(3x + 1)^2}{3}$

2 Complète la valeur des briques blanches de ces pyramides. La valeur de chaque brique égale la somme des valeurs des briques sur lesquelles elle est posée. Détermine dans chaque cas la valeur de x en résolvant une équation.

1

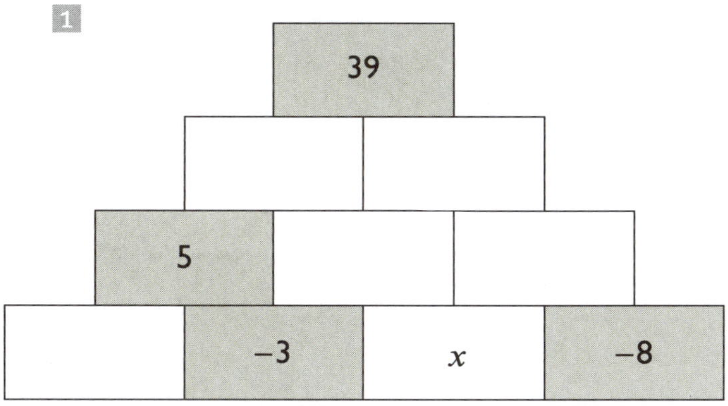

2

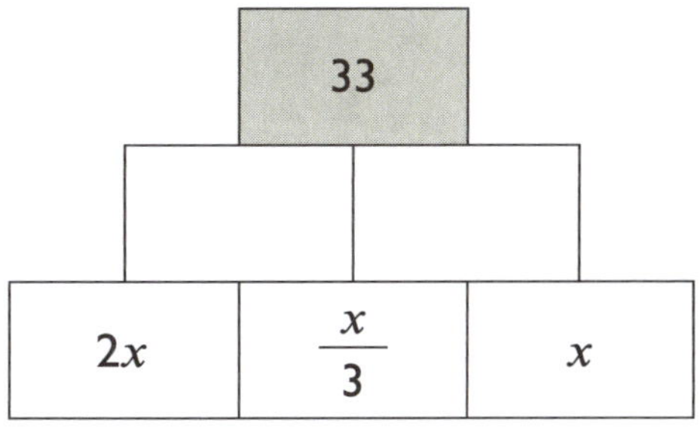

Olympiade Mathématique Belge

Si $x^2 + y^2 = 42$ et $x + y = 8$, que vaut xy ?

☐ 7 ☐ 8 ☐ 9 ☐ 10 ☐ 11

3 Quel est le nombre dont le double augmenté de 3 donne 25 ?

4 La somme d'un nombre, de son double et de sa moitié vaut 70. Quel est ce nombre ?

5 Un père âgé de 34 ans a trois filles. L'ainée est âgée de huit ans, la deuxième de six ans et la cadette d'un an. Dans combien d'années le double de l'âge du père sera-t-il égal à la somme des âges de ses filles ?

6 Je choisis un nombre et je le divise par 3. Ensuite j'ajoute 5 au quotient obtenu. Je reprends le même nombre, je lui ajoute 2 et je multiplie la somme par 3. J'obtiens deux fois le même résultat. Quel est le nombre choisi au départ ?

7 Détermine les mesures des côtés des figures pour que le périmètre du carré soit égal au périmètre du triangle.

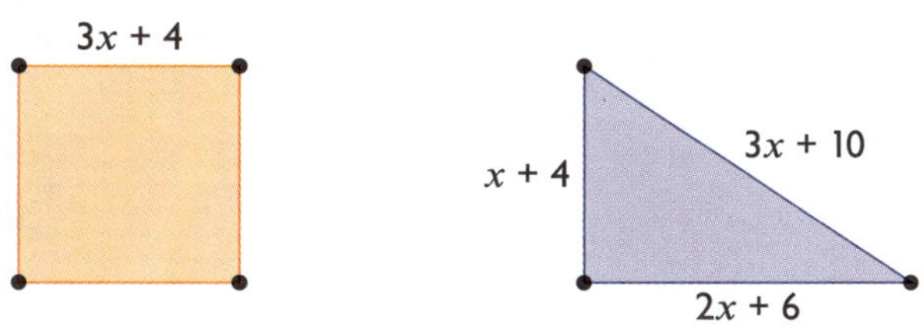

8 Détermine la valeur de x pour que l'aire du carré soit égale à l'aire du rectangle.

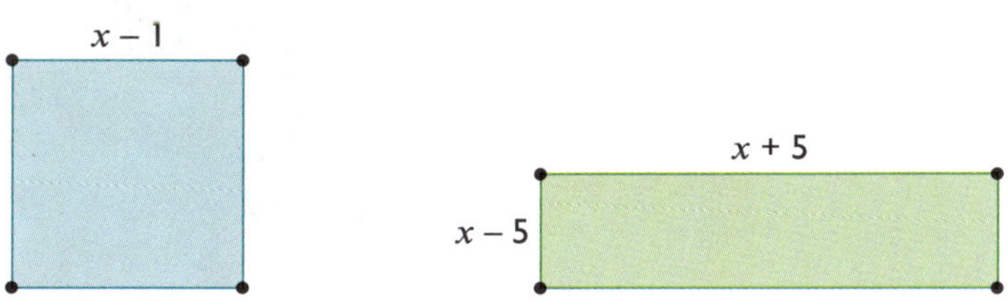

Olympiade Mathématique Belge

Quand les longueurs des côtés d'un carré sont augmentées de 7 m, son aire augmente de 511 m^2. Quelle est, en mètres, la longueur du côté du carré initial ?

☐ 29,5 ☐ 33 ☐ 36,5 ☐ 40 ☐ 462

9 Détermine l'amplitude des angles. Justifie ta mise en équation à l'aide de propriétés. p.4 2

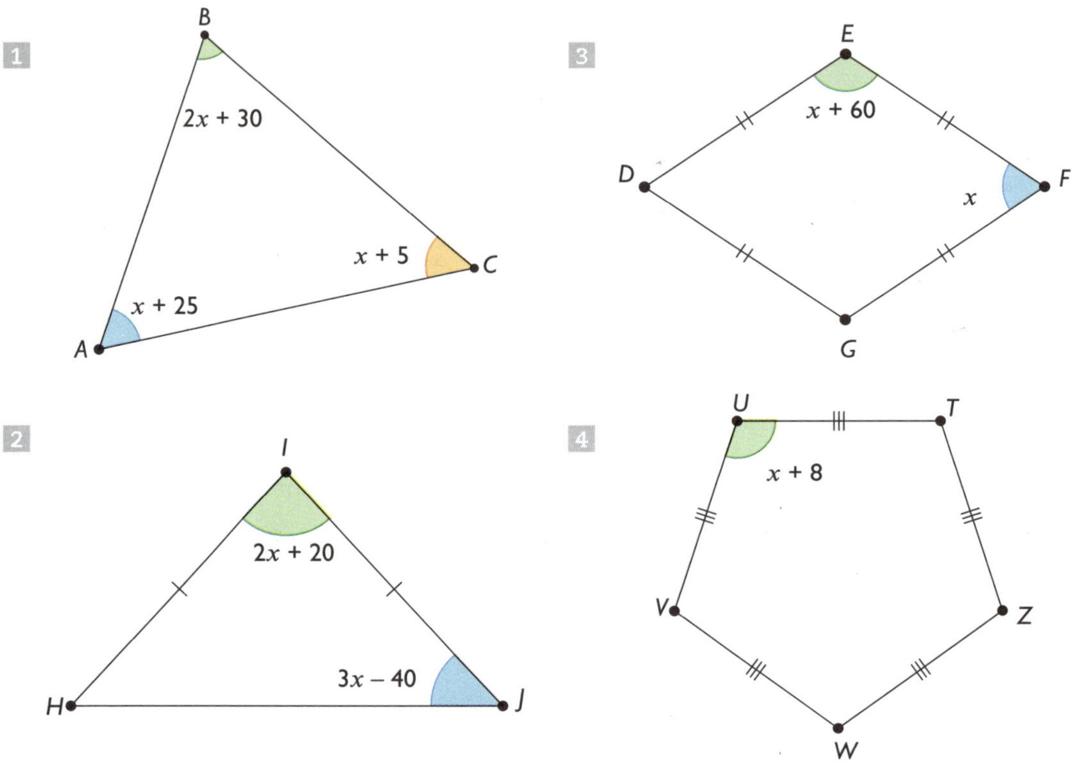

p.4 3

10 Lola achète deux DVD et trois jeux pour sa console préférée. Elle paie 120 €. Détermine le prix d'un DVD ainsi que le prix d'un jeu si un jeu coute le double d'un DVD.

11 Jean, Anna, Marie et Jef jouent aux cartes. Jean en a deux de plus que Marie. Anna en a deux fois moins que Jean. Jef en a six de plus qu'Anna et, pourtant, deux joueurs ont le même nombre de cartes. Est-ce possible si le jeu est composé de 52 cartes ?

2 Équations particulières

ACTIVITÉS

2

1 John et Acélia ont eu à résoudre l'équation ci-dessous en devoir.

$$3x + 5 = 7 - (2 - 3x)$$

$3 \cdot 5 + 5 \overset{?}{=} 7 - (2 - 3 \cdot 5)$
$\Leftrightarrow 15 + 5 \overset{?}{=} 7 - (2 - 15)$
$\Leftrightarrow 20 \overset{?}{=} 7 - (-13)$
$\Leftrightarrow 20 \overset{?}{=} 7 + 13$
$\Leftrightarrow 20 \overset{v}{=} 20$

John a trouvé comme solution le nombre 0 et Acélia a trouvé comme solution le nombre 1.

a Vérifie leur solution.

Vérification de la solution de John :	Vérification de la solution d'Acélia :
$3 \cdot 0 + 5 \overset{?}{=} 7 - (2 - 3 \cdot 0)$	$3 \cdot 1 + 5 \overset{?}{=} 7 - (2 - 3 \cdot 1)$
$\Leftrightarrow 0 + 5 \overset{?}{=} 7 - (2 - 0)$	$\Leftrightarrow 3 + 5 \overset{?}{=} 7 - (2 - 3)$
$\Leftrightarrow 5 \overset{?}{=} 7 - 2$	$\Leftrightarrow 8 \overset{?}{=} 7 - (-1)$
$\Leftrightarrow 5 \overset{?}{=} 5$	$\Leftrightarrow 8 \overset{?}{=} 7 + 1$ $8 \overset{v}{=} 8$
La solution est-elle vérifiée ? Oui – Non	**La solution est-elle vérifiée ?** Oui – Non

b Qui de John ou d'Acélia a réussi le mieux cette résolution d'équation ?

Aucun des deux. En effet ils n'ont pas obtenu l'ensemble des solutions possibles.

c Les élèves de la classe ont vérifié avec d'autres nombres et ont trouvé d'autres solutions. Résous cette équation à ton tour.

$$3x + 5 = 7 - (2 - 3x)$$
$$\Leftrightarrow 3x + 5 = 7 - 2 + 3x$$
$$\Leftrightarrow 3x + 5 = 5 + 3x$$
$$\Leftrightarrow 3x - 3x = 5 - 5$$
$$0x = 0$$
$$S = \mathbb{R}$$

d Complète les phrases suivantes.

- Tout nombre réel est solution de cette équation.

  Il y a donc infinité de solutions.

- L'équation est dite indéterminée.

2 Basile lance un défi à son amie Penny. Avec un même nombre de bonbons, il lui demande de réaliser un triangle équilatéral de côtés $4x$, puis un rectangle de largeur $2x$ et de longueur $4x + 1$. Ces deux polygones de bonbons doivent avoir le même périmètre. Penny parviendra-t-elle à relever le défi ?

a Détermine de combien de bonbons Penny a besoin pour réaliser chacun de ces polygones si un bonbon prend la place d'une unité.

p.4 4

....

....

....

....

....

....

....

....

....

....

....

b Complète les phrases suivantes.

Il sera .... de relever ce défi en respectant ces consignes strictes. L'équation est dite ....

RI 2

EXERCICES

1 Combien de solutions les équations suivantes admettent-elles ?

1 $5x = 0$

2 $0x = 5$

3 $0x = 0$

4 $12x = 15x - 3x$

5 $3x + 2 + 2x = 6x + 3 - x$

2 Complète le tableau suivant.

	Équation	Cette équation…	Ensemble solutions
1	$3x = 0$	....	....
2	....	admet tous les nombres réels comme solution.	....
3	$0x = 7$	....	....
4	....	....	$S = \varnothing$
5	....	admet uniquement le nombre 0 comme solution.	....
6	....	....	$S = \{5\}$

3 Résous les équations suivantes.

Série 1

1. $2 \cdot (x + 1) = 2x + 2$
2. $3x - (2x - 3) = 3 \cdot (-2x + 1)$
3. $3x + 1 = 4x + 3$
4. $-2x + 9 + 2x - 9 = 3x + 1 - 3x - 1$
5. $\frac{x}{2} + 6 = \frac{2x}{4} - 6$

Série 2

1. $2x + (4x - 3) = -2 \cdot (-3x + 4) - 7$
2. $\frac{3x}{4} + \frac{2x - 3}{5} = \frac{3x}{20} - \frac{3 - x}{5}$
3. $3 + [4 - (2x - 7)] = 5x + 14$
4. $2x + 6 = 2 \cdot (-x - 4)$
5. $(x + 1) \cdot (x - 1) = (x + 1)^2 - 2$

p.46 5

4 Je choisis un nombre et je lui ajoute 3. Ensuite je multiplie la somme obtenue par 4. Je reprends le double du même nombre, je lui ajoute 6 et puis je multiplie la somme obtenue par 2. J'obtiens deux fois le même résultat. Quel est le nombre choisi au départ ?

Olympiade Mathématique Belge

Deux côtés consécutifs d'un polygone régulier convexe forment un angle de 179°. Combien ce polygone a-t-il de côtés ? ....

5 Complète la valeur des briques blanches de ces pyramides. La valeur de chaque brique égale la somme des valeurs des briques sur lesquelles elle est posée. Détermine la valeur de x en résolvant une équation.

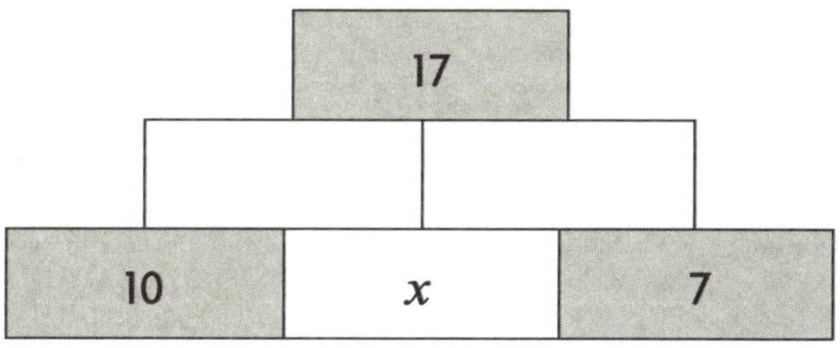

6 Un mathémagicien propose le tour suivant.

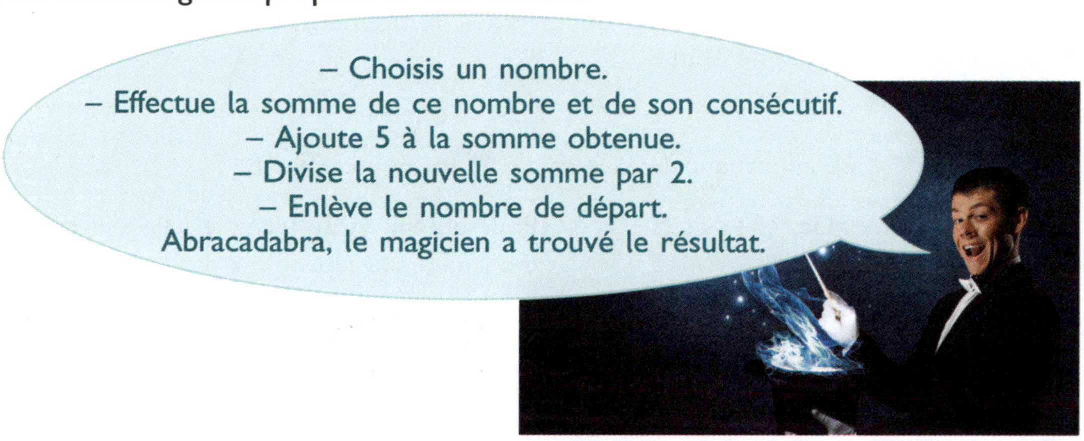

Réalise le tour, détermine ton résultat et compare-le à celui de ton voisin. Comment expliques-tu ce résultat ?

p.46 6

7 À ton tour d'épater tes amis en inventant un tour de mathémagie.

8 Détermine…

1. le(s) nombre(s) dont le produit par 2 donne 0.
2. le(s) nombre(s) dont le produit par 0 donne 2.
3. le(s) nombre(s) dont le produit par 0 donne 0.

9 Relie les équations à leur ensemble de solutions.

$3x + 1 = 2x + 1$ •	• $S = \mathbb{R}$
$3x + 1 = 3x + 2$ •	• $S = \{-2\}$
$2x + 1 = 3x + 2$ •	• $S = \{-1\}$
$x - (3x - 2) = 3 - (1 + 2x)$ •	• $S = \{0\}$
$x - (1 + 2x) = -2x - 1$ •	• $S = \{1\}$
$2x - (2 + x) = 2 + x$ •	• $S = \{2\}$
$3x + 1 = x - (-1 - 2x)$ •	• $S = \varnothing$

3 Transformation de formules

ACTIVITÉ

Le professeur de physique de la classe de Yasmine a entamé un nouveau chapitre avec sa classe : l'électricité.
Avant de réaliser quelques exercices, il rappelle les trois formules étudiées :

$$P = U \cdot I, \qquad I = \frac{P}{U} \qquad \text{et} \qquad U = \frac{P}{I}$$

Yasmine, qui n'aime pas étudier des tas de formules inutilement, a remarqué qu'en réalité il suffit de n'en retenir qu'une seule.
Explique pourquoi et justifie.

Yasmine retient uniquement la 1re formule : $P = U \cdot I$			
Pour obtenir la 2e formule, elle suit la démarche suivante :		Pour obtenir la 3e formule, elle suit la démarche suivante :	
$\Leftrightarrow \frac{P}{U} = \frac{U \cdot I}{U}$	Principe de division : diviser les deux membres de l'égalité par U	$\Leftrightarrow \frac{P}{I} = \frac{U \cdot I}{I}$	Principe de division : diviser les deux membres de l'égalité par I
$\Leftrightarrow \frac{P}{U} = I$	Simplifier	$\Leftrightarrow \frac{P}{I} = U$	Simplifier
$\Leftrightarrow I = \frac{P}{U}$	Principe du sens de l'égalité : permuter les deux membres	$\Leftrightarrow U = \frac{P}{I}$	Principe du sens de l'égalité : permuter les deux membres

EXERCICES

1 L'indice de réfraction de la lumière dans des milieux tels que le verre ou l'eau peut se calculer à l'aide de la formule suivante : $n = \frac{c}{v}$ où c est la vitesse de la lumière ($3 \cdot 10^8$ m/s) et v la vitesse de la lumière dans le milieu considéré (m/s).

On note généralement la lettre c pour la vitesse de la lumière. Cela vient de la célérité qui est un synonyme de vitesse.

a Parmi les formules suivantes, barre celles qui ne correspondent pas à une transformation de cette formule.

1 $\frac{c}{n} = v$ 4 $n \cdot c = v$ 7 $\frac{1}{c} = \frac{n}{v}$

2 $\frac{n}{c} = v$ 5 $\frac{1}{v} = \frac{n}{c}$ 8 $v = \frac{1}{n \cdot c}$

3 $n \cdot v = c$ 6 $\frac{1}{c} = \frac{1}{n \cdot v}$ 9 $1 = \frac{c}{n \cdot v}$

b Si n vaut 0,5, calcule v.

2 La masse volumique (ρ) d'un corps peut se calculer avec la formule suivante $\rho = \frac{m}{V}$. Complète les transformations de ces formules :

$m =$ .... $V =$ .... $\frac{1}{\rho} =$ ....

Olympiade Mathématique Belge

Les nombres a, b, c, d, e vérifient les équations :

$a \cdot 2c \cdot e = 1, \qquad b \cdot 2c \cdot d = 1, \qquad c \cdot 2d \cdot e = 1$

Laquelle des égalités suivantes s'en déduit ?

☐ $a = b$ ☐ $a = e$ ☐ $b = d$ ☐ $b = e$ ☐ $d = e$

3 Pour chaque situation, isole l'inconnue x. Le point 1 sert d'exemple.

1 $x + a = b$
$\Leftrightarrow x = b - a$

4 $x - a = b$

7 $ax = b$

2 $\frac{x}{a} = b$

5 $-x + a = b$

8 $-ax - b = c$

3 $\frac{x}{a} + b = c$

6 $\frac{(x + a) \cdot b}{c} = d$

9 $a \cdot (x - c) = d$

Exercices supplémentaires

1 Équations du premier degré à une inconnue

1 Parmi les équations suivantes, entoure celles qui sont équivalentes à $3x + 2 = 5$.

$3x + 3 = 6$ $\qquad 3x + 5 = 2$ $\qquad x = 1$ $\qquad 0x = 0$ $\qquad x + 2 = 2$

2 Résous les équations suivantes et vérifie ta réponse en utilisant la calculatrice.

1. $4x + 1 = 2x - 6$
2. $x - \dfrac{2}{5} = 3$
3. $4 - (2x - 3) = 3x - 2$
4. $4 \cdot (3x - 3) = 4x$
5. $(3x + 1)^2 = 3 - 3x \cdot (2 - 3x)$
6. $(x + 1)^2 = (x - 1)^2 + 5$
7. $5x - (x + 2) \cdot (x - 3) = (4 - x) \cdot (4 + x)$
8. $\dfrac{2x}{3} + \dfrac{5}{2} = \dfrac{x}{6} - 1$
9. $\dfrac{2 \cdot (x + 3)}{5} - \dfrac{2x + (2x + 2)}{4} = 0$
10. $\dfrac{x}{2} + \dfrac{(x - 1)^2}{3} + 1 = \dfrac{x^2}{3} - \dfrac{-3x + 4}{5}$

3 Complète la valeur des briques blanches de ces pyramides. La valeur de chaque brique égale la somme des valeurs des briques sur lesquelles elle est posée. Détermine la valeur de x en résolvant une équation.

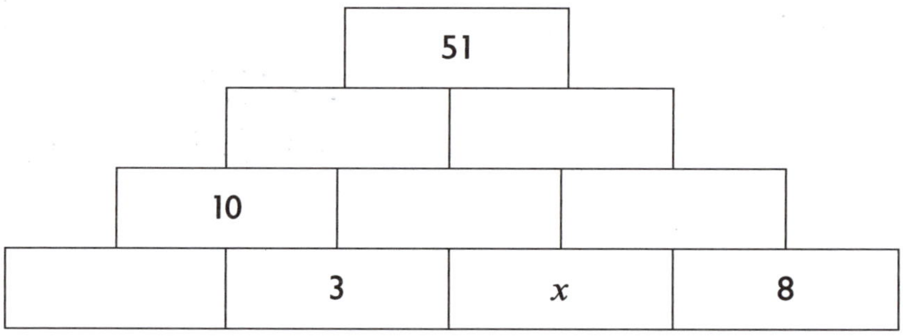

4 Résous les problèmes suivants en appliquant la démarche de résolution de problèmes.

Série 1

1. Je cherche un nombre naturel qui, lorsque je lui retire le double du nombre consécutif, donne le même résultat que lorsque je lui enlève 10 et que je divise la différence obtenue par 2. Quel est ce nombre ?
2. Je cherche un nombre qui, lorsque je lui ajoute son tiers et son triple, donne le quintuple de ce nombre diminué de 12. Quel est ce nombre ?
3. Le réservoir d'essence de ma voiture est rempli aux deux cinquièmes. J'ajoute 14 l d'essence et il est maintenant rempli aux trois quarts. Quelle est la capacité totale de mon réservoir ?

Série 2

1 Détermine l'amplitude des angles $\widehat{B}$ et $\widehat{C}$ du triangle rectangle en A représenté ci-dessous si l'amplitude de l'angle $\widehat{C}$ vaut 30° de plus que le double de l'amplitude de l'angle $\widehat{B}$.

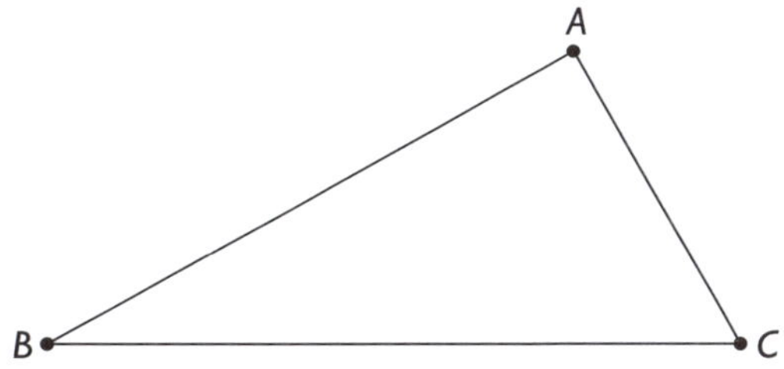

2 Détermine la valeur de x pour que le périmètre de cette figure soit égal à 110 cm.

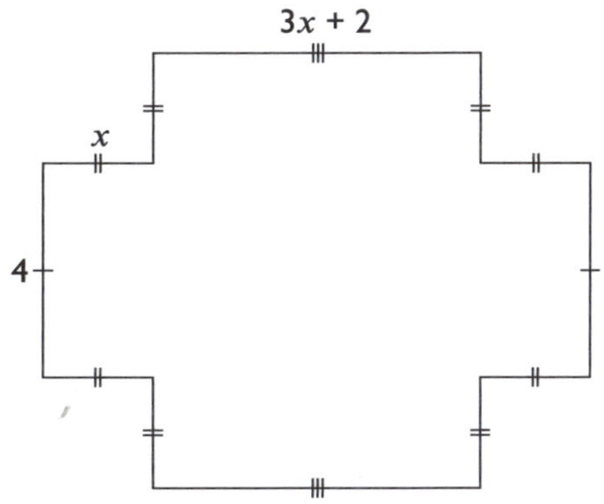

3 Observe la figure ci-contre.

a Calcule l'aire du rectangle $ABCD$ si tu sais que le périmètre de ce rectangle et celui du trapèze isocèle $BEFC$ sont égaux.

b Calcule le périmètre de l'hexagone $ABEFCD$.

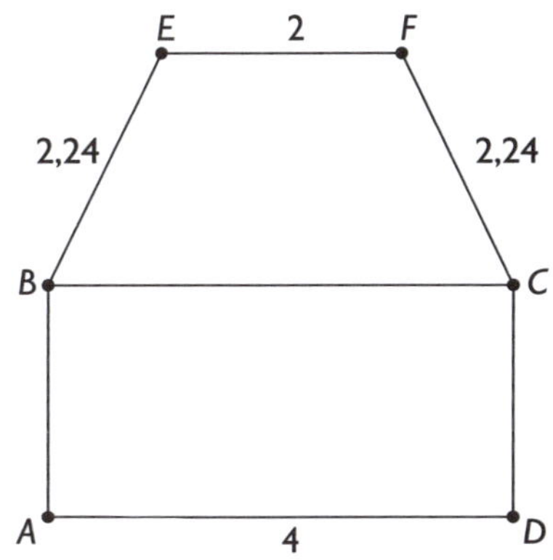

Série 3

1 L'addition que Marie paie pour trois glaces et deux crêpes s'élève à 18,50 €. Une glace coute 1,75 € de plus qu'une crêpe. Détermine le prix d'une glace ainsi que le prix d'une crêpe.

2 Pour assister à un spectacle, les fans ont le choix entre deux tarifs :

Tarif VIP : 120 € la place.

Tarif normal : 90 € la place.

Sachant qu'il y a eu 3 500 spectateurs en tout et que la recette du spectacle s'est élevée à 336 000 €, détermine le nombre de billets vendus de chaque type.

3 Dans un enclos, il y a des vaches et des poules. On compte 24 têtes et 80 pattes. Détermine le nombre de poules ainsi que le nombre de vaches.

2 Équations particulières

1 Éthan a reçu les résultats de son évaluation sur les équations du premier degré à une inconnue. Ses résultats aux deux questions reprises ci-dessous ne sont pas bons du tout. Il n'a obtenu la bonne réponse à aucune question. Aide-le à corriger ses erreurs.

a Résous les équations suivantes et donne l'ensemble des solutions.

$2x - 6 = 4 - 4x$

$3x - \frac{2x+1}{3} = \frac{3}{2} + \frac{x}{6}$

$x - 3 = x - 2$

b Le nombre 3 est-il solution de l'équation $5 \cdot (x - 2) = 5 - (6x - 3)$? Vérifie sans résoudre l'équation.

2 Trace les liaisons adéquates.

$0x = 0$ •		
$3x = 3x + 2$ •	• $S = \mathbb{R}$ •	• Équation impossible
$0x = 7$ •	• $S = \emptyset$ •	• Équation indéterminée
$12x = 12x$ •		

3 Résous l'équation proposée en justifiant chaque étape.

$$2 \cdot (3x - 6) = 5 - (-6x + 7)$$

4 Résous les équations suivantes.

1. $6x + 3 - 2 \cdot (x + 5) = 2 - (x + 1)$
2. $8x - 4 - 4 \cdot (x - 2) = 4 \cdot (x + 1) - 5$
3. $12x - 4 \cdot (x + 3) = 2 \cdot (-4x + 1) + 2$
4. $(x - 2) \cdot x - x = (x - 3) \cdot x$
5. $3x - 5 = 7 - 2 \cdot (x + 6)$
6. $1 + 3x \cdot (x - 2) = 3x^2 - 6x + 1$

5 Résous les problèmes suivants en appliquant la démarche de résolution de problèmes.

1. Je cherche un nombre qui, lorsque je lui ajoute son consécutif, donne le double de ce nombre augmenté de 3. Quel est ce nombre?
2. Détermine la valeur de x pour que les périmètres de ces figures soient égaux.

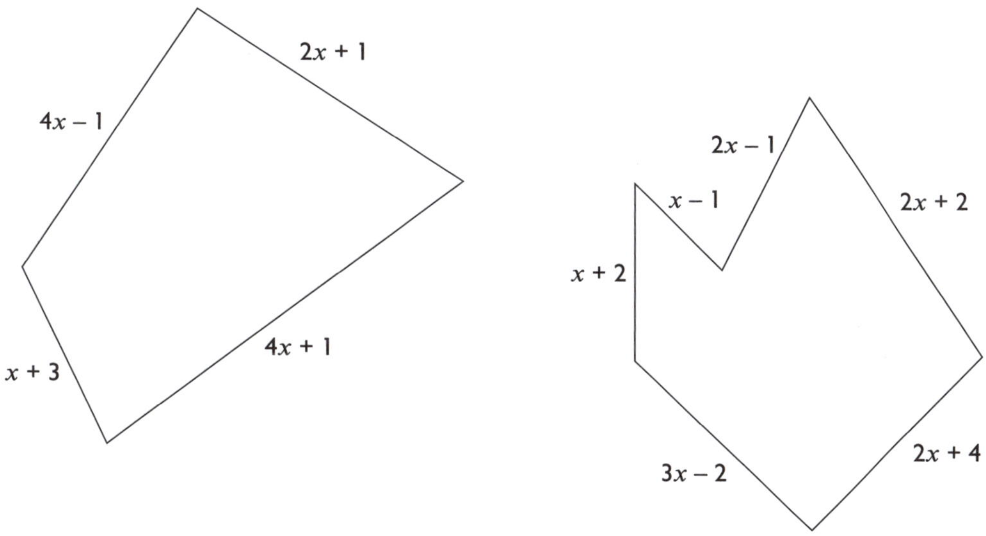

3. Sachant que l'aire du carré est égale à l'aire du rectangle, détermine les dimensions des deux figures ci-dessous.

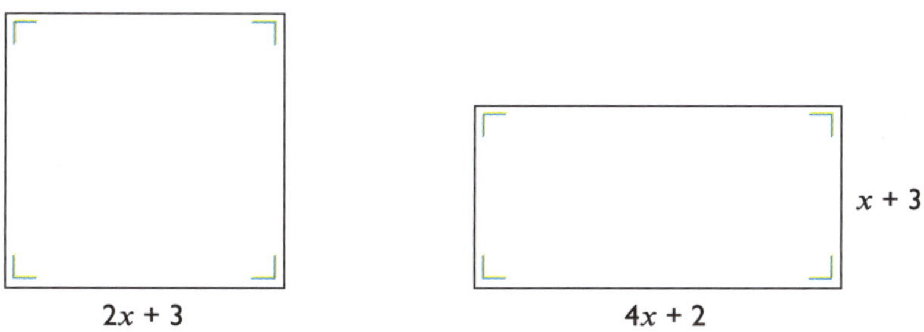

2

3 Transformation de formules

1 Applique les propriétés des égalités afin d'isoler la variable x.

1. $ax - f = g$
2. $a \cdot (x + b) = c$
3. $a - (ax - c) = d$
4. $\frac{a + x}{2} = d$
5. $\frac{(a + x) \cdot c}{2} = d$
6. $ax + b = cx + d$
7. $ax = c \cdot (x + d)$
8. $\frac{x}{a} + \frac{x}{b} = c$

2 Applique les propriétés des égalités afin d'isoler la lettre en vert.

1. $A = b \cdot h$ (en vert : h)
2. $A = \frac{b \cdot h}{2}$ (en vert : b)
3. $A = \frac{(B + b) \cdot h}{2}$ (en vert : b)
4. $P = (L + l) \cdot 2$ (en vert : L)
5. $e = v \cdot t$ (en vert : t)
6. $P = 4 \cdot c$ (en vert : c)
7. $P = 2L + 2l$ (en vert : L)
8. $P = a + b + c$ (en vert : c)
9. $U = R \cdot I$ (en vert : I)
10. $e = e_0 + v \cdot t$ (en vert : v)

Teste-toi !

1 **VÉRIFIE** si le nombre -2 est solution de l'équation $3\cdot(x-2)+4=2x-4$.

2 **JUSTIFIE** les étapes de résolution de l'équation proposée ci-dessous en nommant les propriétés des égalités concernées.

$$9x+2=4-4\cdot(-x+8)$$

$\Leftrightarrow 9x+2=4+4x-32$ ……………………………………………

$\Leftrightarrow 9x+2=-28+4x$ ……………………………………………

$\Leftrightarrow 9x-4x=-28-2$ ……………………………………………

$\Leftrightarrow 5x=-30$ ……………………………………………

$\Leftrightarrow x=-6$ ……………………………………………

$S=\{-6\}$

3 **DÉTERMINE** le nombre de solutions des équations suivantes.

1 $2x=0$ 2 $0x=3$ 3 $0x=0$

4 **RÉSOUS** les équations suivantes.

1 $2x+9+x=5x-10-2x$

2 $x-3\cdot(2x-4)=2x+(3x+4)$

3 $\dfrac{2x+1}{2}-\dfrac{3x+1}{3}=\dfrac{1}{6}$

4 $(2x+3)\cdot(2x-3)=4\cdot(x+1)^2$

5 $10-\dfrac{2x+2}{3}=6$

6 $10x^2-(2x+2)\cdot(-1+5x)=\dfrac{2}{3}$

5 La somme d'un nombre, de son quart et de son cinquième vaut 580.
DÉTERMINE ce nombre.

6 **DÉTERMINE** la valeur de x pour que le périmètre du losange et celui du parallélogramme soient égaux.

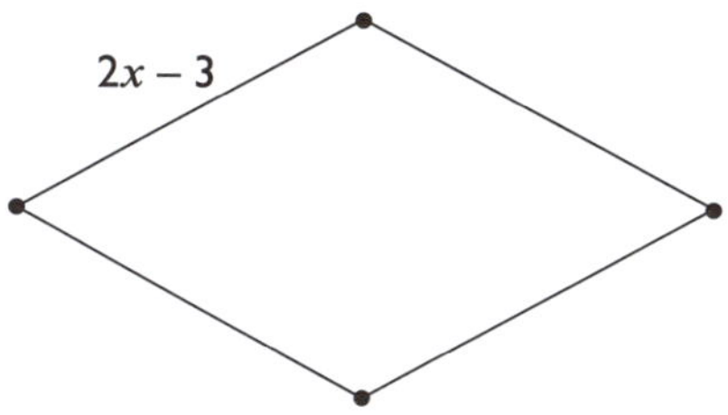

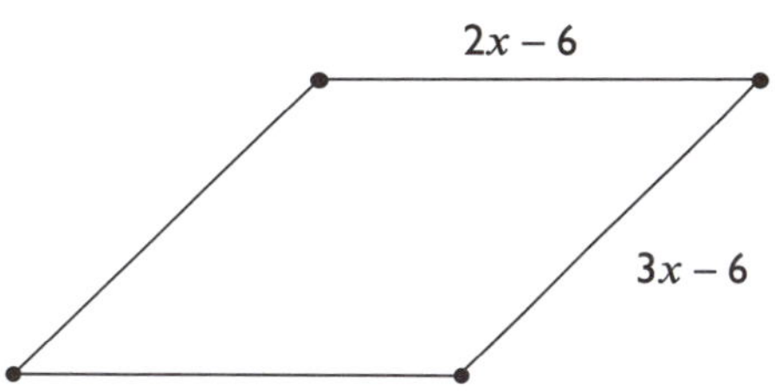

7 **APPLIQUE** les propriétés des égalités afin d'isoler la variable x.

1 $a\cdot x=c$ 2 $2x+v=u$

2

Correctif

1

$$3\cdot(-2-2)+4 \stackrel{?}{=} 2\cdot(-2)-4$$
$$3\cdot(-4)+4 \stackrel{?}{=} -4-4$$
$$-12+4 \stackrel{?}{=} -8$$
$$-8 \stackrel{V}{=} -8$$

Oui, le nombre –2 est solution de cette équation.

2

Distributivité simple
Réduction des termes semblables
Principe d'addition et de soustraction
Réduction des termes semblables
Principe de division

3

1 1 solution 2 0 solution 3 Une infinité de solutions

4

1

$$\begin{aligned} & 2x+9+x=5x-10-2x \\ \Leftrightarrow\ & 3x+9=3x-10 \\ \Leftrightarrow\ & 3x-3x=-10-9 \\ \Leftrightarrow\ & 0x=-19 \\ & S=\varnothing \end{aligned}$$

2

$$\begin{aligned} & x-3\cdot(2x-4)=2x+(3x+4) \\ \Leftrightarrow\ & x-6x+12=2x+3x+4 \\ \Leftrightarrow\ & -5x+12=5x+4 \\ \Leftrightarrow\ & 12-4=5x+5x \\ \Leftrightarrow\ & 8=10x \\ \Leftrightarrow\ & \frac{8}{10}=x \\ \Leftrightarrow\ & \frac{4}{5}=x \\ & S=\left\{\frac{4}{5}\right\} \end{aligned}$$

3

$$\begin{aligned} & \frac{2x+1}{2}-\frac{3x+1}{3}=\frac{1}{6} \\ \Leftrightarrow\ & \frac{6x+3}{6}-\frac{6x+2}{6}=\frac{1}{6} \\ \Leftrightarrow\ & 6x+3-(6x+2)=1 \\ \Leftrightarrow\ & 6x+3-6x-2=1 \\ \Leftrightarrow\ & 0x+1=1 \\ \Leftrightarrow\ & 0x=0 \\ & S=\mathbb{R} \end{aligned}$$

4

$$\begin{aligned} & (2x+3)\cdot(2x-3)=4\cdot(x+1)^2 \\ \Leftrightarrow\ & (2x)^2-3^2=4\cdot(x^2+2\cdot x\cdot 1+1^2) \\ \Leftrightarrow\ & 4x^2-9=4x^2+8x+4 \\ \Leftrightarrow\ & -9-4=4x^2+8x-4x^2 \\ \Leftrightarrow\ & -13=8x \\ \Leftrightarrow\ & x=\frac{-13}{8} \\ & S=\left\{\frac{-13}{8}\right\} \end{aligned}$$

5	6
$10 - \dfrac{2x+2}{3} = 6$ $\Leftrightarrow \dfrac{30}{3} - \dfrac{2x+2}{3} = \dfrac{18}{3}$ $\Leftrightarrow 30 - (2x+2) = 18$ $\Leftrightarrow 30 - 2x - 2 = 18$ $\Leftrightarrow 28 - 2x = 18$ $\Leftrightarrow -2x = -10$ $\Leftrightarrow x = 5$ $S = \{5\}$	$10x^2 - (2x+2) \cdot (-1+5x) = \dfrac{2}{3}$ $\Leftrightarrow 10x^2 - (-2x + 10x^2 - 2 + 10x) = \dfrac{2}{3}$ $\Leftrightarrow 10x^2 + 2x - 10x^2 + 2 - 10x = \dfrac{2}{3}$ $\Leftrightarrow -8x + 2 = \dfrac{2}{3}$ $\Leftrightarrow -8x = -\dfrac{4}{3}$ $\Leftrightarrow x = \dfrac{4}{3 \cdot 8}$ $\Leftrightarrow x = \dfrac{1}{3 \cdot 2}$ $\Leftrightarrow x = \dfrac{1}{6}$ $S = \left\{\dfrac{1}{6}\right\}$

5 CI : Soit x le nombre recherché.

$\frac{x}{4}$ est le quart du nombre et $\frac{x}{5}$ est le cinquième du nombre.

ME : $x + \frac{x}{4} + \frac{x}{5} = 580$

R : $\Leftrightarrow \dfrac{20x}{20} + \dfrac{5x}{20} + \dfrac{4x}{20} = \dfrac{11\,600}{20}$

$\Leftrightarrow 20x + 5x + 4x = 11\,600$

$\Leftrightarrow 29x = 11\,600$

$\Leftrightarrow \dfrac{29x}{29} = \dfrac{11\,600}{29}$

$\Leftrightarrow x = 400$

$S = \{400\}$

P : $400 + \dfrac{400}{4} + \dfrac{400}{5} \overset{?}{=} 580$

$400 + 100 + 80 \overset{V}{=} 580$

S : Ce nombre est 400.

6 CI : Soit x la valeur recherchée.

ME : $P_{Losange} = P_{Parallélogramme}$

$$\Leftrightarrow \quad 4 \cdot (2x - 3) = 2 \cdot (3x - 6 + 2x - 6)$$

R :
$$\begin{aligned}
\Leftrightarrow \quad 8x - 12 &= 2 \cdot (5x - 12) \\
\Leftrightarrow \quad 8x - 12 &= 10x - 24 \\
\Leftrightarrow \quad -2x &= -12 \\
\Leftrightarrow \quad x &= 6 \\
S &= \{6\}
\end{aligned}$$

P :
$$\begin{aligned}
4 \cdot (2 \cdot 6 - 3) &\stackrel{?}{=} 2 \cdot (3 \cdot 6 - 6 + 2 \cdot 6 - 6) \\
4 \cdot 9 &\stackrel{?}{=} 2 \cdot 18 \\
36 &\stackrel{V}{=} 36
\end{aligned}$$

S : La valeur de x doit être égale à 6 pour que le périmètre du losange soit égal au périmètre du parallélogramme.

7 **1** $x = \dfrac{c}{a}$ **2** $x = \dfrac{u - v}{2}$

1. Pour le défi n° 1 :

101

40 | 61

15 | 25 | 36

2. $(n - 2) \cdot 180°$

3. Les angles d'un pentagone régulier sont de même amplitude.

4. Schématise la situation.

5. Prends des exemples, cela t'aidera à déterminer l'équation.

6. Il faut créer une expression où les termes en x s'annulent. Ainsi, la réponse obtenue ne dépendra pas du nombre choisi au départ.

RÉFÉRENTIEL

2 Équations

2

1 Équations du premier degré à une inconnue

1 Définition

Une **équation** est une **égalité** entre deux expressions algébriques comprenant une (ou plusieurs) **inconnue(s)**.

Une **équation du premier degré à une inconnue en x** est une **égalité** entre deux expressions algébriques qui peuvent se simplifier en une expression du type :
$ax + b = cx + d$ où $a \neq c$ et où a, b, c et d sont des nombres réels.

REMARQUE : Cette inconnue peut apparaitre plusieurs fois dans l'équation.

EXEMPLES :

Équations du 1er degré à une inconnue	Autres
• $3x + 3 + 2x = 2x - 6$	• $x^2 = 25$ (équation du deuxième degré)
• $2x + 3 = 10$	• $2 \cdot (x + 7)$ (pas une équation)
• $5x = 0$	• $3x - y = 5$ (équation à deux inconnues)

Résoudre une équation du premier degré à une inconnue, c'est déterminer la valeur par laquelle l'inconnue doit être remplacée pour obtenir une égalité.

NOTATION : On note l'ensemble des solutions S.

2 Propriétés

Pour **résoudre** une équation du premier degré à une inconnue, il faut **isoler l'inconnue**. Pour ce faire, on s'appuie sur **les propriétés des égalités**.

a Principe d'addition/de soustraction

Si on **additionne ou soustrait un même nombre** aux deux membres d'une égalité, on obtient une égalité équivalente.

EXEMPLES :

1
$$3 \cdot 5 = 15$$
$$\Leftrightarrow 3 \cdot 5 + 4 = 15 + 4$$
$$\Leftrightarrow 15 + 4 = 15 + 4$$
$$\Leftrightarrow 19 = 19$$

2
$$x + 2 = 9$$
$$\Leftrightarrow x + 2 - 2 = 9 - 2$$
$$\Leftrightarrow x = 7$$

2

b Principe de multiplication/de division

Si on **multiplie ou divise par un même nombre non nul** les deux membres d'une égalité, on obtient une égalité équivalente.

EXEMPLES :

1
$$3 \cdot 6 = 18$$
$$\Leftrightarrow 3 \cdot 6 \cdot 2 = 18 \cdot 2$$
$$\Leftrightarrow 36 = 36$$

2
$$3x = 15$$
$$\Leftrightarrow \frac{3x}{3} = \frac{15}{3}$$
$$\Leftrightarrow x = 5$$

c Principe du sens de l'égalité

Si on **permute les deux membres d'une égalité**, on obtient une égalité équivalente.

EXEMPLES :

1
$$2 \cdot 6 = 12$$
$$\Leftrightarrow 12 = 2 \cdot 6$$

2
$$-3 = x$$
$$\Leftrightarrow x = -3$$

3 Méthode de résolution d'une équation du premier degré à une inconnue en x

1. Réduire chaque membre de l'équation afin d'obtenir une équation du type $ax + b = cx + d$.
2. Rassembler les termes en x dans un membre et les nombres dans l'autre membre au moyen du principe d'addition ou de soustraction.
3. Réduire chaque membre de l'équation afin d'obtenir une équation du type $ax = b$.
4. Utiliser le principe de multiplication ou de division pour isoler l'inconnue x.
5. Écrire l'ensemble solution.

S'il y a des fractions et des parenthèses dans l'équation, voici une méthode pour la réduire efficacement :

1. Supprimer les parenthèses et réduire les différents termes.
2. Réduire tous les termes de l'équation sous un même dénominateur.
3. Simplifier l'équation en multipliant les deux membres par ce dénominateur commun.

EXEMPLE :

$$\frac{2\cdot(x-3)}{3}-\frac{3x-1}{2}=10x-(10-2x)$$

$\Leftrightarrow \frac{2x-6}{3}-\frac{3x-1}{2}=10x-10+2x$ (distributivité simple)

$\Leftrightarrow \frac{4x-12}{6}-\frac{9x-3}{6}=\frac{60x}{6}-\frac{60}{6}+\frac{12x}{6}$ (réduction au même dénominateur)

$\Leftrightarrow 4x-12-(9x-3)=60x-60+12x$ (par le principe de multiplication)

$\Leftrightarrow 4x-12-9x+3=60x-60+12x$ (suppression de parenthèses)

$\Leftrightarrow -5x-9=72x-60$ (réduction des termes semblables)

$\Leftrightarrow -5x-72x=-60+9$ (par le principe d'addition)

$\Leftrightarrow -77x=-51$ (réduction des termes semblables)

$\Leftrightarrow x=\frac{51}{77}$ (par le principe de division)

$$S=\left\{\frac{51}{77}\right\}$$

4 Méthode de résolution d'un problème

1 **Schématisation du problème** (facultatif)

2 **Choix de l'inconnue (CI)**

Exprimer la (ou les) inconnue(s) à l'aide d'une même lettre.

3 **Mise en équation en lien avec cette inconnue (ME)**

Traduire la situation dans le langage symbolique par une équation (égalité).

4 **Résolution de l'équation (R)**

Résoudre l'équation en s'appuyant sur les propriétés des égalités.

5 **Preuve (P)** (facultatif)

Remplacer x par la valeur trouvée et vérifier que le résultat est cohérent avec les données du problème. Si la réponse trouvée n'est pas vraisemblable, mais que tu ne trouves pas ton erreur, il faut l'exprimer.

6 **Expression de la solution du problème (S)**

Exprimer la solution à l'aide d'une phrase.

2

2 Équations particulières

La résolution de certaines équations donne parfois un résultat particulier.
On distingue deux cas.

Équation impossible	Équation indéterminée
$2x + 1 = 2x + 3$ $\Leftrightarrow \quad 2x - 2x = 3 - 1$ $\Leftrightarrow \quad 0x = 2$ $\Leftrightarrow \quad 0 = 2$ $S = \varnothing$ ou $S = \{\ \}$	$2\cdot(x + 3) = 2x + 6$ $\Leftrightarrow \quad 2x + 6 = 2x + 6$ $\Leftrightarrow \quad 2x - 2x = 6 - 6$ $\Leftrightarrow \quad 0x = 0$ $S = \mathbb{R}$
Si on reprend la deuxième ligne ($0x = 2$), on est amené à trouver un nombre qui, lorsqu'on le multiplie par 0, donne 2. Or, 0 est absorbant pour la multiplication dans $\mathbb{R}$. Il n'existe donc pas de nombre réel qui vérifie cette égalité.	Si on reprend la troisième ligne ($0x = 0$), on est amené à trouver un nombre qui, lorsqu'on le multiplie par 0 donne 0. Et 0 est absorbant pour la multiplication. Donc tous les nombres réels vérifient cette égalité.

3 Transformation de formules

Pour transformer des égalités, il faut utiliser les différentes propriétés vues pour résoudre une équation. Quels que soient les éléments à isoler, il faut respecter ces propriétés.

EXEMPLE : Dans la formule $D = d\cdot q + r$, …

1 pour isoler r

	$D - d\cdot q = d\cdot q + r - d\cdot q$	par le principe de soustraction
$\Leftrightarrow$	$D - d\cdot q = r$	réduction des termes semblables
$\Leftrightarrow$	$r = D - d\cdot q$	par le principe du sens de l'égalité

2 pour isoler d

	$D - r = d\cdot q + r - r$	par le principe de soustraction
$\Leftrightarrow$	$D - r = d\cdot q$	réduction des termes semblables
$\Leftrightarrow$	$\dfrac{D - r}{q} = \dfrac{d\cdot q}{q}$	par le principe de division
$\Leftrightarrow$	$\dfrac{D - r}{q} = d$	simplification
$\Leftrightarrow$	$d = \dfrac{D - r}{q}$	par le principe du sens de l'égalité

CHAPITRE

3 Puissances

PRÉREQUIS

Pour commencer ce chapitre, tu dois être capable de/d' :

- réduire des expressions littérales en respectant les priorités des opérations ;
- déterminer le signe d'une puissance ;
- calculer une puissance à exposant naturel dont la base est un nombre entier ;
- réduire des expressions littérales en utilisant les propriétés des puissances à exposants naturels ;
- utiliser l'écriture en notation scientifique.

OBJECTIFS

Au terme de ce chapitre, tu seras capable de :

- calculer une puissance entière dont la base est un nombre entier ;
- réduire des expressions littérales en utilisant les propriétés des puissances à exposants entiers ;
- justifier les étapes d'un calcul avec des puissances ;
- résoudre un problème en utilisant l'écriture en notation scientifique.

3

1 Puissances à exposants négatifs

ACTIVITÉS

1 Observe les différents tableaux et complète-les.

a Complète la suite des puissances de 2.

Puissances	2^3	2^2	2^1	2^0	2^{-1}	2^{-2}	2^{-3}

b Calcule chaque puissance. Si des nombres décimaux apparaissent, écris-les sous la forme d'une fraction.

Puissances	2^3	2^2	2^1	2^0	2^{-1}	2^{-2}	2^{-3}
Résultats des puissances	8	4	2	1	$\frac{1}{2}$	$\frac{1}{4}$	$\frac{1}{8}$

:2 :2 :2 :2 :2 :2

c Dans le tableau précédent, colorie dans une même couleur les colonnes qui correspondent à des nombres inverses. Cite-les.

2^3 et 2^{-3} ; 2^2 et 2^{-2} ; 2^1 et 2^{-1}

d Complète le tableau.

a	3^2	6^3	2^{-3}	-4^2	$(-3)^{-2}$
Inverse de a sous la forme d'une puissance	3^{-2}	6^{-3}	2^3	-4^{-2}	$(-3)^2$
Inverse de a sous la forme d'une fraction	$\frac{1}{3^2} = \frac{1}{9}$	$\frac{1}{6^3} = \frac{1}{216}$	8	$\frac{1}{-4^2} = \frac{1}{-16} = -\frac{1}{16}$	9

2 Complète les phrases suivantes.

- Si $a \neq 0$, alors l'inverse de a peut s'écrire a^{-1} ou $\frac{1}{a}$.
- L'exposant négatif ne signifie pas forcément que la puissance est négative ; il signifie que l'on doit prendre l'inverse du nombre élevé à la puissance positive.

R119-1 1.1-3

EXERCICES

Fais attention au vocabulaire : l'opposé d'un nombre et l'inverse d'un nombre n'ont pas la même signification.

1 Complète les phrases suivantes à l'aide du terme adéquat.

1. -2^4 est l'opposé de 2^4.
2. 2^{-4} est l'inverse de 2^4.
3. $\left(\frac{2}{3}\right)^{-1}$ est l'inverse de $\frac{3}{2}$.
4. -3^{-2} est l'opposé de 3^{-2}.
5. $(-3)^{-2}$ est l'inverse de $(-3)^2$.
6. -10 est l'opposé de 10.

6) $\frac{1}{10}$ / 10^{-1} est l'inverse de 10

2 Complète chaque égalité avec le bon exposant.

1. $12^{-2} = \frac{1}{12^{2}}$
2. $(-2)^{-13} = \frac{1}{(-2)^{13}}$
3. $19 = \frac{1}{19^{-1}}$
4. $-4^{3} = -\frac{1}{4^{-3}}$

3 Calcule les puissances suivantes.

1. $17^0 =$ ....
2. $1^{-7} =$ ....
3. $6^{-4} =$ ....
4. $7^{-3} =$ ....
5. $11^{-1} =$ ....
6. $(-1)^{-3} =$ ....
7. $(-2)^{-5} =$ ....
8. $-5^{-2} =$ ....
9. $(-3)^4 =$ ....
10. $-3^{-4} =$ ....
11. $\left(\frac{3}{2}\right)^{-4} =$ ....
12. $\left(\frac{6}{5}\right)^{-3} =$ ....
13. $\left(\frac{-6}{7}\right)^{-2} =$ ....
14. $\left(\frac{-5}{3}\right)^{-3} =$ ....
15. $\left(\frac{4}{3}\right)^{-1} =$ ....
16. $\frac{5^{-2}}{3^2} =$ ....

4 Entoure les calculs dont le résultat sera positif.

1. $(-2)^{-2}$
2. $\left(-\frac{1}{2}\right)^2$
3. -12^{-2}
4. 21^{-4}
5. $(-3)^{-11}$
6. $\left(-\frac{2}{-3}\right)^{-3}$
7. $(-2)^{-3} \cdot 4^{-2}$
8. $-\frac{3^{-2}}{-2^{-1}}$

5 Effectue les calculs suivants.

1. $5^{-2} \cdot 10^2 =$ ……………

2. $(5 \cdot 3)^{-1} + (-2)^4 =$ ……………

3. $5 + 2^{-2} \cdot 4 =$ ……………

4. $\dfrac{2^{-3} \cdot 3^2}{5^{-2}} =$ ……………

5. $\dfrac{1}{3^{-2}} - 4 \cdot 7^{-1} =$ ……………

6. $8^{-2} \cdot 2 - \dfrac{5}{2^5} =$ ……………

7. $\dfrac{5}{7^{-2}} + 5 =$ ……………

8. $\left(\dfrac{2}{5}\right)^{-2} - \dfrac{2}{5} =$ ……………

Olympiade Mathématique Belge

$$\frac{2^2 + 2^0 + 2^1 + 2^3}{2^{-2} + 2^{-0} + 2^{-1} + 2^{-3}} =$$

☐ 2^{12} ☐ 29 ☐ 8 ☐ 1 ☐ –1

2 Propriétés des puissances

ACTIVITÉ

3

En 6e, tu as découvert les propriétés liées aux puissances avec des exposants naturels. Vérifie si elles sont également applicables aux puissances avec des exposants négatifs.

a Dans la première colonne du tableau, applique uniquement les règles que tu connais, à savoir les propriétés des puissances avec des exposants naturels et la définition d'une puissance dont l'exposant est négatif.

b Dans la seconde colonne, applique les propriétés des puissances à exposants naturels aux puissances à exposants entiers. Ta réponse ne doit plus contenir d'exposant négatif.

	Exposants naturels	Exposants entiers
1	$a^2 \cdot a^{-5} =$	$a^2 \cdot a^{-5} =$ ....
2	$(a^{-2})^4 =$	$(a^{-2})^4 =$ ....
3	$(a \cdot b)^{-3} =$	$(a \cdot b)^{-3} =$ ....
4	$\left(\frac{a^2}{b^3}\right)^{-3} =$	$\left(\frac{a^2}{b^3}\right)^{-3} =$ ....
5	$\frac{a^3}{a^{-4}} =$	$\frac{a^3}{a^{-4}} =$ ....

R 120-122
2.1-5

3

EXERCICES

1 Calcule les expressions suivantes et indique tes réponses sous la forme de puissances à exposants positifs.

1. $3^{-5} \cdot 3^2 \cdot 3^{-4} =$
2. $(2^5)^{-4} \cdot 8 =$
3. $5^{-4} \cdot \frac{5^2}{5^3} =$
4. $\left(\frac{2}{5}\right)^{-2} \cdot 5^{-3} =$
5. $\frac{2^{-7} \cdot 5^4}{10^4} =$
6. $\frac{(-4)^{-4} \cdot 5^{-7}}{20^{-4}} =$
7. $\frac{10^{-7} \cdot (10^{-4})^2}{10\ 000} =$
8. $48^{-5} \cdot 6^5 =$

2 Cite la règle de calcul utilisée dans le calcul suivant : $\frac{a^8}{a^{15}} = a^{-7}$.

3 Effectue les calculs en utilisant les propriétés des puissances. Le résultat final ne doit plus contenir d'exposant négatif.

Série 1

1. $a^3 \cdot a^{-4} =$
2. $2b^{-5} \cdot 3b^7 =$
3. $a^{-4} \cdot b^{-5} =$
4. $(x^4 \cdot y^{-7})^{-2} =$
5. $(-4x)^{-3} =$
6. $(3a)^{-4} =$
7. $2x^{-4} \cdot (2x^2)^{-2} =$
8. $(-2^2c^{-2})^3 =$
9. $(-4^{-2}a^4)^2 =$
10. $a^{-3} \cdot a^0 \cdot a^3 =$
11. $(2a^{-3} \cdot b^{-5})^{-2} =$
12. $-(-2a^5)^{-4} =$

Série 2

1. $\frac{2a^{-3}}{5a^2} =$
2. $\frac{a^{-2}}{5b^{-5}} =$
3. $\frac{-2b^2}{a^3b^{-3}} =$
4. $\frac{x^{-4}}{2x^{-7}} =$
5. $-2a^{-3}.\ (3a^2b^{-4})^3 =$
6. $\frac{-3a^{-3}b^4}{4a^3b^{-2}} =$
7. $\frac{y^4 \cdot 2y^{-7}}{10y^7} =$
8. $\frac{4^{-2}a^{-7}b^8}{12^{-2}a^4b^{-2}} =$
9. $\frac{18^{-2}x^7y^{-4}z^{-3}}{9^{-1}y^{-2}(z^{-1})^{-1}} =$

Série 3

1. $\left(\frac{2a^{-3}b^2}{5a^2b^3}\right)^2 =$
2. $\frac{a^{-2}}{5b^{-5}} \cdot (3a^{-2}b^3)^{-2} =$
3. $(-a^3b^{-4})^{-1} \cdot (3bc^2)^3 =$
4. $\frac{6a^3b^{-5}c^3}{18a^{-6}b^5c^3} =$
5. $\left(\frac{2x^{-4}z^7}{y^6z^{-2}}\right)^{-4} \cdot (2x^3)^{-2} =$
6. $\left(\frac{a^3b^{-5}}{6a^{-2}b^{-2}}\right)^{-3} =$

Olympiade Mathématique Belge

$$\frac{2^{1\,002} \cdot 5^{2\,003}}{50^{1\,001}} =$$

☐ 1 ☐ 10 ☐ 100 ☐ 1 000 ☐ 10 000

4 Détermine la bonne réponse. Indique la (ou les) formule(s) que tu as utilisée(s).

	Expression	Proposition 1	Proposition 2	Proposition 3
1	$2^3 \cdot 2^{-4} =$	2^{-7}	2^{-12}	2^{-1}
2	$(3^4)^{-2} =$	3^{-8}	3^2	3^8
3	$\frac{5^{-4}}{5^7} =$	5^3	$\frac{1}{5^{11}}$	5^{-3}
4	$\left(\frac{3}{7}\right)^{-1} =$	$\frac{7}{3}$	$\frac{3}{7}$	$3^{-1} \cdot 7^{-1}$
5	$\left(\frac{9}{8}\right)^{3} =$	$9^3 \cdot 8^3$	$\frac{8^3}{9^3}$	$\frac{9^3}{8^3}$
6	$(2^3 \cdot 4^{-1})^2 =$	$2^6 \cdot 4^{-2}$	$2^5 \cdot 4$	$2 \cdot 4^{-3}$

5 Jack prétend que le quadruple de 2^{-7} est 2^{-5}. A-t-il raison ?
Justifie ta réponse à l'aide d'une propriété.

6 Le professeur de Marine a malencontreusement renversé sa tasse de café sur sa feuille d'interrogation. Certaines réponses ne sont plus visibles. Complète le tableau pour qu'elle obtienne le maximum.

$2^3 \cdot 2^{-7} = 2^{-4} =$ …	La moitié de 2^{-3} vaut $2^{\ldots}$.
$10^{-5} \cdot 10^{\ldots} = 10^{-3}$	$\left(\frac{1}{9}\right)^{\ldots} = 9$
$(a^{-2} \cdot b^4)^2 =$ …	$\frac{a^{-3}}{a^{-3}} =$ …
$\left(\frac{a^{-2}}{b^3}\right)^{\ldots} = \frac{a^{\ldots}}{b^{-9}}$	Le double de 2^{-10} vaut $2^{\ldots}$.
Le triple de $3^{\ldots}$ vaut 3^{-3}.	$\frac{b^{-4}}{b^{\ldots}} = b^{-3}$

3 Notation scientifique

ACTIVITÉ

Léa a appris que la notation scientifique servait à écrire de petits nombres ou de grands nombres. Une revue scientifique qu'elle a lue présente une autre notation possible : la ***notation ingénieur***.

Les préfixes kilo, méga, giga, tera, ... et milli, micro, nano et pico sont en lien avec la notation ingénieur.

La revue explique également comment utiliser cette notation ingénieur.

> La ***notation ingénieur*** se présente comme le produit de deux facteurs :
> – le premier est un nombre dont la valeur absolue est comprise entre 1 inclus et 1 000 exclu ;
> – le second est une puissance de 10 dont l'exposant est un multiple de 3.
> $a \cdot 10^{3n}$ est écrit en notation ingénieur si $1 \leq |a| < 1\,000$ et $n \in \mathbb{Z}$

Aide Léa à transformer chaque notation ingénieur en notation scientifique.

R122 3

	Notation ingénieur	Notation scientifique
1	$12{,}3 \cdot 10^{6}$	....
2	$932{,}3 \cdot 10^{-3}$	....
3	$-321 \cdot 10^{12}$	....
4	$-80 \cdot 10^{-3}$	....

Olympiade Mathématique Belge

En informatique, un octet est formé de 8 bits ; un kilooctet vaut 2^{10} octets ; un mégaoctet vaut 2^{10} kilooctets. De combien de bits est formé un mégaoctet ?

☐ 2^{23} ☐ 2^{28} ☐ 2^{300} ☐ 2^{800} ☐ $2^{10^{10^3}}$

EXERCICES

1 Écris les nombres suivants en utilisant la notation scientifique.

1. 1 000 = ...
2. –2 565 000 = ...
3. 0,000 23 = ...
4. 0,12 = ...
5. 1,54 = ...
6. 0,000 000 002 = ...
7. 12 345 = ...
8. 3 000 000 234,5 = ...
9. 2 222,2 = ...
10. –2 014,04 = ...

Olympiade Mathématique Belge

Parmi les encadrements suivants du nombre $p = 49\ 000 \cdot 21\ 000$, un seul est correct. Lequel ?

☐ $10^8 < p < 10^9$ ☐ $10^9 < p < 10^{10}$ ☐ $10^8 < p < 8 \cdot 10^8$
☐ $8 \cdot 10^8 < p < 9 \cdot 10^8$ ☐ $10^{10} < p < 10^{11}$

3

2 Calcule les expressions suivantes et écris le résultat à l'aide de la notation scientifique.

1. $0{,}005 \cdot 210\ 000 =$
2. $(-4\ 000\ 000)^2 =$
3. $2 \cdot 10^{-14} \cdot (-2\ 000) =$
4. $(-2 \cdot 10^{-4})^{-2} =$

3 Un professeur de mathématiques demande à ses élèves d'écrire 234 milliards en notation scientifique. Julien a trouvé comme solution $2{,}34 \cdot 10^{11}$. Bastien a quant à lui trouvé $234 \cdot 10^9$.

a. Détermine celui qui a correctement répondu.

b. Justifie ton choix.

4 Résous les problèmes suivants. Écris ta réponse à l'aide de la notation scientifique.

1. La lumière se propage à une vitesse de $3 \cdot 10^8$ m/s. La distance entre le Soleil et Jupiter est d'environ 778,5 millions de kilomètres. Combien de temps la lumière met-elle pour parcourir cette distance ? p.62 1
2. Combien d'allumettes de 5 centimètres de long faudrait-il pour relier la Terre à la Lune, distantes d'environ 384 400 kilomètres ?
3. Le cœur de Julie présente une malformation et bat environ 110 fois par minute. Sachant qu'elle est âgée de 32 ans, indique au moyen de la notation scientifique le nombre approximatif de battements effectués par le cœur de Julie jusqu'à présent. p.62 2
4. Détermine combien de décimales du nombre π pourraient être écrites sur la célèbre Route 66, longue de $3{,}945 \cdot 10^6$ mètres, si chaque décimale mesure $5 \cdot 10^{-5}$ kilomètres de large. p.62 1

Olympiade Mathématique Belge

Si la vitesse de la lumière est de $3 \cdot 10^5$ km/s, quelle distance parcourt la lumière en une heure ?

☐ $0{,}108 \cdot 10^7$ km ☐ $1{,}08.\ 10^7$ km ☐ $10{,}8 \cdot 10^7$ km ☐ $108 \cdot 10^7$ km ☐ $1\ 080 \cdot 10^7$ km

Exercices supplémentaires

1 Puissances à exposants négatifs

1 Calcule les puissances suivantes.

1 $6^4 =$

2 $1^9 =$

3 $13^{-2} =$

4 $9^{-3} =$

5 $4^{-3} =$

6 $(-3)^{-1} =$

7 $(-5)^{-2} =$

8 $-7^{-2} =$

9 $(-6)^4 =$

10 $-3^{-5} =$

11 $\left(\frac{3}{-2}\right)^{-4} =$

12 $\left(\frac{7}{2}\right)^{-3} =$

13 $\left(\frac{5}{-3}\right)^{-2} =$

14 $(-0{,}01)^{-3} =$

15 $(-2{,}25)^{-3} =$

2 Pour chaque expression, entoure la proposition correcte.

	Expression	Proposition 1	Proposition 2	Proposition 3
1	$2^{-1} =$	-2	$\frac{1}{2}$	$-\frac{1}{2}$
2	$(3^{-2})^{-3} =$	729	$\frac{1}{243}$	$\frac{1}{729}$
3	$\left(\frac{-4}{5}\right)^{-3} =$	$-\frac{64}{125}$	$-\frac{125}{64}$	$\frac{64}{125}$
4	$(-6)^{-3} =$	216	-216	$-\frac{1}{216}$
5	$5^{-2} =$	$-\frac{1}{25}$	$\frac{1}{25}$	-25
6	$-3^{-4} =$	$-\frac{1}{81}$	$\frac{1}{81}$	81

3 Détermine si la proposition suivante est correcte.
Si elle est vraie, justifie ta réponse ; si elle est fausse, cite un contrexemple.
« Toute puissance dont la base est négative et l'exposant négatif est négative. »

2 Propriétés des puissances

1 Transforme les expressions suivantes de manière à ne plus avoir d'exposant négatif ($a, b, c, x, y, z \in \mathbb{R}_0$).

Série 1

1 $a^5 \cdot a^7 =$

2 $a^{-4} \cdot a^6 =$

3 $a^2 \cdot a^{-7} =$

4 $a^{-3} \cdot a^3 =$

5 $b^{-4} \cdot b^{-2} =$

6 $x^{-7} \cdot x^{-2} \cdot x^3 =$

7 $a^2x^{-4} \cdot a^{-4} =$

8 $c^2 \cdot c^{-5} \cdot c^3 =$

9 $y \cdot y^{-5} \cdot x^2 =$

10 $2x^{-1} \cdot 5x^{-3} =$

Série 2

1 $(x^{-3})^2 =$

2 $(a^{-2})^{-4} =$

3 $(y^2)^{-7} =$

4 $(2a^{-1})^{-1} =$

5 $(-x^2)^{-3} =$

6 $(a^2b^{-3})^2 =$

7 $(a^{-4}b^{-5})^{-2} =$

8 $(5a^{-3}b^3)^{-3} =$

9 $(-2a^2b^{-4})^{-4} =$

10 $\left(\frac{2}{5}y^{-2}z^4\right)^{-3} =$

Série 3

1 $\frac{a^6}{a^4} =$

2 $\frac{a^3}{a^7} =$

3 $\frac{y^5}{y^5} =$

4 $\frac{a^4}{a^{-4}} =$

5 $\frac{x^{-2}}{x^{-7}} =$

6 $\frac{3a^4b^{-4}}{6a^{-2}b^7} =$

7 $\frac{c^{-3}d^8}{a^4b^{-2}c^{-6}} =$

8 $\frac{18a^2b^{-10}}{90a^{-47}b^{25}} =$

9 $\frac{2(x^2y^{-4})^{-2}}{(4^{-1}x^6y^2)^{-3}} =$

10 $\frac{-256x^{-9}y^{-14}}{1024x^4y^{-6}} =$

2 Pour chaque expression, entoure la (ou les) proposition(s) correcte(s).

	Expression	Proposition 1	Proposition 2	Proposition 3
1	$(x^3)^{-5} =$	x^{15}	$\frac{1}{x^{15}}$	x^{-2}
2	$\frac{12a^4}{24a^{-6}} =$	$\frac{1}{2}a^{10}$	$\frac{1}{2a^{10}}$	$\frac{1}{2}a^{-2}$
3	$(2y^{-2})^{-1} =$	$2y^2$	$-2y^2$	$\frac{y^2}{2}$
4	$-3b \cdot (-2b)^{-2} =$	$-\frac{3}{4}b$	$\frac{3}{4b}$	$-\frac{3}{4b}$

3

3 Notation scientifique

1 Écris les nombres suivants à l'aide de la notation scientifique.

1. 0,004 =
2. 1 200 =
3. 0,123 =
4. 123 000 =
5. 0,000 523 =
6. 123,45 =
7. 67 =
8. 0,020 819 85 =
9. 288 000 =
10. 26 092 005 =

2 Complète le tableau.

	Nombre décimal	Notation scientifique
1	0,000 034	
2		$2{,}45 \cdot 10^{11}$
3	213 300	
4		$-3{,}45 \cdot 10^{-8}$
5	–2 360 000 000	

3 Calcule les expressions et écris le résultat à l'aide de la notation scientifique.

1. 0,002 · 12 000 =
2. 12,5 · 0,04 =
3. 125 000 000 · 0,000 008 =
4. 325 · 0,000 4 =
5. 21 000 · 0,003 4 =
6. 99 000 000 · 32 000 =
7. 0,000 000 19 · 0,000 005 =
8. 4 500 000 · 0,000 003 =
9. $5\,000^3$ =
10. $0{,}000\,03^5$ =
11. $-200\,000^4$ =
12. $(-0{,}000\,7)^2$ =

4 Classe les nombres suivants par ordre croissant.

$2{,}5 \cdot 10^3$; $25 \cdot 10^3$; $2{,}5 \cdot 10^5$; $2{,}5 \cdot 10$; $2{,}5 \cdot 10^2$

5 Classe les nombres suivants par ordre décroissant.

$6{,}8 \cdot 10^{-3}$; $6{,}8 \cdot 10^{-11}$; $6{,}8 \cdot 10^{-1}$; $6{,}8 \cdot 10^{-10}$; $68 \cdot 10^{-13}$

6 Entoure la (ou les) notation(s) scientifique(s) correcte(s) pour chaque nombre proposé.

	Nombre	Proposition 1	Proposition 2	Proposition 3
1	6400	$64 \cdot 10^2$	$6{,}4 \cdot 10^3$	$6{,}4 \cdot 10^2$
2	0,009 45	$9{,}45 \cdot 10^3$	$9{,}45 \cdot 10^{-4}$	$9{,}45 \cdot 10^{-3}$
3	2 885 000 000	$2{,}885 \cdot 10^9$	$2{,}885 \cdot 10^{10}$	$0{,}288\,5 \cdot 10^{11}$
4	0,000 000 250 589	$2{,}505\,89 \cdot 10^{-6}$	$2{,}505\,89 \cdot 10^{-7}$	$2{,}505\,89 \cdot 10^{-8}$

4 Problèmes

Résous les problèmes suivants.

1 La lumière se propage à une vitesse de $3 \cdot 10^5$ km/s. Combien de temps met-elle pour parcourir la distance entre le Soleil et Uranus, qui est d'environ 3 milliards de kilomètres lorsque la planète est la plus éloignée du Soleil ?

2 L'octet (ou *byte*) est la plus petite unité de données de stockage utilisée par un programme sur un ordinateur. En sachant qu'un octet équivaut à 8 bits, calcule le nombre de bits contenus dans…

1 un disque dur d'un Téraoctet.

2 une clé USB de 128 Gigaoctets.

3 un ordinateur portable de 512 Gigaoctets.

4 un document de 500 Ko.

5 un film de 700 Mo.

3 La vitesse du son dans l'air est d'environ 340 m/s. La longueur de l'Équateur terrestre est d'environ 40 000 kilomètres. Combien de temps le son met-il pour parcourir cette distance ?

4 Dans l'eau, le son se propage à une vitesse d'environ 1 500 m/s. La distance entre les États-Unis et le Maroc dans l'océan Atlantique est d'environ 4 830 km. Combien de temps le son met-il pour parcourir cette distance ?

Teste-toi !

1 Lors d'une interrogation, Julie a noté $(a^{-3})^{-2} = -a^6$. Elle n'a pas obtenu de point.

a **INDIQUE** la bonne réponse : $(a^{-3})^{-2} = \ldots$

b **JUSTIFIE** ta réponse à l'aide d'une propriété.

2 **ENTOURE** les puissances dont le résultat sera négatif.

$(-2)^{-4}$ $\qquad (-25)^0$ $\qquad \left(\frac{6}{-5}\right)^{-5}$

2^{-7} $\qquad -8^{-6}$

3 **EFFECTUE** les calculs suivants.

1 $2^{-4} =$

2 $\left(\frac{3}{2}\right)^{-3} =$

3 $(-4)^{-2} =$

4 $\frac{3^{-2}}{4^{-1}} =$

5 $\frac{5^{-2} \cdot (-2)^{-4}}{10^{-3}} =$

6 $\left(\frac{1}{2}\right)^{-1} \cdot 8^2 \cdot 4^{-3} =$

4 **SIMPLIFIE** les expressions algébriques en utilisant les propriétés des puissances. Tes réponses ne doivent plus contenir d'exposant négatif.

1 $a^2 \cdot a^{-3} =$

2 $2a^{-3} \cdot b^3 =$

3 $(-2a^5)^{-3} =$

4 $\frac{2a^{-7}}{a^3} =$

5 $(3a^{-4}b^{-5})^{-4} =$

6 $\left(\frac{-3a^6b^{-6}}{7b^{-4}c^4}\right)^{-2} =$

5 **ENTOURE** les nombres qui sont écrits en notation scientifique.

$0{,}004 \cdot 10^{-2}$ $\qquad 1{,}200 \cdot 10^3$ $\qquad 0{,}123 \cdot 10^4$ $\qquad 123\ 000 \cdot 10^2$ $\qquad 5{,}23 \cdot 10^{-4}$

6 **COMPLÈTE** le tableau suivant.

	Nombre sous forme décimale	Notation scientifique
1		$2{,}234 \cdot 10^9$
2	0,002	
3	2 019	
4	78 660 000	
5		$7{,}888\ 8 \cdot 10^{-6}$

7 **CALCULE** et **ÉCRIS** le résultat en notation scientifique.

1 $3\ 000\ 000 \cdot 2\ 500\ 000\ 000 =$

2 $-0{,}000\ 000\ 24 \cdot 7\ 000 =$

8 **RÉSOUS** les problèmes suivants.

1 La vitesse du son dans l'air est d'environ 340 m/s. La distance à vol d'oiseau entre Bruxelles et la ville de Canberra en Australie est d'environ 17 000 kilomètres. **DÉTERMINE** en combien de temps le son parcourt cette distance.

2 Une molécule d'eau pèse environ $3 \cdot 10^{-26}$ kg. **DÉTERMINE** combien de molécules d'eau il y a approximativement dans 150 g d'eau.

Correctif

1 **a** $(a^{-3})^{-2} = a^6$

b Pour élever une puissance à une autre puissance, il faut recopier la base et multiplier les exposants.

2 $(-2)^{-4}$ 2^{-7} $(-25)^0$ $\boxed{-8^{-6}}$ $\boxed{\left(\dfrac{6}{-5}\right)^{-5}}$

3

1. $2^{-4} = \dfrac{1}{2^4} = \dfrac{1}{16}$
2. $\left(\dfrac{3}{2}\right)^{-3} = \left(\dfrac{2}{3}\right)^3 = \dfrac{2^3}{3^3} = \dfrac{8}{27}$
3. $(-4)^{-2} = \dfrac{1}{(-4)^2} = \dfrac{1}{16}$
4. $\dfrac{3^{-2}}{4^{-1}} = \dfrac{4}{3^2} = \dfrac{4}{9}$
5. $\dfrac{5^{-2} \cdot (-2)^{-4}}{10^{-3}} = \dfrac{10^3}{5^2 \cdot (-2)^4} = \dfrac{1\,000}{25 \cdot 16} = \dfrac{1\,000}{400} = \dfrac{5}{2}$
6. $\left(\dfrac{1}{2}\right)^{-1} \cdot 8^2 \cdot 4^{-3} = 2 \cdot 64 \cdot \dfrac{1}{4^3} = \dfrac{128}{64} = 2$

4

1. $a^2 \cdot a^{-3} = a^{2-3} = a^{-1} = \dfrac{1}{a}$
2. $2a^{-3} \cdot b^3 = \dfrac{2b^3}{a^3}$
3. $(-2a^5)^{-3} = \dfrac{1}{(-2a^5)^3} = \dfrac{1}{(-2)^3(a^5)^3} = \dfrac{1}{-8a^{15}} = \dfrac{-1}{8a^{15}}$
4. $\dfrac{2a^{-7}}{a^3} = 2a^{-7-3} = 2a^{-10} = \dfrac{2}{a^{10}}$
5. $(3a^{-4}b^{-5})^{-4} = \dfrac{1}{(3a^{-4}b^{-5})^4} = \dfrac{1}{3^4(a^{-4})^4(b^{-5})^4} = \dfrac{1}{81a^{-16}b^{-20}} = \dfrac{a^{16}b^{20}}{81}$
6. $\left(\dfrac{-3a^6b^{-6}}{7b^{-4}c^4}\right)^{-2} = \left(\dfrac{7b^{-4}c^4}{-3a^6b^{-6}}\right)^2 = \dfrac{7^2(b^{-4})^2(c^4)^2}{(-3)^2(a^6)^2(b^{-6})^2} = \dfrac{49b^{-8}c^8}{9a^{12}b^{-12}} = \dfrac{49b^{-8+12}c^8}{9a^{12}} = \dfrac{49b^4c^8}{9a^{12}}$

5 $0{,}004 \cdot 10^{-2}$ $\boxed{1{,}200 \cdot 10^3}$ $0{,}123 \cdot 10^4$ $123\ 000 \cdot 10^2$ $\boxed{5{,}23 \cdot 10^{-4}}$

3

6

	Nombre sous forme décimale	Notation scientifique
1	2 234 000 000	$2{,}234 \cdot 10^{9}$
2	0,002	$2 \cdot 10^{-3}$
3	–2 019	$-2{,}019 \cdot 10^{3}$
4	78 660 000	$7{,}866 \cdot 10^{7}$
5	0,000 007 888 8	$7{,}888\,8 \cdot 10^{-6}$

7 1 $3 \cdot 10^{6} \cdot 2{,}5 \cdot 10^{9} = 7{,}5 \cdot 10^{15}$

2 $-2{,}4 \cdot 10^{-7} \cdot 7 \cdot 10^{3} = -16{,}8 \cdot 10^{-4} = -1{,}68 \cdot 10 \cdot 10^{-4} = -1{,}68 \cdot 10^{-3}$

8 1 Temps nécessaire : $\dfrac{17\,000 \cdot 10^{3}}{340} = 50 \cdot 10^{3} = 5 \cdot 10^{4}$

Le son parcourt la distance entre Bruxelles et Canberra en $5 \cdot 10^{4}$ secondes.

2 Une molécule d'eau pèse $3 \cdot 10^{-23}$ g.

Dans 150 g, il y en a donc $\dfrac{150}{3 \cdot 10^{-23}} = 50 \cdot 10^{23} = 5 \cdot 10^{24}$ molécules d'eau.

1. Il est plus simple de comparer des données dans la même unité.
2. 1 an = 365 jours ; 1 jour = 24 heures ; 1 heure = 60 minutes.

RÉFÉRENTIEL

3 Puissances

1 Puissances à exposants négatifs

1 Rappel

Un nombre a élevé à la **puissance** m est égal au produit de m facteurs égaux à a.

$$\forall a \in \mathbb{Q}, \forall m \in \mathbb{N}_0 : a^m = \underbrace{a \cdot a \cdot a \cdot \ldots \cdot a}_{m \text{ facteurs égaux à « } a \text{ »}}$$

EXEMPLES :

1 $4^3 = 4 \cdot 4 \cdot 4$

2 $\left(\frac{1}{2}\right)^4 = \frac{1}{2} \cdot \frac{1}{2} \cdot \frac{1}{2} \cdot \frac{1}{2}$

Une puissance est **négative** si **sa base est négative** et **son exposant est impair**.

Une puissance est **positive** si **sa base est positive** et/ou **son exposant est pair**.

$$\forall a \in \mathbb{Q}, \forall n \in \mathbb{Z}_0 : (-a)^n = \begin{cases} a^n & \text{si } n \text{ est pair} \\ -a^n & \text{si } n \text{ est impair} \end{cases}$$

EXEMPLES :

1 $(-4)^3 = -64$

2 $(-4)^2 = 16$

3 $4^3 = 64$

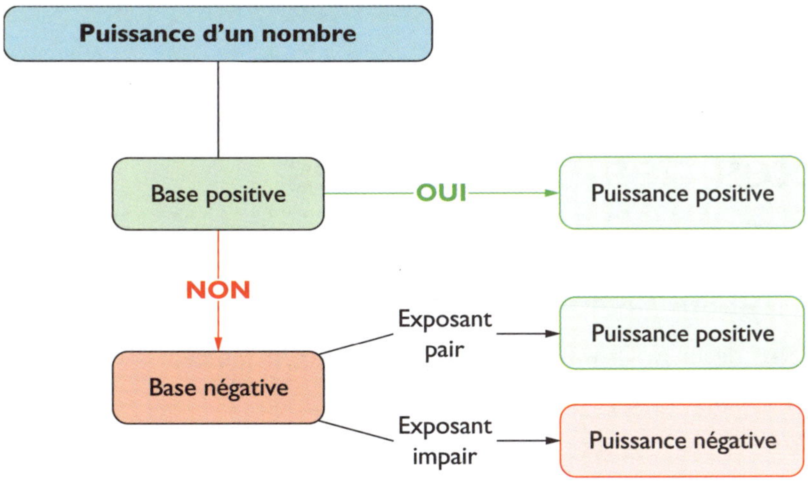

Un nombre non nul à la **puissance 0** vaut 1.

$$\forall a \in \mathbb{Q}_0 : a^0 = 1$$

EXEMPLES :

1 $3^0 = 1$

2 $(-6)^0 = 1$

3 $-7^0 = -1$

Kehrwert

2 Inverse d'un nombre

L'**inverse** d'un nombre non nul se note à l'aide d'**un exposant –1.**

$\forall a \in \mathbb{Q}_0$, l'inverse de a se note $a^{-1} = \dfrac{1}{a}$

EXEMPLES :

1 L'inverse de 3 se note $3^{-1} = \dfrac{1}{3}$.

2 L'inverse de $\dfrac{2}{3}$ se note $\left(\dfrac{2}{3}\right)^{-1} = \dfrac{3}{2}$.

REMARQUES :

- L'opposé d'un nombre est différent de son inverse.
- L'inverse du nombre 1 est 1.
  En effet : $1^{-1} = \dfrac{1}{1} = 1$

Gegenteil

- L'opposé de 0 est 0. En effet, $-0 = 0$.
- L'inverse du nombre 0 n'existe pas.
  En effet, $0^{-1} = \dfrac{1}{0} \nexists$.
  On ne peut diviser par 0.

3 Puissances à exposants négatifs

Tout **nombre** a élevé à une puissance **négative** est égal à l'**inverse** de ce nombre élevé à la puissance **positive**.

$\forall a \in \mathbb{Q}_0, \forall m \in \mathbb{Z} : a^{-m} = \dfrac{1}{a^m}$

EXEMPLES :

1 $4^{-3} = \left(\dfrac{1}{4}\right)^3 = \dfrac{1}{4^3}$

2 $\left(\dfrac{1}{2}\right)^{-4} = \left(\dfrac{2}{1}\right)^4 = 2^4$

3 $\left(\dfrac{4}{5}\right)^{-2} = \left(\dfrac{5}{4}\right)^2 = \dfrac{5^2}{4^2}$

4 $\left(-\dfrac{2}{3}\right)^{-3} = \left(-\dfrac{3}{2}\right)^3 = -\dfrac{3^3}{2^3}$

2 Propriétés des puissances

1 Produit de puissances de même base

Pour **multiplier** deux puissances de **même base**, il faut…
- **recopier** la base ;
- **additionner** les exposants.

$\forall a \in \mathbb{Q}_0, m, n \in \mathbb{Z} : a^m \cdot a^n = a^{m+n}$

EXEMPLES :

1 $3^2 \cdot 3^5 = 3^{2+5} = 3^7$

2 $(-2)^3 \cdot (-2)^2 = (-2)^{3+2} = (-2)^5$

3 $2^{-4} \cdot 2^{-3} = 2^{-4+(-3)} = 2^{-7}$

4 $a^5 \cdot a^{-8} = a^{5+(-8)} = a^{5-8} = a^{-3}$

2 Puissance d'une puissance

Pour **élever** une puissance à une autre puissance, il faut...
- **recopier** la base ;
- **multiplier** les exposants.

$\forall a \in \mathbb{Q}_0, m, n \in \mathbb{Z}$: $(a^m)^n = a^{m \cdot n}$

EXEMPLES :

1 $(3^2)^5 = 3^{2 \cdot 5} = 3^{10}$

2 $[(-2)^3]^5 = (-2)^{3 \cdot 5} = (-2)^{15}$

3 $(2^{-4})^2 = 2^{-4 \cdot 2} = 2^{-8}$

4 $(a^{-5})^{-2} = a^{-5 \cdot (-2)} = a^{10}$

3

3 Puissance d'un produit

Pour **élever un produit** de facteurs à **une puissance**, il faut **élever chaque facteur** à cette **puissance**.

$\forall a, b \in \mathbb{Q}_0, m, n \in \mathbb{Z}$: $(a \cdot b)^n = a^n \cdot b^n$

EXEMPLES :

1 $(3 \cdot 4)^5 = 3^5 \cdot 4^5$

2 $(-2a^3)^2 = (-2)^2 \cdot (a^3)^2 = 4a^6$

3 $(3 \cdot 5)^{-2} = 3^{-2} \cdot 5^{-2}$

4 $(a \cdot b)^{-4} = a^{-4} \cdot b^{-4}$

4 Puissance d'un quotient

Pour **élever un quotient à une puissance**, il faut **élever** le numérateur et le dénominateur à **cette puissance**.

$\forall a, b \in \mathbb{Q}_0, n \in \mathbb{Z}$: $\left(\frac{a}{b}\right)^n = \frac{a^n}{b^n}$

EXEMPLES :

1 $\left(\frac{7}{2}\right)^2 = \frac{7^2}{2^2}$

2 $\left(\frac{a^2}{b^4}\right)^3 = \frac{(a^2)^3}{(b^4)^3} = \frac{a^6}{b^{12}}$

3 $\left(\frac{3}{4}\right)^{-2} = \frac{3^{-2}}{4^{-2}}$

4 $\left(\frac{a^{-2}}{b^{-3}}\right)^{-2} = \frac{(a^{-2})^{-2}}{(b^{-3})^{-2}} = \frac{a^4}{b^6}$

5 Quotient de puissances de même base

Pour **diviser** deux puissances de **même base**, il faut...
- **recopier** la base ;
- **soustraire** les exposants.

$\forall a \in \mathbb{Q}_0,\ m, n \in \mathbb{Z} : \dfrac{a^m}{a^n} = a^{m-n}$

3

EXEMPLES :

1. $\dfrac{4^7}{4^5} = 4^{7-5} = 4^2$
2. $\dfrac{4^5}{4^8} = 4^{5-8} = 4^{-3}$
3. $\dfrac{a^{-2}}{a^3} = a^{-2-3} = a^{-5}$
4. $\dfrac{b^4}{b^{-2}} = b^{4-(-2)} = b^{4+2} = b^6$

3 Notation scientifique

On utilise l'écriture en notation scientifique pour représenter des nombres très petits ou très grands. Elle permet une meilleure comparaison de certaines grandeurs. Cette notation est très souvent utilisée en physique.

La **notation scientifique** se note comme le produit de deux facteurs :
- le **premier** est un nombre dont la **valeur absolue est comprise entre 1 inclus et 10 exclu** ;
- le **second** est une **puissance de 10** à exposant entier.

$a \cdot 10^n$ est écrit en notation scientifique si $1 \leq |a| < 10$ et $n \in \mathbb{Z}$.

EXEMPLES :

$1{,}0254 \cdot 10^2$ est la notation scientifique du nombre décimal 102,54.

$-4{,}42 \cdot 10^{-5}$ est la notation scientifique du nombre décimal $-0{,}000\ 044\ 2$.

CHAPITRE

4 Raisonnement déductif

PRÉREQUIS

Pour commencer ce chapitre, tu dois être capable de/d' :

- construire des figures simples ;
- comprendre et utiliser, dans son contexte, le vocabulaire propre à la géométrie ;
- connaitre les propriétés et les définitions des figures de base (triangles, quadrilatères) ;
- compter, dénombrer et classer les nombres ;
- organiser les nombres par familles.

OBJECTIFS

Au terme de ce chapitre, tu seras capable de :

- distinguer une hypothèse d'une thèse ;
- distinguer une implication de sa réciproque ;
- reconstituer et/ou rédiger un raisonnement.

1 Raisonnement déductif

ACTIVITÉS

4

1 Delphine est partie en vacances en camping au début du mois d'aout ; il y faisait très chaud.

a À l'aide des propriétés proposées ci-dessous, démontre qu'elle a pleuré.

1 Si Delphine est dans un camping, alors elle fait de la balançoire.

 ⇒ 

2 Si Delphine fait de la balançoire, alors ses parents sont contents.

 ⇒ 

3 Si Delphine est pourchassée par des guêpes, alors elle pleure.

 ⇒ 

4 Si Delphine mange une pomme et qu'il fait chaud, alors des guêpes la pourchassent.

 + 

⇒ 

5 Si Delphine a fait de la balançoire, alors elle mange une pomme.

 ⇒ 

....

....

....

....

....

....

....

....

....

4

b Complète les phrases ci-dessous.

- Les données de départ sont :

  ....

  ....

  Ce sont les ....
- La conclusion de cette histoire est : ....

  C'est la ....

c Delphine pleure. À l'aide des propriétés données à la page précédente, est-il possible de démontrer qu'elle est partie en vacances début aout dans un camping et qu'il faisait chaud ce jour-là ?

....

....

....

....

....

....

2 Le professeur de mathématiques affirme que, si un nombre est pair, alors il est divisible par 4. Anna répond : « C'est vrai ; 8 est un nombre pair et il est divisible par 4. » Benoit, quant à lui, déclare : « C'est faux ; 2 est un nombre pair et il n'est pas divisible par 4. » Qui a raison ? Indique ta réflexion.

....

....

....

....

....

....

3 Le professeur de mathématiques affirme que la somme de deux nombres naturels consécutifs est un nombre impair.

a Vérifie à l'aide de quatre exemples que cette propriété semble vraie.

....

....

b Démontre la véracité de cette propriété.

....

....

....

....

.... R12

Olympiade Mathématique Belge

Si certains professeurs sont des savants et si tous les savants sont des génies, alors on peut en déduire que…

- ☐ Tous les génies sont des savants.
- ☐ Certains professeurs sont des génies.
- ☐ Certains professeurs ne sont pas des génies.
- ☐ Il existe des génies qui ne sont pas des savants.
- ☐ Les professeurs qui ne sont pas des savants ne sont pas non plus des génies.

EXERCICES

1 Dans chaque propriété, souligne l'hypothèse en vert et la thèse en rouge.

1. Si un triangle est équilatéral, alors il est isocèle.
2. Si un nombre est divisible par 6, alors il est divisible par 3.
3. Si un nombre est supérieur à 20, alors il est supérieur à 19.
4. Si un nombre est pair, alors son consécutif est impair.

2 Observe les propriétés ci-dessous.

a Réécris les propriétés en utilisant la formulation « Si …, alors … ».

1. Les diagonales d'un rectangle sont de même longueur et se croisent en leur milieu.
2. Un quadrilatère dont les diagonales se croisent en leur milieu est un parallélogramme.
3. Les angles adjacents à la base d'un triangle isocèle sont de même amplitude.
4. Un nombre divisible par deux nombres premiers entre eux est divisible par leur produit.
5. Deux angles correspondants formés par deux parallèles et une sécante sont de même amplitude.

b Souligne les hypothèses en vert et les thèses en rouge.

3 Complète les deux premières colonnes du tableau à l'aide d'une croix si la proposition se vérifie. Indique ensuite dans la troisième colonne le signe d'implication adéquat.

		L'énoncé est vrai	La réciproque est vraie	⇒, ⇐ ou ⇔
1	Si un quadrilatère est un carré, alors c'est un rectangle.			
2	Si un triangle est isocèle, alors il a deux angles de même amplitude.			
3	Si un nombre est divisible par 2, alors il est divisible par 4.			
4	Si un nombre est inférieur à 100, alors il est inférieur à 101.			
5	Si deux angles sont opposés par le sommet, alors ils sont de même amplitude.			

4 Si un quadrilatère est un rectangle, alors ses diagonales sont de même longueur.

a Écris la réciproque de cette propriété.

b Cette réciproque n'est pas vraie. Construis un contrexemple qui l'illustre.

c Détermine quelle(s) condition(s) doivent vérifier les diagonales d'un quadrilatère pour que ce soit un rectangle ?

Olympiade Mathématique Belge

En admettant qu'une forêt possède un million d'arbres feuillus et que tout arbre feuillu possède un nombre de feuilles compris entre 0 et 200 000, laquelle des affirmations suivantes est certainement vraie ?

- ☐ Deux arbres de cette forêt ne peuvent jamais posséder le même nombre de feuilles.
- ☐ Cette forêt comprend un arbre possédant une seule feuille.
- ☐ Cette forêt comprend au moins deux arbres ayant au moins 100 000 feuilles.
- ☐ Cette forêt comprend des arbres non feuillus.
- ☐ Cette forêt comprend au moins deux arbres ayant le même nombre de feuilles.

5 Traduis les hypothèses et la thèse des situations suivantes en langage mathématique.

1. Dans un rectangle *ABCD*, on trace une sécante *s* à (*AB*). Démontre que *s* est sécante à (*CD*).
2. Soit un losange *BEAU* dont les diagonales sont de même longueur. Démontre que *BEAU* est un carré.
3. Dans un cercle $\mathscr{C}$ de centre *O*, si *m* est la médiatrice d'une corde [*AB*], alors *m* passe par le centre du cercle.
4. Une diagonale d'un rectangle *GOAL* le partage en deux triangles de même aire.
5. Un parallélogramme *ZBRA* dont les diagonales sont de même longueur est un rectangle.

Exercices supplémentaires

1 Dans les propriétés suivantes, souligne les hypothèses en vert et les thèses en rouge.

1 Si deux nombres sont premiers entre eux, alors leur PGCD est 1.

2 La médiane relative à la base d'un triangle isocèle est une hauteur et une médiatrice.

3 Dans un rectangle, les diagonales sont perpendiculaires si deux de ses côtés consécutifs sont de même longueur.

4 Si le PGCD de deux nombres est 1, alors ils sont premiers entre eux.

5 Le lieu des points équidistants des extrémités d'un segment est la médiatrice de ce segment.

6 Si deux droites sont perpendiculaires à une même troisième, alors elles sont parallèles entre elles.

7 La somme de deux nombres impairs est paire.

8 Dans un losange, les diagonales sont de même longueur si deux de ses côtés consécutifs forment un angle droit.

9 La somme des amplitudes des angles intérieurs d'un triangle vaut 180°.

10 Les angles aigus d'un triangle rectangle sont complémentaires.

2 Dessine un contrexemple aux propriétés avancées ci-dessous.

1 Si un quadrilatère est un rectangle, alors c'est un carré.

2 Si deux angles sont complémentaires, alors ils forment un angle droit.

3 Si les diagonales d'un quadrilatère sont perpendiculaires, alors c'est un losange.

3 Complète les deux premières colonnes du tableau à l'aide d'une croix si la proposition se vérifie. Indique ensuite dans la troisième colonne le signe d'implication adéquat.

		L'énoncé est vrai	**La réciproque est vraie**	**⇒, ⇐ ou ⇔**
1	Si un nombre est divisible par 6, alors il est divisible par 2 et par 3.			
2	Le losange est un carré.			
3	Le parallélogramme est un trapèze.			
4	Si le reste de la division d'un nombre a par un nombre b vaut 0, alors a est un multiple de b.			
5	Si je suis un carré, alors j'ai quatre angles droits.			
6	Si je suis un parallélogramme, alors je possède deux paires de côtés parallèles.			

Teste-toi !

1 **SOULIGNE** dans chaque propriété les hypothèses en vert et la thèse en rouge.

1 Si un triangle a deux angles de même amplitude, alors il est isocèle.

2 Un nombre est divisible par 4 si le nombre formé par ses deux derniers chiffres est un multiple de 4.

3 La nuit, tous les chats sont gris.

2 **COMPLÈTE** les deux premières colonnes du tableau à l'aide d'une croix si la proposition se vérifie. **INDIQUE** ensuite dans la troisième colonne le signe d'implication adéquat.

		L'énoncé est vrai	La réciproque est vraie	⇒, ⇐ ou ⇔
1	Si deux nombres sont impairs, alors leur somme est paire.			
2	Tout parallélogramme est un rectangle.			
3	Si deux droites sont sécantes, alors elles sont perpendiculaires.			
4	Si deux nombres sont négatifs, alors leur somme est négative.			

3 Si un quadrilatère est un losange, alors ses diagonales sont perpendiculaires.

a **ÉCRIS** la réciproque de cette propriété.

b **CONSTRUIS** un contrexemple qui infirme cette réciproque.

c **DÉTERMINE** quelle(s) condition(s) doivent vérifier les diagonales d'un quadrilatère pour que ce soit un losange.

Correctif

1

1 Si un triangle a deux angles de même amplitude, alors il est isocèle.

2 Un nombre est divisible par 4 si le nombre formé par ses deux derniers chiffres est un multiple de 4.

3 La nuit, tous les chats sont gris.

2

		L'énoncé est vrai	La réciproque est vraie	⇒, ⇐ ou ⇔
1	Si deux nombres sont impairs, alors leur somme est paire.	X		⇒
2	Tout parallélogramme est un rectangle.		X	⇐
3	Si deux droites sont sécantes, alors elles sont perpendiculaires.		X	⇐
4	Si deux nombres sont négatifs, alors leur somme est négative.	X		⇒

3

a Si les diagonales d'un quadrilatère sont perpendiculaires, alors c'est un losange.

b

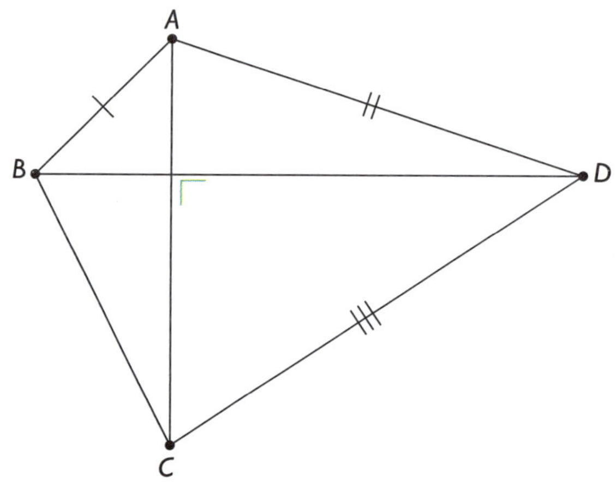

c Pour qu'un quadrilatère soit un losange, ses diagonales doivent être perpendiculaires et se couper en leur milieu.

RÉFÉRENTIEL 4

Raisonnement déductif

Les hypothèses sont l'ensemble des données connues et particulières à une situation donnée qui pourront être exploitées afin de prouver une proposition (**la thèse**) par une suite d'affirmations logiques (**la démonstration**).

La thèse est la proposition que l'on souhaite prouver.

La démonstration est le raisonnement qui établit la véracité d'**une thèse** à travers une suite logique d'**arguments** irréfutables, en se basant sur **les hypothèses** et sur **des propriétés**.

EXEMPLES :

Les **hypothèses** sont ici représentées en vert et les **thèses** en rouge.

1 Si Delphine part en vacances en camping au début du mois d'aout et qu'il y fait très chaud, alors elle pleure.
2 Pourquoi un verre en cristal casse lorsqu'il tombe de haut sur le carrelage ?
3 Les hauteurs d'un triangle équilatéral sont des médianes.

Pour montrer qu'une proposition est **fausse**, **un SEUL contrexemple suffit**.

EXEMPLES :

1 Tous les nombres entiers multiples de 15 sont des multiples de 45.
FAUX, 30 en est un contrexemple car 30 est un multiple de 15 mais n'est pas un multiple de 45.

2 Les nombres pairs sont divisibles par 4.
FAUX, 4 ; 8 ; 12 ; 16 ; 20 ; ... sont une infinité d'exemples de nombres pairs divisibles par 4. Cependant, 2 en est un contrexemple car 2 est un nombre pair mais n'est pas divisible par 4. Donc, tous les nombres pairs ne sont pas divisibles par 4.

Pour montrer qu'une propriété est **vraie**, une infinité d'exemples ne suffira pas ; il faut la **démontrer**.

EXEMPLE :

La somme de trois nombres consécutifs est un multiple de 3.

$10 + 11 + 12 = 33$
$33 + 34 + 35 = 102$

Des exemples ne suffisent pas.

Pour en être convaincu, il faut le démontrer :
$$\begin{aligned} n + (n + 1) + (n + 2) &= n + n + 1 + n + 2 \\ &= 3n + 3 \\ &= 3 \cdot (n + 1) \end{aligned}$$

La propriété est donc vraie.

CHAPITRE 5

Racines carrées et cubiques

PRÉREQUIS

Pour commencer ce chapitre, tu dois être capable de/d' :

- réduire des expressions algébriques;
- citer les propriétés et les définitions du calcul littéral;
- appliquer les propriétés des puissances;
- décomposer un nombre en un produit de facteurs premiers;
- mettre en évidence;
- calculer dans $\mathbb{Q}$.

OBJECTIFS

Au terme de ce chapitre, tu seras capable d'/de :

- appliquer les propriétés des racines carrées;
- simplifier une racine carrée et une racine cubique;
- encadrer une racine carrée et une racine cubique;
- connaitre les carrés des nombres naturels de 0 à 20 ;
- réduire une somme de racines carrées;
- réduire un produit de racines carrées;
- rendre rationnel le dénominateur d'une fraction.

1 Découverte de nouveaux nombres

ACTIVITÉS

1 Puzzle infernal : soit deux carrés de 1 cm de côté. On coupe en deux chacun de ces carrés suivant une diagonale. Les quatre pièces ainsi obtenues constituent un puzzle de quatre pièces isométriques.

a Construis avec ces pièces un seul et unique carré.

Pièces du puzzle	**Carré obtenu**
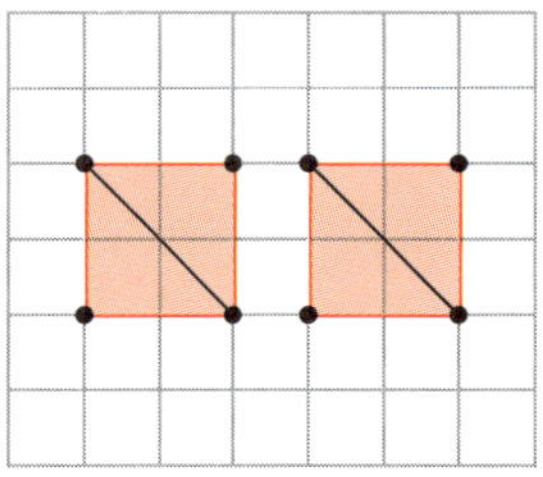	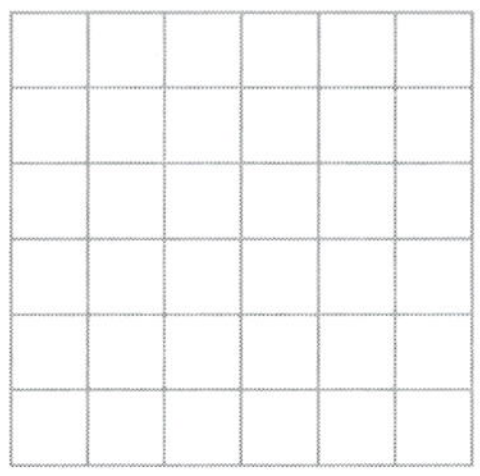

b Quelle est l'aire du carré obtenu? ....

c Mesure la longueur du côté de ce carré à 1 mm près. ....

Cette mesure du côté permet-elle d'obtenir l'aire du carré ? Vérifie à l'aide de calculs.

....

d Complète les tableaux ci-dessous, où c représente la longueur du côté du carré (en cm) et A son aire (en cm^2), afin de déterminer la valeur approchée recherchée.

c (à 0,1 près)	1,4	1,5
A	....	....

La longueur du côté du carré est comprise entre ....

c (à 0,01 près)	....	....	....
A	....	....	....

La longueur du côté du carré est comprise entre ....

c (à 0,001 près)	....	....	....	....	....	....
A	....	....	....	....	....	....

La longueur du côté du carré est comprise entre ....

e Complète les phrases suivantes.

- Des mathématiciens courageux ont poursuivi la recherche de ce nombre dont le carré vaut 2. Ils ont constaté qu'il est impossible de donner la valeur décimale exacte du nombre car, par opposition aux nombres rationnels, c'est un nombre dont la partie décimale est ....
- Afin de ne pas perdre de précision dans l'écriture et dans l'utilisation de ces nombres, un nouveau symbole a été créé : .... qui se lit .... Dans le langage courant, ce symbole se lira ....
Ainsi, pour écrire le nombre qui exprime la longueur du côté d'un carré d'aire 2, il a été convenu d'écrire ....
- Cependant, il existe en fait deux nombres dont le carré vaut 2 : .... et ....
En effet, ... et ....
- 124-125 1.1-2 Le nombre a étant un nombre réel positif, les nombres dont le carré vaut a sont ....

Olympiade Mathématique Belge

Quel que soit le réel x, si $-2 < x < 1$, alors :

☐ $0 < x^2 < 1$ ☐ $0 \leq x^2 < 4$ ☐ $1 < x^2 < 4$ ☐ $1 \leq x^2 < 4$ ☐ $-4 < x^2 < 1$

2 Complète les pointillés suivants. Puis, complète le tableau ci-dessous.

$4^2 =$ ...., donc $\sqrt{\text{...........}} = 4$	$25 =$ ....^{2}, donc $\sqrt{25} =$ ....

n	0	1	4	9	....	....	....	....	....	81	....
$\sqrt{n}$	....	....	....	....	4	5	6	7	8	....	10
n	121	144	....	....	....	....	....	....	361	....	....
$\sqrt{n}$	....	....	13	14	15	16	17	18	....	20	25

Les nombres qui sont les carrés d'un naturel sont appelés des carrés parfaits.

Olympiade Mathématique Belge

Combien existe-t-il de nombres carrés non nuls inférieurs à 200 et divisibles par 6 ? ....

3

a Vrai ou faux ? Complète le tableau suivant en justifiant ta réponse.

Proposition	VRAI/FAUX	Justification
$\sqrt{41} < \sqrt{49}$	vrai	41 < 49
$\sqrt{41} < \sqrt{25}$	Faux	41 > 25
$\sqrt{25} < \sqrt{41}$	vrai	25 < 41
$\sqrt{36} < \sqrt{41}$	vrai	36 < 41

Pour encadrer $\sqrt{41}$ par deux entiers consécutifs…

1 Tu encadres 41 par deux carrés parfaits consécutifs :	36	<	41	<	49
2 Tu prends la racine carrée :	$\sqrt{36}$	<	$\sqrt{41}$	<	$\sqrt{49}$
3 Tu simplifies :	6	<	$\sqrt{41}$	<	7

b Complète les pointillés par des entiers consécutifs.

4 < $\sqrt{23}$ < 5	9 < $\sqrt{97}$ < 10
8 < $\sqrt{73}$ < 9	7 < $\sqrt{58}$ < 8

c Range les racines carrées dans les différentes catégories sans utiliser ta calculatrice.

$\sqrt{2}$	$\sqrt{3}$	$\sqrt{5}$	$\sqrt{6}$	$\sqrt{7}$	$\sqrt{8}$	$\sqrt{10}$	$\sqrt{11}$	$\sqrt{12}$	$\sqrt{13}$	$\sqrt{14}$	$\sqrt{15}$

Entre 0 et 1	Entre 1 et 2	Entre 2 et 3	Entre 3 et 4
....	....	....	....

Olympiade Mathématique Belge

Coche la bonne réponse. Si $d = \sqrt{\dfrac{k-1}{k+1}}$, alors $k = \ldots$?

☐ $\dfrac{1+d^2}{1-d^2}$ ☐ $\dfrac{1-d^2}{1+d^2}$ ☐ $\dfrac{1-d}{1+d}$ ☐ $\dfrac{(1+d)^2}{(1-d)^2}$ ☐ $\dfrac{d^2+1}{d^2-1}$

4 La figure ci-dessous est composée de 4 carrés, chacun d'aire égale à 5 cm^2.

a Complète les pointillés.

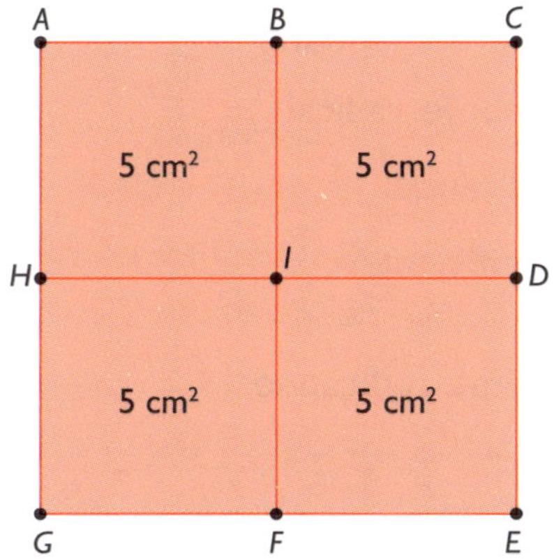

AB = ...

BC = ...

$AC = AB + BC$ = ... = ...

b Calcule l'aire du carré *ACEG* de deux façons différentes.

Le carré *ACEG* se compose de 4 carrés dont l'aire est 5 cm^2 :	L'aire d'un carré s'obtient en calculant le carré de la longueur d'un côté :
	$\mathcal{A}_{ACEG} = AC^2$ = (........................)^2 = ... = ... = ... = ...

Tu constates que : ....

Au lieu d'écrire $2 \cdot \sqrt{5}$, tu peux supprimer le symbole de multiplication en écrivant plus simplement $2\sqrt{5}$. Dans le terme $2\sqrt{5}$, l'entier 2 est appelé le **coefficient**, $\sqrt{\ }$ est le **radical** et 5 est le **radicande**.

c Encadre les termes suivants par deux entiers consécutifs (ou à l'unité près).

.... $< 3\sqrt{2} <$	.... $< 2\sqrt{7} <$ ....
.... $< 5\sqrt{5} <$	.... $< -2\sqrt{6} <$ ....

EXERCICES

1 Soit l'expression $3 \cdot \sqrt{2}$, qui peut également s'écrire $3\sqrt{2}$.

Relie les symboles aux mots de vocabulaire de manière adéquate.

3	•	•	Symbole radical
$\sqrt{\ }$	•	•	Radicande
2	•	•	Coefficient

2 Souligne dans une même couleur les radicaux de même radicande.

$\sqrt{3}$	$\sqrt{7}$	$\sqrt{3-6}$	$3\sqrt{7}$	$3\sqrt{3}$	$7\sqrt{3}$	$9\sqrt{6}-3$	$9\sqrt{6-3}$

a Détermine la valeur approchée à 10^{-2} près de $9\sqrt{6}-3$.

b Détermine la valeur approchée à 10^{-2} près de $9\sqrt{6-3}$.

c Détermine la valeur approchée à 10^{-2} près de $\sqrt{3-6}$.

3 Détermine le (ou les) nombre(s) dont le carré vaut…

1 9 | 2 16 | 3 25 | 4 0 | 5 4 | 6 49 | 7 1 | 8 −36

4 Complète les égalités suivantes.

1 $\sqrt{49} =$ ....

2 $\sqrt{\ldots\ldots}$ = 11

3 $\sqrt{64} =$ ....

4 .... $= \sqrt{169}$

5 $\sqrt{625} =$ ....

6 $\sqrt{\ldots\ldots}$ = 60

7 $7 = \sqrt{\ldots\ldots}$

8 $\sqrt{100} =$ ....

9 $\sqrt{\ldots\ldots}$ = 16

10 .... $= \sqrt{81}$

11 $\sqrt{144} =$ ....

12 $\sqrt{361} =$ ....

5 Associe les expressions égales.

$\sqrt{36}$	•	•	5
$\sqrt{1{,}44}$	•	•	6
$\sqrt{-25}$	•	•	−5
$\sqrt{25}$	•	•	∄
$\sqrt{(-5)^2}$	•	•	12
$\sqrt{\frac{36}{25}}$	•	•	$\frac{6}{5}$

p.96 1

6 Encadre les nombres suivants à l'unité près.

1 $\sqrt{7}$ | 2 $\sqrt{150}$ | 3 $\sqrt{40}$ | 4 $\sqrt{290}$ | 5 $\sqrt{350}$ | 6 $\sqrt{85}$ | 7 $\sqrt{\frac{2}{3}}$ | 8 $\sqrt{\frac{3}{2}}$

7 Que vaut x si…

1. $x^2 = 36$
2. $x^2 = 121$
3. $x^2 = 256$
4. $x^2 = 324$
5. $x^2 = 400$
6. $x^2 = -81$

8 Calcule les racines carrées suivantes.

1. $\sqrt{7^2} =$
2. $\sqrt{9^2} =$
3. $\sqrt{2^6} =$
4. $\sqrt{25^2} =$
5. $\sqrt{5^4} =$
6. $\sqrt{(-15)^2} =$
7. $\sqrt{-4^2} =$
8. $\sqrt{10^{16}} =$
9. $\sqrt{2^{32}} =$

9 Calcule les racines carrées suivantes.

1. $\sqrt{\frac{4}{9}} = \sqrt{\left(\ldots\ldots\right)^2} =$
2. $\sqrt{\frac{324}{100}} =$
3. $\sqrt{\frac{289}{196}} =$
4. $\sqrt{0,01} =$
5. $\sqrt{1,44} =$
6. $\sqrt{0,0324} =$

10 Encadre les expressions à l'unité près.

1. $2\sqrt{5}$
2. $4\sqrt{3}$
3. $\sqrt{28}$
4. $9\sqrt{3}$
5. $-4\sqrt{2}$
6. $10\sqrt{3}$

11 Classe par ordre croissant les nombres suivants.

1. $2\sqrt{5}$; $\sqrt{10}$; 10 ; $5\sqrt{2}$
2. $3 \cdot 2$; $3\sqrt{2}$; $2\sqrt{3}$; $\sqrt{6}$

12 Calcule si possible.

1. $\sqrt{36} + \sqrt{64}$
2. $\sqrt{36 + 64}$
3. $\sqrt{144} - \sqrt{121}$
4. $\sqrt{144 - 121}$
5. $\sqrt{16} - \sqrt{25}$
6. $\sqrt{16 - 25}$

13 Jessica a un pot de peinture qui lui permet de peindre une surface de 5 m^2. Elle s'apprête à repeindre une partie d'un mur de sa chambre, dont les dimensions sont de 3 m par 3 m. Elle souhaite peindre le plus grand carré possible sur son mur avec la peinture dont elle dispose. Quelle sera la longueur, au centimètre près, du côté du carré qu'elle pourra peindre ?

Olympiade Mathématique Belge

Si $k = \sqrt{12 - \sqrt{12 - \sqrt{6 + \sqrt{7 + \sqrt{4}}}}}$, alors…

☐ $k = 2$ ☐ $k = 3$ ☐ $k = \sqrt{6} + \sqrt{7} + 2$ ☐ k est négatif ☐ k n'est pas réel

2 Simplification et opérations

ACTIVITÉS

1

a Réduis les expressions algébriques suivantes.

$x + y + y + y =$	$2x + 2y =$ ....
$y \cdot 3 + 2 \cdot x =$	$x + 3y + 2x + 2y =$ ....

b Sur la droite (AI), nous avons placé cinq carrés d'aire égale à 5 cm² et trois carrés d'aire égale à 2 cm².

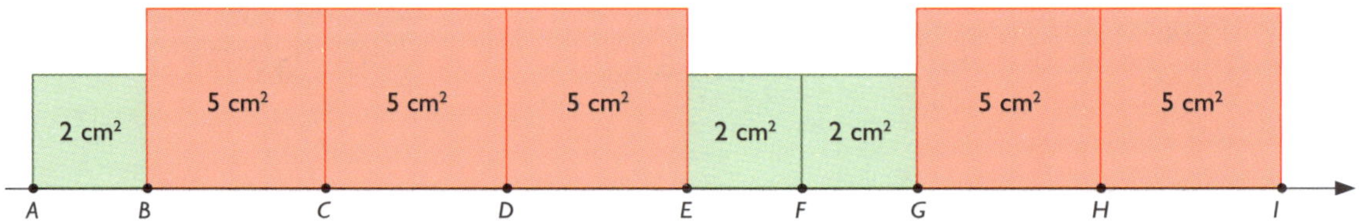

Complète les pointillés suivants.

1. $AB =$ ....
2. $BC =$ ....
3. $AC =$ ....
4. $BE =$ ....
5. $EG =$ ....
6. $GI =$ ....

Détermine la longueur AI et simplifie l'expression obtenue autant que possible :

$AI = AB + BE + EG + GI$

$=$ ....

$=$ ....

c Réduis les expressions suivantes.

$5\sqrt{7} + 8\sqrt{7} =$	$4\sqrt{11} + 2\sqrt{2} - 11\sqrt{11} =$ ....
$\sqrt{10} - 5 + 5\sqrt{10} =$	$-3\sqrt{3} - \sqrt{2} + 4\sqrt{3} + \sqrt{2} =$ ....

Nous retenons :

Pour additionner (ou soustraire) des termes de la forme $a\sqrt{b}$ avec **même radicande**, il faut …

– conserver le ....

– additionner (ou soustraire) les .... de ces termes.

2

a À partir de huit carrés de 1 cm de côté, Florent et Jean ont construit le carré représenté ci-dessous.

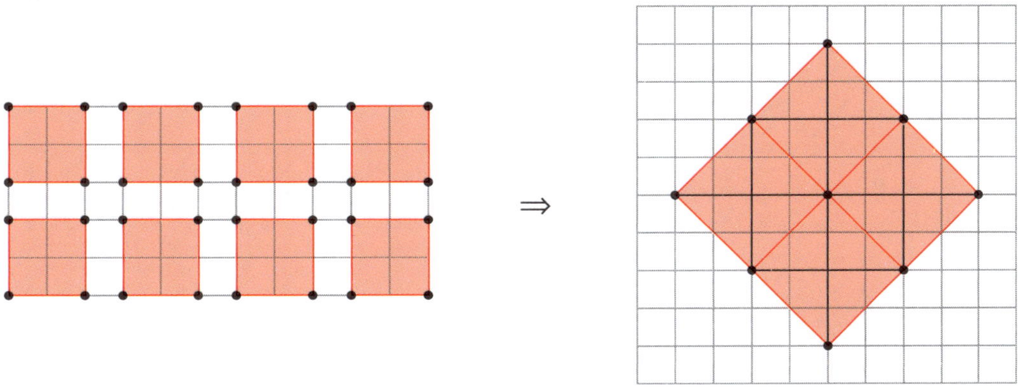

Parmi les expressions proposées pour le carré construit, barre dans chaque colonne les deux expressions qui ne sont pas correctes.

Longueur du côté du carré c	**Périmètre du carré** $\mathcal{P} = 4 \cdot c$	**Aire du carré** $\mathcal{A} = c^2$
8^2	$4 \cdot 8^2$	$(8^2)^2$
$\sqrt{8}$	$4 \cdot \sqrt{8}$	$(\sqrt{8})^2$
8	$4 \cdot 8$	8^2
$2 \cdot \sqrt{2}$	$4 \cdot 2 \cdot \sqrt{2}$	$(2 \cdot \sqrt{2})^2$
$\sqrt{4 \cdot 2}$	$4 \cdot \sqrt{4 \cdot 2}$	$(\sqrt{4 \cdot 2})^2$
$\sqrt{4} \cdot \sqrt{2}$	$4 \cdot \sqrt{4} \cdot \sqrt{2}$	$(\sqrt{4} \cdot \sqrt{2})^2$
$2\sqrt{2}$	$8\sqrt{2}$	$(2\sqrt{2})^2$

b Complète les pointillés.

$(\sqrt{8})^2 =$	$\sqrt{2} + \sqrt{2} =$ ....
$\sqrt{8} = \sqrt{..... \cdot .....} = \sqrt{.....} \cdot \sqrt{.....} = ... \cdot \sqrt{.....} =$	

Olympiade Mathématique Belge

$\sqrt{27} + \sqrt{12} = \ldots$?

☐ $\sqrt{39}$ ☐ $\sqrt{75}$ ☐ $\sqrt{150}$ ☐ $\sqrt{324}$ ☐ Aucune des réponses précédentes

3

a Complète le tableau suivant.

a	b	$\sqrt{a}$	$\sqrt{b}$	$\frac{a}{b}$	$\sqrt{\frac{a}{b}}$	$\frac{\sqrt{a}}{\sqrt{b}}$
36	9	....	....	....	....	....
49	100	....	....	....	....	....
16	64	....	....	....	....	....
12	4	....	....	....	....	....
–25	–225	....	....	....	....	....

b Complète les pointillés :

$\sqrt{\frac{144}{121}} = \frac{\sqrt{\ldots\ldots}}{\sqrt{\ldots\ldots}} = \frac{\ldots\ldots}{\ldots\ldots}$	$\frac{\sqrt{45}}{\sqrt{5}} = \sqrt{\frac{\ldots\ldots}{\ldots\ldots}} = \sqrt{\ldots\ldots} = \ldots$

4 À partir de ces activités d'introduction, complète les phrases et exemples suivants.

		Exemples
1	Pour additionner (ou soustraire) des termes de la forme $a\sqrt{b}$ avec **même radicande**, il faut … – conserver le .... – additionner (ou soustraire) les .... de ces termes.	$4\sqrt{2} + 3\sqrt{2} =$ .... $\sqrt{5} - 2\sqrt{7} =$ ....
2	Le carré de la racine carrée d'un nombre est égal	$(\sqrt{8})^2 =$ ....
3	La racine carrée d'un **produit** de deux nombres positifs est	.... $\sqrt{3} \cdot \sqrt{12} =$ ....
4	La racine carrée d'un **quotient** de deux nombres positifs est	$\sqrt{\frac{81}{49}} = \frac{\sqrt{81}}{\sqrt{49}} = \frac{9}{7}$ $\frac{\sqrt{24}}{\sqrt{6}} = \sqrt{\frac{24}{6}} = \sqrt{4} = 2$

5	Pour **simplifier** une racine carrée, on décompose le radicande en un produit dont au moins un des facteurs est un .... ($\neq 1$). Une racine carrée sera dite **irréductible** s'il n'est plus possible d'extraire des carrés parfaits.	$\sqrt{45}$ = ... = ... = ... = ...
6	Si deux termes de la forme $a\sqrt{b}$ ont des **radicandes égaux** (après une éventuelle simplification), alors on les appellera **semblables**.	Les radicaux $\sqrt{8}$ et $\sqrt{50}$ sont semblables, car : $\sqrt{8}$ = ... $\sqrt{50}$ = ...

5

EXERCICES

1 Simplifie les expressions suivantes.

Série 1

1 $\sqrt{18} =$

2 $\sqrt{20} =$

3 $\sqrt{63} =$

4 $\sqrt{75} =$

5 $2\sqrt{32} =$

6 $8\sqrt{72} =$

7 $10\sqrt{54} =$

8 $5\sqrt{24} =$

9 $-7\sqrt{50} =$

Série 2

1 $\sqrt{\dfrac{27}{25}} =$

2 $\sqrt{\dfrac{250}{9}} =$

3 $\sqrt{\dfrac{32}{121}} =$

4 $\sqrt{0{,}0001} =$

5 $\sqrt{2{,}88} =$

6 $\sqrt{0{,}5} =$

2 Complète si possible les égalités suivantes.

1 $\sqrt{3}^{2} =$

2 $\sqrt{9+16}^{2} =$

3 $\sqrt{4^3}^{2} =$

4 $\sqrt{9-1}^{2} =$

5 $\sqrt{1-9}^{2} =$

6 $\sqrt{\dfrac{5}{3}}^{2} =$

7 $\sqrt{18} \cdot \sqrt{2} =$

8 $\sqrt{5} \cdot \sqrt{5} =$

9 $\sqrt{36 \cdot 25} =$

10 $\sqrt{-3} \cdot \sqrt{-5} =$

11 $\sqrt{\dfrac{36}{25}} =$

12 $\dfrac{\sqrt{18}}{\sqrt{50}} =$

3 a Calcule la valeur approchée à 10^{-6} près de $2\sqrt{3}$. ....

b Calcule la valeur approchée à 10^{-6} près de $\sqrt{12}$. ....

c Explique l'égalité de ces résultats en complétant la simplification de $\sqrt{12}$.

$\sqrt{12} = \sqrt{..... \cdot .....} = \sqrt{.....} \cdot \sqrt{.....} = ... \cdot \sqrt{.....} = 2\sqrt{3}$

4 Parmi les radicaux suivants, souligne ceux qui sont irréductibles

$\sqrt{9}$	$\sqrt{5}$	$\sqrt{10}$	$\sqrt{12}$	$\sqrt{75}$	$\sqrt{288}$	$\sqrt{35}$
$\sqrt{15}$	$\sqrt{42}$	$\sqrt{324}$	$\sqrt{97}$	$\sqrt{32\,355}$	$\sqrt{30}$	$\sqrt{98}$

5 Entoure la (ou les) proposition(s) correcte(s).

		Proposition 1	Proposition 2	Proposition 3	Proposition 4
1	$\sqrt{54} =$	$9\sqrt{6}$	$6\sqrt{9}$	$2\sqrt{5}$	$3\sqrt{6}$
2	$\sqrt{2^2+3^2} =$	5	$\sqrt{13}$	$2\sqrt{3}$	$3\sqrt{2}$
3	$2\sqrt{5} =$	$\sqrt{10}$	10	$\sqrt{20}$	50
4	$\sqrt{7}\cdot\sqrt{14} =$	$14\sqrt{2}$	$\sqrt{98}$	$7\sqrt{2}$	$7\sqrt{14}$
5	$\sqrt{25\cdot 4} =$	$2\sqrt{25}$	$25\sqrt{4}$	100	$4\sqrt{25}$

6 Simplifie l'écriture des radicaux suivants.

1 $\sqrt{27}$
2 $\sqrt{12}$
3 $\sqrt{44}$
4 $\sqrt{48}$
5 $\sqrt{60}$
6 $\sqrt{88}$
7 $\sqrt{80}$
8 $\sqrt{120}$
9 $\sqrt{144}$

7 Dans les listes suivantes, entoure les radicaux semblables d'une même couleur.

1 $\sqrt{20}$; $\sqrt{40}$; $\sqrt{60}$; $\sqrt{80}$
2 $\sqrt{10}$; $\sqrt{30}$; $\sqrt{50}$; $\sqrt{70}$; $\sqrt{90}$
3 $2\sqrt{5}$; $5\sqrt{2}$; $\sqrt{10}$; $2\sqrt{2}$
4 $\sqrt{18}$; $\sqrt{36}$; $\sqrt{54}$; $\sqrt{72}$
5 $\sqrt{10}$; $\sqrt{15}$; $\sqrt{25}$; $\sqrt{45}$
6 $9\sqrt{2}$; $\sqrt{18}$; $\sqrt{64}$; $\sqrt{72}$
7 $5\sqrt{3}$; $3\sqrt{5}$; $\sqrt{15}$; $\sqrt{75}$
8 $\sqrt{14}$; $\sqrt{49}$; $\sqrt{21}$; $\sqrt{84}$

8 Sachant que la somme des nombres de chaque ligne, chaque colonne et chaque diagonale vaut un même nombre, complète les cases vides par le radical simplifié.

$2\sqrt{3}$	....	....
$-3\sqrt{3}$	....	....
$-\sqrt{12} =$	$\sqrt{27} =$	....

9 Complète les calculs suivants.

1 $\sqrt{8}+\sqrt{32} = \sqrt{\ldots\cdot 2} + \sqrt{\ldots\ldots}$
$= \ldots\sqrt{2} + \ldots\sqrt{\ldots}$
$= \ldots\sqrt{\ldots}$

2 $3\sqrt{50} + 2\sqrt{108} = 3\sqrt{\ldots\ldots} + 2\sqrt{36\cdot\ldots}$
$= 3\ \ldots\sqrt{\ldots} + 2\ \ldots\sqrt{\ldots}$
$= \ldots\ldots\ldots$

3 $5\sqrt{98} + \sqrt{200} = 5\sqrt{\ldots\ldots} + \sqrt{\ldots\ldots}$
$= 5\cdot\ldots\sqrt{2} + \ldots\sqrt{2}$
$= \ldots\ldots\ldots$
$= \ldots\ldots\ldots$

10 Réduis les expressions suivantes.

1. $\sqrt{250} + \sqrt{490} =$
2. $\sqrt{63} - \sqrt{175} =$
3. $\sqrt{60} - \sqrt{225} =$
4. $\sqrt{45} + \sqrt{80} =$
5. $3\sqrt{12} + 2\sqrt{75} =$
6. $10\sqrt{242} + 9\sqrt{98} =$
7. $6\sqrt{35} - 3\sqrt{140} =$
8. $8\sqrt{196} - 9\sqrt{361} =$
9. $\sqrt{288} + 5\sqrt{128} + 7\sqrt{200} =$
10. $3\sqrt{24} + 5\sqrt{8} + 9\sqrt{54} + 12\sqrt{18} =$
11. $4\sqrt{40} + 5\sqrt{640} + \sqrt{10} + \sqrt{64} =$
12. $30\sqrt{150} + 5\sqrt{27} + 9\sqrt{48} + 2\sqrt{75} =$

11 Complète ces schémas si tu sais que chaque case rectangulaire représente le produit des cases rondes adjacentes.

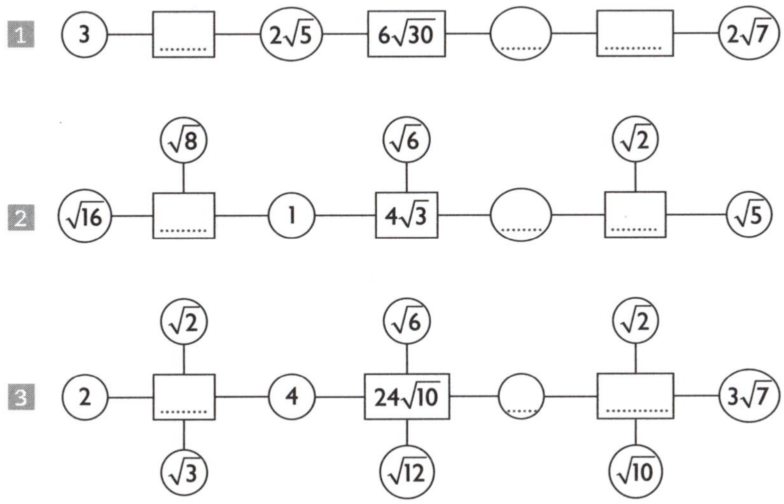

12 Calcule.

1. $(\sqrt{7})^2 =$
2. $(-3\sqrt{11})^2 =$
3. $(2\sqrt{7})^3 =$
4. $(6\sqrt{10})^2 =$
5. $\sqrt{3^2 + 4^2} =$
6. $\sqrt{4^2 + 6^2} =$

13 Simplifie les expressions suivantes. Pour t'aider, tu peux décomposer les radicandes en un produit de facteurs premiers.

1. $\sqrt{256} =$
2. $\sqrt{448} =$
3. $\sqrt{216} =$
4. $\sqrt{504} =$
5. $\sqrt{375} =$
6. $\sqrt{11\,700} =$

14 Effectue et réduis les expressions suivantes.

1. $\sqrt{3} \cdot (\sqrt{2} + 1) =$
2. $(\sqrt{18} - 2) \cdot (2\sqrt{2} - 3) =$
3. $4\sqrt{5} - (3\sqrt{20} - 5\sqrt{45}) =$
4. $4\sqrt{5} + (3\sqrt{20} - 5\sqrt{10}) =$
5. $6\sqrt{8} - 3 \cdot (\sqrt{18} + 2\sqrt{32}) =$
6. $3\sqrt{7} - (\sqrt{28} + 6\sqrt{14}) \cdot 2 =$

Formules
des produits remarquables :

$(\Delta+\square)^2 = \Delta^2 + 2\cdot\Delta\cdot\square + \square^2$

$(\Delta-\square)^2 = \Delta^2 - 2\cdot\Delta\cdot\square + \square^2$

$(\Delta+\square)\cdot(\Delta-\square) = \Delta^2 - \square^2$

5

15 Effectue les produits remarquables suivants et réduis ta réponse.

1 $(\sqrt{13} + \sqrt{3})^2 =$

2 $(\sqrt{7} + \sqrt{14})^2 =$

3 $(5\sqrt{6} + \sqrt{8})^2 =$

4 $(\sqrt{13} - \sqrt{3})^2 =$

5 $(\sqrt{60} - \sqrt{6})^2 =$

6 $(3\sqrt{5} - \sqrt{15})^2 =$

7 $(\sqrt{52} + \sqrt{7})\cdot(\sqrt{52} - \sqrt{7}) =$

8 $(\sqrt{6} - 2\sqrt{3})\cdot(\sqrt{6} + 2\sqrt{3}) =$

9 $\left(3 - \frac{\sqrt{3}}{2}\right)\cdot\left(3 + \frac{\sqrt{3}}{2}\right) =$

Observe les réponses de la troisième colonne et compare-les à celles des deux premières. Que remarques-tu ?
À quel ensemble appartiennent ces nombres ?

16 Effectue et réduis.

1 $\sqrt{3}^2 + 2\cdot(\sqrt{2} + 1)^2 =$

2 $(\sqrt{2} + 3\sqrt{3})^2 - (\sqrt{3} - 1)^2 =$

3 $4\sqrt{2} - 2\sqrt{2}\cdot(\sqrt{3} + 1)\cdot(\sqrt{3} - 1) =$

4 $2\sqrt{2}^2 + 3\cdot(\sqrt{2} - 1)^2 =$

17 Donne une expression réduite du périmètre et de l'aire des figures suivantes.

1 *ABCD* est un trapèze rectangle.

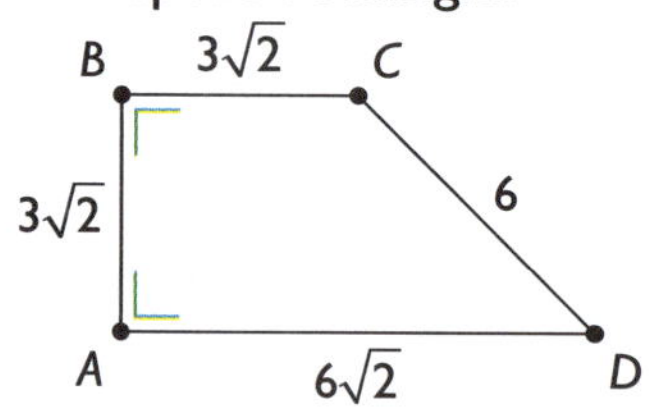

2 *JKLM* est un losange où *JL* = 6 et *KM* = 2.

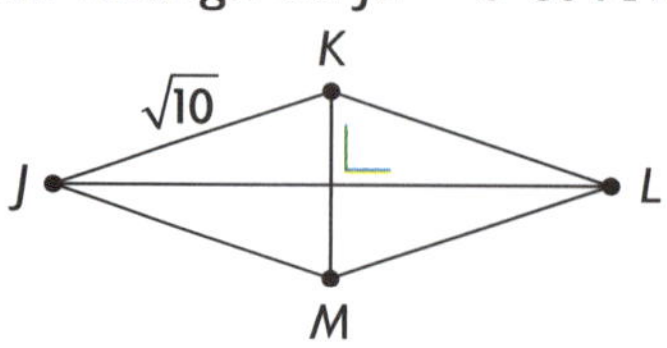

3 *EFGH* est un parallélogramme.

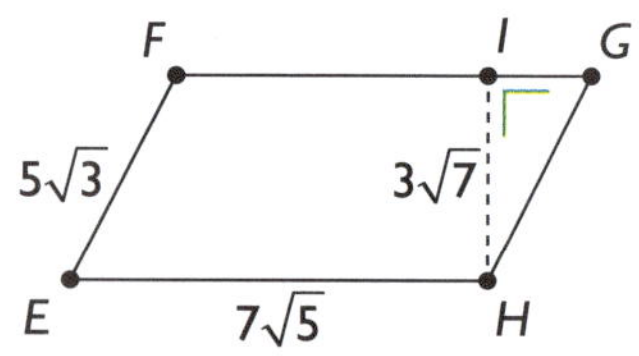

4 *NOPQ* est un rectangle.

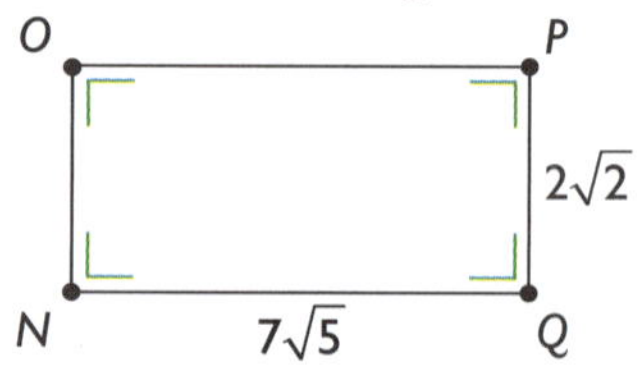

3 Rendre le dénominateur rationnel

ACTIVITÉS

1 Jeff, Fred, Ayla et Pierre comparent leurs réponses au problème suivant :
« Calcule la largeur du rectangle ABCD si ce dernier a une aire de 6 cm² et que sa longueur mesure $\sqrt{8}$ cm. »

5

a Vérifie l'exactitude de chaque réponse.

Réponse de Jeff : $\frac{6}{\sqrt{8}}$	Réponse de Fred : $\frac{6}{2\sqrt{2}}$	Réponse d'Ayla : $\frac{3}{\sqrt{2}}$	Réponse de Pierre : $\frac{3\sqrt{2}}{2}$
....	....	....	....
....	....	....	....
....	....	....	....
....	....	....	....
....	....	....	....

b Après vérification, que pouvons-nous dire à propos de ces différentes écritures ?

....

c Parmi les 4 écritures différentes, les mathématiciens préfèrent le nombre $\frac{3\sqrt{2}}{2}$ parce que le dénominateur de cette fraction est un entier ou, plus généralement, un rationnel. Réécris les fractions suivantes avec un dénominateur rationnel en suivant le schéma donné. Vérifie ensuite avec la calculatrice.

1 $\frac{4}{\sqrt{3}} = \frac{4}{\sqrt{3}} \cdot 1 = \frac{4}{\sqrt{3}} \cdot \frac{\sqrt{\quad}}{\sqrt{\quad}} = \frac{4 \cdot \sqrt{\quad}}{\sqrt{3} \cdot \sqrt{\quad}} = \frac{\qquad}{3}$

2 $\frac{9}{\sqrt{6}} = \frac{9}{\sqrt{6}} \cdot 1 = \frac{9}{\sqrt{6}} \cdot \frac{\sqrt{\quad}}{\sqrt{\quad}} = \frac{9 \cdot \sqrt{\quad}}{\sqrt{6} \cdot \sqrt{\quad}} = \frac{\qquad}{\qquad} = \frac{\qquad}{2}$

3 $\frac{35}{4\sqrt{7}} = \frac{35}{4\sqrt{7}} \cdot 1 = \frac{35}{4\sqrt{7}} \cdot \frac{\sqrt{\quad}}{\sqrt{\quad}} = \frac{35 \cdot \sqrt{\quad}}{4\sqrt{7} \cdot \sqrt{\quad}} = \frac{\qquad}{\qquad} = \frac{\qquad}{4}$

Olympiade Mathématique Belge

Quel nombre parmi les suivants est naturel ?

☐ 10π ☐ $\sqrt{2}+\sqrt{2}$ ☐ $-\sqrt{2}\cdot\sqrt{2}$ ☐ $\dfrac{7\pi+21}{3+\pi}$ ☐ $\dfrac{5\sqrt{18}}{\sqrt{3}}$

2 Dimitri doit déterminer la mesure de la hauteur du trapèze représenté ci-contre.

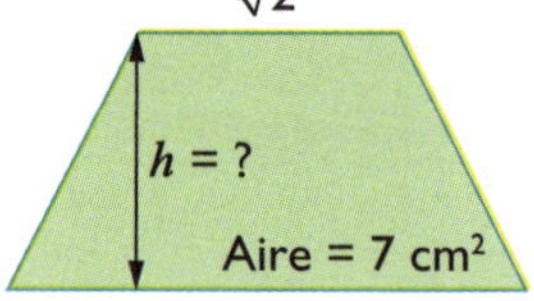

a Isole la hauteur dans la formule d'aire du trapèze.

....

....

....

b Remplace les données connues dans cette formule.

....

c Son professeur lui a donné l'astuce suivante pour rationaliser le dénominateur : « Il faut appliquer le principe suivant : multiplie le numérateur et le dénominateur de la fraction par le binôme conjugué du dénominateur. »
Quel sera donc ce binôme conjugué ? ....

d Détermine la hauteur du trapèze en appliquant cette méthode.

$$h=\frac{14}{4+\sqrt{2}}=\frac{14}{4+\sqrt{2}}\cdot 1=\frac{14}{4+\sqrt{2}}\cdot\frac{4-\sqrt{2}}{4-\sqrt{2}}= \ldots\ldots$$

R127-13

$= \ldots\ldots$

$= \ldots\ldots$

$= \ldots\ldots$

EXERCICE

Rends les dénominateurs rationnels.

Série 1

1 $\dfrac{3}{\sqrt{5}} =$

2 $\dfrac{-6}{\sqrt{7}} =$

3 $\dfrac{4}{\sqrt{12}} =$

4 $\dfrac{2}{\sqrt{6}} =$

5 $\dfrac{8\sqrt{5}}{\sqrt{3}} =$

6 $\dfrac{3\sqrt{2}}{\sqrt{7}} =$

7 $\dfrac{9\sqrt{2}}{\sqrt{3}} =$

8 $\dfrac{-8\sqrt{11}}{\sqrt{2}} =$

9 $\dfrac{2\sqrt{45}}{\sqrt{5}} =$

10 $\dfrac{-8\sqrt{15}}{\sqrt{3}} =$

11 $\dfrac{4\sqrt{6}}{5\sqrt{2}} =$

12 $\dfrac{108\sqrt{48}}{-4\sqrt{3}} =$

Série 2

1 $\dfrac{3}{2+\sqrt{3}} =$

2 $\dfrac{\sqrt{3}}{5-\sqrt{3}} =$

3 $\dfrac{-5}{\sqrt{5}+\sqrt{3}} =$

4 $\dfrac{-6}{7\sqrt{15}+\sqrt{60}} =$

5 $\dfrac{\sqrt{15}}{\sqrt{3}-\sqrt{6}} =$

6 $\dfrac{2\sqrt{15}}{\sqrt{4}+\sqrt{12}} =$

Olympiade Mathématique Belge

Que vaut $\dfrac{1}{2+\sqrt{3}} + \dfrac{1}{2-\sqrt{3}}$? ....

4 Racine cubique

ACTIVITÉS

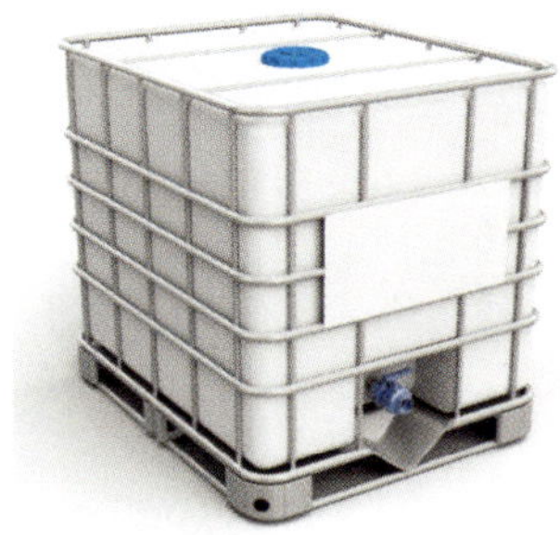

1 Une citerne cubique peut contenir 8000 litres d'eau.

a Détermine la longueur de l'arête de cette citerne.

....

....

....

....

....

....

....

....

....

....

5

b Complète les phrases suivantes.

- Le .... de 2 est égal à 8. On écrit : ....
- La .... de 8 est égal à 2. On écrit : ....

R128 4

2 Complète le tableau des cubes suivant.

n	0	1	27	....	....	....	1000	....	....	$\frac{-8}{27}$
$\sqrt[3]{n}$	....	....	....	-4	-5	6	....	$\frac{5}{4}$	0,1	....

Les propriétés vues pour les racines carrées peuvent être adaptées aux racines cubiques.
$\sqrt[3]{x^3} = x$.

EXERCICES

1 Complète les tableaux suivants.

n	-3	....	-1	....	....	$\frac{4}{5}$	....
n^3	....	8	....	0	1	....	$\frac{-27}{1000}$

$\sqrt[3]{n}$	....	....	....	....	....	....	....
n	-1000	100	-216	40	$\left(\frac{1}{12}\right)^3$	$\frac{-125}{1000}$	$\frac{27}{125}$

5

2 Complète les égalités suivantes.

1. $\sqrt[3]{1000} =$
2. $\sqrt[3]{-8} =$
3. $\sqrt[3]{27} =$
4. $\sqrt[3]{-27} =$
5. $\sqrt[3]{0} =$
6. $\sqrt[3]{2^3} =$
7. $\sqrt[3]{-5^3} =$
8. $\sqrt[3]{-1} =$
9. $\sqrt[3]{512} =$
10. $\sqrt[3]{216} =$
11. $\sqrt[3]{-216\,000} =$
12. $\sqrt[3]{-729} =$

3 Simplifie les racines cubiques suivantes.

1. $\sqrt[3]{81} =$
2. $\sqrt[3]{-32} =$
3. $\sqrt[3]{-800} =$
4. $\sqrt[3]{6\,000} =$
5. $\sqrt[3]{0^7} =$
6. $\sqrt[3]{-250} =$

4 Encadre les expressions suivantes à l'unité près.

1. $\sqrt[3]{30}$
2. $\sqrt[3]{100}$
3. $-\sqrt[3]{5}$
4. $\sqrt[3]{1200}$
5. $2\sqrt[3]{5}$
6. $2\sqrt[3]{30}$

5 Classe les nombres $\sqrt{27}$; $\sqrt{8}$; $\sqrt[3]{27}$; $\sqrt[3]{8}$; $\sqrt{18}$; $\sqrt[3]{16}$ par ordre croissant.

6 Résous les équations suivantes.

1. $x^3 = 1$
2. $x^3 = -1000$
3. $2x^3 = 250$
4. $4x^3 + 3 = -29$

Exercices supplémentaires

1 Découverte de nouveaux nombres

1 Vrai ou faux ? Apporte les corrections nécessaires.

1. Dans l'expression $3\sqrt{2}$, 2 est le radical.
2. $\sqrt{-4} = -2$
3. Dans l'expression $2\sqrt{3}$, 2 est appelé coefficient.
4. $\sqrt{25} = \pm 5$
5. $\sqrt{16}$ est un nombre irrationnel.

2 Encadre les radicaux par deux nombres entiers consécutifs.

1. $\sqrt{6}$
2. $\sqrt{257}$
3. $\sqrt{48}$
4. $-\sqrt{74}$
5. $-\sqrt{229}$
6. $\sqrt{27}$

3 Détermine à 10^{-3} près.

1. $\sqrt{6} \cong$
2. $\sqrt{257} \cong$
3. $2\sqrt{48} - 3\sqrt{77} \cong$
4. $\sqrt{6-3} - \sqrt{6} - 3 \cong$

4 Quels sont les nombres dont le carré vaut…

1. 4
2. 121
3. -25
4. 16

5 Complète les égalités suivantes.

1. $\sqrt{5}^{2} =$
2. $\sqrt{\ldots\ldots} = 13$
3. $\sqrt{\dfrac{9}{4}} =$
4. $\sqrt{92^2} =$
5. $\sqrt{5^6} =$
6. $\sqrt{\ldots\ldots\ldots} = 10^8$
7. $\sqrt{\dfrac{2^8}{4^4}} =$
8. $\sqrt{\ldots\ldots\ldots} = \dfrac{3}{4}$

6 Calcule les expressions suivantes.

1. $\sqrt{1} =$
2. $\sqrt{289} =$
3. $\sqrt{0} =$
4. $\sqrt{81} =$
5. $\sqrt{196} =$
6. $\sqrt{324} =$
7. $\sqrt{\dfrac{36}{25}} =$
8. $\sqrt{\dfrac{121}{256}} =$
9. $\sqrt{\dfrac{49}{100}} =$
10. $\sqrt{1,69} =$
11. $\sqrt{2,25} =$
12. $\sqrt{0,0036} =$

2 Simplification et opérations

1 Souligne les expressions simplifiées au maximum.

$\sqrt{9}$	$\sqrt{12}$	$\sqrt{6}$	$\sqrt{30}$	$3 \cdot 2\sqrt{2}$	$\sqrt{20}$	$3\sqrt{10}$	$\sqrt{2} + \sqrt{3}$

2 Simplifie les expressions suivantes.

1. $\sqrt{12} =$
2. $-3\sqrt{40} =$
3. $\sqrt{45} =$
4. $12\sqrt{98} =$
5. $\sqrt{1,69} =$
6. $\sqrt{0,0081} =$
7. $\sqrt{8,1} =$
8. $3\sqrt{20} =$
9. $\sqrt{500} =$
10. $-8\sqrt{363} =$
11. $\sqrt{540} =$
12. $-\sqrt{\dfrac{90}{100}} =$
13. $\sqrt{1,28} =$
14. $\sqrt{\dfrac{128}{49}} =$
15. $\sqrt{72} =$
16. $\sqrt{320\,000} =$
17. $\sqrt{3\,600} =$
18. $\sqrt{288\,000} =$
19. $\sqrt{0,04} =$
20. $\sqrt{0,027} =$
21. $\sqrt{\dfrac{90}{250}} =$

3 Encadre les expressions suivantes à l'unité près.

1. $3\sqrt{6}$
2. $4\sqrt{7}$
3. $\sqrt{44}$
4. $-4\sqrt{2}$
5. $\sqrt{200}$
6. $11\sqrt{3}$

4 Classe les nombres suivants par ordre croissant.

1. $2\sqrt{4}$; $\sqrt{8}$; 8 ; $4\sqrt{2}$
2. $3\sqrt{10}$; $\sqrt{30}$; $2\sqrt{30}$; $4\sqrt{7}$

5 Simplifie les expressions suivantes en décomposant chaque radicande en un produit de facteurs premiers.

1. $\sqrt{1089} =$
2. $\sqrt{2048} =$
3. $\sqrt{486} =$
4. $\sqrt{392} =$
5. $\sqrt{432} =$
6. $\sqrt{75\,600} =$

6 Effectue et réduis les expressions suivantes.

1. $\sqrt{72} + \sqrt{12} =$
2. $3\sqrt{20} - \sqrt{500} =$
3. $\sqrt{48} + 5\sqrt{27} =$
4. $8\sqrt{50} - \sqrt{49} =$
5. $3\sqrt{5} + \left(2\sqrt{45} - \sqrt{25}\right) =$
6. $\sqrt{75} - \left(\sqrt{20} - \sqrt{27}\right) =$
7. $7\sqrt{2} - \left(-3\sqrt{2} + 4\sqrt{2} - 3\right) =$
8. $\dfrac{\sqrt{3}}{3} + \dfrac{\sqrt{27}}{4} =$
9. $\dfrac{3\sqrt{50}}{4} - \dfrac{4\sqrt{72}}{6} =$

7 Sachant que la somme des nombres de chaque ligne, chaque colonne et chaque diagonale vaut un même nombre, complète les cases vides par le radical simplifié.

....	....	$\sqrt{150} =$ ....
....	$\sqrt{24} =$	....
$-\sqrt{6}$	....	$\sqrt{6}$

5

8 Effectue et réduis les produits suivants.

1. $\sqrt{3} \cdot \sqrt{3} =$
2. $3\sqrt{6} \cdot \sqrt{2} =$
3. $\sqrt{2} \cdot \sqrt{36} =$
4. $\sqrt{5} \cdot \sqrt{5} \cdot \sqrt{5} =$
5. $-4\sqrt{3} \cdot \left(-2\sqrt{6}\right) =$
6. $-3\sqrt{200} \cdot 2\sqrt{2} =$
7. $\dfrac{5\sqrt{30}}{6} \cdot \dfrac{10\sqrt{3}}{3} =$
8. $\dfrac{\sqrt{3}}{2} \cdot \dfrac{2\sqrt{5}}{3} =$
9. $\sqrt{3} \cdot \left(2\sqrt{5} + 6\sqrt{3}\right) =$
10. $\left(2\sqrt{5} - 5\sqrt{2}\right) \cdot \left(3\sqrt{3} - 7\sqrt{2}\right) =$

9 Effectue les produits remarquables suivants et réduis ta réponse.

1. $\left(\sqrt{3} + 2\right)^2 =$
2. $\left(3\sqrt{2} + 10\right)^2 =$
3. $\left(\sqrt{6} + \sqrt{3}\right)^2 =$
4. $\left(\sqrt{5} - 11\right)^2 =$
5. $\left(12\sqrt{2} - 9\right)^2 =$
6. $\left(\sqrt{18} - \sqrt{3}\right)^2 =$
7. $\left(\sqrt{3} + 2\right) \cdot \left(\sqrt{3} - 2\right) =$
8. $\left(2\sqrt{7} + 15\right) \cdot \left(2\sqrt{7} - 15\right) =$
9. $\left(3\sqrt{5} + \sqrt{7}\right) \cdot \left(3\sqrt{5} - \sqrt{7}\right) =$
10. $\left(5\sqrt{8} - 3\sqrt{2}\right) \cdot \left(5\sqrt{8} + 3\sqrt{2}\right) =$

10 Effectue et réduis.

1. $\sqrt{18} - \sqrt{50} =$
2. $3\sqrt{27} + 5\sqrt{12} =$
3. $3\sqrt{90} - \left(2\sqrt{40} + 2\right) =$
4. $5\sqrt{3} + \left(2\sqrt{3} + 3\right) =$
5. $-\sqrt{5} \cdot \left(2\sqrt{5} - 1\right) =$
6. $\left(2\sqrt{3} + 1\right) \cdot \left(3\sqrt{3} - 1\right) =$
7. $3 + 2 \cdot \left(\sqrt{3} - 1\right) =$
8. $3 - 2 \cdot \left(\sqrt{10} + 2\right)^2 =$
9. $4 - \left(\sqrt{3} + \sqrt{7}\right) \cdot \left(\sqrt{3} - \sqrt{7}\right) =$
10. $\left(3\sqrt{2}\right)^2 + \left(3 + \sqrt{2}\right)^2 =$
11. $2\sqrt{5^2 + 5^2} + \sqrt{7^2 + 1^4} =$
12. $3\sqrt{8^2 - 4^2} - 4\sqrt{3} =$

11 Résous les équations suivantes.

1. $x^2 + 3 = 15$
2. $6x^2 + 1 = 25$
3. $-4x^2 - 5 = -9$
4. $3 + 3x^2 = 3$
5. $x + \sqrt{18} = \sqrt{8}$
6. $3x + \sqrt{2} = \sqrt{98}$
7. $2x + \sqrt{27} = \sqrt{3}$
8. $\sqrt{48} = 2\sqrt{18} + 2x$
9. $x + \sqrt{24} = 5\sqrt{54}$

3 Rendre le dénominateur rationnel

1 Rends les dénominateurs rationnels.

Série 1

1. $\dfrac{1}{\sqrt{3}} =$
2. $\dfrac{5}{\sqrt{2}} =$
3. $\dfrac{\sqrt{2}+2}{\sqrt{2}} =$
4. $\dfrac{\sqrt{5}+1}{\sqrt{3}} =$
5. $\dfrac{\sqrt{7}-1}{\sqrt{2}} =$
6. $\dfrac{-\sqrt{3}-1}{\sqrt{7}} =$

Série 2

1. $\dfrac{1}{\sqrt{3}+1} =$
2. $\dfrac{5}{\sqrt{2}-3} =$
3. $\dfrac{\sqrt{2}+2}{\sqrt{2}+4} =$
4. $\dfrac{\sqrt{5}+1}{\sqrt{3}-3} =$
5. $\dfrac{\sqrt{7}-1}{5+\sqrt{2}} =$
6. $\dfrac{\sqrt{2}+3\sqrt{3}}{\sqrt{8}-\sqrt{12}} =$

2 Résous les équations suivantes.

1. $\sqrt{3}x + 4 = 0$
2. $2\sqrt{7}x - \sqrt{14} = 1$

5

4 Racine cubique

1 Calcule les expressions suivantes.

1 $\sqrt[3]{8} =$

2 $\sqrt[3]{64\ 000} =$

3 $\sqrt[3]{-8} =$

4 $\sqrt[3]{-1} =$

5 $\sqrt[3]{1000} =$

6 $\sqrt[3]{-27\ 000\ 000} =$

7 $\sqrt[3]{\dfrac{1}{27}} =$

8 $\sqrt[3]{\dfrac{-64}{125}} =$

9 $\sqrt[3]{\dfrac{-343}{-216}} =$

2 On a représenté un cube de 1 cm^3 de volume sur la grille isométrique ci-dessous. Représente un cube de 8 cm^3 de volume et un autre cube de 27 cm^3 de volume. Quelles sont les longueurs des arêtes de ces 3 cubes ?

3 Rends les racines cubiques irréductibles.

1 $\sqrt[3]{16} =$

2 $\sqrt[3]{-243} =$

3 $\sqrt[3]{-2700} =$

4 $\sqrt[3]{10\ 000} =$

5 $\sqrt[3]{-1^7} =$

6 $\sqrt[3]{432} =$

4 Encadre les expressions suivantes à l'unité près.

1 $\sqrt[3]{6}$ 2 $-\sqrt[3]{36}$ 3 $\sqrt[3]{900}$ 4 $\sqrt[3]{200}$ 5 $2\sqrt[3]{10}$ 6 $3\sqrt[3]{2}$

5 Résous les équations suivantes.

1 $x^3 = -27$

2 $x^3 = 64$

3 $3x^3 = -24$

4 $2x^3 - 1 = 1999$

Teste-toi !

1 **COMPLÈTE** par le vocabulaire adéquat.

Dans l'expression $4\sqrt{5}$...

1 4 est le .... 2 $\sqrt{}$ est le .... 3 5 est le ....

2 **ENCADRE** les expressions suivantes par deux nombres entiers consécutifs.

1 $\sqrt{7}$ 2 $-\sqrt{140}$ 3 $\sqrt[3]{100}$

3 **COMPLÈTE** si possible les égalités suivantes.

1 $\sqrt{3}^2 =$ 2 $\sqrt{-3} =$ 3 $\sqrt[3]{64} =$ 4 $\sqrt{(-3)^2} =$

4 **SIMPLIFIE** les expressions suivantes.

1 $\sqrt{32} =$ 3 $9\sqrt{8} =$ 5 $-5\sqrt{98} =$

2 $4\sqrt{16} =$ 4 $3\sqrt{27} =$ 6 $\sqrt[3]{40} =$

5 **EFFECTUE** et **RÉDUIS**.

1 $\sqrt{32} + 9\sqrt{8} =$

2 $6\sqrt{50} \cdot (3\sqrt{6} - 6\sqrt{50}) =$

3 $(2\sqrt{14} - 5\sqrt{4}) \cdot (2\sqrt{14} + 5\sqrt{4}) =$

4 $(\sqrt{72} - 3\sqrt{25})^2 =$

5 $5\sqrt{242} - (\sqrt{75} + 3\sqrt{200}) =$

6 **RENDS** les dénominateurs rationnels.

1 $\frac{1}{\sqrt{6}} =$ 2 $\frac{9}{5\sqrt{3}} =$ 3 $\frac{2\sqrt{10} + 2}{\sqrt{10} + 2} =$

7 **EXPRIME** la largeur du rectangle de 5 cm² d'aire, représenté ci-contre, par une expression réduite dont le dénominateur est rationnel.

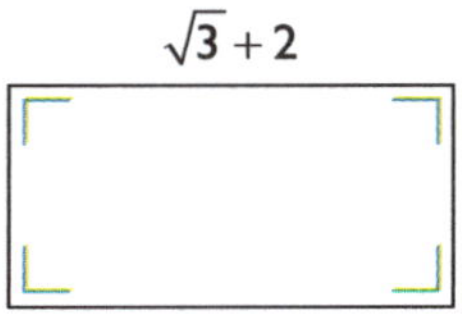

8 **CALCULE** la hauteur d'une citerne d'eau de pluie cubique de 216 dm³.

5

Correctif

1 1 coefficient — 2 symbole radical — 3 radicande

2 1 $2 < \sqrt{7} < 3$ — 2 $-12 < -\sqrt{140} < -11$ — 3 $4 < \sqrt[3]{100} < 5$

3 1 3 — 2 $\nexists$ — 3 4 — 4 3

4 1 $\sqrt{16 \cdot 2} = 4\sqrt{2}$ — 3 $9 \cdot 2\sqrt{2} = 18\sqrt{2}$ — 5 $-5 \cdot 7\sqrt{2} = -35\sqrt{2}$

2 $4 \cdot 4 = 16$ — 4 $3 \cdot 3\sqrt{3} = 9\sqrt{3}$ — 6 $\sqrt[3]{8 \cdot 5} = 2\sqrt[3]{5}$

5 1 $4\sqrt{2} + 18\sqrt{2} = 22\sqrt{2}$

2 $30\sqrt{2} \cdot (3\sqrt{6} - 30\sqrt{2}) = 90\sqrt{12} - 900 \cdot 2$
$= 180\sqrt{3} - 1\,800$

3 $(2\sqrt{14} - 10) \cdot (2\sqrt{14} + 10) = (2\sqrt{14})^2 - 10^2$
$= 4 \cdot 14 - 100$
$= 56 - 100$
$= -44$

4 $(6\sqrt{2} - 15)^2 = (6\sqrt{2})^2 - 2 \cdot 6\sqrt{2} \cdot 15 + 15^2$
$= 36 \cdot 2 - 180\sqrt{2} + 225$
$= 72 - 180\sqrt{2} + 225$
$= 297 - 180\sqrt{2}$

5 $55\sqrt{2} - (5\sqrt{3} + 30\sqrt{2}) = 55\sqrt{2} - 5\sqrt{3} - 30\sqrt{2}$
$= 25\sqrt{2} - 5\sqrt{3}$

6 1 $\dfrac{1}{\sqrt{6}} \cdot \dfrac{\sqrt{6}}{\sqrt{6}} = \dfrac{\sqrt{6}}{6}$

2 $\dfrac{9}{5\sqrt{3}} \cdot \dfrac{\sqrt{3}}{\sqrt{3}} = \dfrac{9\sqrt{3}}{15} = \dfrac{3\sqrt{3}}{5}$

3 $\dfrac{2\sqrt{12}}{\sqrt{10} + 2} = \dfrac{4\sqrt{3}}{\sqrt{10} + 2} \cdot \dfrac{\sqrt{10} - 2}{\sqrt{10} - 2} = \dfrac{4\sqrt{30} - 8\sqrt{3}}{10 - 4} = \dfrac{4\sqrt{30} - 8\sqrt{3}}{6} = \dfrac{2\sqrt{30} - 4\sqrt{3}}{3}$

7 $l = \dfrac{5}{\sqrt{3} + 2} = \dfrac{5}{\sqrt{3} + 2} \cdot \dfrac{\sqrt{3} - 2}{\sqrt{3} - 2} = \dfrac{5\sqrt{3} - 10}{3 - 4} = \dfrac{5\sqrt{3} - 10}{-1} = -5\sqrt{3} + 10$

8 $\sqrt[3]{216} = 6$

La hauteur de la citerne est de 6 dm.

1. 0 ; 1 ; 4 ; 9 ; 16 ; 25 ; …

RÉFÉRENTIEL 5

Racines carrées et cubiques

1 Découverte de nouveaux nombres

1 Racine carrée d'un nombre réel

a Définition

La **racine carrée** du réel positif a, notée $\sqrt{a}$, est le **réel positif** x dont le **carré** vaut a.

$\forall a \in \mathbb{R}^+ : \sqrt{a} = x \Leftrightarrow x^2 = a$ et $x \geq 0$

EXEMPLES :

La **racine carrée** de 36, notée $\sqrt{36}$, est égale à 6, car $6^2 = 36$ et $6 \geq 0$.

On écrit : $\sqrt{36} = 6$.

La valeur exacte de la racine carrée de 36 est 6.

La **racine carrée** de 2, notée $\sqrt{2}$, est environ égale à 1,41, car $1{,}41^2 = 1{,}9881 \approx 2$ et $1{,}41 \geq 0$.

On écrit : $\sqrt{2} \approx 1{,}41$.

La valeur exacte de la racine carrée de 2 est $\sqrt{2}$.

Pour le deuxième exemple, il faut utiliser le symbole $\sqrt{}$ pour dénoter la valeur exacte de la racine carrée. En effet, le système décimal ne nous permet pas d'écrire ce nombre sans perdre de la précision.

$$\sqrt{2} \cong 1{,}4142135623730950488016887252099807856967\ldots$$

C'est un nombre irrationnel, son écriture décimale est illimitée non périodique.

« Illimitée » signifie qu'il y a une infinité de chiffres dans la partie décimale.

« Non périodique » signifie que, dans la partie décimale, il n'y pas de répétition d'une même suite de chiffres.

REMARQUE : $\sqrt{36}$ est un nombre rationnel, tandis que $\sqrt{2}$ est un nombre irrationnel.

b Vocabulaire

Dans le terme $a\sqrt{b}$, on appelle…

l'entier a le coefficient — $\sqrt{}$ le radical — b le radicande

REMARQUES :

- Le symbole radical couvre tout le radicande.
- L'expression existe si le radicande est un nombre positif.
  EXEMPLE : $\sqrt{-1}$ n'existe pas.
- Il existe deux nombres opposés dont le carré est un réel positif donné.
  EXEMPLE : si 25 est le carré donné : $5^2 = 25$ et $(-5)^2 = 25$. Mais $\sqrt{25} = 5$.

2 Encadrement

Pour encadrer à l'unité près une racine carrée dont le radicande n'est pas un carré parfait, …

- on **encadre le radicande** par **deux carrés parfaits consécutifs** ;
- on calcule la racine carrée de ces nombres ;
- on simplifie.

EXEMPLE :

Pour encadrer $\sqrt{15}$ à l'unité près, on a

$$9 < 15 < 16$$
$$\sqrt{9} < \sqrt{15} < \sqrt{16}$$
$$3 < \sqrt{15} < 4$$

Pour encadrer à l'unité près un terme de la forme $a\sqrt{b}$…

- on élève le terme au carré
- on **encadre ce nombre** par **deux carrés parfaits consécutifs** ;
- on calcule la racine carrée de ces nombres ;
- on simplifie.

EXEMPLE :

Pour encadrer $4\sqrt{3}$ à l'unité près, on a

$$(4\sqrt{3})^2 = 4^2 \cdot \sqrt{3}^2 = 16 \cdot 3 = 48$$
$$36 < 48 < 49$$
$$\sqrt{36} < \sqrt{48} < \sqrt{49}$$
$$6 < 4\sqrt{3} < 7$$

2 Simplification et opérations

1 Propriétés

a Carré d'une racine carrée

Le **carré** de la **racine carrée** d'un nombre réel **positif** ou nul est égal à ce **nombre**.

$$\forall a \in \mathbb{R}^+ : \sqrt{a}^2 = a$$

EXEMPLE :

$$\sqrt{25}^2 = 25$$

b Racine carrée d'un produit

La **racine carrée** d'un **produit** de deux nombres **positifs** est égale au **produit** des **racines carrées** de ces nombres.

$$\forall a, b \in \mathbb{R}^+ : \sqrt{a \cdot b} = \sqrt{a} \cdot \sqrt{b}$$

EXEMPLES :

1. $\sqrt{25 \cdot 4} = \sqrt{25} \cdot \sqrt{4} = 5 \cdot 2 = 10$
2. $\sqrt{36 \cdot 2} = \sqrt{36} \cdot \sqrt{2} = 6 \cdot \sqrt{2} = 6\sqrt{2}$

c Racine carrée d'un quotient

La **racine carrée** d'un **quotient** de deux nombres **positifs** est égale au **quotient** des **racines carrées** de ces nombres.

$\forall a \in \mathbb{R}^+, \forall b \in \mathbb{R}_0^+ : \sqrt{\frac{a}{b}} = \frac{\sqrt{a}}{\sqrt{b}}$

EXEMPLES :

1 $\sqrt{\frac{36}{100}} = \frac{\sqrt{36}}{\sqrt{100}} = \frac{6}{10} = 0,6$

2 $\sqrt{\frac{10}{4}} = \frac{\sqrt{10}}{\sqrt{4}} = \frac{\sqrt{10}}{2}$

2 Simplification

Méthode

Pour **simplifier** une racine carrée, il faut
- **décomposer** le radicande en un **produit** dont au moins un des facteurs est un **carré parfait** (≠1) ;
- appliquer la règle de la **racine carrée d'un produit** ;
- calculer la **racine carrée des carrés parfaits**.

EXEMPLES :

1 $\sqrt{28} = \sqrt{4 \cdot 7} = \sqrt{4} \cdot \sqrt{7} = 2\sqrt{7}$

2 $\sqrt{7\,200} = \sqrt{72 \cdot 100} = 10\sqrt{72} = 10\sqrt{36 \cdot 2} = 10 \cdot 6\sqrt{2} = 60\sqrt{2}$

Un terme de la forme $a\sqrt{b}$ sera dit **irréductible** s'il n'est plus possible de simplifier l'écriture de $\sqrt{b}$.

EXEMPLES :

1 $60\sqrt{2}$ est irréductible.

2 $10\sqrt{72}$ n'est pas irréductible puisque $10\sqrt{72} = 10\sqrt{36 \cdot 2} = 60\sqrt{2}$.

Si deux termes de la forme $a\sqrt{b}$ ont des **radicandes égaux** (après une éventuelle simplification), alors on les appellera **semblables**.

EXEMPLES :

1 $\sqrt{7}$ et $3\sqrt{7}$ sont semblables.

2 $\sqrt{75}$ et $2\sqrt{3}$ sont semblables, car $\sqrt{75} = 5\sqrt{3}$.

3 Somme et différence d'expressions avec radical

Pour additionner (ou soustraire) des termes de la forme $a\sqrt{b}$ avec même radicande, il faut …
- conserver le **radicande** ;
- additionner (ou soustraire) les **coefficients** de ces termes.

EXEMPLES :

1. $2\sqrt{7} + 3\sqrt{7} = 5\sqrt{7}$
2. $7\sqrt{5} - \sqrt{45} = 7\sqrt{5} - 3\sqrt{5} = 4\sqrt{5}$
3. $2\sqrt{3} - 3\sqrt{11}$ ne peut plus être simplifiée, car les termes n'ont pas le même radicande.

REMARQUES :

- En général, la somme ou la différence des racines carrées de deux nombres **n'est pas égale** à la racine carrée de la somme ou de la différence de ces nombres et réciproquement.

  EXEMPLE : $\sqrt{9+16} \neq \sqrt{9} + \sqrt{16}$

  En effet, $\sqrt{9+16} = \sqrt{25} = 5$

  et $\sqrt{9} + \sqrt{16} = 3 + 4 = 7$, qui n'est pas 5.
- La règle de la somme est en étroit lien avec celle du calcul littéral. On additionne les termes semblables suivant le même procédé.

  EXEMPLES : $3a + 7a - 6b + 2b = 10a - 4b$

  $3\sqrt{2} + 7\sqrt{2} - 6\sqrt{3} + 2\sqrt{3} = 10\sqrt{2} - 4\sqrt{3}$

5

3 Rendre le dénominateur rationnel

Rendre le **dénominateur** d'une fraction **rationnel**, c'est transformer cette fraction en une fraction **équivalente** qui ne contient pas de **radical** au **dénominateur**.

EXEMPLES :

1. $\frac{\sqrt{3}}{2}$ est une fraction dont le dénominateur est rationnel. En effet, $2 \in \mathbb{Q}$.
2. $\frac{2}{\sqrt{3}}$ est une fraction dont le dénominateur n'est pas rationnel. En effet, $\sqrt{3} \notin \mathbb{Q}$.

   $\sqrt{3}$ est un nombre irrationnel. On écrit : $\sqrt{3} \in \mathbb{I}$.

Méthode

1 Dénominateur de la forme $a\sqrt{b}$

Si le dénominateur d'une fraction est de la forme $a\sqrt{b}$, on **multiplie** le numérateur et le dénominateur **par $\sqrt{b}$**.

EXEMPLE :

$$\frac{2}{5\sqrt{3}} = \frac{2}{5\sqrt{3}} \cdot \frac{\sqrt{3}}{\sqrt{3}} = \frac{2\sqrt{3}}{5\sqrt{3} \cdot \sqrt{3}} = \frac{2\sqrt{3}}{15}$$

2 Dénominateur de la forme $a\sqrt{b} + c\sqrt{d}$

Si le dénominateur d'une fraction est de la forme $a\sqrt{b} + c\sqrt{d}$, on **multiplie** le numérateur et le dénominateur **par** un **binôme conjugué de $a\sqrt{b} + c\sqrt{d}$**, par exemple $a\sqrt{b} - c\sqrt{d}$.

EXEMPLE :

$$\frac{\sqrt{3}}{2+\sqrt{6}} = \frac{\sqrt{3}}{2+\sqrt{6}} \cdot 1$$
$$= \frac{\sqrt{3}}{2+\sqrt{6}} \cdot \frac{2-\sqrt{6}}{2-\sqrt{6}}$$
$$= \frac{\sqrt{3}\,.\,(2-\sqrt{6})}{4-6}$$
$$= \frac{2\sqrt{3}-\sqrt{18}}{-2}$$
$$= \frac{-2\sqrt{3}+3\sqrt{2}}{2}$$
$$= -\sqrt{3} + \frac{3\sqrt{2}}{2}$$

4 Racine cubique

La **racine cubique** du réel a, notée $\sqrt[3]{a}$, est le **réel x** dont le **cube** vaut a.

$\forall a \in \mathbb{R} : \sqrt[3]{a} = x \Leftrightarrow x^3 = a$

EXEMPLES :

1. $\sqrt[3]{27} = 3$ car $3^3 = 27$
2. $\sqrt[3]{-125} = -5$ car $(-5)^3 = -125$

5 Synthèse des ensembles de nombres

1 Nombres naturels

Un **nombre naturel** est un nombre positif ou nul qui n'a pas de partie décimale.

$\mathbb{N} = \{0 ; 1 ; 2 ; 3 ; 4 ; 5 ; 6 ; 7 ; 8 ; 9 ; 10 ; 11 ; ...\}$

2 Nombres entiers

Un **nombre entier** est un nombre positif, nul ou négatif qui n'a pas de partie décimale.

$\mathbb{Z} = \{... ; -3 ; -2 ; -1 ; 0 ; 1 ; 2 ; 3 ; ...\}$

3 Nombres rationnels

Un **nombre rationnel** est un nombre que l'on peut écrire sous la forme d'un quotient de deux nombres entiers (où le dénominateur est différent de 0).

$$\mathbb{Q} = \left\{\frac{a}{b} \mid a \in \mathbb{Z}, b \in \mathbb{Z}_0\right\} = \left\{\dots ; \frac{7}{-2} ; \dots ; \frac{-5}{100} ; \dots ; \frac{-4}{100} ; \dots ; \frac{0}{19} ; \dots ; \frac{1}{\sqrt{36}} ; \dots ; \frac{-9}{-3} ; \dots\right\}$$

REMARQUE :

Les nombres rationnels dont le dénominateur peut s'écrire sous la forme d'une puissance de 10 sont appelés nombres décimaux.

EXEMPLES :

$$\frac{24}{25} = \frac{24}{25} \cdot \frac{4}{4} = \frac{96}{100} = 0{,}96$$

Ce nombre rationnel est un **nombre décimal**, car le dénominateur peut s'écrire sous la forme d'une puissance de 10 ($100 = 10^2$).

La partie décimale du nombre comporte un nombre limité de décimales.

$$\frac{21}{22} = 0{,}9545454\dots = 0{,}9\overline{54}$$

Ce nombre rationnel **n'est pas un nombre décimal**, car il est impossible de réécrire la fraction avec un dénominateur qui est une puissance de 10.

La partie décimale du nombre comporte un nombre illimité de décimales qui se répètent de façon périodique.

5

4 Nombres irrationnels

Un **nombre irrationnel** est un nombre que l'on ne peut pas écrire sous la forme d'un quotient de deux nombres entiers.

La partie décimale d'un nombre irrationnel comporte un nombre illimité de décimales non périodiques.

$$\mathbb{I} = \left\{\dots ; -\pi ; \dots ; -\sqrt{5} ; \dots ; -\sqrt{2} ; \dots ; \sqrt{10} ; \dots\right\}$$

5 Nombres réels

Un **nombre réel** est un nombre qui est soit rationnel soit irrationnel.

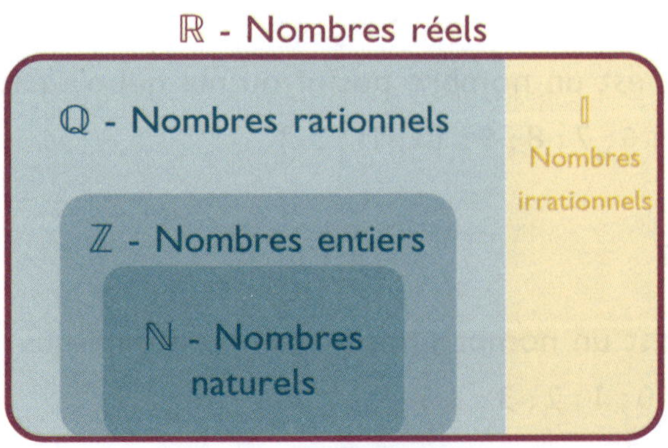

$$\mathbb{R} = \mathbb{Q} \cup \mathbb{I}$$

CHAPITRE 6

Théorème de Pythagore

PRÉREQUIS

Pour commencer ce chapitre, tu dois être capable de/d' :

- connaitre et appliquer les propriétés des égalités ;
- supprimer les parenthèses dans une expression algébrique (suppression de parenthèses, distributivité simple, distributivité double, produits remarquables) ;
- opérer avec des racines carrées ;
- distinguer les hypothèses de la thèse ;
- distinguer une propriété de sa réciproque ;
- placer un point dans un repère orthonormé.

OBJECTIFS

Au terme de ce chapitre, tu seras capable d'/de :

- énoncer et démontrer le théorème de Pythagore ainsi que sa réciproque ;
- distinguer la réciproque du théorème de Pythagore de sa contraposée ;
- établir les propriétés métriques dans le triangle rectangle ;
- déterminer des longueurs dans des figures contenant un (ou plusieurs) triangle(s) rectangle(s) en utilisant le théorème de Pythagore ou les propriétés métriques du triangle rectangle ;
- utiliser la réciproque ou la contraposée du théorème de Pythagore pour justifier qu'un triangle est rectangle ou non rectangle ;
- déterminer la distance entre deux points d'un repère orthonormé à partir de leurs coordonnées ;
- construire un segment dont la longueur est une racine carrée ;
- résoudre un problème en utilisant le théorème de Pythagore ou les propriétés métriques du triangle rectangle.

1 Théorème de Pythagore

ACTIVITÉS

1 Complète les mots croisés ci-dessous et découvre le mot mystère caché dans les cases colorées.

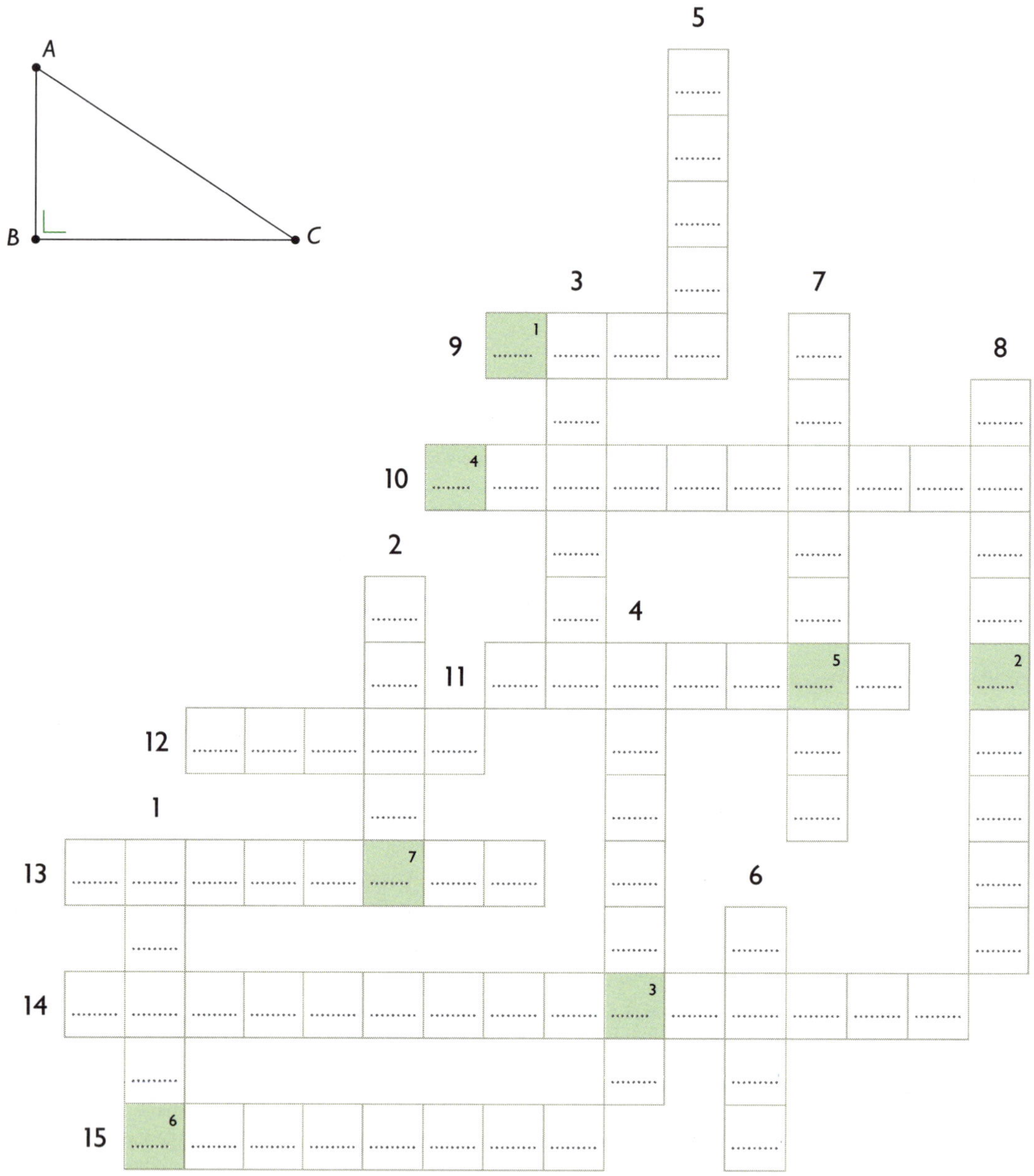

Verticalement

1. Se dit d'un angle d'amplitude égale à 90°.
2. Segment dont les extrémités appartiennent au même cercle.
3. Se dit d'un côté non adjacent à un angle d'un triangle.
4. *A*, *B* et *C* sont les … du triangle.
5. Est délimité par deux demi-droites de même origine.
6. Type de l'angle $\hat{A}$.
7. Synonyme de distance.
8. Se dit d'un triangle qui a un angle droit.

Horizontalement

9 [*AB*] est un … du triangle.
10 [*AC*] est l'… du triangle rectangle.
11 Action qui permet de déterminer une longueur ou une amplitude.
12 Quadrilatère régulier.
13 Peut qualifier un côté par rapport à un angle.
14 $\hat{A}$ et $\hat{C}$ sont deux angles … .
15 *ABC* est un … .

Mot mystère

1	2	3	4	5	6	7
………	………	………	………	………	………	………

Le mot mystère à découvrir est ……………… Il correspond au nom donné à chacun des deux côtés adjacents à l'angle droit d'un triangle rectangle.

Olympiade Mathématique Belge

Si la diagonale d'un carré mesure 2016, que mesure le périmètre de ce carré ?

☐ $8\,064$ ☐ $8\,064\sqrt{2}$ ☐ $4\,032\sqrt{2}$ ☐ $2\,016\sqrt{2}$ ☐ $1\,008\sqrt{2}$

2 Positionne ces quatre triangles rectangles isométriques dans le cadre en pointillés pour former un quadrilatère dont chaque côté mesure $(b + c)$.

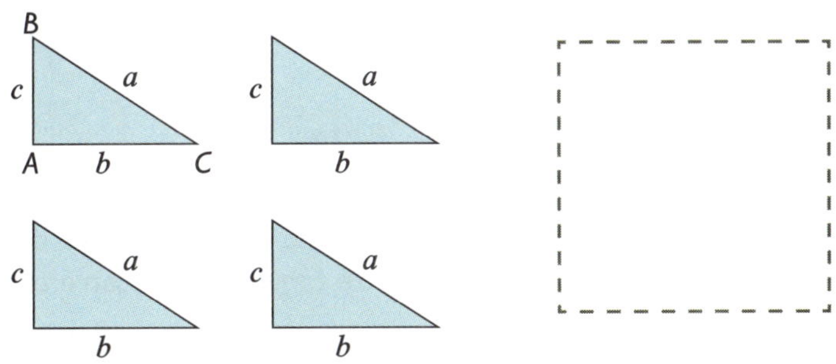

a Dans la figure obtenue, colorie d'une même couleur les angles intérieurs des triangles qui ont la même amplitude. Note par la lettre β l'amplitude de l'angle en *B* et par la lettre γ l'amplitude de l'angle en *C*.

b Le quadrilatère extérieur ainsi obtenu est un ………………, car il a :
– quatre côtés de même longueur ……………… ;
– quatre angles droits.

Le quadrilatère intérieur est également un ………………, car il a :
– quatre côtés de même longueur ……………… ;
– quatre angles droits, car ………………………………………………

c Calcule de deux manières différentes l'aire de la figure que tu as construite.

Calcul 1	Calcul 2
....	....
....	....

d En égalant ces deux résultats, détermine une nouvelle égalité.

....

....

....

e Complète la phrase suivante.

On observe que .... de l'hypoténuse ....

.... des longueurs ....

6

f Voici un triangle non rectangle. Le carré de la longueur du plus grand côté est-il égal à la somme des carrés des longueurs des deux autres côtés ?

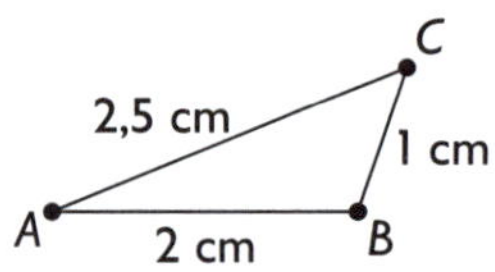

....

....

....

....

g Complète le théorème de Pythagore.

Dans tout ...., le .... de l'hypoténuse

est ....

R130-1.1-

Olympiade Mathématique Belge

Quatre cercles de même rayon sont placés à l'intérieur d'un carré de côté 1, de sorte que chacun est tangent à deux côtés du carré ainsi qu'à deux des autres cercles. Quel est le rayon du plus petit cinquième cercle tangent aux quatre précédents ?

☐ $\frac{1}{2}(\sqrt{2}-1)$ ☐ $\frac{1}{4}(\sqrt{2}-1)$ ☐ $\frac{1}{8}(\sqrt{2}-1)$ ☐ $\frac{1}{4}\left(\sqrt{2}-\frac{1}{2}\right)$ ☐ $\frac{1}{4}$

EXERCICES

1 Coche les égalités correctes.

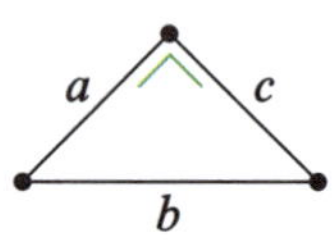	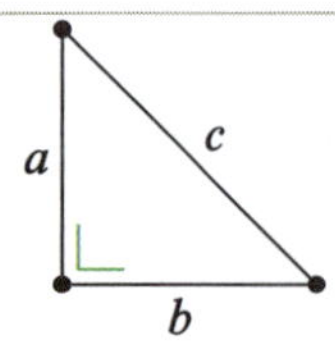	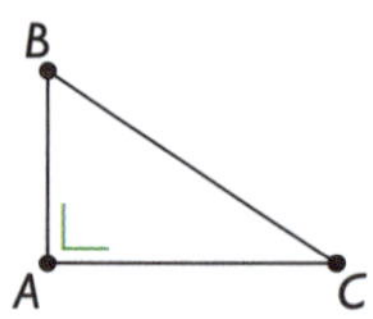	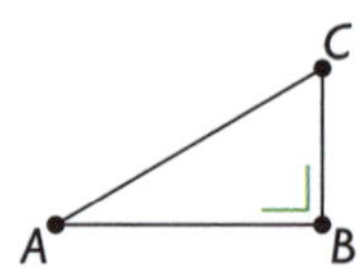
☐ $c^2 = a + b^2$	☐ $c^2 = a + b^2$	☐ $BC = AB + AC$	☐ $BC = AB + AC$
☐ $b^2 = c^2 + a^2$	☐ $b^2 = c^2 + a^2$	☐ $AB^2 = AC^2 - BC^2$	☐ $AB^2 = AC^2 - BC^2$
☐ $c^2 = b^2 + a^2$	☐ $c^2 = b^2 + a^2$	☐ $BC^2 = AB^2 + AC^2$	☐ $BC^2 = AB^2 + AC^2$

2 Voici deux méthodes différentes qui permettent de déterminer la longueur du côté [BC] du triangle ABC rectangle en B représenté ci-contre. Complète-les en ajoutant le symbole d'équivalence ($\Leftrightarrow$) ou le symbole d'implication ($\Rightarrow$).

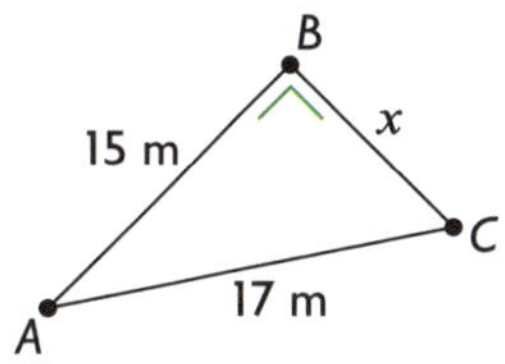

Méthode 1	Méthode 2
$17^2 = 15^2 + x^2$	$17^2 = 15^2 + x^2$
.... $17^2 - 15^2 = x^2$	.... $17^2 - 15^2 = x^2$
.... $289 - 225 = x^2$	.... $289 - 225 = x^2$
.... $64 = x^2$	.... $64 = x^2$
.... $x = \sqrt{64}$ ou $x = -\sqrt{64}$	.... $x = \sqrt{64}$ (car $x > 0$)
.... $x = 8$ ou $x = -8$	.... $x = 8$
(-8 est à rejeter)	
.... $x = 8$	

Dans le correctif de ce manuel, nous avons choisi de présenter les résolutions suivant le principe de la méthode 1. La solution négative sera rejetée puisqu'une longueur est toujours positive.

3 Pour chaque triangle, détermine la longueur du côté demandée.

1
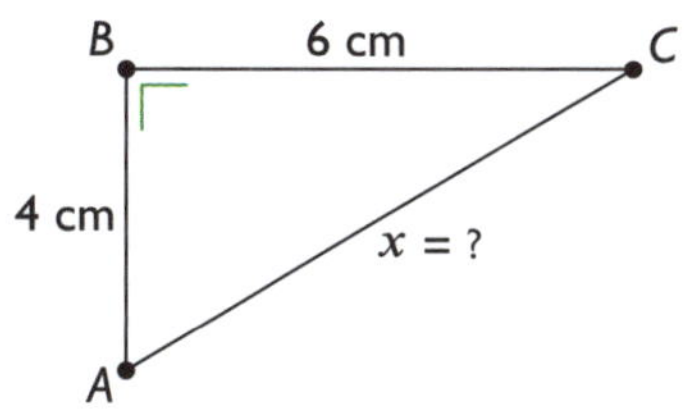

3
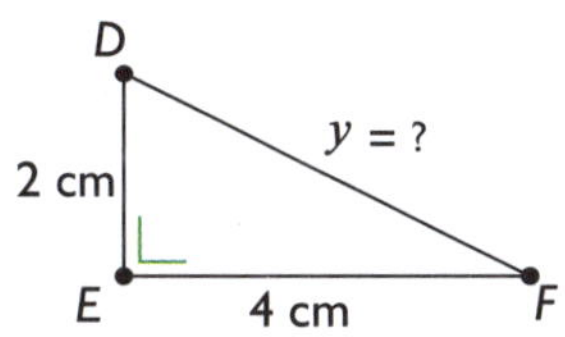

5
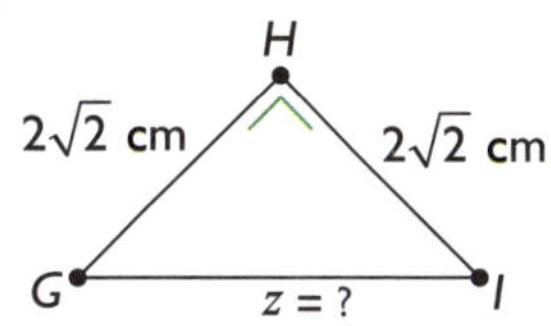

2
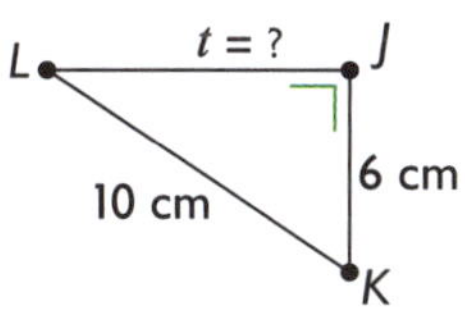

4
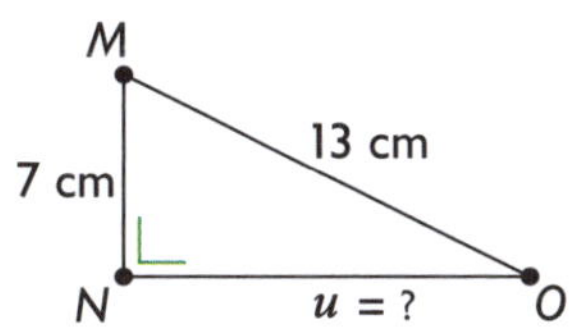

6
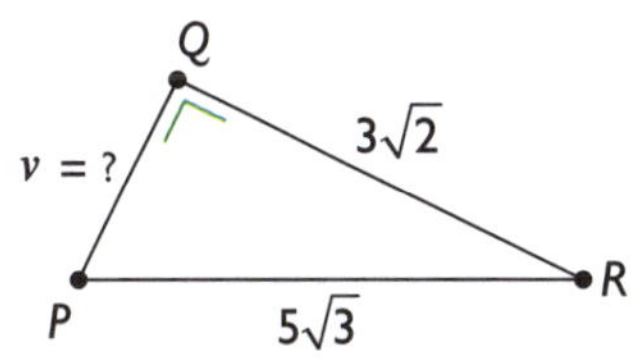

4 Sachant que ABC est un triangle rectangle en C, détermine chaque longueur manquante.

	AC	AB	BC
1	$5\sqrt{2}$	$\sqrt{70}$	....
2	25	30	....
3	....	$\frac{5}{3}$	1
4	$\frac{4}{7}$	....	1
5	6	....	2

	AC	AB	BC
6	....	$\frac{2}{3}$	0,6
7	....	$\sqrt{21}$	$\sqrt{3}$
8	$3\sqrt{2}$	$\sqrt{30}$	....

5 Monsieur Rousseau doit installer un escalier dans sa nouvelle maison. Aide-le à déterminer, au millimètre près, la longueur de ce dernier à partir du croquis qui t'est donné.

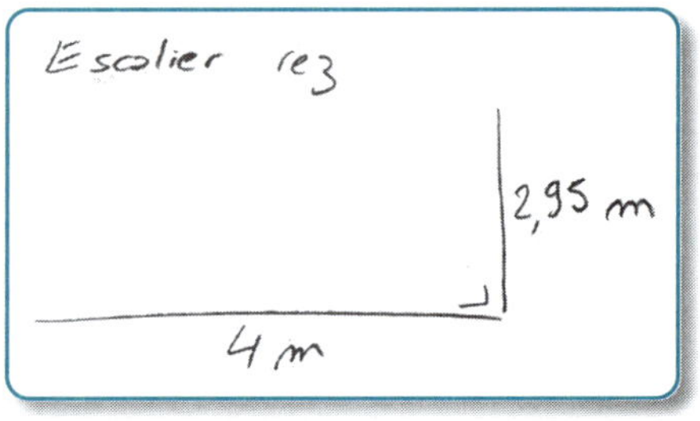

Olympiade Mathématique Belge

Sur base des informations données par la figure ci-contre, que vaut AB ?

....

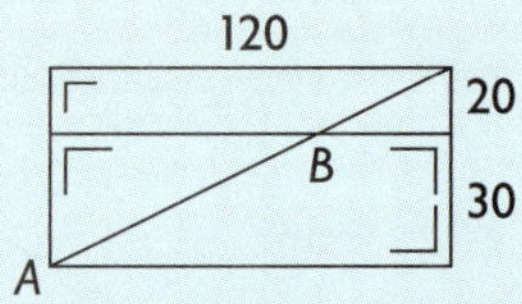

6 Éric a acheté un nouveau jeu de fléchettes. Malheureusement, en le déballant, il a déchiré la notice et ne sait plus à quelle hauteur il doit le fixer. Aide-le à retrouver la bonne hauteur, au centimètre près.

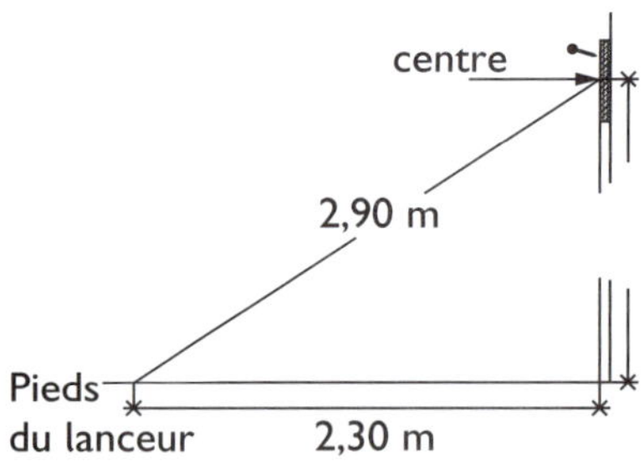

7 Kim, Selim et Daniel jouent dans une piscine circulaire de 6 m de diamètre. Kim et Daniel se sont placés le plus loin possible l'un de l'autre. Selim, muni de son pistolet à eau qui a une portée de tir de 5 m, est contre le bord de la piscine et situé à 2 m de Daniel. Selim pourra-t-il atteindre Kim de cette position ? Réalise un schéma de la situation et développe ton raisonnement.

p.1[illegible] 1

8 Détermine le périmètre du losange $ABCD$ si $AC = 6$ et $BD = 3$.

p.1[illegible] 2

p.126 3

9 Julien souhaite acheter un tableau de 3 m sur 2,5 m mais il hésite car il ne sait pas s'il pourra faire entrer un tableau d'une telle dimension chez lui. Il sait que la plus grande fenêtre de sa maison peut être assimilée à un carré de 2 m de côté. Peut-il acheter ce tableau ?

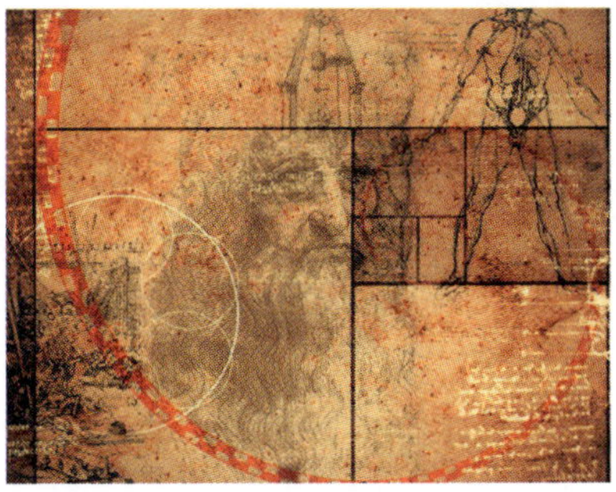

p.126 3

10 Détermine une formule qui permet de calculer la longueur de la diagonale d'un carré de côté c.

p.126 3

11 Détermine la longueur de la hauteur d'un triangle équilatéral de 5 cm de côté. Généralise ta formule à celle d'un triangle équilatéral de côté c.

12 Détermine la longueur de la diagonale d'un rectangle de 7 m de long et de 3 m de large. Généralise ta formule à celle d'un rectangle de longueur L et de largeur l.

p.126 4

13 Détermine la longueur de la diagonale du cube de 3 cm d'arête dont on donne une représentation ci-dessous. Généralise ta formule à celle d'un cube d'arête a.

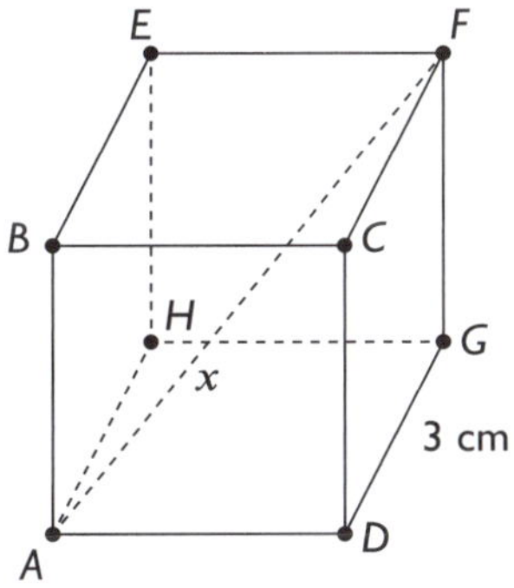

p.126 5

14 Détermine la longueur de la diagonale d'un parallélépipède rectangle de dimensions 5 m × 2 m × 3 m dont on donne une représentation ci-contre. Généralise ta formule à celle d'un parallélépipède de dimensions $L \times l \times h$.

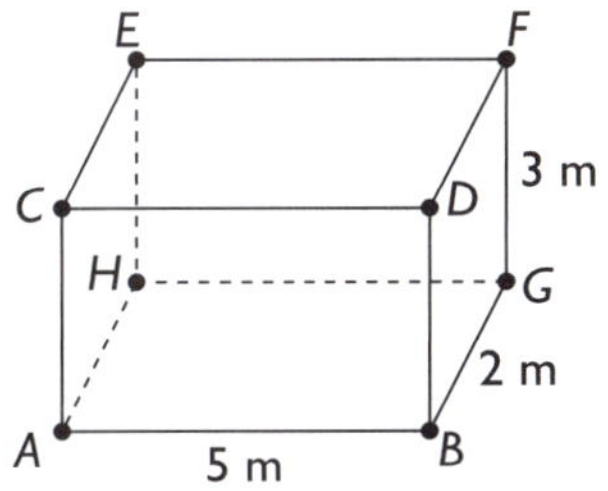

15 Ève souhaite faire pousser ses propres légumes. Pour ce faire, elle a décidé de réaliser un potager de forme rectangulaire de 4 m de long sur 3 m de large. Elle a déjà placé deux piquets à 4 m l'un de l'autre. Comment pourrait-elle déterminer l'emplacement des deux autres piquets sachant qu'elle ne dispose que de ficelle et d'un mètre ?

A •   • B

16 Le solide représenté ci-contre est une pyramide à base carrée dont les faces latérales sont des triangles équilatéraux isométriques. Calcule le volume de cette pyramide au centimètre cube près si $AD = 4$ m.
Les angles $\widehat{EFC}$ et $\widehat{EFD}$ sont des angles droits.

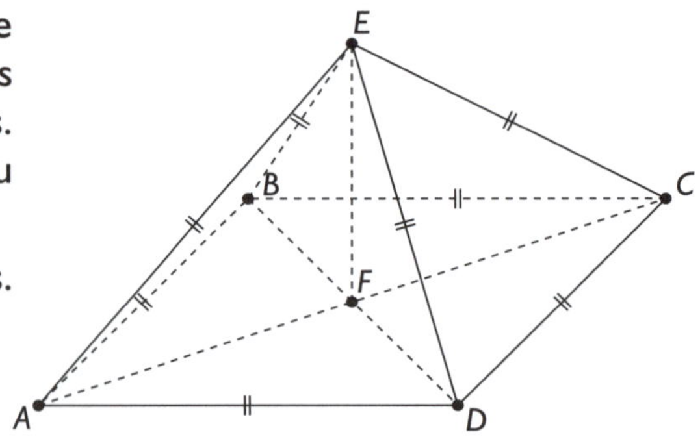

Olympiade Mathématique Belge

L'une des « boites noires » d'un avion se trouve par 2 000 m de fond. Le signal acoustique qu'elle émet est perceptible par le détecteur approprié jusqu'à 4 000 m de distance. Quel est le rayon de la zone circulaire, à la surface de l'océan, d'où il est possible de la repérer ?

☐ $1000\sqrt{3}$ m ☐ $2000\sqrt{2}$ m ☐ $2000\sqrt{3}$ m ☐ 2 000 m ☐ 4 000 m

6

2 Réciproque et contraposée du théorème de Pythagore

ACTIVITÉS

1 Clique sur le lien Geogebra fourni ci-contre. Dans l'application, essaie de disposer trois carrés de manière telle que chaque carré ait un sommet commun avec les deux autres carrés. Les trois carrés que tu auras ainsi placés déterminent un triangle.
Le triangle obtenu est-il rectangle ? Pourrait-on le vérifier par un calcul ? Répète l'opération plusieurs fois et complète les tableaux de la page suivante.

2 Utilise tes observations faites dans l'application pour compléter les tableaux ci-dessous.

Tableau 1

	Le triangle obtenu est rectangle		
	Aire carré 1	**Aire carré 2**	**Aire carré 3**
1	2	7	9
2	…………	…………	…………
3	…………	…………	…………
4	…………	…………	…………
5	…………	…………	…………
6	…………	…………	…………

Tableau 2

	Le triangle obtenu n'est pas rectangle		
	Aire carré 1	**Aire carré 2**	**Aire carré 3**
1	7	9	25
2	…………	…………	…………
3	…………	…………	…………
4	…………	…………	…………
5	…………	…………	…………
6	…		

6

Réciproque ou contraposée du théorème de Pythagore et longueurs des côtés

Tableau 3

	Le triangle obtenu est rectangle		
	Longueur du côté 1	**Longueur du côté 2**	**Longueur du côté 3**
1	$\sqrt{2}$	$\sqrt{7}$	3
2	…………	…………	…………
3	…………	…………	…………
4	…………	…………	…………
5	…………	…………	…………
6	…………	…………	…………

Tableau 4

	Le triangle obtenu n'est pas rectangle		
	Longueur du côté 1	**Longueur du côté 2**	**Longueur du côté 3**
1	$\sqrt{7}$	3	5
2	…………	…………	…………
3	…………	…………	…………
4	…………	…………	…………
5	…………	…………	…………
6	…		

R131 1.3

3 Complète les phrases suivantes.

- Si, dans un triangle, le carré de la longueur du plus grand côté est égal à la somme des carrés des longueurs des deux autres côtés, alors le triangle ....
Cette phrase est la .... du théorème de Pythagore.
- Si, dans un triangle, le carré de la longueur du plus grand côté n'est pas égal à la somme des carrés des longueurs des deux autres côtés, alors le triangle ....
....
Cette phrase est la .... du théorème de Pythagore.

R131-
2.1-

Olympiade Mathématique Belge

La figure suivante (dont les proportions ont été volontairement altérées) représente deux triangles rectangles adjacents ; que vaut l ?

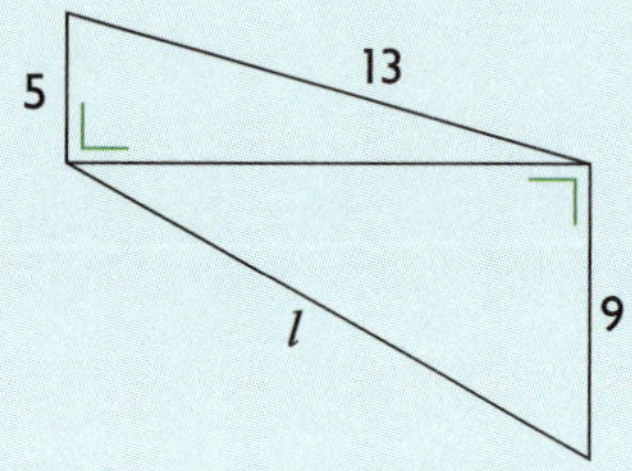

....

6

EXERCICES

1 Vérifie par un calcul si les triangles proposés sont rectangles.

1

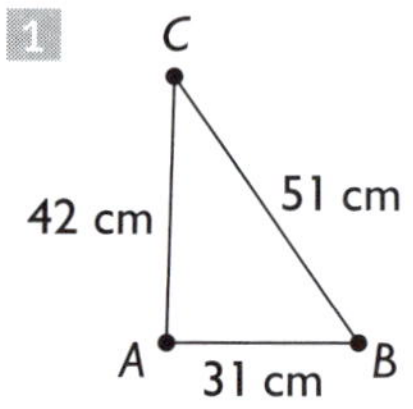

2

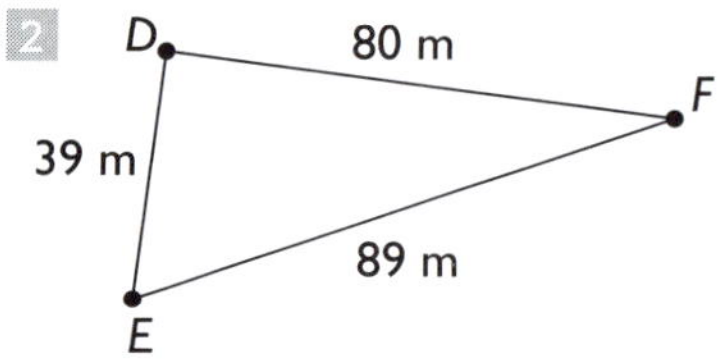

3

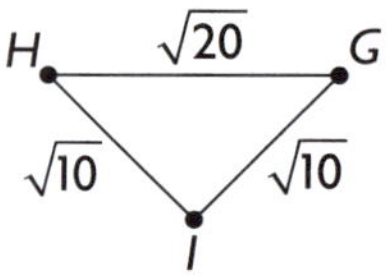

4

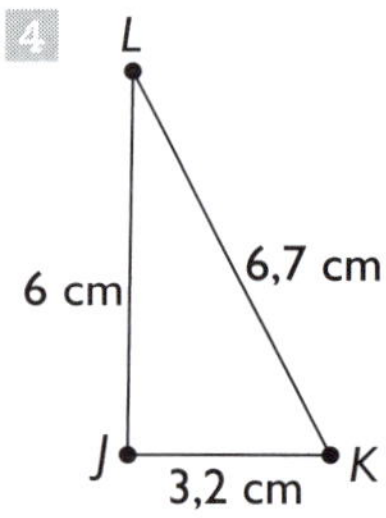

2 Le quadrilatère *ABCD* est-il un rectangle ? Justifie ta réponse.

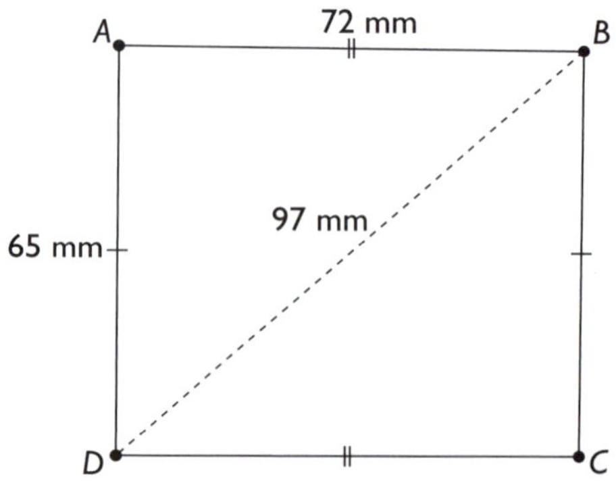

3 Avant de poursuivre l'assemblage de son étagère, Monsieur Bernard souhaite vérifier que le petit panneau qu'il vient d'installer est bien perpendiculaire à la structure de départ. Pour ce faire, il a pris quelques mesures qui sont indiquées sur le schéma ci-dessous. Peut-il continuer sereinement le montage de son étagère ? Justifie ta réponse.

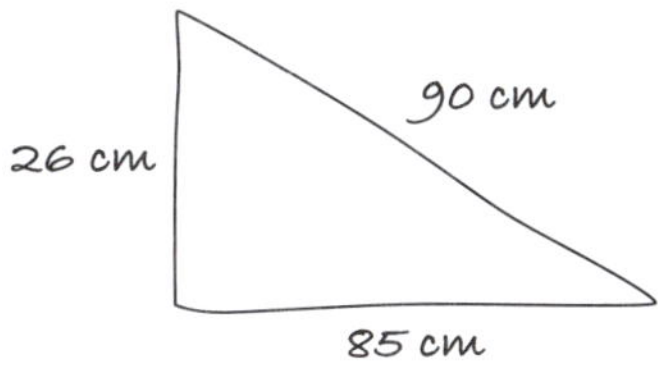

6

4 Laurent est apprenti maçon. Son maitre lui a expliqué que certains maçons utilisaient une corde afin de construire les murs perpendiculaires. Pour fabriquer cet instrument, il faut réaliser 13 nœuds équidistants les uns des autres sur la corde. Ensuite, il faut disposer la corde en forme de triangle et la tendre aux 4e, 8e et 13e nœuds. Schématise cette construction et donne la raison pour laquelle elle permet de construire des murs perpendiculaires.

5 Si chaque carré représenté mesure 1 unité de côté, le triangle *EFG* est-il rectangle ? Indique tes calculs.

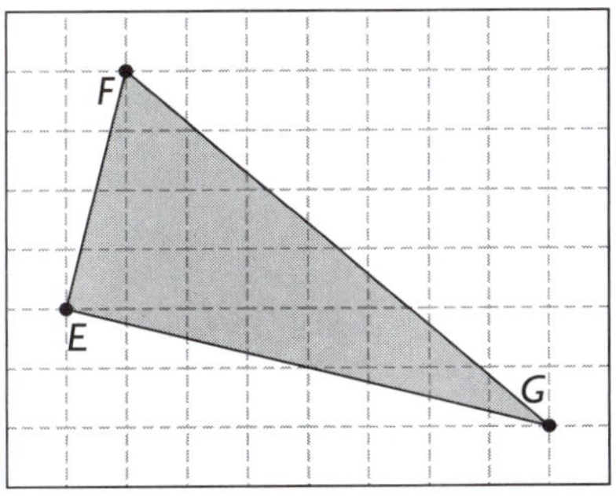

6 Sachant que a, b et c déterminent les longueurs des côtés d'un triangle, détermine la nature de chaque triangle du tableau.

	a	b	c
1	$\sqrt{3}$	$\sqrt{15}$	$2\sqrt{3}$
2	7	7	7
3	$\sqrt{3}$	$\sqrt{6}$	3
4	4	$\sqrt{7}$	$\sqrt{11}$
5	$\sqrt{28}$	$2\sqrt{7}$	1
6	$\sqrt{98}$	7	7

3 Propriétés du triangle rectangle

ACTIVITÉS

1 Sylvie donne à Mathieu un dessin d'un triangle ABC comme ci-dessous, dont les longueurs ne sont pas à l'échelle.
Elle lui précise cependant ses mesures exactes :

$AC = 6 \qquad BC = 6\sqrt{3} \qquad AH = 3$

$HB = 9 \qquad HC = 3\sqrt{3}$

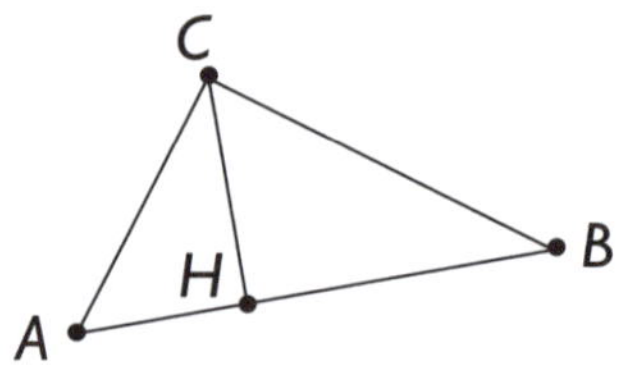

a Sylvie prétend que le triangle ABC est rectangle en C, et que le point H est le pied de la hauteur issue de C.
A-t-elle raison ?

On vérifie si .... est rectangle en	On vérifie si .... est rectangle en ......
....	....
....	....
....	....
....	....
....	....
....	....
....	....
....	....
Conclusion : Sylvie	

b Sylvie affirme aussi avoir trouvé une nouvelle propriété valable dans n'importe quel triangle rectangle.
Elle pense que le carré de la longueur d'une cathète est égal au produit de la longueur de l'hypoténuse par la longueur de la projection orthogonale de cette cathète sur cette hypoténuse.

Vérifions cette propriété pour la cathète	Vérifions cette propriété pour la cathète ....
Il s'agit de vérifier l'égalité ....^{2} = ...·..........	Il s'agit de vérifier l'égalité ....^{2} = ...·..........
....	....
....	....

6

Cette propriété s'appelle le **théorème de la cathète**. Il sera démontré dans la partie théorique de ce chapitre.

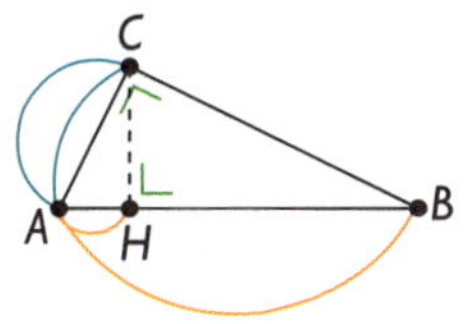 $AC^2 = AB \cdot AH$	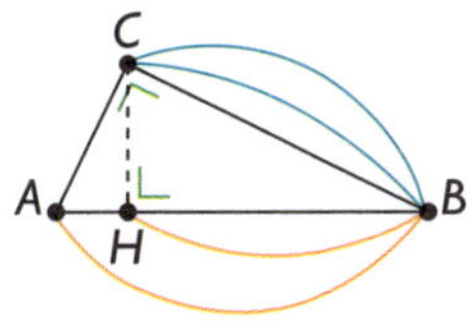 $BC^2 = BA \cdot BH$

2 Un peu jaloux de Sylvie, Mathieu effectue des recherches de son côté, et finit par lui proposer un dessin d'un autre triangle ABC dont les longueurs ne sont pas non plus à l'échelle.
Il lui précise également ses mesures exactes :

$AC = 2\sqrt{15}$ $\quad BC = 2\sqrt{10}$ $\quad AH = 6$

$HB = 4$ $\quad HC = 2\sqrt{6}$

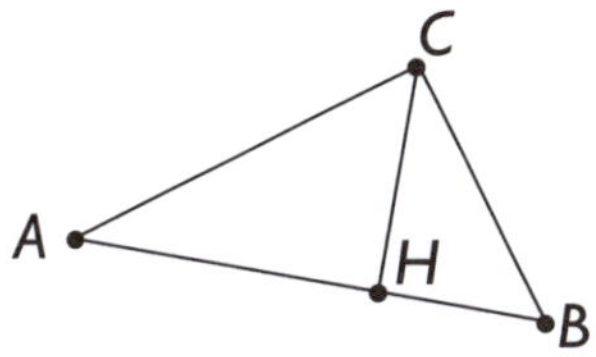

a Mathieu prétend que le triangle *ABC* est rectangle en *C*, et que le point *H* est le pied de la hauteur issue de *C*.
A-t-il raison ?

On vérifie si .... est rectangle en	On vérifie si .... est rectangle en ......
....	....
....	....
....	....
....	....
....	....
....	....
....	....
....	....
Conclusion : Mathieu	

b Mathieu affirme avoir lui aussi trouvé une nouvelle propriété valable dans n'importe quel triangle rectangle.
Il pense que le carré de la longueur de la hauteur relative à l'hypoténuse est égal au produit des longueurs des deux segments qu'elle détermine sur cette hypoténuse.

Il s'agit de vérifier l'égalité ....
....
....

Cette propriété s'appelle le **théorème de la hauteur**. Il sera démontré dans la partie théorique de ce chapitre.

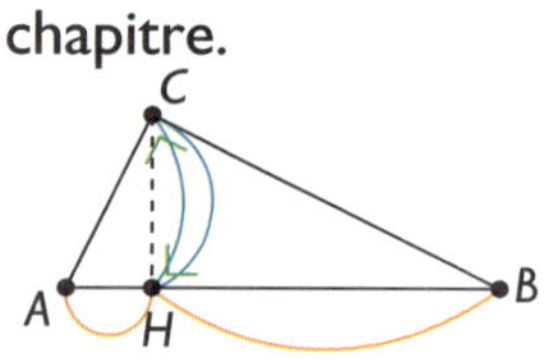

$CH^2 = AH \cdot HB$

3 Voici un triangle ABC rectangle en A.

a Place M, le milieu de l'hypoténuse.

b Construis le cercle $\mathscr{C}$ de centre M et de rayon $|MC|$. Que constates-tu ?

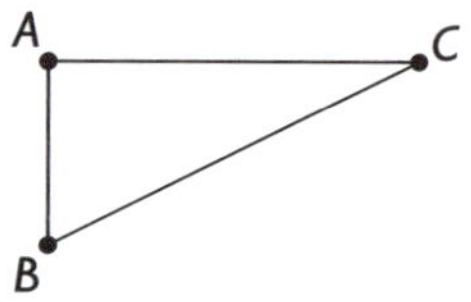

....

....

c Complète la phrase suivante.
Dans tout triangle rectangle, la longueur de la médiane relative à l'hypoténuse vaut .... de la longueur de celle-ci.

R1 3.

EXERCICES

1 Pour la figure proposée, complète les théorèmes précisés :

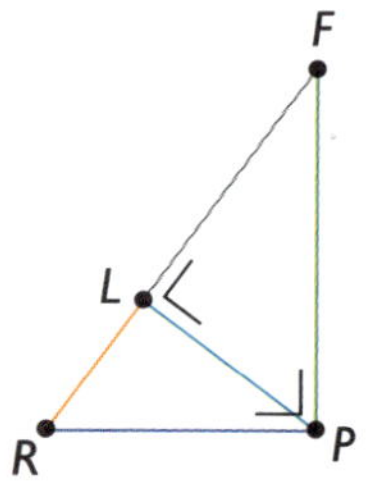

Théorème de Pythagore : ....

....

....

Théorème de la cathète : ....

....

Théorème de la hauteur : ....

2 Complète les égalités suivantes. Indique le nom du théorème utilisé.

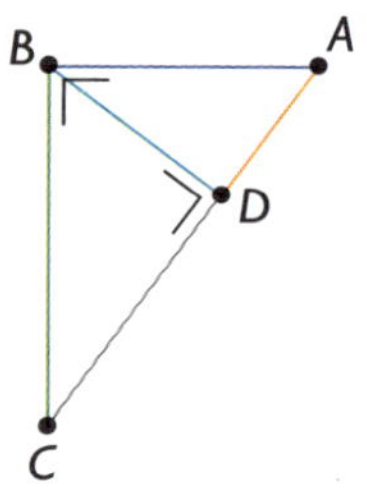

$BD^2 = \ldots\ldots \cdot CD$ ....

$\ldots\ldots = AD^2 + BD^2$ ....

$BC^2 = \ldots\ldots \cdot \ldots\ldots$ ....

$BC^2 = BD^2 + \ldots\ldots$ ....

$\ldots\ldots = AC \cdot AD$ ....

$AC^2 = \ldots\ldots + \ldots\ldots$ ....

3 Pour chaque triangle, détermine les quatre longueurs de segments inconnues.

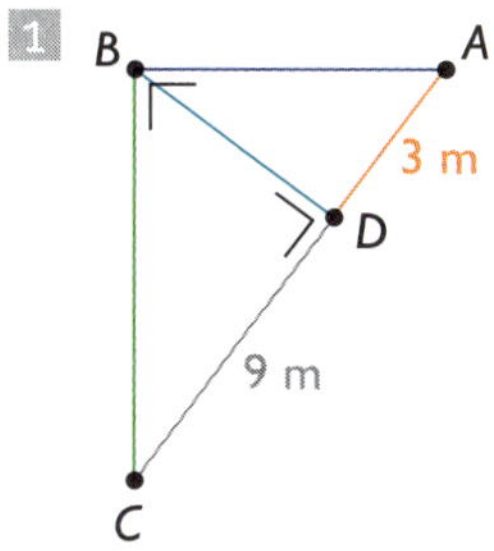

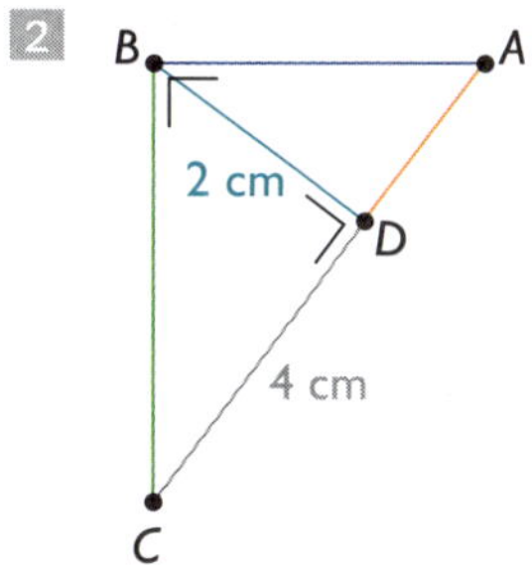

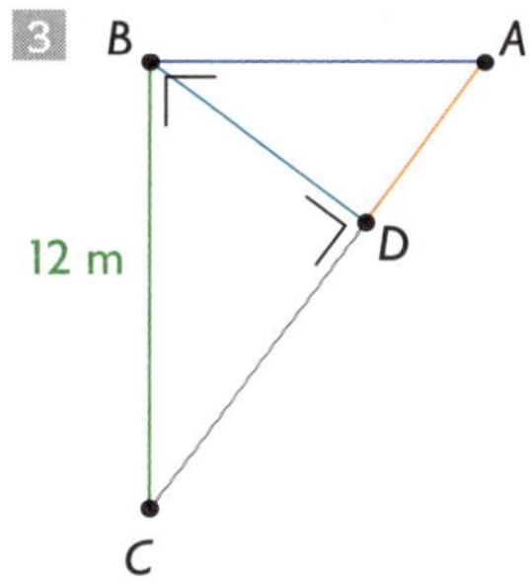

$AC = 15$ m

4 Le triangle ABC est-il rectangle ? Justifie ta réponse sans faire de calculs.

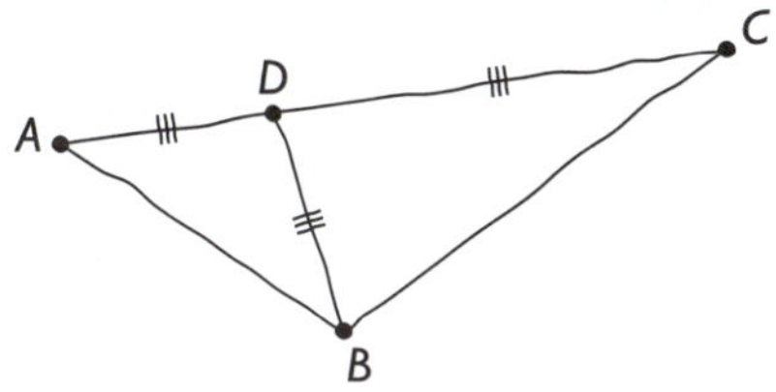

5 Détermine, au centimètre près, la longueur du côté $[BC]$.

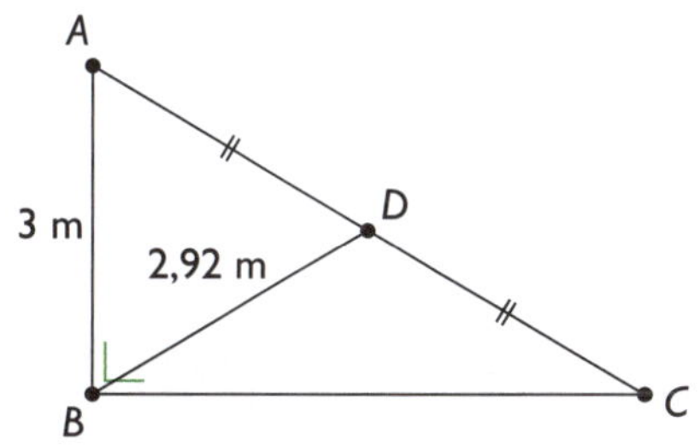

6 Détermine, au centimètre près, la longueur de bois nécessaire pour construire cinq fermes dont les charpentes sont identiques à celle qui est représentée ci-dessous. Les seules informations connues sont…

– la longueur du poinçon $[AB]$ est de 3 m ;
– la longueur de l'entrait $[EC]$ est de 10 m ;
– B est le milieu de $[EC]$.

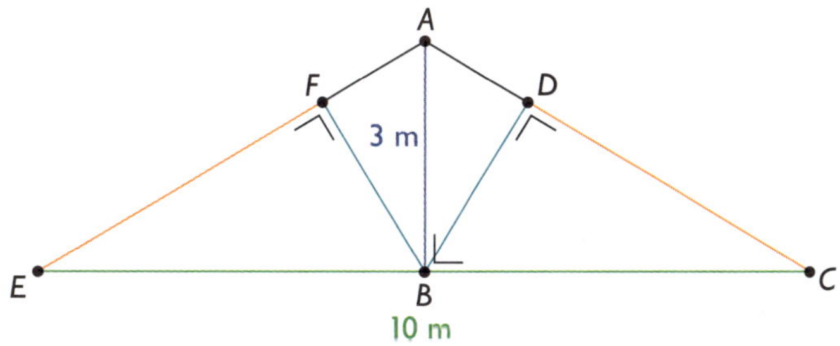

7 On a représenté un bâtiment formé d'un parallélépipède rectangle surmonté d'un prisme droit à base triangulaire sur le schéma ci-dessous. Si $DI = 1$ m, $IC = 4$ m, $AD = 3$ m et $BH = 12$ m, …

a calcule l'aire de la façade *ADECB*.

b calcule l'aire du pan de toiture *CEFG*.

c calcule le volume du bâtiment.

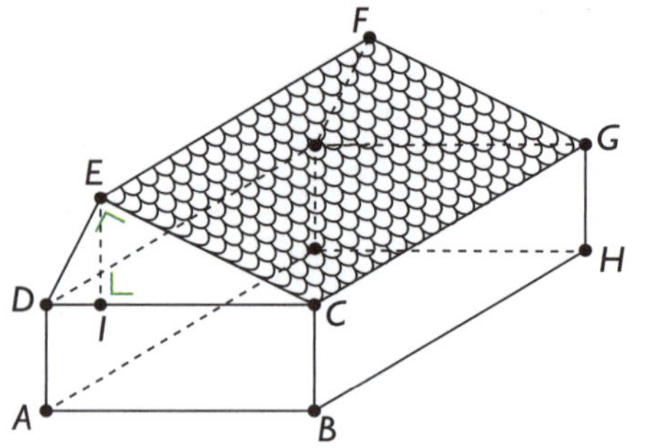

Olympiade Mathématique Belge

Dans le triangle rectangle, $AB = 4$ et $AC = 3$.

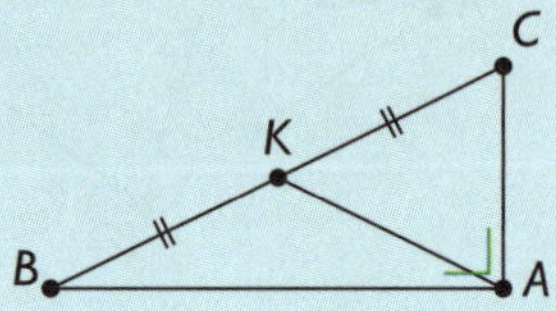

Que vaut *AK* ?

☐ 2 ☐ 2,5 ☐ 3 ☐ 4 ☐ 5

4 Distance entre deux points du plan dans le repère orthonormé

ACTIVITÉ

Annie, Bienvenu, Cédric, Dominique, Émy et Fanny participent à une chasse au trésor. Munis d'un GPS qui affiche en permanence leurs coordonnées, ils doivent se rendre le plus vite possible à l'emplacement du trésor correspondant au point $T\,(4\,;\,1)$.

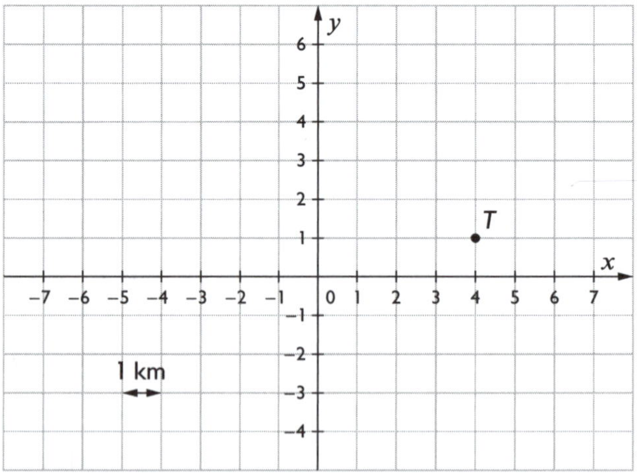

a Place chaque participant, désigné par la première lettre de son prénom, sur la carte :

$A(-6\,;\,1)$ $B(4\,;\,-1)$ $C(0\,;\,0)$ $D(6\,;\,0)$ $E(7\,;\,4)$ $F(0\,;\,-2)$

b Détermine, au mètre près et sans mesurer, la distance qui sépare chaque participant du trésor.

Annie :	**Bienvenu :** ....
Cédric :	**Dominique :** ....
Émy :	**Fanny :** ....

c Si un participant est en $(x_1\,;\,y_1)$ et que le trésor se trouve en $(x_2\,;\,y_2)$, quel calcul permettra de déterminer la distance qui les sépare ?

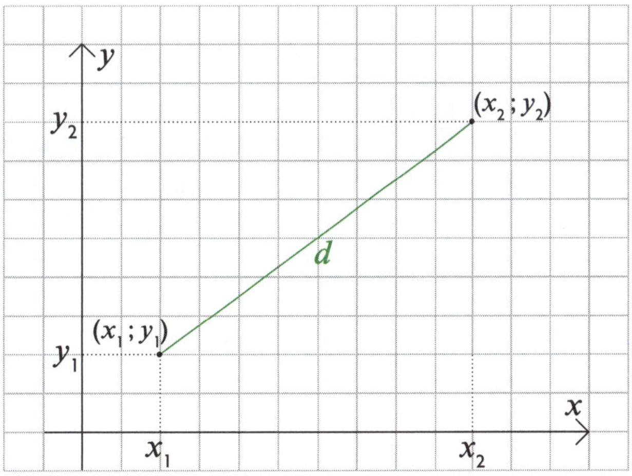

R135
4

....

....

....

$$d(A\,;B) = \sqrt{(x_B - x_A)^2 + (y_B - y_A)^2} = \sqrt{(x_A - x_B)^2 + (y_B - y_A)^2} = d(B\,;A)$$

EXERCICES

1 Complète le tableau suivant.

	Coordonnées du point *A*	Coordonnées du point *B*	*AB*
1	(3 ; 2)	(−4 ; 1)	....
2	(−3 ; −2)	(−6 ; −10)	....
3	(0 ; 0)	(−9 ; −9)	....
4	....	....	$\sqrt{(3-2)^2+(4+1)^2}=\sqrt{26}$
5	(9 ; ....)	(............ ; 6)	$\sqrt{(3-\ldots)^2+(\ldots+2)^2}=$ ....

2 Calcule, à 10^{-3} près, le périmètre du quadrilatère *ABCD* si *A*(−2 ; 1), *B*(3 ; 3), *C*(8 ; 1) et *D*(3 ; −1).
Quelle est la nature de ce quadrilatère ?

3 Quentin a placé trois points dans un repère orthonormé : *A*(2 ; 1), *B*(3 ; 4) et *C*(9 ; 2). Le triangle *ABC* est-il rectangle ? Justifie ta réponse.

4 Soit les points *A*(−2 ; 0), *B*(−1 ; 5) et *C*(1 ; 2) placés dans un repère orthonormé. Quelle est la nature du triangle *ABC* ? Justifie ta réponse.

5 **a** Place le point *A*(2 ; 2) et le point *C*(6 ; 4) dans un repère orthonormé.

b Termine la construction du carré *ABCD*.

c Calcule le périmètre et l'aire de ce carré.

Olympiade Mathématique Belge

La figure ci-contre est un rectangle ; que vaut $p+q$?

☐ 17 ☐ 20 ☐ 22
☐ 18 ☐ 21

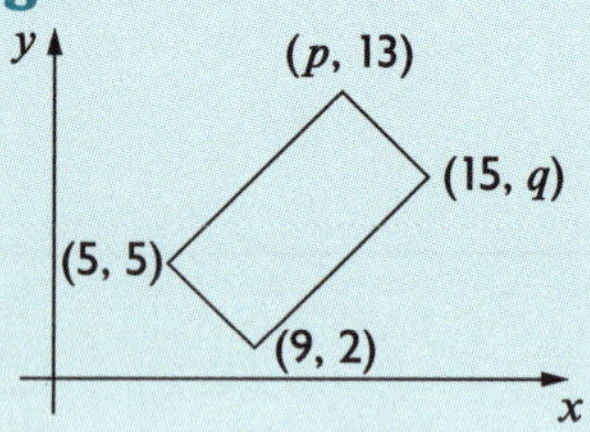

5 Construction d'un segment dont la longueur est une racine carrée

ACTIVITÉS

1 Calcule la longueur du côté de chaque carré et donne ensuite son aire. Indique le nom du théorème utilisé.

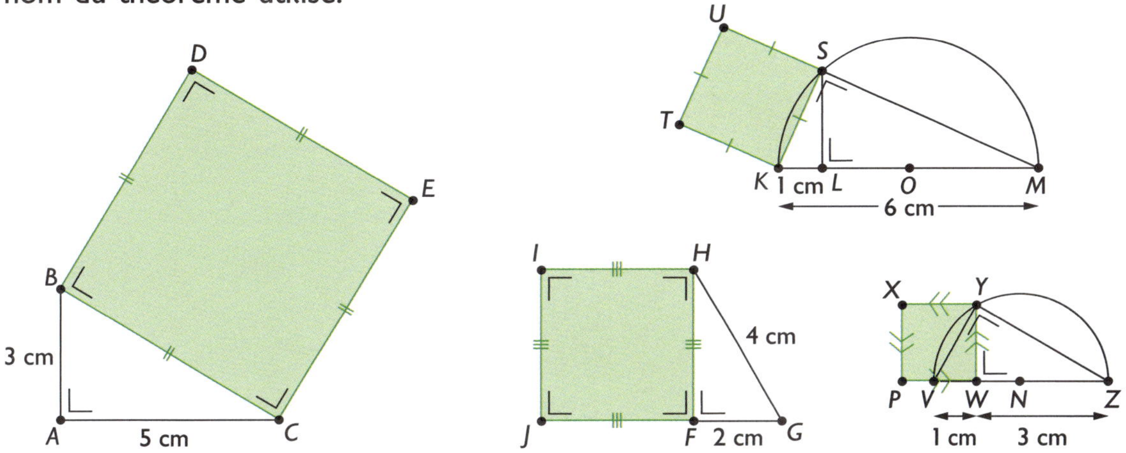

CEDB	KSUT
....	....
....	....
....	....
....	....
....	....
....	....
$Aire_{CEDB}$ = ...	$Aire_{KSUT}$ = ...
Théorème :	Théorème : ....
FHIJ	**WYXP**
....	....
....	....
....	....
....	....
....	....
....	....
....	....
....	....
$Aire_{FHIJ}$ = ...	$Aire_{WYXP}$ = ...
Théorème :	Théorème : ....

2 Construis un carré de 5 cm^2 d'aire de quatre manières différentes. Indique le nom du théorème utilisé.

....

....

6

3 En utilisant la relation de Pythagore, construis précisément un segment [*AB*] dont la longueur mesure $\sqrt{13}$ cm et un segment de droite [*MN*] dont la longueur mesure $\sqrt{3}$ cm.

p. 1 9

....

....

....

....

....

4 Construis un segment de droite dont la longueur mesure $\sqrt{12}$ cm en utilisant…

a le théorème de la cathète.

b le théorème de la hauteur.

136-137
5.1-4

EXERCICES

1 Construis un segment de droite de la longueur indiquée.

Série 1	Série 2	Série 3
1 $\sqrt{2}$ cm	1 $\sqrt{8}$ cm	1 $\sqrt{18}$ cm
2 $\sqrt{10}$ cm	2 $\sqrt{12}$ cm	2 $\sqrt{14}$ cm
3 $\sqrt{52}$ cm	3 $\sqrt{75}$ cm	3 $\sqrt{30}$ cm

2 Construis précisément un carré de 12 cm^2 d'aire.

3 Construis un segment de droite de la longueur indiquée.

1 $2\sqrt{3}$ 2 $3\sqrt{2}$ 3 $2\sqrt{5}$

4 Construis un triangle dont les côtés ont, respectivement, une longueur de $\sqrt{2}$ cm, $\sqrt{2}$ cm et $\sqrt{3}$ cm.

Exercices supplémentaires

1 Théorème de Pythagore

1 Observe le triangle *ABC* rectangle en *B* et détermine la longueur manquante.

	a	*b*	*c*
1	24	…………	12
2	…………	55	32
3	56	65	…………
4	$\sqrt{7}$	…………	$\sqrt{18}$
5	…………	$5\sqrt{3}$	$4\sqrt{2}$
6	$10\sqrt{15}$	$15\sqrt{10}$	…………

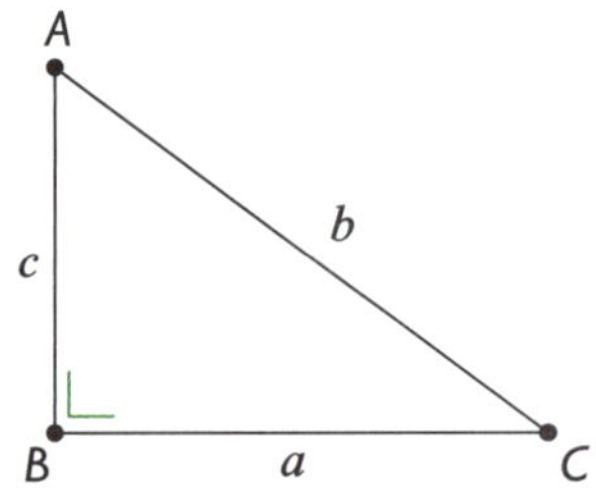

2 Calcule l'aire de ce losange si *AC* = 54 mm. Donne la valeur exacte, puis arrondis ta réponse au centième près.

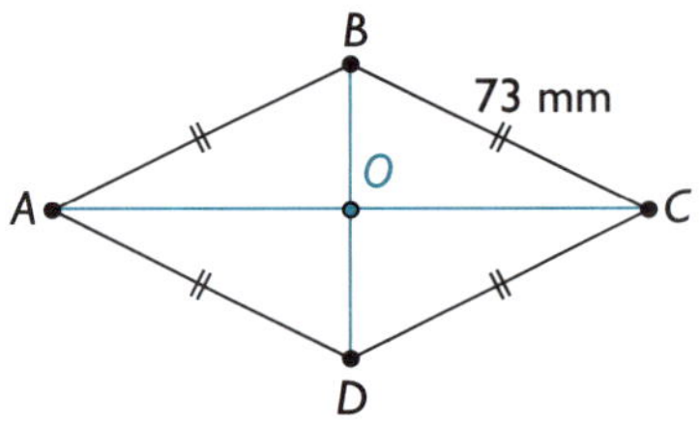

3 Calcule le périmètre du carré ci-dessous. Donne la valeur exacte, puis arrondis ta réponse au centième près.

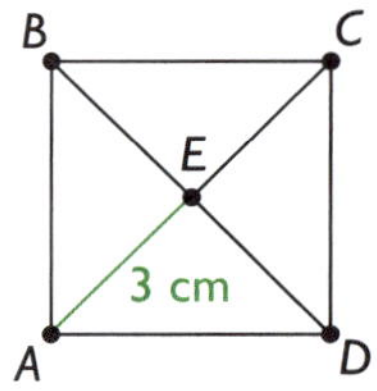

4 Calcule l'aire d'un hexagone régulier de 5 cm de côté. Donne la valeur exacte, puis arrondis ta réponse au centième près.

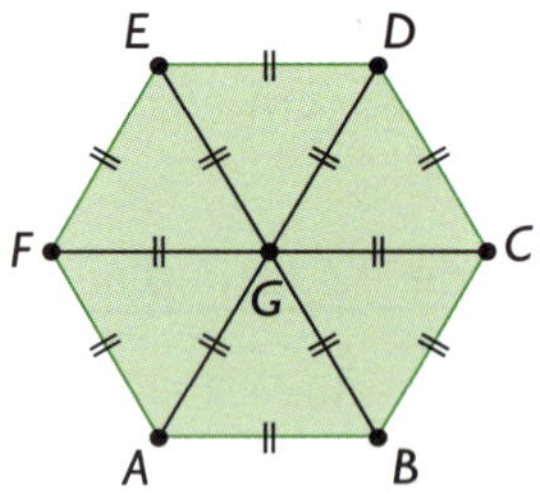

5 Soit un triangle isocèle dont la hauteur principale mesure $\sqrt{35}$ cm. Si la longueur de chacun de ses côtés isométriques vaut le triple de la longueur de sa base, détermine le périmètre et l'aire du triangle.

6 Dans une classe, une étude a été réalisée sur la stabilité des échelles. Il en résulte que, si la distance entre le pied de l'échelle et le mur est égale au quart de la longueur de l'échelle, on aura une stabilité maximisée.

En tenant compte de ces résultats, détermine la hauteur recommandée du point d'appui d'une échelle de 10 m de long.

7 Gustave possède un coffret parallélépipédique de dimensions 20 cm × 15 cm × 8 cm. Sa dague, de 26 cm de long, pourra-t-elle entrer dans ce coffret ? Justifie ta réponse par des calculs.

8 *ABCDEFGH* est un cube de 5 cm d'arête. Détermine le périmètre et l'aire du triangle *AGH*.

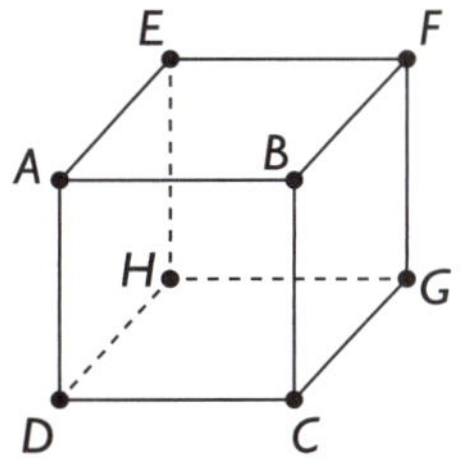

9 Une fourmi se déplace dans une boite constituée de deux parties : un prisme droit à base carrée et un prisme droit dont la base est un triangle équilatéral. Calcule la distance totale parcourue par la fourmi, dont le trajet est représenté en orange, si *AB* = 40 cm et *BH* = 60 cm.

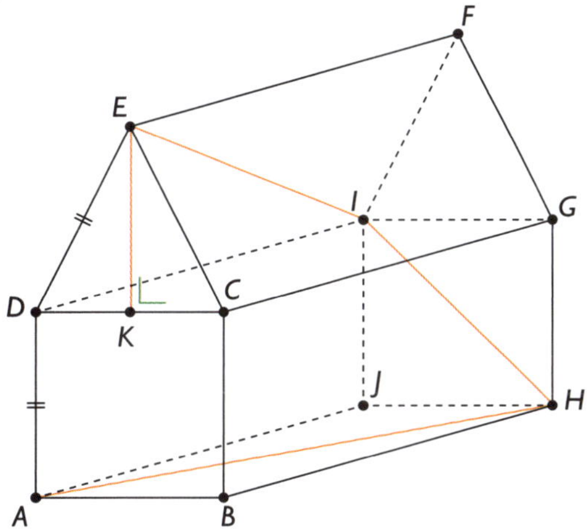

10 Démontre que si $(a\,;b\,;c)$ est un triplet pythagoricien, alors, quel que soit le naturel n, $(na\,;nb\,;nc)$ est également un triplet pythagoricien.

11 Détermine la longueur de l'hypoténuse d'un triangle rectangle, dont une cathète mesure 9 cm, si tu sais que son aire vaut 36 cm^2.

2 Réciproque et contraposée du théorème de Pythagore

1 Vérifie si les triangles sont rectangles. Indique la propriété qui permet de justifier ta réponse.

	Triangle 1	*Triangle 2*	*Triangle 3*	*Triangle 4*	*Triangle 5*	*Triangle 6*
AB	4	9	39	4	$5\sqrt{2}$	$2\sqrt{17}$
BC	2	41	89	$\sqrt{8}$	$3\sqrt{10}$	$2\sqrt{10}$
AC	3	40	80	$\sqrt{8}$	$3\sqrt{3}$	$2\sqrt{7}$

2 Détermine si les triangles représentés ci-dessous sont rectangles. Indique tes calculs.

1 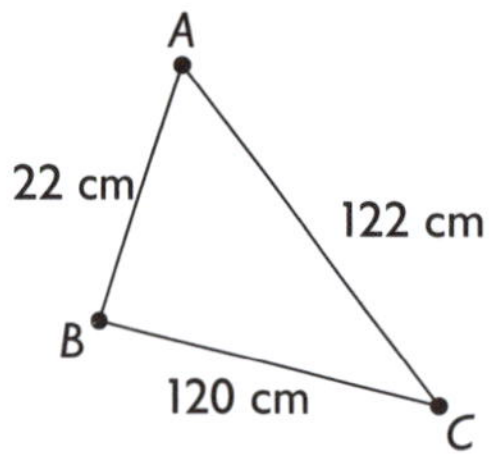

2 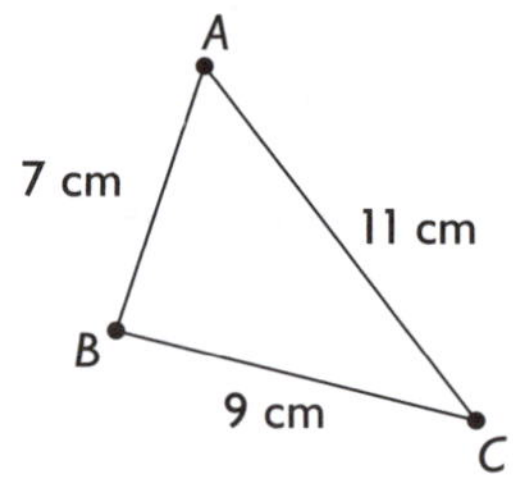

3 Soit *ABDCHGFE* un prisme droit, représenté en perspective cavalière ci-dessous, dont la base *ABDC* est carrée. Le triangle *BIJ* est-il rectangle si $AB = 4$ cm, $BG = 6$ cm et $EJ = 1$ cm ? Justifie ta réponse.

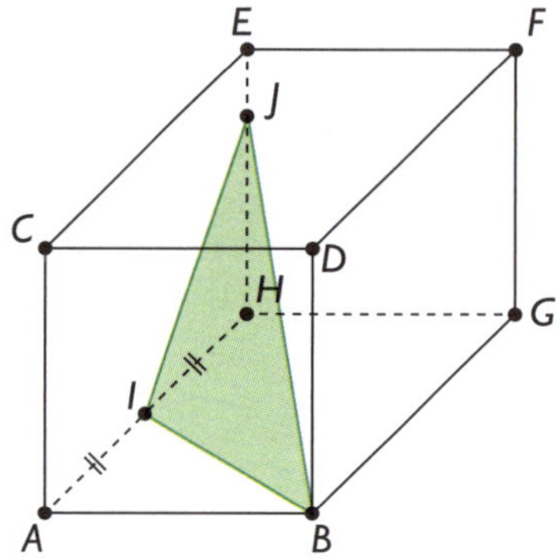

3 Propriétés du triangle rectangle

1 Voici un triangle *ABC* rectangle en *B*.

a Complète les formules suivantes.

$h^2 = u$:......................

$c^2 = u$:......................

$a^2 = v$:......................

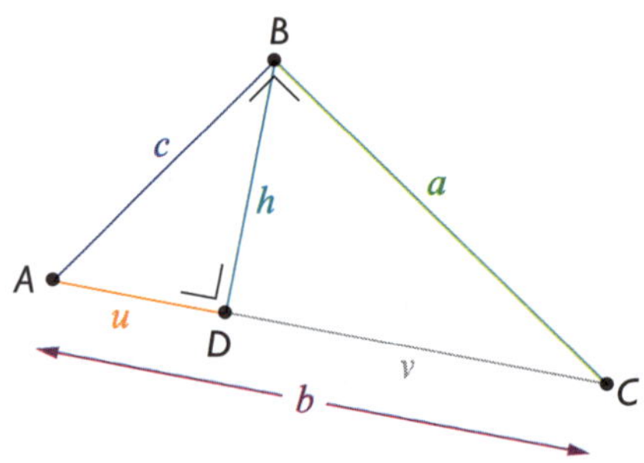

b Complète le tableau suivant.

	a	b	c	h	u	v
1	....	22	10	....	....	....
2	16	....	....	....	....	11
3	....	....	....	16	....	32

2 Détermine la longueur de la médiane relative à l'hypoténuse d'un triangle rectangle de côtés 3, 4 et 5.

3 La longueur de la médiane relative à l'hypoténuse d'un triangle rectangle mesure 6 cm. Quelle est la longueur de son hypoténuse ?

4 La longueur de la médiane relative au plus long côté d'un triangle mesure 16 cm. Si son plus long côté en mesure 32, le triangle est-il rectangle ? Justifie ta réponse.

5 Détermine le périmètre du triangle *AOC* si $\mathscr{C}_1$ et $\mathscr{C}_2$ sont des cercles de 3 cm de rayon, dont les centres respectifs, *O* et *B*, sont alignés avec le point *A*.

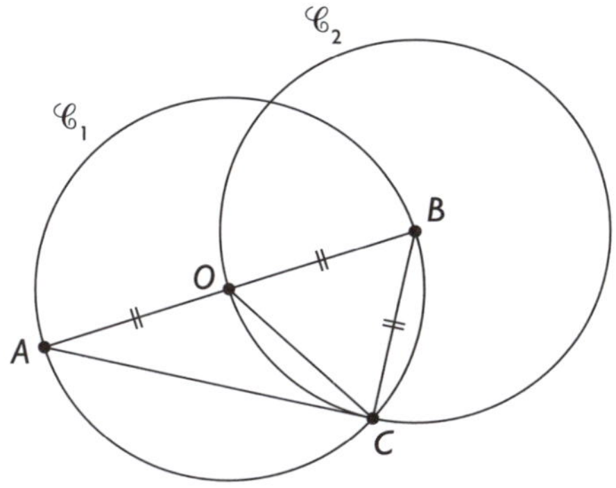

6

4 Distance entre deux points du plan dans le repère orthonormé

1 Calcule les distances demandées.

1 *AB*

2 *AC*

3 *DF*

4 *CE*

5 *BD*

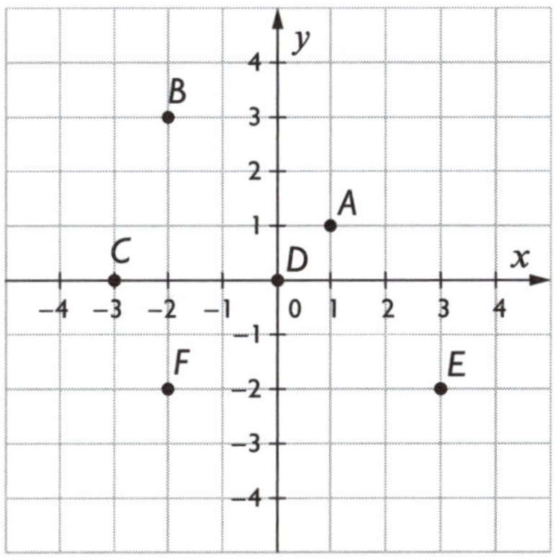

2 Calcule, à l'unité près, la distance séparant le point *A* du point *B* si leurs coordonnées sont : *A*(12 ; –19) et *B*(–10 ; 17).

3 Calcule la longueur des segments suivants.

1 [*AB*] si *A*(3 ; 2) et *B*(5 ; 5)

2 [*CD*] si *C*(–3 ; 2) et *D*(5 ; –5)

3 [*EF*] si *E*(–6 ; –4) et *F*(–2 ; 0)

4 [*GH*] si *G*(–3 ; 4) et *H*(–3 ; –9)

4 Quelle est la nature du triangle *ABC* si les coordonnées de ses sommets sont : *A*(–2 ; –1), *B*(1 ; 2) et *C*(4 ; –1) ?

p.126 10 5 Détermine l'aire et le périmètre du carré *ABCD* si les coordonnées de deux de ses sommets sont : *A*(–3 ; 5) et *C*(2 ; 2).

5 Construction d'un segment dont la longueur est une racine carrée

1 Construis un segment de droite de la longueur indiquée en utilisant la méthode demandée.

Série 1 : En utilisant la méthode de la somme.

1. $\sqrt{50}$ cm
2. $\sqrt{125}$ cm
3. $\sqrt{29}$ cm

Série 2 : En utilisant la méthode de la différence.

1. $\sqrt{15}$ cm
2. $\sqrt{21}$ cm
3. $\sqrt{33}$ cm

6

Série 3 : En utilisant les méthodes du produit.

1. $\sqrt{42}$ cm
2. $\sqrt{21}$ cm

2 Construis précisément un carré de 17 cm^2 d'aire.

3 Construis un triangle dont les côtés ont des longueurs respectives de $3\sqrt{2}$ cm, $2\sqrt{3}$ cm et $2\sqrt{5}$ cm.

4 Construis un triangle rectangle dont les cathètes sont respectivement de longueur $\sqrt{17}$ cm et $\sqrt{5}$ cm. Que mesure l'hypoténuse ?

Teste-toi !

1 **COMPLÈTE** les égalités suivantes.

1. $l^2 = \dots$
2. $j^2 + i^2 = \dots$
3. $h^2 - g^2 = \dots$
4. $k^2 = \dots$
5. $g = \dots$

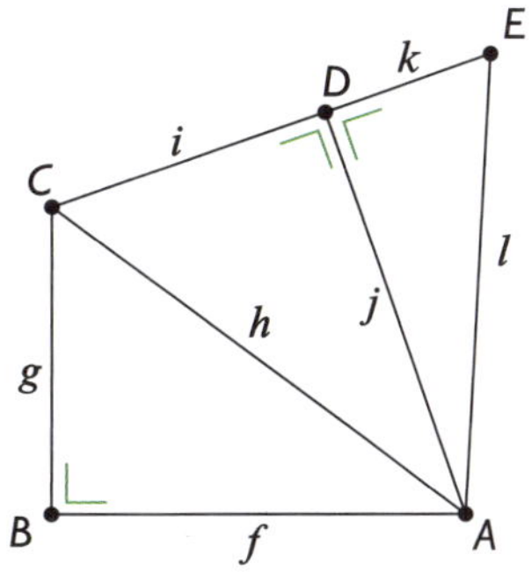

2 **CALCULE** la longueur manquante en valeur exacte, puis au centimètre près.

1.

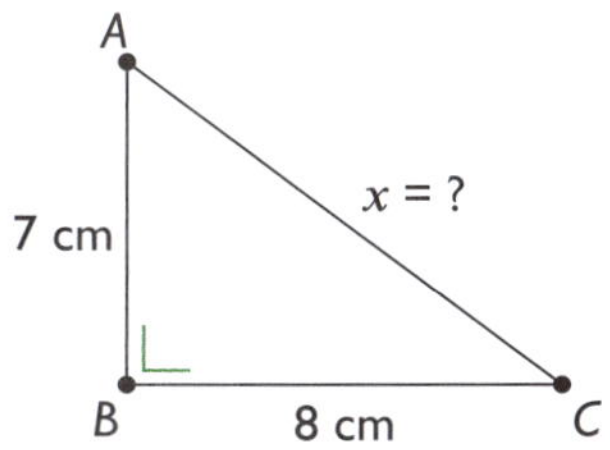

2.

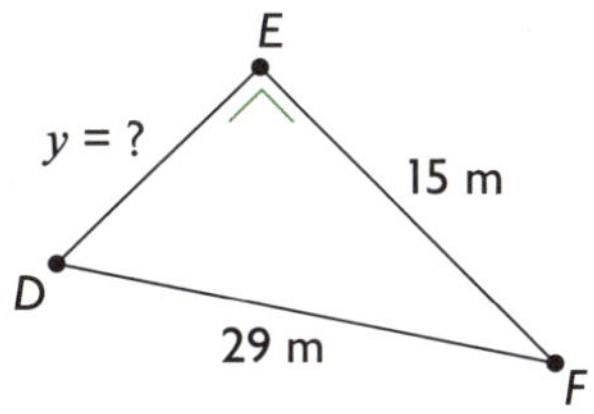

3 **DÉTERMINE** si le triangle représenté ci-contre est rectangle.
JUSTIFIE ta réponse.

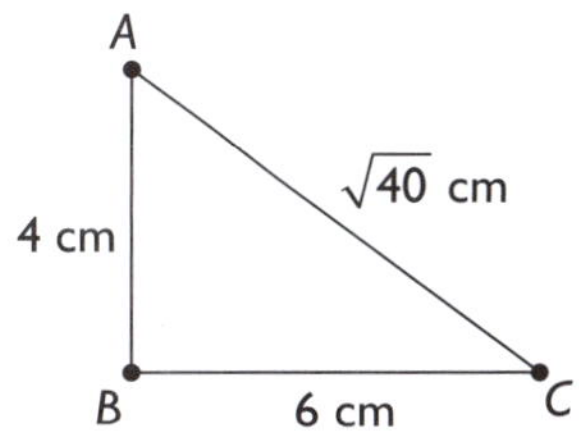

4 **DÉTERMINE** si le triangle situé entre les trois carrés est rectangle sachant que chaque carré du damier a une aire de 1 cm^2.
JUSTIFIE ta réponse.

5 **CALCULE** la distance entre le point A, de coordonnées $(3 ; -2)$, et le point B, de coordonnées $(-6 ; 1)$.

6 **COMPLÈTE** les égalités et le tableau ci-dessous.

$\dots = u \cdot v$

$c^2 = \dots \cdot b$

$a^2 = v \cdot \dots$

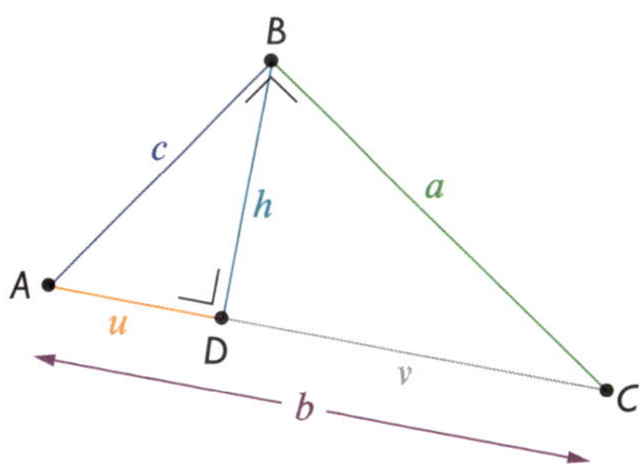

	a	b	c	h	u	v
1	10	16				
2					3	11

7 **CONSTRUIS** un segment dont la longueur mesure $\sqrt{15}$ cm.
LAISSE tes constructions visibles.

Correctif

1 1 $l^2 = k^2 + j^2$ 3 $h^2 - g^2 = f^2$ 5 $g = \sqrt{h^2 - f^2}$

2 $j^2 + i^2 = h^2$ 4 $k^2 = l^2 - j^2$

2 1

$$\begin{aligned} & x^2 = 8^2 + 7^2 \\ \Leftrightarrow\ & x^2 = 64 + 49 \\ \Leftrightarrow\ & x^2 = 113 \\ \Leftrightarrow\ & x = \sqrt{113} \text{ ou } x = -\sqrt{113} \\ & x = -\sqrt{113} \text{ est à rejeter} \\ \Rightarrow\ & x = \sqrt{113} \\ \Rightarrow\ & x \cong 11 \text{ cm} \end{aligned}$$

2

$$\begin{aligned} & 29^2 = 15^2 + y^2 \\ \Leftrightarrow\ & 29^2 - 15^2 = y^2 \\ \Leftrightarrow\ & 841 - 225 = y^2 \\ \Leftrightarrow\ & 616 = y^2 \\ \Leftrightarrow\ & y = \sqrt{616} \text{ ou } y = -\sqrt{616} \\ & y = -\sqrt{616} \text{ est à rejeter} \\ \Rightarrow\ & y = \sqrt{616} \\ \Rightarrow\ & y \cong 24{,}82 \text{ m} \end{aligned}$$

3

$$\sqrt{40}^2 \overset{?}{=} 4^2 + 6^2$$
$$40 \overset{?}{=} 16 + 36$$
$$40 \neq 52$$

D'après la contraposée du théorème de Pythagore, ce triangle n'est pas rectangle.

4

$$25 \overset{?}{=} 16 + 9$$
$$25 \overset{\text{V}}{=} 25$$

D'après la réciproque du théorème de Pythagore, ce triangle est rectangle.

5 $d = \sqrt{(-6-3)^2 + (1-(-2))^2} = \sqrt{(-9)^2 + 3^2} = \sqrt{81 + 9} = \sqrt{90} = 3\sqrt{10}$

6 $h^2 = u \cdot v$ $c^2 = u \cdot b$ $a^2 = v \cdot b$

1

Calcul de c	**Calcul de v**
$16^2 = 10^2 + c^2$ $\Leftrightarrow 16^2 - 10^2 = c^2$ $\Leftrightarrow 256 - 100 = c^2$ $\Leftrightarrow 156 = c^2$ $\Leftrightarrow c = \sqrt{156}$ ou $c = -\sqrt{156}$ $\Rightarrow c = \sqrt{156}$ $\Leftrightarrow c = 2\sqrt{39}$	$10^2 = v \cdot 16$ $\Leftrightarrow 100 = v \cdot 16$ $\Leftrightarrow \frac{100}{16} = v$ $\Leftrightarrow \frac{25}{4} = v$
Calcul de u	**Calcul de h**
$u = 16 - \frac{25}{4}$ $\Leftrightarrow u = \frac{64}{4} - \frac{25}{4}$ $\Leftrightarrow u = \frac{39}{4}$	$h^2 = \frac{39}{4} \cdot \frac{25}{4}$ $\Leftrightarrow h^2 = \frac{975}{16}$ $\Leftrightarrow h = \sqrt{\frac{975}{16}}$ ou $h = -\sqrt{\frac{975}{16}}$ $\Rightarrow h = \sqrt{\frac{975}{16}}$ $\Leftrightarrow h = \frac{5\sqrt{39}}{4}$

2

Calcul de b	**Calcul de h**
$b = 3 + 11$ $\Leftrightarrow b = 14$	$h^2 = 3 \cdot 11$ $\Leftrightarrow h^2 = 33$ $\Leftrightarrow h = \sqrt{33}$ ou $h = -\sqrt{33}$ $\Rightarrow h = \sqrt{33}$
Calcul de a	**Calcul de c**
$a^2 = 11^2 + \sqrt{33}^2$ $\Leftrightarrow a^2 = 121 + 33$ $\Leftrightarrow a^2 = 154$ $\Leftrightarrow a = \sqrt{154}$ ou $a = -\sqrt{154}$ $\Rightarrow a = \sqrt{154}$	$c^2 = 3^2 + \sqrt{33}^2$ $\Leftrightarrow c^2 = 9 + 33$ $\Leftrightarrow c^2 = 42$ $\Leftrightarrow c = \sqrt{42}$ ou $c = -\sqrt{42}$ $\Rightarrow c = \sqrt{42}$

7

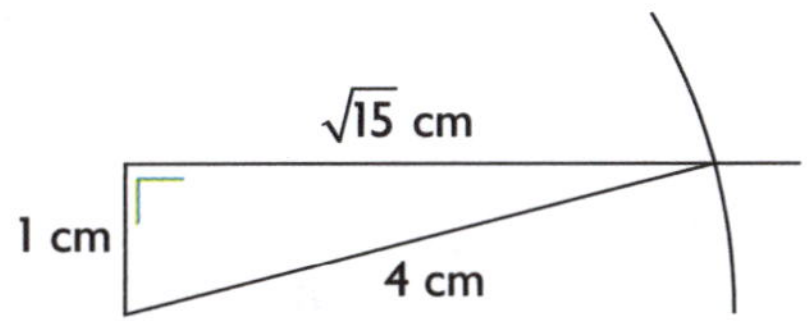

$$\left(\sqrt{15}\right)^2 = 4^2 - 1^2$$

6

1. Le centre du cercle circonscrit au triangle rectangle se situe au milieu de l'hypoténuse. Si un triangle est inscrit dans un cercle ayant son côté le plus long comme diamètre du cercle, alors ce triangle est rectangle.
2. Réalise un schéma en faisant attention à l'ordre des noms des sommets.
3. Réalise un schéma.
4. 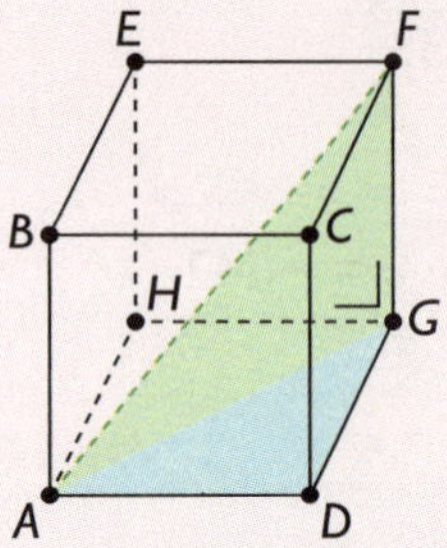

5. Le triangle *GBA* est rectangle en *B*.

   Le triangle *FGA* est rectangle en *G*.
6. Le volume d'une pyramide est donné par la formule $V = \frac{A_{base} \cdot h}{3}$.
7. Seules six combinaisons donnent un triangle rectangle.

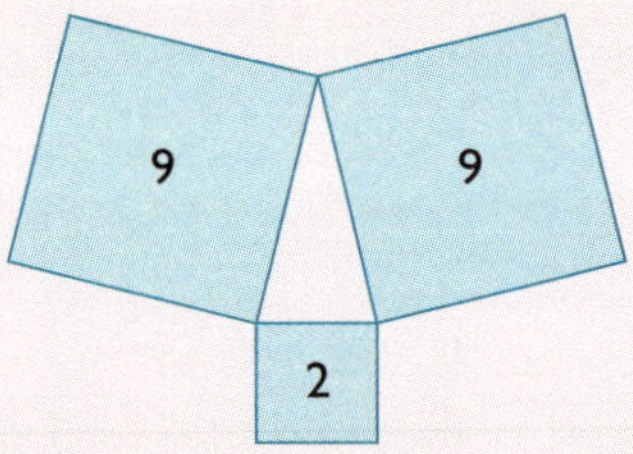

8. Réciproque ou contraposée ?
9. $13 = a^2 + b^2$

   $3 = c^2 - d^2$
10. Construis ce carré dans un repère.

RÉFÉRENTIEL 6

Théorème de Pythagore

1 Théorème de Pythagore

1 Vocabulaire

Dans un triangle rectangle, l'**hypoténuse** est le côté opposé à l'angle droit.

Dans un triangle rectangle, les **cathètes** sont les côtés de l'angle droit.

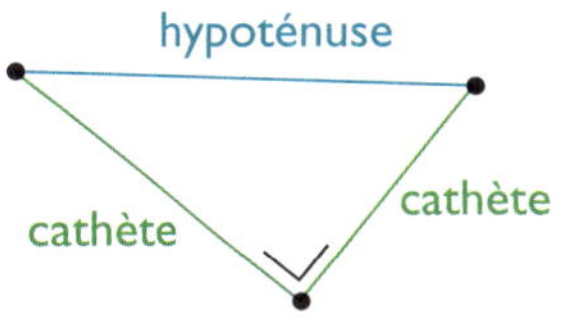

2 Théorème de Pythagore

Dans un triangle **rectangle**, le **carré** de la longueur de l'**hypoténuse** est égal à la **somme** des **carrés** des longueurs des **cathètes**.

Le triangle *ABC* est rectangle en *A*.

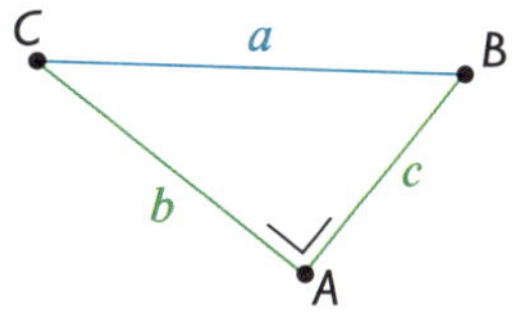

$\Rightarrow$ $BC^2 = AC^2 + AB^2$ ou $a^2 = b^2 + c^2$

Il existe de nombreuses démonstrations du théorème de Pythagore. Nous avons choisi de reproduire celle vue en activité aux pages 99-100.

Dessin :

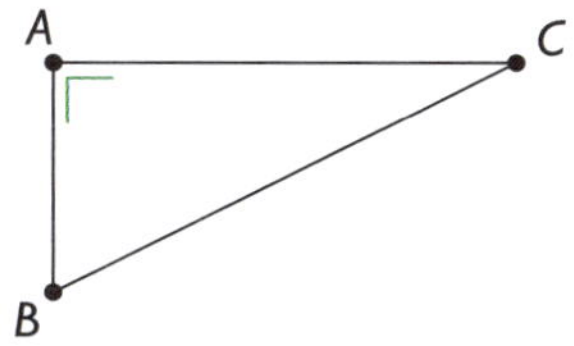

Hypothèse : *ABC* triangle rectangle en *A*

Thèse : $BC^2 = AC^2 + AB^2$ ou $a^2 = b^2 + c^2$

Démonstration :

À l'aide de 4 triangles rectangles isométriques de côtés a, b et c, on construit le quadrilatère suivant :

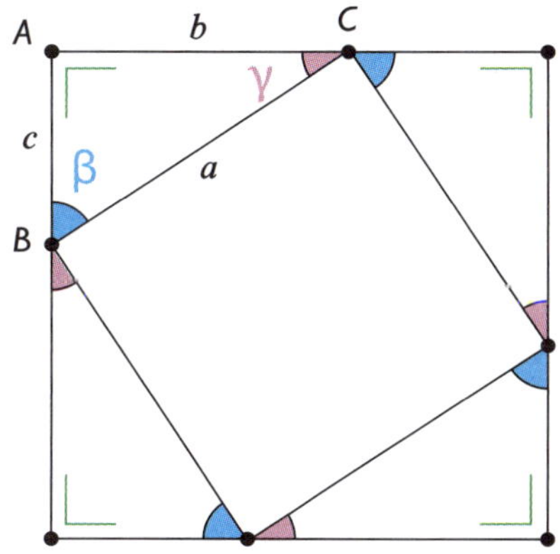

Le quadrilatère extérieur ainsi obtenu est un carré, car il a:
- quatre côtés de même longueur $(b + c)$;
- quatre angles droits.

Le quadrilatère intérieur est également un carré, car il a :
- quatre côtés de même longueur a ;
- quatre angles droits, car
  $180° - \beta - \gamma = 180° - \left(\underbrace{\beta + \gamma}_{= 90°}\right) = 90°$

L'aire du carré extérieur se calcule de deux manières :

Calcul 1	Calcul 2
$\mathcal{A} = (b+c)^2$ $= b^2 + 2bc + c^2$	$\mathcal{A} = 4 \cdot \mathcal{A}_{triangle} + \mathcal{A}_{carré\ intérieur}$ $= 4 \cdot \frac{b \cdot c}{2} + a^2 = 2bc + a^2$

On égale ces deux résultats pour trouver :

$$b^2 + 2bc + c^2 = 2bc + a^2$$

$$\Leftrightarrow \quad b^2 + c^2 = a^2$$

$$\Leftrightarrow \quad a^2 = b^2 + c^2$$

□

3 Triplet pythagoricien

Un **triplet pythagoricien** est un triplet de nombres naturels non nuls $(a\ ;\ b\ ;\ c)$ tels que $a^2 = b^2 + c^2$.

6

EXEMPLES :

1 $(5\ ;\ 4\ ;\ 3)$ est un triplet pythagoricien car $5^2 = 4^2 + 3^2$.

2 $(17\ ;\ 15\ ;\ 8)$ est un triplet pythagoricien car $17^2 = 15^2 + 8^2$.

REMARQUE :

Les triplets pythagoriciens sont notamment utilisés par les maçons pour construire des murs perpendiculaires ou pour vérifier que l'angle formé par deux murs est droit.

2 Réciproque et contraposée du théorème de Pythagore

1 Réciproque du théorème de Pythagore

Si le **carré** de la longueur du **plus grand côté** d'un **triangle** est **égal** à la **somme des carrés** des longueurs **des deux autres côtés**, alors le **triangle** est **rectangle**.

$[BC]$ étant le plus grand côté :

$BC^2 = AC^2 + AB^2 \quad \Rightarrow$

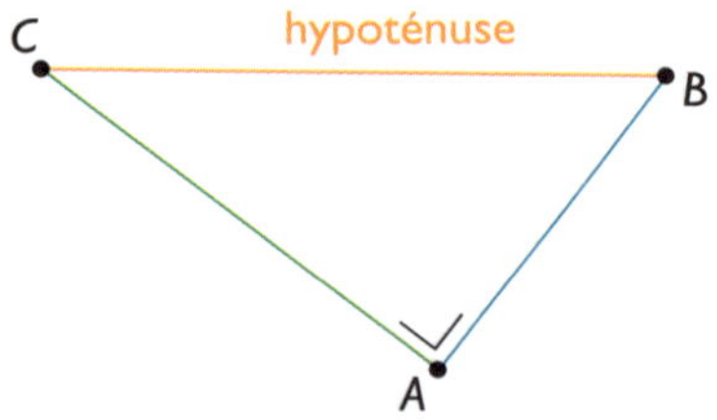

Dessin :

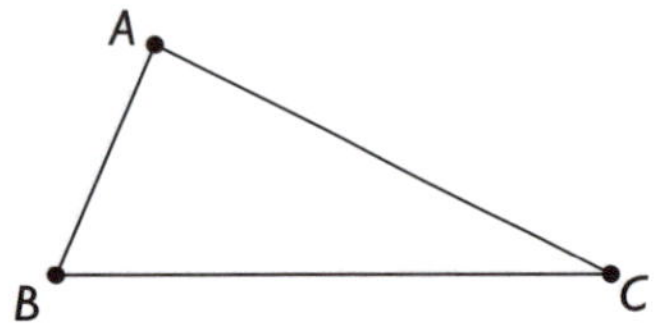

Hypothèses : ABC triangle quelconque
$BC > AB$ et $BC > AC$
$BC^2 = AB^2 + AC^2$

Thèse : $\widehat{A} = 90°$

Démonstration :

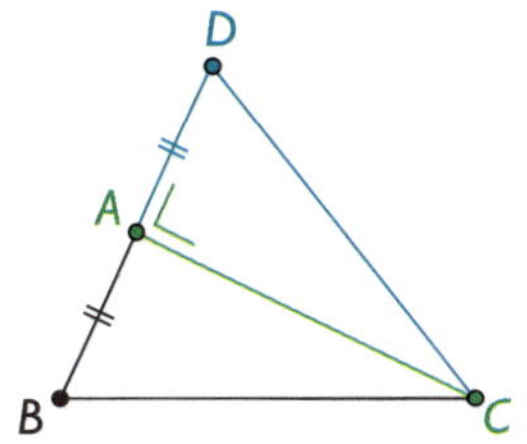

Construisons le triangle ADC rectangle en A tel que $AD = AB$ et tel que les points B et D sont situés de part et d'autre de (AC).

Le but est de prouver que (AC) est la médiatrice de $[BD]$ en montrant que les points A et C sont équidistants des extrémités du segment $[BD]$.

1 $AD = AB$ donc A appartient à la médiatrice de $[BD]$.

2 Le triangle ADC est rectangle en A.
On peut donc écrire : $DC^2 = AD^2 + AC^2$
Or, $AD = AB$, donc $DC^2 = AB^2 + AC^2$

De plus, nous savons par hypothèse que $BC^2 = AB^2 + AC^2$

Nous pouvons donc conclure que $DC = BC$ et, par conséquent, que le point C appartient à la médiatrice de $[BD]$.

Ainsi, AC est médiatrice de $[BD]$ et $\widehat{CAD} = 90°$ donc $\widehat{CAB} = 90°$. □

2 Contraposée du théorème de Pythagore

Si le **carré** de la longueur du **plus grand côté** d'un **triangle n'est pas égal** à la **somme des carrés** des longueurs **des deux autres côtés**, alors le **triangle** n'est **pas rectangle**.

$[BC]$ étant le plus grand côté :

$BC^2 \neq AC^2 + AB^2 \quad \Rightarrow$

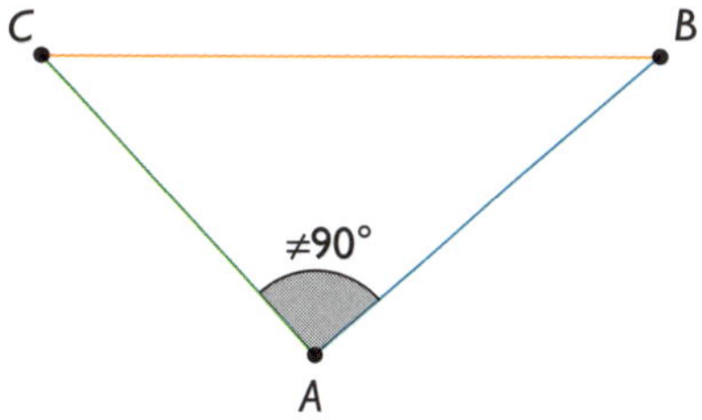

3 Propriétés du triangle rectangle

1 Théorème de la hauteur

Dans tout **triangle rectangle**, le **carré** de la longueur de la **hauteur issue de l'angle droit** est **égal** au **produit** des longueurs des **segments** qu'elle détermine sur l'**hypoténuse**.

Dessin :

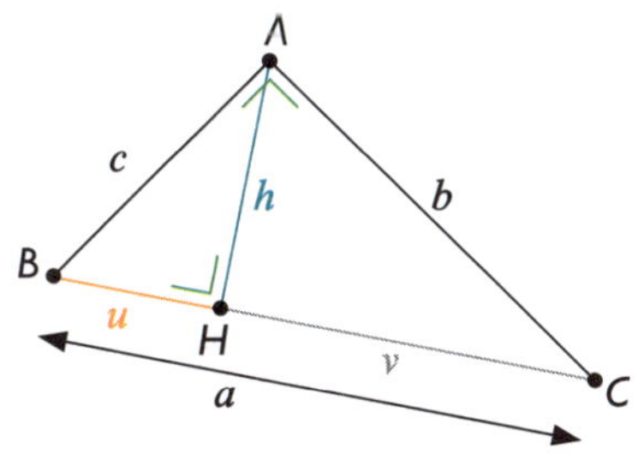

Hypothèses : ABC triangle rectangle en A
H pied de la hauteur issue de A

Thèse : $h^2 = u \cdot v$

Démonstration :

Le triangle ABC est rectangle en A donc on peut écrire : $a^2 = b^2 + c^2$

Le triangle ABH est rectangle en H donc on peut écrire : $c^2 = u^2 + h^2$

Le triangle ACH est rectangle en H donc on peut écrire : $b^2 = v^2 + h^2$

En remplaçant b^2 et c^2 par leurs expressions, on obtient : $a^2 = v^2 + h^2 + u^2 + h^2$

$a^2 = u^2 + v^2 + 2h^2$

En utilisant $a = u + v$ on obtient : $(u + v)^2 = u^2 + v^2 + 2h^2$

$u^2 + 2 \cdot u \cdot v + v^2 = u^2 + v^2 + 2h^2$

$2 \cdot u \cdot v = 2h^2$

$u \cdot v = h^2$

2 Théorème de la cathète

Dans tout **triangle rectangle**, le **carré** de la longueur d'une **cathète** est **égal** au **produit** de la longueur de l'hypoténuse par la longueur de la **projection orthogonale** de cette cathète sur l'**hypoténuse**.

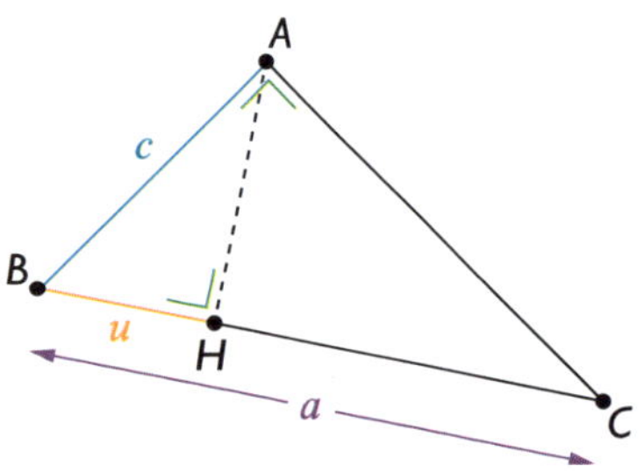

$c^2 = u \cdot a$

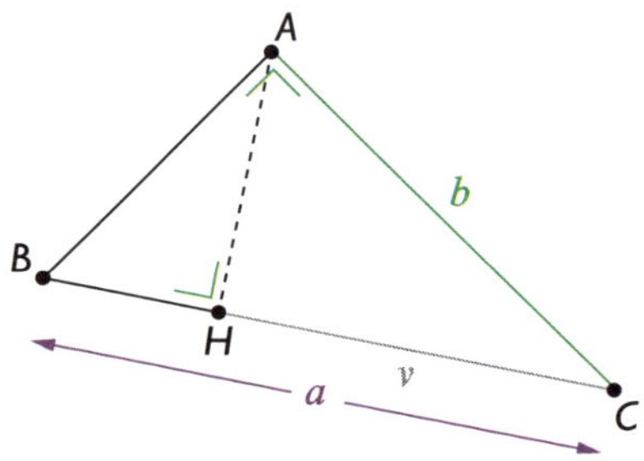

$b^2 = v \cdot a$

Dessin :

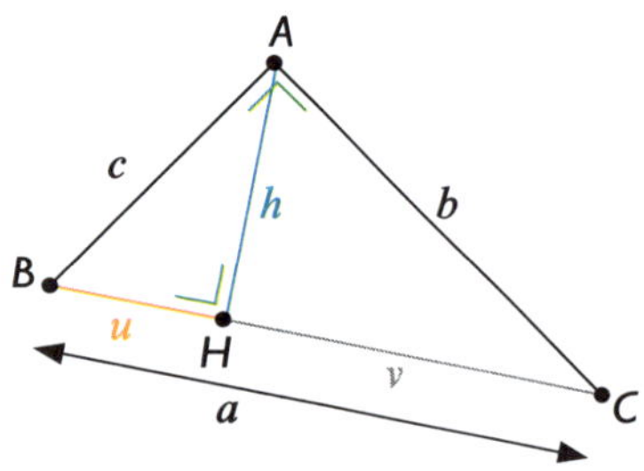

Hypothèses : ABC triangle rectangle en A
H pied de la hauteur issue de A

Thèse : $c^2 = u \cdot a$
$b^2 = v \cdot a$

On veut montrer que $c^2 = u \cdot a$

$u \cdot a$

$= u \cdot (u + v)$

$= u^2 + u \cdot v$

$= u^2 + h^2$ car $u \cdot v = h^2$ d'après le théorème de la hauteur

$= c^2$ car $u^2 + h^2 = c^2$ d'après le théorème de Pythagore

On veut montrer que $b^2 = v \cdot a$

$v \cdot a$

$= v \cdot (u + v)$

$= v^2 + u \cdot v$

$= v^2 + h^2$ car $u \cdot v = h^2$ d'après le théorème de la hauteur

$= b^2$ car $v^2 + h^2 = b^2$ d'après le théorème de Pythagore

3 Théorème de la médiane et sa réciproque

a Théorème de la médiane

Dans tout **triangle rectangle**, la longueur de la **médiane relative à l'hypoténuse** est **égale** à la **moitié** de la longueur de l'**hypoténuse**.

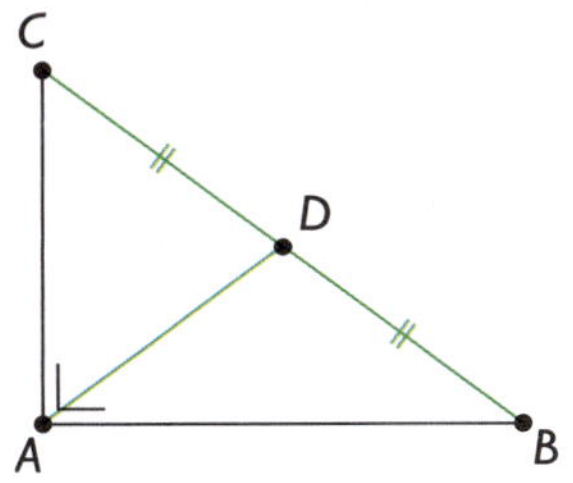

$\Rightarrow \quad AD = BD = CD = \frac{1}{2} \cdot BC$

REMARQUE :
Le triangle *ABC* rectangle en *A* est donc inscriptible dans un cercle de centre *D*, où *D* est le milieu du côté [*BC*].

b Réciproque du théorème de la médiane

Si dans un triangle, la longueur de la **médiane** relative au plus **grand côté vaut** la **moitié** de la longueur de **ce côté**, alors le **triangle** est **rectangle**.

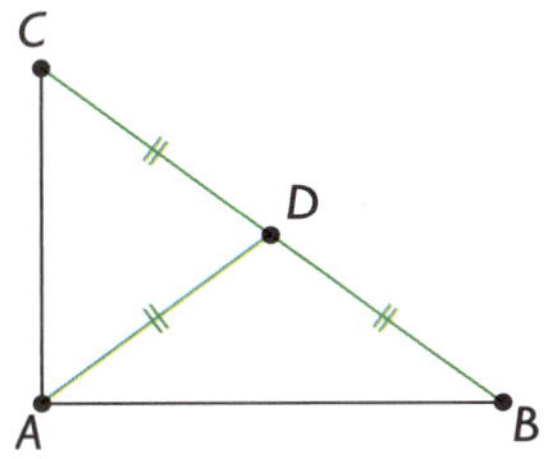

$\Rightarrow \quad \widehat{A} = 90°$

4 Distance entre deux points du plan dans le repère orthonormé

Soit deux points A et B placés dans un **repère orthonormé** et de coordonnées respectives $(x_A ; y_A)$ et $(x_B ; y_B)$. La **distance entre ces deux points** est donnée par la formule :

$$d(A ; B) = \sqrt{(\Delta x)^2 + (\Delta y)^2}$$

$$d(A ; B) = \sqrt{(x_B - x_A)^2 + (y_B - y_A)^2}$$

EXEMPLE :

A (1; 5) et B (8; 1)

$$\begin{aligned} d(A ; B) &= \sqrt{(8-1)^2 + (1-5)^2} \\ &= \sqrt{7^2 + (-4)^2} \\ &= \sqrt{49 + 16} \\ &= \sqrt{65} \\ &\cong 8{,}06 \end{aligned}$$

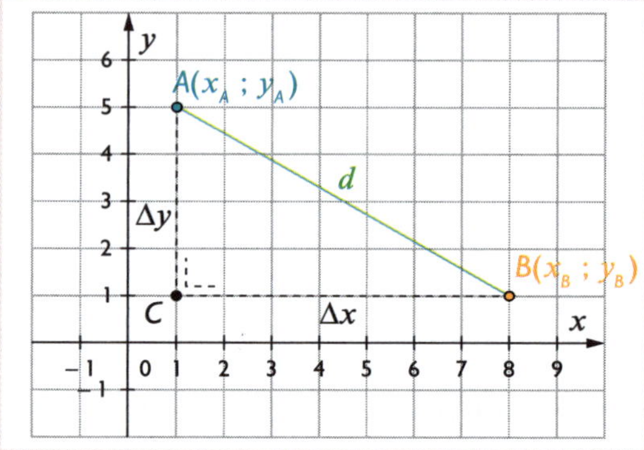

REMARQUE : $d(A ; B) = \sqrt{(x_B - x_A)^2 + (y_B - y_A)^2} = \sqrt{(x_A - x_B)^2 + (y_A - y_B)^2} = d(B ; A)$

5 Construction d'un segment dont la longueur est une racine carrée

1 Méthode de la somme

Pour construire un segment d'une longueur de $\sqrt{c}$ cm en utilisant la méthode de la somme, il faut :
– déterminer deux nombres a et b tels que $c = a^2 + b^2$;
– construire un triangle rectangle de cathètes a cm et b cm.
L'hypoténuse est le segment de longueur recherchée.

EXEMPLE :

Construisons un segment de longueur $\sqrt{53}$.
$53 = 49 + 4$, on a donc $53 = 7^2 + 2^2$
et $\sqrt{53}^2 = 7^2 + 2^2$
On peut donc construire un triangle de cathètes 7 cm et 2 cm.

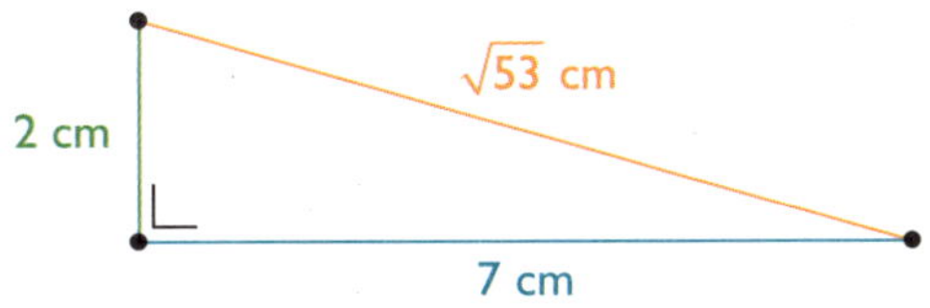

REMARQUE : Il n'est pas toujours possible d'utiliser cette méthode.

2 Méthode de la différence

Pour construire un segment d'une longueur de $\sqrt{c}$ cm en utilisant la méthode de la différence, il faut :
– déterminer deux nombres a et b tels que $c = a^2 - b^2$;
– construire, à l'équerre et au compas, un triangle rectangle de cathète b cm et d'hypoténuse a cm.
La deuxième cathète est le segment de longueur recherchée.

EXEMPLE :

Construisons un segment de longueur $\sqrt{45}$.
$45 = 49 - 4$, on a donc $45 = 7^2 - 2^2$
et $\sqrt{45}^2 = 7^2 - 2^2$
On peut donc construire un triangle de cathète 2 cm et d'hypoténuse 7 cm.

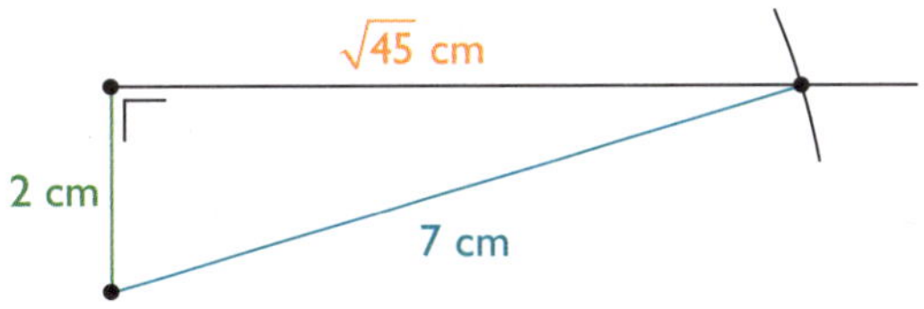

REMARQUE : Il n'est pas toujours possible d'utiliser cette méthode.

3 Méthode du produit - version 1 (Théorème de la hauteur)

Pour construire un segment d'une longueur de $\sqrt{c}$ cm en utilisant la méthode du produit issue du théorème de la hauteur, il faut :
- déterminer deux nombres a et b tels que $c = a \cdot b$;
- construire un segment de $(a + b)$ cm ;
- construire un demi-cercle dont le diamètre est le segment tracé ;
- placer un point A sur le segment à a cm d'une extrémité ;
- construire la perpendiculaire au segment passant par A. Elle coupe le demi-cercle en B.

La longueur du segment $[AB]$ est la longueur recherchée.

EXEMPLE :

Construisons un segment de longueur $\sqrt{8}$.

$$8 = 4 \cdot 2$$

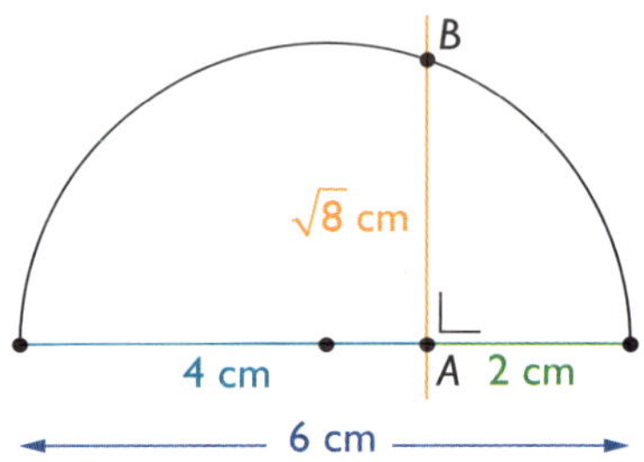

REMARQUE : Il est toujours possible d'utiliser cette méthode.

4 Méthode du produit - version 2 (Théorème de la cathète)

Pour construire un segment d'une longueur de $\sqrt{c}$ cm en utilisant la méthode du produit issue du théorème de la cathète, il faut :
- déterminer deux nombres a et b tels que $c = a \cdot b$ avec $(a > b)$;
- construire un segment $[AB]$ de a cm ;
- construire un demi-cercle dont $[AB]$ est le diamètre ;
- placer un point C sur le segment à b cm de A ;
- construire la perpendiculaire au segment $[AB]$ passant par C. Elle coupe le demi-cercle en D.

La longueur du segment $[AD]$ est la longueur recherchée.

EXEMPLE :

Construisons un segment de longueur $\sqrt{12}$.

$$\sqrt{12}^2 = 6 \cdot 2$$

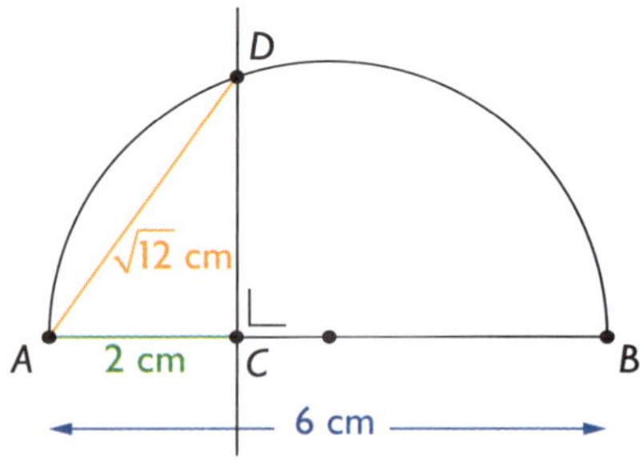

REMARQUE : Il est toujours possible d'utiliser cette méthode.

CHAPITRE 7

Factorisation et équations-produits

PRÉREQUIS

Pour commencer ce chapitre, tu dois être capable de/d' :

- supprimer les parenthèses et mettre en évidence des facteurs communs dans une expression algébrique ;
- calculer la racine carrée d'un nombre ;
- appliquer les propriétés des puissances et des radicaux ;
- utiliser les produits remarquables.

OBJECTIFS

Au terme de ce chapitre, tu seras capable d'/de :

- utiliser les produits remarquables pour factoriser une expression algébrique ;
- utiliser une méthode adéquate pour factoriser une expression algébrique ;
- résoudre une équation par la méthode du produit nul.

1 Mise en évidence, produits remarquables et groupements

ACTIVITÉS

1 Afin d'être tout à fait prête pour entamer son nouveau chapitre sur les produits remarquables, Mathilde a décidé de revoir son cours de 5e. Pour ce faire, elle a repris la première interrogation que son professeur lui avait donnée sur cette matière. Arriveras-tu à la réaliser en moins de 10 minutes ?

R13 1.2

Interrogation de mathématiques

Les produits/identités remarquables

Question 1 Détermine le numéro de la réponse correspondante.

$(a + b)^2 =$	....	1	$a^2 - b^2$
$(a - b)^2 =$	....	2	$2ab + b^2 + a^2$
$(a + b) \cdot (b - a) =$	....	3	a^2b^2
$(a \cdot b)^2 =$	....	4	$b^2 - a^2$
$(b - a)^2 =$	....	5	$a^2 - 2ab + b^2$

Question 2 Effectue en utilisant les produits remarquables.

1. $(3 + x)^2 =$ ....
2. $(y - 1)^2 =$ ....
3. $\left(x^2 + \frac{1}{2}\right)^2 =$ ....
4. $(2 + 3x) \cdot (3x - 2) =$ ....
5. $(a + 3) \cdot (a - 3) =$ ....

Question 3 Complète les égalités par les termes manquants.

1. $9a^2 +$ .... $+ b^2 = (3a + b)^2$
2. $4a^2b + 4a^4 + b^2 = ($.................... $+ b)^2$
3. $9a^2 +$ .... $+ 25b^2 = (3a +$ ....$)^2$
4. $4a^2 - b^2 = ($.................... $-$ ....$) \cdot ($.................... $+$ ....$)$
5. $36a^2b^2 - 1 = ($.................... $+ 1) \cdot ($.................... $- 1)$

2 Observe le rectangle *ABCD* composé par la juxtaposition de plusieurs rectangles.

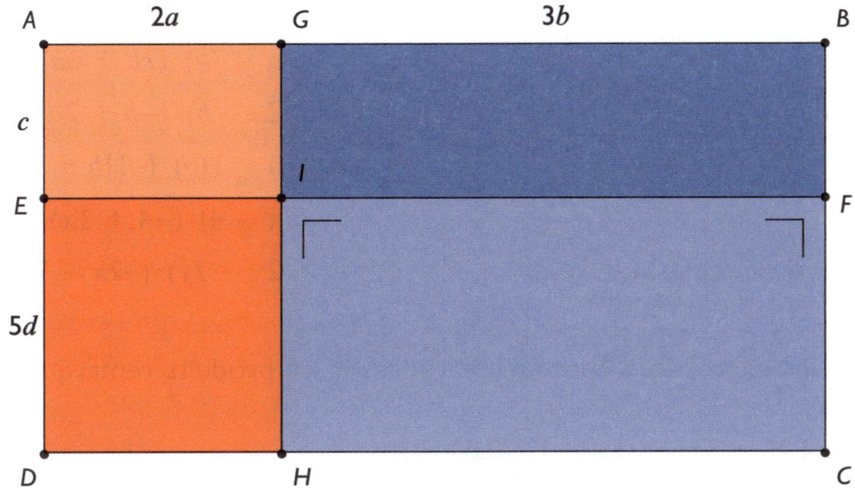

a Complète les éléments manquants.

$Aire_{ABCD} = 2ac + 10ad + 3bc + 15bd$ ①

$= \ldots\ldots \cdot (c + 5d) + \ldots\ldots \cdot (c + 5d)$ ②

$= (c + 5d) \cdot \ldots\ldots$ ③

b Dans l'expression précédente…

1. quelle règle mathématique permet de passer de la première étape à la deuxième étape ? ....
2. quelle règle mathématique permet de passer de la deuxième étape à la troisième étape ? ....

c Complète les phrases suivantes.

- Dans l'expression du point **a**, la technique pour passer de la troisième étape à la première s'appelle ....
- Réciproquement, pour passer de la première étape à la troisième, on applique ....

d Réalise un autre groupement pour factoriser l'aire du rectangle *ABCD*.

$Aire_{ABCD} = 2ac + 10ad + 3bc + 15bd$

$= \ldots\ldots$

R138-139
1.1-3

$= \ldots\ldots$

$= \ldots\ldots$

EXERCICES

1 Effectue les produits remarquables suivants.

1. $(3a + 2)^2 =$
2. $(3x - 5y)^2 =$
3. $(-5b - 2)^2 =$
4. $(-3x - y)^2 =$
5. $(2x^2 + 3)^2 =$
6. $(7 + 12a^3)^2 =$

7. $(-a^3 + 1)^2 =$
8. $(-3x^4 + 2)^2 =$
9. $(6x^2 + 2x)^2 =$
10. $(-a^2 + 2a^3)^2 =$
11. $(a + 5b)\cdot(a - 5b) =$
12. $(3a - 9)\cdot(3a + 9) =$
13. $(2 + 4x)\cdot(4x - 2) =$
14. $(3a - 4b)\cdot(4b + 3a) =$
15. $(1 + 8x)\cdot(8x - 1) =$
16. $(6a - 7b)\cdot(7b + 6a) =$
17. $(-2a - b)\cdot(-b + 2a) =$
18. $(7a - 11b)\cdot(-11b + 7a) =$
19. $(3x - 4)\cdot(-4 + 3x) =$
20. $(-2x - 7y)\cdot(-2x - 7y) =$

2 Réduis les expressions suivantes en utilisant les produits remarquables lorsque c'est possible.

1. $-3x\cdot(-4 + 5x) - (2x - 1)\cdot(2x + 1) =$
2. $(4x - 1)\cdot(16x^2 + 1)\cdot(4x + 1) =$
3. $3\cdot(4x - 3)^2 + (3 - 12x)^2 =$
4. $2x\cdot(x - y)^2 - 2x\cdot(x + 2y)^2 - x\cdot(x - 3y)\cdot(x + 3y) =$

3 Mets en évidence les facteurs communs dans les expressions suivantes.

Série 1

1. $3a + 6b =$
2. $9x - 27y =$
3. $15x + 42y =$
4. $81a - 54b =$

Série 2

1. $13ab - 3ac =$
2. $11x - 14xy^2 =$
3. $17x + 24x^2 =$
4. $25a^2 + 49ac =$

Série 3

1. $54x^2y + 48yz =$
2. $35a^3b + 42ab^2 =$
3. $15a - 45ab =$
4. $98y - 49yz =$

Série 4

1. $3ab + 9a^2b =$
2. $48x^2 - 12x =$
3. $25a - 5a^2 =$
4. $45x^2y + 135x^2 =$

Série 5

1. $3a^2b + 5ab - 4ab^2 =$
2. $12xy^2 + 42xy - 18x^2y^2 =$
3. $49a^2b^3 - 28b^2 + 70ab^2 =$
4. $81ab^3 + 27a + 18b^2 =$
5. $24x^3 + 42x - 36x^2 =$
6. $20x^3y^4 - 12x^3y^2 - 28x^3y^3 =$

4 Factorise les expressions suivantes.

Série 1

1. $(a + 2b)\cdot(x + y) + (2x + y)\cdot(a + 2b) =$
2. $(5a - 2b)\cdot(7x + y) + (2x + y)\cdot(5a - 2b) =$
3. $(x + 5y)\cdot(2x + y) - (x + 5y)\cdot(x - 3y) =$
4. $(3a + 2b)\cdot(4a + 4b) - (2a + b)\cdot(2b + 3a) =$

Série 2

1. $(7a - 3)\cdot(a + 5) + (5 + a)\cdot(2 + a) =$
2. $(4x + 3)\cdot(3 - 2x) - (-2x + 3)\cdot(5x - 3) =$
3. $(a + 8)\cdot(a + 3) + (6 + 4a)\cdot(8 + a) =$
4. $(7x + 2)\cdot(3 - 2x) - (7x + 2)\cdot(-5x - 3) =$

Série 3

1 $(a - 2b) \cdot (5a - 4b) - (-2b + a) \cdot (3a + 2b) =$
2 $(2y + 3x) \cdot (3x + y) + (3x + y) \cdot (3y + 2x) =$
3 $(2a + 5b)^2 + (2a + 5b) \cdot (5a + 2b) =$
4 $(y + x) \cdot (2x - y) - (x + y) \cdot (3y + 6x) =$

5 Factorise les expressions suivantes.

$a - b$ et $b - a$ sont opposés. En effet, $a - b = -(b - a)$.

Série 1

1 $(3x + 7) \cdot (b - a) + (a - b) \cdot (2x + 1) =$
2 $(x - 7) \cdot (2b - a) - (7 - x) \cdot (2a + b) =$
3 $(4x + 3y) \cdot (3b - 5a) + (3x - y) \cdot (5a - 3b) =$
4 $(a - 2b) \cdot (5x - 4y) - (2b - a) \cdot (4y + 3x) =$
5 $(a - 2b) \cdot (x + y) + (2x + y) \cdot (2b - a) =$

Série 2

1 $(12a + 7b) \cdot (3x + 3y) - (3x + y) \cdot (-12a - 7b) =$
2 $(a - 2) \cdot (a + 5) + (2 - a)^2 =$
3 $(3x - 6) \cdot (3 - 5x) - (3x - 1) \cdot (6 - 3x) =$
4 $(a - 3b) \cdot (9a - 4b) - (3b - a) \cdot (9a + 4b) =$
5 $(5y - 8x) \cdot (8x + y) + (-8x + y) \cdot (-5y + 8x) =$

Série 3

1 $(a - 2)^3 + (a - 2)^2 \cdot (5 + 4a) =$
2 $(x - 3)^2 \cdot (3 - 7x) - (3 - x)^2 \cdot (1 - x) =$
3 $(y - 3)^2 \cdot (y + 4) + (3 - y)^2 \cdot (1 - 3y) =$
4 $(3x - 2)^3 \cdot (1 - 2x) - (-3x + 2)^3 \cdot (11 - x) =$

6 Observe l'exemple et factorise les expressions suivantes à l'aide de la méthode de groupement 2-2.

Exemple d'une factorisation par la méthode de groupement 2-2 :

$$8ax + 2ay + 12bx + 3by = 2a \cdot (4x + y) + 3b \cdot (4x + y)$$
$$= (4x + y) \cdot (2a + 3b)$$

1 $3ab + by + 6ax + 2xy =$
2 $10ay + 9bx + 6xy + 15ab =$
3 $7bx + 12a + 14ab + 6x =$
4 $2b + 12bc + 8b^2 + 3c =$
5 $12ax - 8bx + 21ay - 14by =$
6 $6a - 12a^2 - 4b + 8ab =$
7 $15x - 10 + 21x^3 - 14x^2 =$
8 $8ab^2 + 12a - 2b^2 - 3 =$
9 $42a^4 - 15 - 18a^3 + 35a =$
10 $45 - 15x^3 + 18x^2 - 6x^5 =$

7 Factorise les expressions suivantes à l'aide des produits remarquables.

Série 1

1 $a^2 + 4ab + 4b^2 =$

2 $9a^2 + b^2 + 6ab =$

3 $a^4 + 10a^2b + 25b^2 =$

4 $x^2 + 1 - 2x =$

5 $1 - 12x + 36x^2 =$

6 $49a^2 - 14ab^3 + b^6 =$

7 $a^2 + \frac{1}{4} - a =$

8 $24xy + 36x^2 + 4y^2 =$

9 $24xy + 6x^2 + 24y^2 =$

10 $5a^2 + 125b^2 + 50ab =$

11 $27x^2 + 12 - 36x =$

12 $80x^2 - 40x + 5 =$

Série 2

1 $a^2 - 4b^2 =$

2 $25x^2 - 81y^2 =$

3 $1 - 169b^2 =$

4 $x^2 - 121 =$

5 $49 - 16b^2 =$

6 $9y^2 - 1 =$

7 $5x^2 - 20 =$

8 $75a^2 - 3b^2 =$

9 $28 - 175b^2 =$

10 $35x^4 - 35 =$

11 $2 - 98x^2 =$

12 $9y^8 - 9 =$

Série 3

1 $1 - 50x^2 + 625x^4 =$

2 $81 + y^4 - 18y^2 =$

3 $162b^4 - 36b^2 + 2 =$

4 $256 - 32a^4 + a^8 =$

8 Observe l'exemple et factorise les expressions suivantes de la même manière.

Exemple d'une factorisation par la méthode de groupement 1-3 :

$$\begin{aligned} 9y^2 - 25x^2 - 1 + 10x &= 9y^2 - (25x^2 + 1 - 10x) \\ &= (3y)^2 - (5x - 1)^2 \\ &= [(3y) - (5x - 1)]\cdot[(3y) + (5x - 1)] \\ &= (3y - 5x + 1)\cdot(3y + 5x - 1) \end{aligned}$$

1 $b^2 - 36a^2 + 24a - 4 =$

2 $121 - x^2 - y^2 - 2xy =$

3 $100a^2 - 26b - 169 - b^2 =$

4 $30ab - 9a^2 + c^4 - 25b^2 =$

5 $a^2 + b^2 + 2ab - c^2 =$

6 $25x^2 - 10x + 1 - 9y^2 =$

7 $-49 + 9x^2 + 16y^2 - 24xy =$

8 $25x^2 + 36y^2 - 9 - 60xy =$

9 $3a^2 + 42ab - 432c^2 + 147b^2 =$

10 $-8 - 80ab + 32a^2 + 50b^2 =$

2 Synthèse

ACTIVITÉ

Complète l'organigramme ci-dessous. Il te donnera une idée des méthodes que tu peux utiliser en fonction du nombre de termes dans l'expression algébrique.

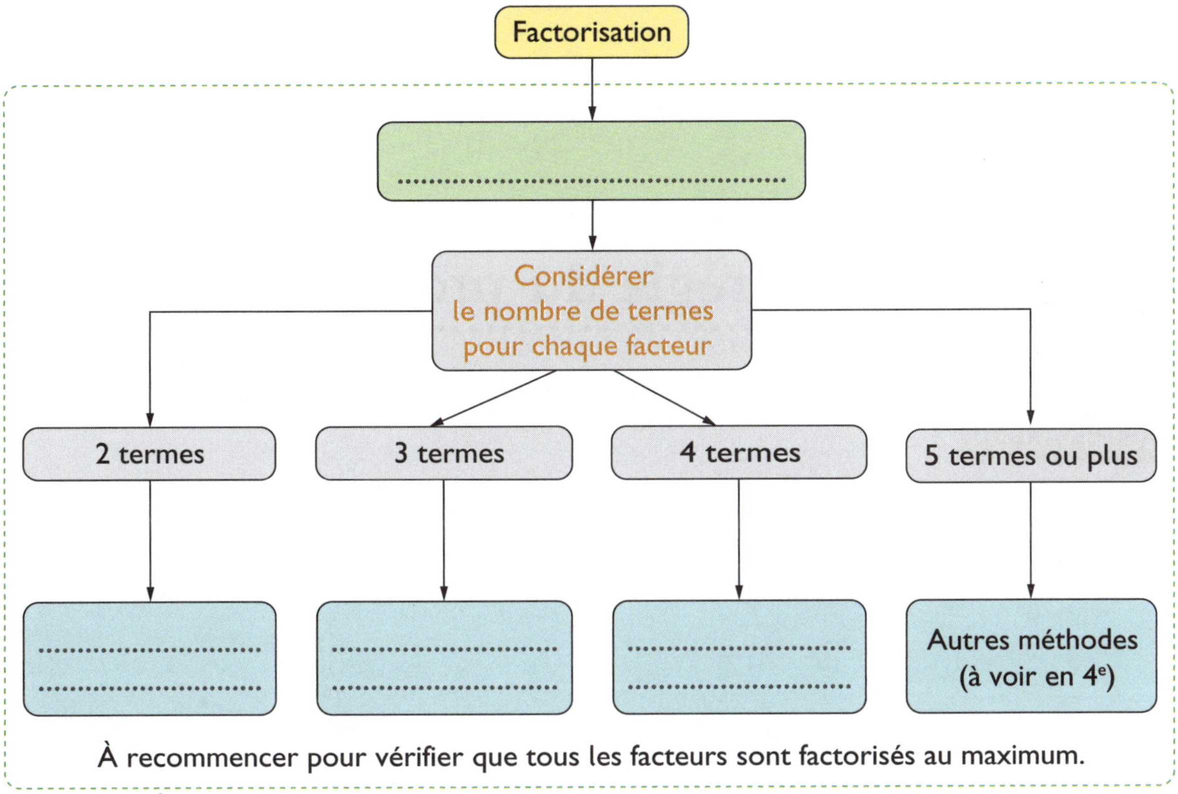

EXERCICE

Factorise les expressions suivantes.

Série 1

1. $3x^2 + 6x - 5xy - 10y =$
2. $2x^4 - 4x^2 + 2 =$
3. $(3x + 1)\cdot(6x + 9) - (x + 3)\cdot(6x + 9) =$
4. $a\cdot(x - y) - (y - x) =$
5. $(x - 5)\cdot(x + 1) - (x - 5) + 2\cdot(x - 5)^2 =$
6. $(a - 7)^2 - (3a - 1)^2 =$
7. $\dfrac{y^2}{25} - \dfrac{4}{9} =$
8. $a^2 - 6a - y^2 + 9 =$
9. $a^2x - a^2y + y - x =$
10. $x^2 + \dfrac{1}{4} - x =$
11. $(3 - 2x)\cdot(x - 2) + 3x\cdot(2x - 3) =$
12. $a - 2b - ax + 2bx =$
13. $a^6b^4 - a^2 =$

Série 2

1. $2a \cdot (a + b)^2 - 5 \cdot (a + b) =$
2. $18a^2 - 24ab + 8b^2 =$
3. $27x^2 - \frac{3}{4} =$
4. $a^2 - b^2 + 2a + 1 =$
5. $5x^2 - 20y^2 - 2bx^2 + 8by^2 =$
6. $x^2 - 10x + 25 - a^2 =$
7. $x^3 - x^2 - 2x + 2 =$
8. $4a^2b^2 - 4abc^3 + c^6 =$
9. $\frac{x^8}{16} - \frac{a^2b^6}{9} =$
10. $8ax + 12a - 6bx - 9b =$
11. $9a^2 - c^2 - 30ab + 25b^2 =$
12. $(2x + 1) \cdot (3 - x) + (x - 3) \cdot (4x + 5) =$

3 Équations et règle du produit nul

ACTIVITÉS

7

1 Calcule les produits suivants. Justifie tes réponses.

1. $3 \cdot 25 \cdot 0 =$ ……………………
2. $2^7 \cdot 0 \cdot 65 =$ ……………………
3. $3^{17} \cdot (9 - 3^2) \cdot 15 \cdot 0 \cdot (5 + 2) =$ ……………………

……………………………………………………………………………………………………

2 Complète les égalités suivantes.

1. $3^{17} \cdot$ …………………… $\cdot 15 = 0$
2. $3^{17} \cdot (4 -$ …………………… $) \cdot 15 = 0$
3. $3^0 \cdot (3 -$ …………………… $) \cdot 15 \cdot ($ …………………… $- 5) = 0$

3 Complète la propriété suivante.
Un produit de facteurs est nul si, et seulement si, ……………………………………………

…………………………………………………………………………………………………….

4 Utilise la propriété pour déterminer l'ensemble solution des équations suivantes.

R141 3

1. $3 \cdot (x - 2) = 0$ ……………………………
2. $2x = 0$ ……………………………
3. $(x - 2) \cdot 2x = 0$ ……………………………
4. $(x - 3) \cdot (x + 5) = 0$ ……………………………
5. $(2x - 1) \cdot (3x + 4) = 0$ ……………………………

EXERCICES

1 Entoure la (ou les) solution(s) des équations.

	Équation	Solution(s)			
1	$2x \cdot (x - 3) = 0$	-2	3	-3	0
2	$2x^2 \cdot (2x - 5) = 0$	-2	0	$\frac{5}{2}$	$\frac{-5}{2}$
3	$5 \cdot (2x + 7) = 0$	$\frac{-7}{2}$	5	$\frac{7}{2}$	$\frac{2}{7}$
4	$-3x \cdot (x^2 - 2) = 0$	2	$-\sqrt{2}$	0	$\sqrt{2}$
5	$3 \cdot (x^2 + 9) = 0$	3	-3	-9	$\varnothing$
6	$(2x - 1) \cdot (x + 2) = 0$	-2	$\frac{-1}{2}$	$\frac{1}{2}$	2
7	$(2x + 4) \cdot (7x + 4) = 0$	$\frac{7}{4}$	-2	$\frac{1}{2}$	$\frac{-4}{7}$
8	$7x \cdot (5x + 10) \cdot (12x - 4) = 0$	0	$\frac{1}{3}$	-2	-3
9	$(2x + 4) \cdot (7x - 4) \cdot (x + 1) = 0$	$\frac{4}{7}$	-2	-1	$\frac{1}{2}$
10	$(x - 1) \cdot (x^2 - 5) \cdot (4x - 4) = 0$	$-\sqrt{5}$	1	5	$\sqrt{5}$

2 Résous les équations suivantes.

Série 1

1. $(x - 3) \cdot (x + 2) = 0$
2. $5x \cdot (2x + 3) = 0$
3. $(-3x - 8) \cdot (-2x + 7) = 0$
4. $(4x + 2) \cdot (2 + 5x) = 0$
5. $3x^2 \cdot (-x - 1) \cdot (x^2 + 7) = 0$

Série 2

1. $7x^2 + x = 0$
2. $7x - 5x^2 = 0$
3. $2x = 3x^2$
4. $5x^2 - x^3 = 0$
5. $2x^4 = 2x^2$

Série 3

1. $(x + 2) \cdot (x - 3) + (x + 2) \cdot (2x + 5) = 0$
2. $(3x^2 + 2) \cdot (4x + 3) + (4x + 3) \cdot (6x - 2) = 0$
3. $(2 - x) \cdot (3x - 3) = (x - 2) \cdot (3x + 2)$
4. $(2x - 1) \cdot (x - 2) = (x - 5) \cdot (2x - 1)$
5. $(9x^2 + 1) \cdot (3 + 2x) + 6x \cdot (2x + 3) = 0$

Série 4

1. $5x^2 - 20 = 0$
2. $2x^2 - 20x + 50 = 0$
3. $6x^2 = 6$
4. $25x^2 = 10x - 1$
5. $4x^4 - 3 = 1$

7

Série 5

1 $(2x - 5)^2 = 4$

2 $(2x - 3)^2 = (x + 3)^2$

3 $(x + 9)^2 = 25$

4 $(x + 1)^2 = (x + 3)^2$

5 $(3 - x^2)^2 = 1$

Série 6

1 $2x^3 - 2x + 3x^2 - 3 = 0$

2 $5x^2 - 20 + 8x - 2x^3 = 0$

3 $21x + 7 = 12x^2 + 4x$

4 $10x^2 + 5x = 4x + 2$

5 $x^3 + x = 8x^2 + 8$

3 Résous les équations suivantes.

1 $2x^3 + 3x^2 - 4x - 6 = 0$

2 $(2x - 3)^2 = 4$

3 $x^4 - 4x^2 + 4 = 1$

4 $4x^3 - 36x = 0$

5 $(3x + 2)^2 = (4x - 1)^2$

6 $4x^3 - x^2 - 20x + 5 = 0$

7 $(2x - 1)\cdot(x + 5) = (x + 3)\cdot(1 - 2x)$

8 $x^2 - 8x = -16$

9 $16x^2 - (2x + 6)^2 = 0$

10 $(3x + 1)\cdot(2x - 7) = (2x - 7)^2$

11 $x^3\cdot(x - 3)^2 - (3 - x)^2\cdot 7x = 0$

12 $(x^2 - 5)\cdot 15x - 24x^2\cdot(x^2 - 5) = 0$

13 $(x - 3)\cdot(x^2 - 4) + (x^2 + 4x + 4)\cdot(x - 2) = 0$

14 $(6x + 5)\cdot(x^2 - 3) = (9 + x)\cdot(3 - x^2)$

15 $(10x + 7)\cdot(x - 8) = (18 + x^2)\cdot(8 - x)$

16 $(x^2 + 5x + 6{,}5)^2 = (x + 2{,}5)^2$

Olympiade Mathématique Belge

Parmi les cinq équations suivantes, d'inconnue entière x, combien admettent exactement une solution ?

$x = 1$ $x^2 = 1$ $x^3 = 1$ $x^3 = x$ $x^3 = x^2$

☐ 1 ☐ 2 ☐ 3 ☐ 4 ☐ 5

Exercices supplémentaires

1 Mise en évidence, produits remarquables et groupements

1 Effectue en utilisant les produits remarquables.

Série 1

1. $(a + 5)^2 =$
2. $(3x - 8)^2 =$
3. $(a - 4b)^2 =$
4. $(x^2 + 3x)^2 =$
5. $(2ab - 5)^2 =$

Série 2

1. $(a - 3)\cdot(a + 3) =$
2. $(2x - 5)\cdot(-2x - 5) =$
3. $\left(3x - \frac{6}{5}\right)\cdot\left(3x + \frac{6}{5}\right) =$
4. $\left(4x^3 + \sqrt{2}\right)\cdot\left(\sqrt{2} - 4x^3\right) =$
5. $(-9x^2 - 4x)\cdot(4x - 9x^2) =$

Série 3

1. $(x - 7)^2 =$
2. $(5x^2 - 3y)^2 =$
3. $(a - 2b)\cdot(2b + a) =$
4. $(5 - 4a)\cdot(4a + 5) =$
5. $(a + 15)\cdot(15 + a) =$
6. $\left(\sqrt{6} - 16x\right)\cdot\left(16x + \sqrt{6}\right) =$
7. $(3 + 9x^5)\cdot(9x^5 - 3) =$
8. $(2ab - 1)\cdot(4a^2b^2 + 1)\cdot(2ab + 1) =$
9. $(2x^3 - 1)\cdot(1 - 2x^3) =$
10. $(2x - 5)\cdot(25 - 4x^2)\cdot(5 + 2x) =$

Série 4

1. $5x\cdot(-2 + 3x) - (-2 - 3x)^2 =$
2. $(x - 3)\cdot(x^2 - 9)\cdot(x + 3) =$
3. $(-7 + 2x^2)\cdot(7 + 2x^2) - (5x^2 + 3)\cdot(5 - 3x^2) =$
4. $(2x - 5)\cdot(4x^2 + 25)\cdot(2x + 5) =$
5. $(4 - 11x)\cdot(4 - 11x) - (12x - 5)\cdot 2x =$

2 Factorise au maximum en utilisant la mise en évidence.

Série 1

1. $72a^2 + 90b^2 =$
2. $5x^2y - 12xy^3 =$
3. $3x^2 - 6x =$
4. $72y^4 - 8y^3 =$
5. $64ab - 32a^2 + 4ab^2 =$
6. $81x^2y + 27x^2 - 108xy^2 =$

Série 2

1. $(a + 3b)\cdot(x + 2y) + (a + 3b)\cdot(x + 5y) =$
2. $(4y + 5x)\cdot(3x - 2y) - (3x - 2y)\cdot(y - 2x) =$
3. $(2a - 5b)\cdot(3a - 5) - (1 - 3a)\cdot(2a - 5b) =$
4. $(3 - y)\cdot(x + y) + (x + y)\cdot(7 - 4y) =$
5. $(2x + 5y)\cdot(3x - y) - (2y - 7x)\cdot(3x - y) =$
6. $(b - 7a)\cdot(5a + b) - (a + 5b)\cdot(5a + b) =$

7

Série 3

1 $(a - b) \cdot (2a + b) - (b - a) \cdot (a + b) =$

2 $(a - 3b) \cdot (4 - b) - (a - 2b) \cdot (b - 4) =$

3 $(x - 3) \cdot (1 + 2x) + (3 - x) \cdot (2 + x) =$

4 $(3x + 5y) \cdot (9x - 2y) + (2y + 9x) \cdot (-3x - 5y) =$

5 $(2x - 3) \cdot (4 - x) + (3 - 2x) \cdot (2x - 5) =$

6 $(2x - 5)^2 \cdot (3 - x) - (5 - 2x)^2 \cdot (1 + x) =$

3 Factorise au maximum en utilisant un groupement 2-2.

1 $56 - 21a - 8b + 3ab =$

2 $2x^2y + 6y - 3x^2 - 9 =$

3 $2x^2 - 3y - 3x + 2xy =$

4 $35b - 20 - 21ab + 12a =$

5 $2a^2y^2 - 3a^2 + 4y^2 - 6 =$

6 $2y + 30x - 12xy - 5 =$

7

4 Factorise au maximum en utilisant un groupement 1-3 ou 3-1.

1 $16 - 24x + 9x^2 - y^2 =$

2 $20ab - 81 + 4a^2 + 25b^2 =$

3 $-1 - 16x + 49 - 64x^2 =$

4 $30ab - 9a^2 + 4 - 25b^2 =$

5 $4x^3 + 12x^2 + 9x - 100xy^2 =$

6 $5a^2 - 30ac + 45c^2 - 45b^2 =$

2 Exercices de synthèse

1 Observe les expressions suivantes et complète le tableau.

	Expression	Nombre de termes	Mise en évidence possible ?	Si oui, quel est le facteur à mettre en évidence ?
1	$25x^2 + 5x + 10$	....	....	....
2	$6x^2 + 3xy + 8x + 4y$	....	....	....
3	$75x^2 - 25$	....	....	....
4	$3x^2 + 6x^3 + 2xy + x^2y^2$	....	....	....
5	$(x + 3) \cdot (x + 1) + (x - 1) \cdot (x + 3)$	....	....	....
6	$48x^2y - 300y$	....	....	....
7	$9x^2 \cdot (x - y) + 3 \cdot (y - x) + 6x \cdot (x - y)^2$	....	....	....

2 Factorise les expressions suivantes.

1. $4 \cdot (x - 1)^2 - (5x + 4)^2 =$
2. $2x^4 - 50x^2 =$
3. $a^2y^2 - 4y^2 - 9x^2 + 12xy =$
4. $24x^2 + 42x - 4xy - 7y =$
5. $9 \cdot (x - 1)^2 - (2x + 1)^2 =$
6. $(2x + 3) \cdot (5 - x) + (x - 5) \cdot (5x + 9) =$
7. $2a^4 - 512 =$
8. $x^3 + 2x^2 - xy^2 - 2y^2 =$
9. $20ab + 9x^2 - 4a^2 - 25b^2 =$
10. $(x - 2)^2 - (3x + 4)^2 =$
11. $x^4 - 18x^2 + 81 =$

3 Équations et règle du produit nul

1 Entoure la (ou les) solution(s) des équations.

	Équation	Solution(s)				
1	$(x + 8) \cdot (x - 4) = 0$	4	−4	8	−8	0
2	$2x \cdot (x - 3) = 0$	0	1	2	3	4
3	$(x - 2)^2 = 0$	0	2	−2	4	−4
4	$x^2 = 9$	3	−3	9	−9	0
5	$(x - 3) \cdot (x + 3) = -9$	3	−3	9	−9	0

2 Résous les équations suivantes.

Série 1

1. $(x - 2) \cdot (x - 1) = 0$
2. $(x - 8) \cdot (6x + 5) = 0$
3. $(-x + 9) \cdot (3x + 2) = 0$
4. $x \cdot (3x + 2) \cdot (-3 + x) = 0$

Série 2

1. $3x^2 - x^3 = 0$
2. $2x + 9x^2 = 0$
3. $6x^2 = 30x^3$
4. $9x^5 = x^3$

Série 3

1. $(x + 3) \cdot (x - 5) + (x - 5) \cdot (2x + 5) = 0$
2. $(x^2 + 2) \cdot (x + 3) - (5x + 2) \cdot (x + 3) = 0$
3. $(x - 1) \cdot (5x + 9) = (x - 5) \cdot (x - 1)$
4. $9 \cdot (5 - 2x) + x^2 \cdot (5 - 2x) = 6x \cdot (-2x + 5)$

Série 4

1. $3x^2 - 27 = 0$
2. $2x^2 - 28x + 98 = 0$
3. $36x^2 + 25 = 60x$
4. $48x^4 - 2 = 1$

Série 5

1. $(3x - 5)^2 = 9$
2. $(x + 4)^2 = (4x + 1)^2$
3. $(2x + 3)^2 = (x + 9)^2$

Série 6

1. $3x^3 + 9x = 2x^2 + 6$
2. $12x^2 - 28x = -15x + 35$
3. $75x^3 + 100x^2 = 3x + 4$

Teste-toi !

1 **FACTORISE** les expressions suivantes.

1. $10a^2 - 3b^2 - 2ab + 15ab =$
2. $3x^2 - 24x + 48 =$
3. $y^8 - 1 =$
4. $25x^2 - 1 - 40xy + 16y^2 =$

2 **RÉSOUS** les équations suivantes.

1. $(2x - 6) \cdot (-7 - x) = 0$
2. $25x^2 - 10x = 0$
3. $(x^2 - 3)^2 = 1$
4. $(4x + 8) \cdot (2x - 7) = (-x + 7) \cdot (7 - 2x)$

Correctif

1

1. $10a^2 - 3b^2 - 2ab + 15ab = (10a^2 + 15ab) + (-2ab - 3b^2)$
$= 5a\cdot(2a + 3b) - b\cdot(2a + 3b)$
$= (2a + 3b)\cdot(5a - b)$

2. $3x^2 - 24x + 48 = 3\cdot(x^2 - 8x + 16)$
$= 3\cdot(x - 4)^2$

3. $y^8 - 1 = (y^4 + 1)\cdot(y^4 - 1)$
$= (y^4 + 1)\cdot(y^2 + 1)\cdot(y^2 - 1)$
$= (y^4 + 1)\cdot(y^2 + 1)\cdot(y + 1)\cdot(y - 1)$

4. $25x^2 - 1 - 40xy + 16y^2 = 25x^2 - 40xy + 16y^2 - 1$
$= (5x - 4y)^2 - 1$
$= (5x - 4y - 1)\cdot(5x - 4y + 1)$

2

1. $(2x - 6)\cdot(-7 - x) = 0$
$\Leftrightarrow\ 2x - 6 = 0$ ou $-7 - x = 0$
$\Leftrightarrow\ 2x = 6$ ou $-x = 7$
$\Leftrightarrow\ x = 3$ ou $x = -7$
$S = \{-7\ ;\ 3\}$

2. $25x^2 - 10x = 0$
$\Leftrightarrow 5x\cdot(5x - 2) = 0$
$\Leftrightarrow 5x = 0$ ou $5x - 2 = 0$
$\Leftrightarrow x = 0$ ou $5x = 2$
$\Leftrightarrow x = 0$ ou $x = \dfrac{2}{5}$
$S = \left\{0\ ;\ \dfrac{2}{5}\right\}$

3. $(x^2 - 3)^2 = 1 \Leftrightarrow (x^2 - 3)^2 - 1 = 0$
$\Leftrightarrow (x^2 - 3 - 1)\cdot(x^2 - 3 + 1) = 0$
$\Leftrightarrow (x^2 - 4)\cdot(x^2 - 2) = 0$
$\Leftrightarrow (x - 2)\cdot(x + 2)\cdot\left(x - \sqrt{2}\right)\cdot\left(x + \sqrt{2}\right) = 0$
$\Leftrightarrow x - 2 = 0$ ou $x + 2 = 0$ ou $x - \sqrt{2} = 0$ ou $x + \sqrt{2} = 0$
$\Leftrightarrow x = 2$ ou $x = -2$ ou $x = \sqrt{2}$ ou $x = -\sqrt{2}$
$S = \left\{-2\ ;-\sqrt{2}\ ;\sqrt{2}\ ;\ 2\right\}$

4 $(4x + 8)\cdot(2x - 7) = (-x + 7)\cdot(7 - 2x)$

$$\begin{aligned}
&\Leftrightarrow (4x + 8)\cdot(2x - 7) - (-x + 7)\cdot(7 - 2x) = 0\\
&\Leftrightarrow (4x + 8)\cdot(2x - 7) + (-x + 7)\cdot(2x - 7) = 0\\
&\Leftrightarrow (2x - 7)\cdot(4x + 8 - x + 7) = 0\\
&\Leftrightarrow (2x - 7)\cdot(3x + 15) = 0\\
&\Leftrightarrow 3\cdot(x + 5)\cdot(2x - 7) = 0\\
&\Leftrightarrow x + 5 = 0 \text{ ou } 2x - 7 = 0\\
&\Leftrightarrow x = -5 \text{ ou } 2x = 7\\
&\Leftrightarrow x = -5 \text{ ou } x = \frac{7}{2}
\end{aligned}$$

$$S = \left\{-5\ ;\ \frac{7}{2}\right\}$$

RÉFÉRENTIEL 7

Factorisation et équations-produits

1 Mise en évidence, produits remarquables et groupements

Factoriser une **somme algébrique** c'est la transformer en un **produit de facteurs**.

REMARQUE :
Dès qu'il faut factoriser une expression, on sous-entendra qu'il faut factoriser cette expression au maximum.

1 Mise en évidence

La **mise en évidence** utilise le procédé réciproque de la **distributivité simple**.

Distributivité simple →

$$a\cdot(b+c)=ab+ac$$

← Mise en évidence

EXEMPLE :

Distributivité simple

$3ab\cdot(3b-8)$
$= 3ab\cdot 3b - 3ab\cdot 8$
$= 9ab^2 - 24ab$

Mise en évidence

$9ab^2 - 24ab$
$= 3ab\cdot 3b - 3ab\cdot 8$
$= 3ab\cdot(3b-8)$

2 Produits remarquables

$$a^2+2ab+b^2=(a+b)^2$$
$$a^2-2ab+b^2=(a-b)^2$$
$$a^2-b^2=(a-b)\cdot(a+b)$$

EXEMPLES :

1 $9x^2+6xy+y^2=(3x)^2+2\cdot 3x\cdot y+y^2$
$=(3x+y)^2$

2 $a^2+25-10a=a^2-10a+25$
$=a^2-2\cdot a\cdot 5+5^2$
$=(a-5)^2$

3 $36-49a^2=6^2-(7a)^2$
$=(6-7a)\cdot(6+7a)$

3 Groupements

Si la somme algébrique à factoriser comporte 4 termes ou plus, il peut être utile de regrouper les termes avant d'appliquer les techniques de factorisation connues.

a Groupement 2-2

La méthode du **groupement 2-2** utilise le procédé réciproque de la **double distributivité**.

Double distributivité →

$$(a + b)\cdot(c + d) = a\cdot(c + d) + b\cdot(c + d)$$
$$= ac + ad + bc + bd$$

← Groupement 2-2

En général, la méthode du **groupement 2-2** consiste à regrouper les quatre termes en **deux groupes à deux termes** afin d'appliquer **deux fois une mise en évidence**.

EXEMPLE :

Distributivité double

$(3a + 2)\cdot(2a - 3b)$

$= 3a\cdot(2a - 3b) + 2\cdot(2a - 3b)$

$= 3a\cdot 2a - 3a\cdot 3b + 2\cdot 2a - 2\cdot 3b$

$= 6a^2 - 9ab + 4a - 6b$

Groupement 2-2

$6a^2 - 9ab + 4a - 6b$

$= (6a^2 - 9ab) + (4a - 6b)$

$= 3a\cdot(2a - 3b) + 2\cdot(2a - 3b)$

$= (2a - 3b)\cdot(3a + 2)$

b Groupement 1-3 ou 3-1

En général, la méthode du **groupement 1-3 ou 3-1** consiste à identifier, parmi les quatre termes, **trois termes** qui forment un **trinôme carré parfait**. Le quatrième terme restant est utilisé dans l'étape suivante pour faire apparaitre une **différence de deux carrés**.

EXEMPLES :

1. $9a^2 + 6a + 1 - b^2 = \underbrace{(9a^2 + 6a + 1)}_{\text{trinôme carré parfait}} - b^2$

$= \underbrace{(3a + 1)^2 - b^2}_{\text{différence de deux carrés}}$

$= [(3a + 1) - b]\cdot[(3a + 1) + b]$

$= (3a + 1 - b)\cdot(3a + 1 + b)$

2. $24xy - 16x^2 - 9y^2 + 36 = 36 - \underbrace{(16x^2 - 24xy + 9y^2)}_{\text{trinôme carré parfait}}$

$= \underbrace{6^2 - (4x - 3y)^2}_{\text{différence de deux carrés}}$

$= [6 - (4x - 3y)]\cdot[(6 + (4x - 3y)]$

$= (6 - 4x + 3y)\cdot(6 + 4x - 3y)$

2 Synthèse

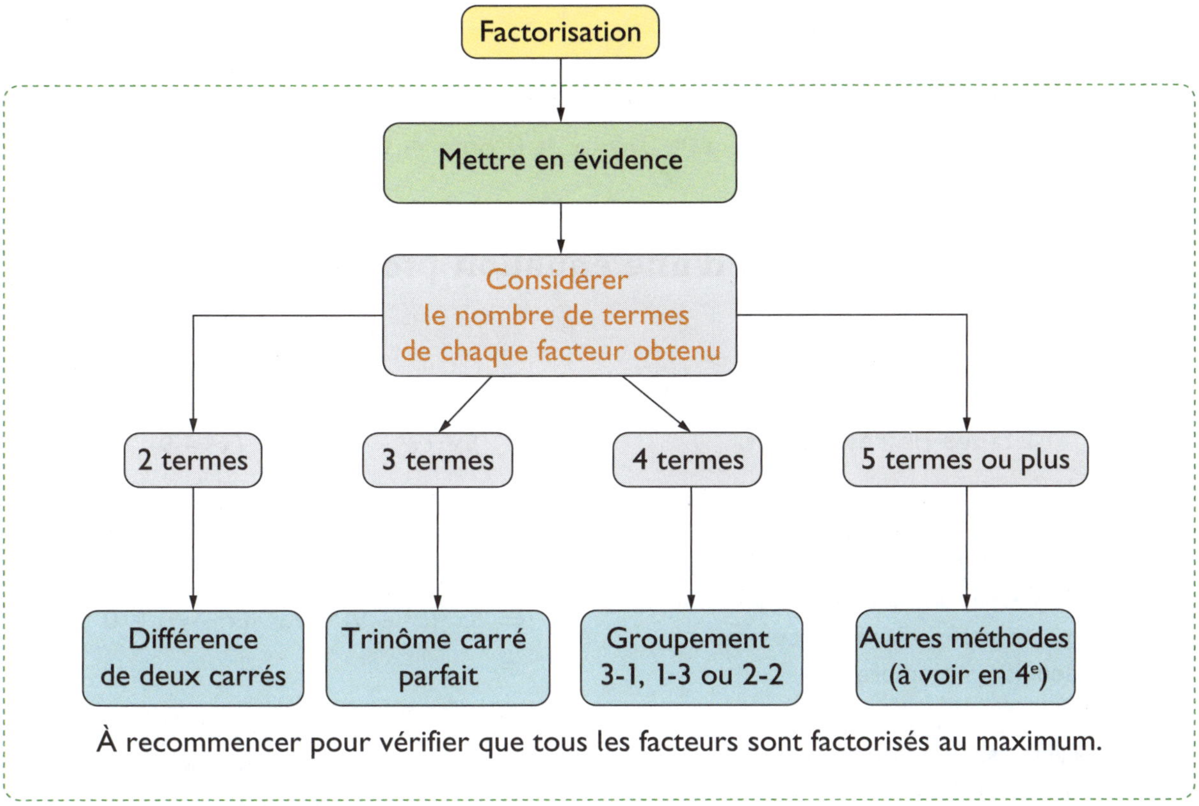

Factorisation
Mettre en évidence
Considérer
le nombre de termes
de chaque facteur obtenu
2 termes
3 termes
4 termes
5 termes ou plus
Différence
de deux carrés
Trinôme carré
parfait
Groupement
3-1, 1-3 ou 2-2
Autres méthodes
(à voir en 4e)
À recommencer pour vérifier que tous les facteurs sont factorisés au maximum.

3 Équations et règle du produit nul

1 Règle du produit nul

Un **produit** de facteurs est **nul** si, et seulement si, **au moins un de ses facteurs est nul**.
$\forall\, x, y \in \mathbb{R}, \qquad x \cdot y = 0 \Leftrightarrow x = 0$ ou $y = 0$

2 Méthode de résolution d'une équation produit nul

	Étapes de résolution	Exemple
		$5x \cdot (x^2 - 9) = 7x^2 \cdot (x^2 - 9)$
1	Rassembler tous les termes de l'équation dans un membre afin d'avoir 0 comme deuxième membre.	$\Leftrightarrow 5x \cdot (x^2 - 9) - 7x^2 \cdot (x^2 - 9) = 0$
2	Factoriser l'expression présente dans le premier membre.	$\Leftrightarrow (x^2 - 9) \cdot (5x - 7x^2) = 0$ $\Leftrightarrow x \cdot (x^2 - 9) \cdot (5 - 7x) = 0$
3	Appliquer la règle du produit nul sur l'expression factorisée.	$\Leftrightarrow x \cdot (x - 3) \cdot (x + 3) \cdot (5 - 7x) = 0$ $\Leftrightarrow x = 0$ ou $(x - 3) = 0$ ou $(x + 3) = 0$ ou $(5 - 7x) = 0$
4	Résoudre chaque équation obtenue.	$\Leftrightarrow x = 0$ ou $x = 3$ ou $x = -3$ ou $x = \frac{5}{7}$
5	Écrire l'ensemble solution de l'équation.	$S = \left\{-3\,;0\,;\frac{5}{7}\,;3\right\}$

7

CHAPITRE

8 Traitement de données

PRÉREQUIS

Pour commencer ce chapitre, tu as besoin de :

- savoir lire et interpréter des graphiques ;
- savoir distinguer une grandeur et son unité ;
- savoir manipuler un rapporteur.

OBJECTIFS

Au terme de ce chapitre, tu seras capable de/d' :

- comprendre les outils de base de la statistique descriptive ;
- utiliser le vocabulaire lié au traitement de données ;
- déterminer un effectif, une moyenne, une fréquence, un mode ;
- construire des graphiques à partir d'un jeu de données.

1 Statistiques descriptives

ACTIVITÉS

1 Réponds aux questions suivantes à l'aide des textes et tableaux ci-dessous.

Une enquête a été réalisée auprès de plusieurs écoles de fin de primaire et du secondaire. L'**effectif total** comptabilisait 3023 élèves en fin de primaire et 10 891 élèves en secondaire. Il s'agit d'un **échantillon** de la **population** totale.

Le questionnaire portait, entre autres, sur la fréquence de l'activité physique. À cette question, 5 **modalités** de réponse étaient proposées : jamais / 1 jour par semaine / 2 à 4 jours par semaine / 5 à 6 jours par semaine / tous les jours. Les réponses des élèves, quel que soit leur niveau, avaient comme **mode** 2-4 jours par semaine. Néanmoins, il est intéressant d'observer que pour la **modalité** « tous les jours », il y a une nette diminution du pourcentage d'élèves de fin du primaire par rapport à ceux du secondaire.

F1 Distribution des élèves de 5e-6e primaire et du secondaire selon la fréquence de l'activité physique

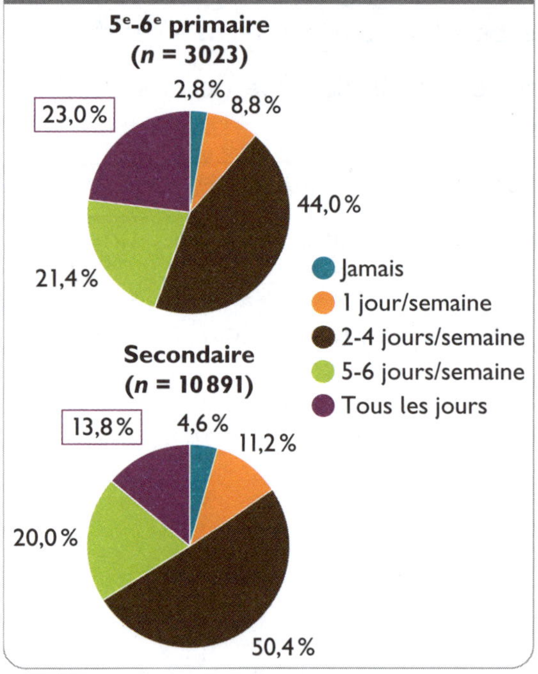

F15 Proportions des jeunes regardant la télévision au moins deux heures par jour en fonction du genre et du niveau scolaire (Garçons, n = 6 818 ; Filles, n = 7 103)

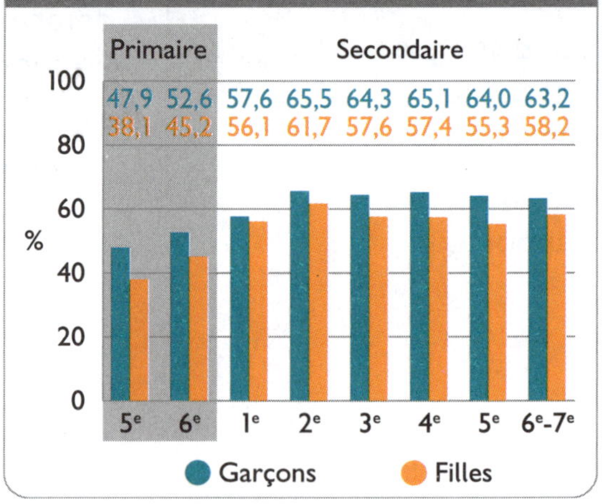

Source : Moreau N., Lebacq T., Dujeu M., de Smet P., Godin I., Castetbon K., *Comportements, bien-être et santé des élèves. Enquête HBSC 2014 en 5e-6e primaire et dans le secondaire en Fédération Wallonie-Bruxelles*. Service d'Information, Promotion, Éducation Santé (SIPES), École de Santé Publique, Université libre de Bruxelles. 2017

Le tableau F15 indique qu'au minimum 57,6 % et au maximum 65,5 % des garçons du secondaire regardent au moins 2 heures de télévision par jour contre respectivement 55,3 % et 61,7 % pour les filles. **L'étendue** associée à cette question est donc de 7,9% pour les garçons contre 6,4% pour les filles. Cela signifie qu'en fonction des années, la proportion des garçons regardant la télévision deux heures par jour varie davantage que celle des filles.

a Par quoi peut-on remplacer les mots « effectif total » dans le premier paragraphe ?

....

b Que signifie « modalités » ?

....

c Que signifie « le mode » ?

....

d Que signifie « étendue » ?

....

e Quelle est la différence entre la population et l'échantillon ?

....

....

2 Déborah et Dylan ont effectué 20 lancers de dés. Voici les résultats obtenus.

Modalités	1	2	3	4	5	6
Effectif	2	4	5	4	1	4
Fréquence	$\frac{1}{10}$	$\frac{1}{5}$	$\frac{1}{4}$	$\frac{1}{5}$	$\frac{1}{20}$	$\frac{1}{5}$

a Quelle est la moyenne des scores des lancers ?

....

b Quel est le mode de ce tirage ? ....

c Que signifie « effectif » dans le tableau ?

....

d Quel calcul se cache derrière le terme « fréquence » utilisé dans le tableau ?

....

e Que représente la valeur $\frac{1}{4}$ dans la ligne des fréquences ?

....

3 On place 5 billes blanches, 7 billes noires et 3 billes bleues dans un sac opaque. Pierre et Pascale y piochent à tour de rôle une bille et puis la redéposent dans le sac.

a Quel est le pourcentage de billes bleues ? ....

R140 1

b Quelle est la chance d'obtenir une boule qui ne soit pas bleue ? ....

EXERCICES

1 Voici les résultats obtenus par Victoria à des contrôles de mathématiques notés sur 20.

12	14	17	12	10	18	12	15	16	9

a Quelle est la moyenne de ses évaluations ?

....

b Quel est le mode ? ....

c Combien de modalités différentes Victoria a-t-elle obtenues ? ....

d Si le professeur n'attribue que des notes avec des nombres naturels, combien y a-t-il de modalités différentes possibles ? ....

e Quelle est l'étendue des résultats obtenus par Victoria ? ....

f Une dernière évaluation sur 20 va avoir lieu. Quelle note Victoria devra-t-elle avoir si elle souhaite obtenir une moyenne générale de 14/20 ?

....

....

....

....

....

8

2 En français, le total des évaluations porte sur 125 points. Le professeur répartit les évaluations sur cinq tests différents.

10/15	10/30	1/10	29/30	17/20	19/20

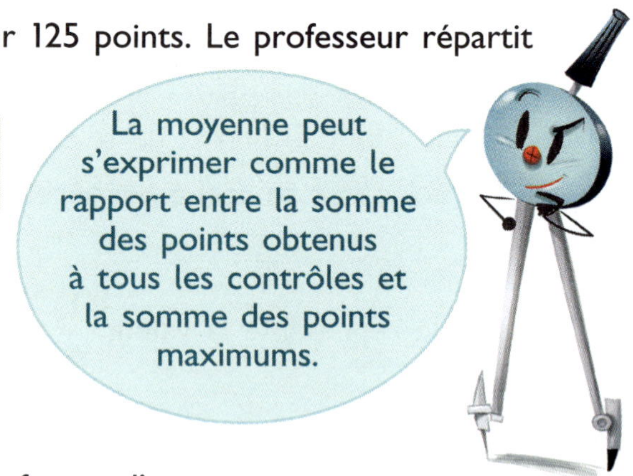

a Calcule sa moyenne et exprime-la sous la forme d'un pourcentage.

....

....

....

b Le professeur propose d'annuler une des évaluations insuffisantes de Sonay. Laquelle des deux devra-t-elle choisir pour augmenter le plus possible sa moyenne ?

p.158 1

....

....

....

....

....

....

3 Dans une caisse opaque, il y a 20 boules identiques : six boules portent le numéro 1, huit le numéro 2, quatre le numéro 3 et deux le numéro 4.

a Complète le tableau suivant :

Numéro sur la boule	1	2	3	4
Effectif	....	....	....	....
Fréquence (en %)	....	....	....	....

b Complète les phrases suivantes :

1. 30 % des boules dans la caisse portent le numéro ....
2. .... % des boules dans la caisse portent le numéro 3.
3. .... % des boules dans la caisse portent un numéro strictement inférieur à 3.

c Les élèves d'une classe de 5e simulent un tirage du lotto en sortant une boule au hasard de la caisse. Après chaque tirage, la boule tirée retourne dans la caisse.

1. Quel numéro apparait avec une chance de 1 sur 10 ?

....

2. Quel numéro apparait avec une chance de 40 % ?

....

3. Quelle est la chance d'obtenir un numéro différent de 4 ?

....

4. Quel événement se réalise avec 1 chance sur 2 ?

....

2 Graphiques

ACTIVITÉS

1 Observe les graphiques ci-dessous puis réponds aux questions.

F52 Distribution des élèves de 5e-6e primaire et de secondaire selon la fréquence à laquelle ils grignotent devant des écrans

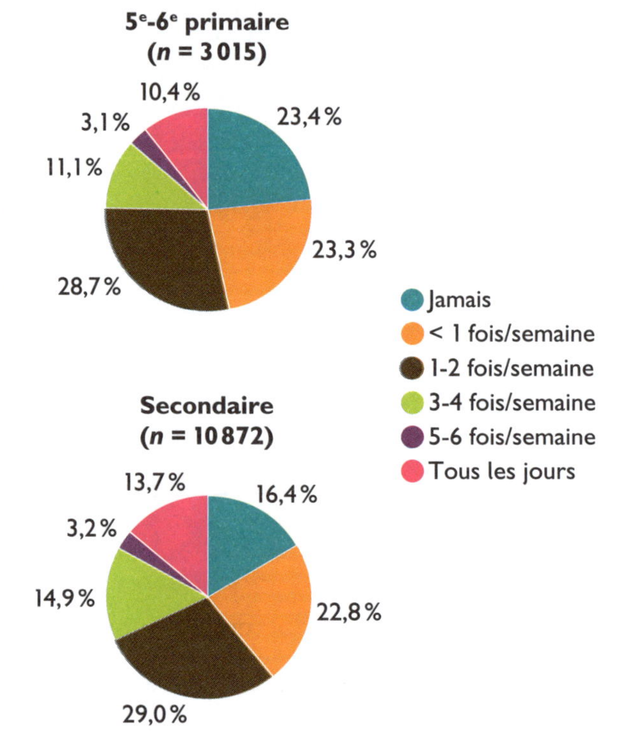

Source : Moreau N., Lebacq T., Dujeu M., de Smet P., Godin I., Castetbon K., *Comportements, bien-être et santé des élèves. Enquête HBSC 2014 en 5e-6e primaire et dans le secondaire en Fédération Wallonie-Bruxelles.* Service d'Information, Promotion, Éducation Santé (SIPES), École de Santé Publique, Université libre de Bruxelles. 2017

a Combien d'élèves du secondaire grignotent une à deux fois par semaine devant les écrans ? Arrondis à l'unité.

....

....

b Quel pourcentage d'élèves de 5e – 6e primaire ne mange jamais devant les écrans ?

....

c Combien d'élèves (tous niveaux confondus) grignotent tous les jours devant les écrans ? Arrondis à l'unité.

....

2 Réalise l'enquête suivante dans ta classe.

a Effectue un relevé du nombre d'enfants par famille.

Nombre d'enfants par famille	1	2	3	....	....	....	....	....	....	....
Nombre de familles	....	....	....	....	....	....	....	....	....	....

b Réalise un graphique en bâtonnets représentant la situation.

c Calcule la moyenne du nombre d'enfants par famille.

....

....

....

d Détermine le nombre de familles ayant…

1 plus de 3 enfants.

....

....

....

2 au plus 3 enfants.

....

....

....

8

3 Voici la recette pour réaliser un cocktail « Fruit des iles ».

	Ingrédients pour 1 personne	%	Degrés
	2 cl de jus de lychee	....	....
	4 cl de jus de kiwi	....	....
	7 cl de jus de fruit de la passion	....	....
	5 cl de jus de goyave	....	....
TOTAL	.... cl de cocktail	....	....

a Complète le tableau en calculant les pourcentages des différents types de jus et l'amplitude du secteur angulaire correspondant.

b Réalise le graphique circulaire représentant la répartition des différents ingrédients du cocktail après lui avoir attribué un titre. Complète ensuite la légende.

....

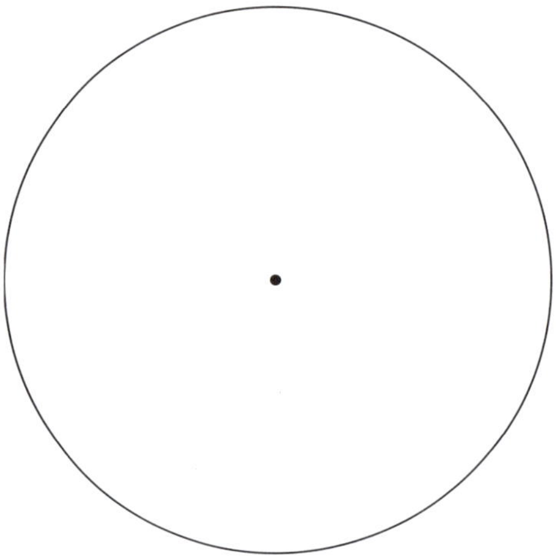

....
....
....
....

4 Pierre et Marie ont décidé de se rendre à l'école en utilisant des moyens de transport différents. Pierre part à pied et quitte la maison une demi-heure plus tôt que Marie. Elle le rattrape à vélo aux trois-quarts du chemin, mais décide de faire une pause juste avant d'arriver à l'école. On suppose que tous deux avancent à vitesse constante.

a Explique pourquoi le graphique ci-dessous n'est pas représentatif de la situation décrite.

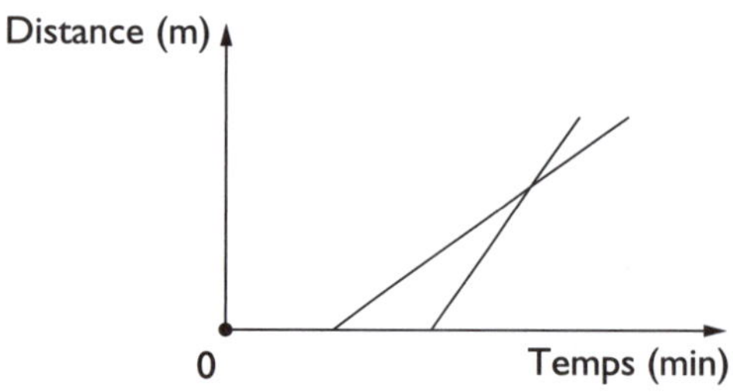

....
....
....
....
....

b Parmi les quatre graphiques, indique celui qui correspond à la situation et entoure les éléments qui font défaut dans les autres. Justifie tes réponses.

1 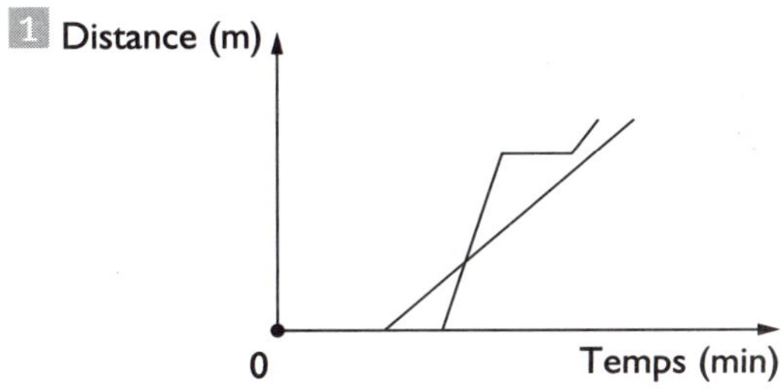	2 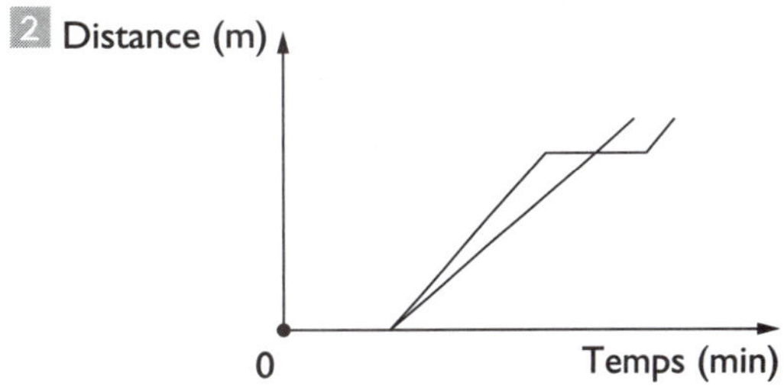
....	....
3 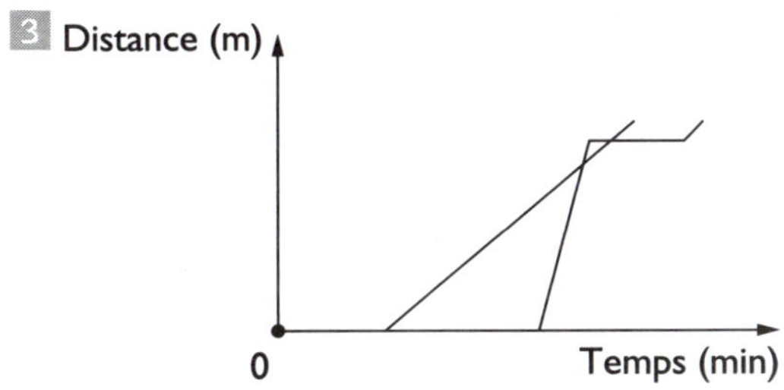	4 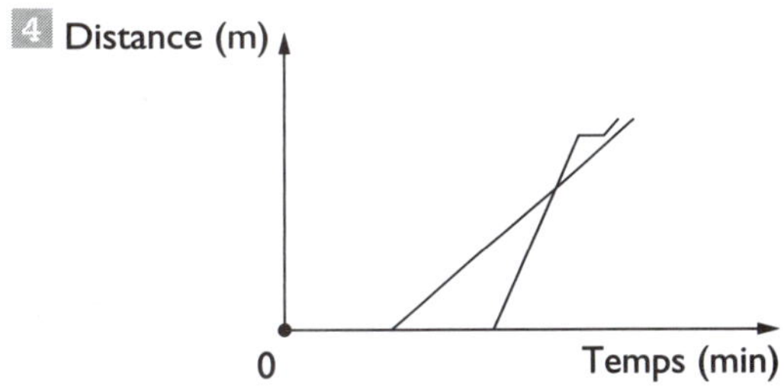
....	....

R91-92
1-2-3

8

EXERCICES

1 À l'approche des congés, Max a demandé à ses 23 camarades de classe où ils iront en vacances. Il sait que 10 resteront en Belgique, 5 iront en France, 2 en Allemagne, 3 en Espagne. Comme Max, les autres quitteront l'Union Européenne.
Réalise un graphique circulaire de cette situation et attribue-lui un titre. Complète ensuite la légende.

....

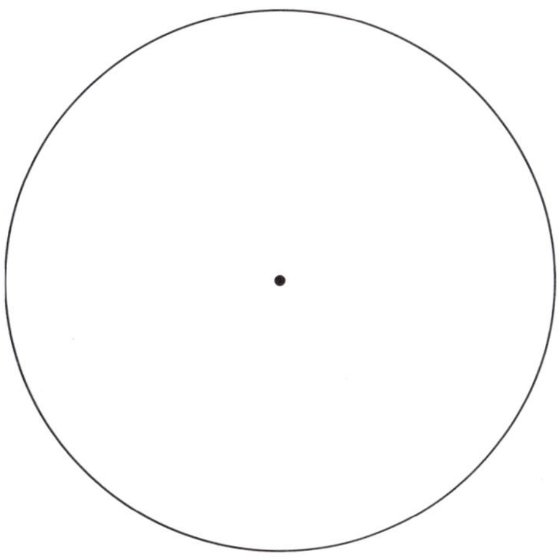

....
....
....
....
....

2 Voici un tableau reprenant l'évolution du nombre d'élèves inscrits en cinquième secondaire au Lycée David Goffin. Réalise un graphique évolutif de la situation.

Année	2011	2012	2013	2014	2015	2016	2017
Nombre d'élèves	35	38	33	42	46	42	48

3 À partir du graphique ci-dessous, tiré d'une étude relative à plusieurs écoles, indique si les propositions sont vraies ou fausses.

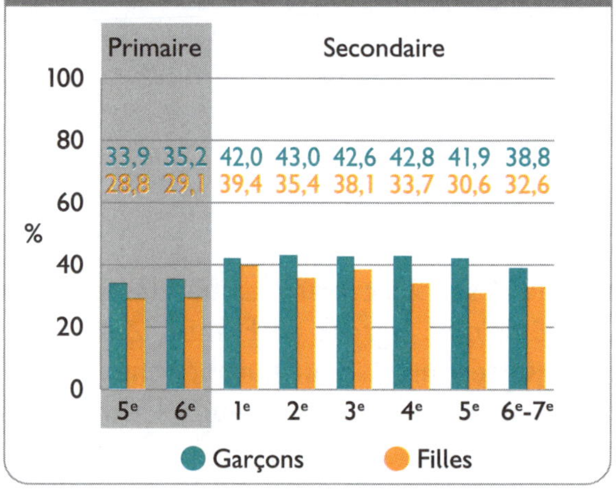

F32 Proportions de jeunes consommant des boissons sucrées au moins une fois par jour, en fonction du genre et du niveau scolaire (Garçons, n = 6 818 ; Filles, n = 7 103)

Source : Moreau N., Lebacq T., Dujeu M., de Smet P., Godin I., Castetbon K., *Comportements, bien-être et santé des élèves. Enquête HBSC 2014 en 5e-6e primaire et dans le secondaire en Fédération Wallonie-Bruxelles.* Service d'Information, Promotion, Éducation Santé (SIPES), École de Santé Publique, Université libre de Bruxelles. 2017

	Proposition	Vrai / Faux
1	Parmi ceux qui consomment au moins une fois une boisson sucrée par jour, ce sont les garçons de 4e qui représentent la plus grande proportion.	....
2	Les élèves de première secondaire sont ceux qui représentent la plus grande proportion des jeunes buvant au moins une boisson sucrée par jour.	....
3	Quelle que soit l'année, une fille aura moins tendance à boire au moins une boisson sucrée par jour qu'un garçon de la même année.	....
4	Si dans une école, parmi tous les garçons d'une même année, il y en a 84 sur les 200 qui affirment boire tous les jours une boisson sucrée, on peut en déduire que ces élèves sont en 1re secondaire.	....
5	Proportionnellement, les élèves de 5e – 6e primaire sont ceux qui consomment le moins de boissons sucrées.	....

Exercices supplémentaires

1 Statistiques descriptives

1 Réponds par vrai ou faux.

1. La moyenne est une valeur que doit prendre une modalité.
2. Le mode est obligatoirement représenté par une modalité.
3. L'étendue peut être supérieure au mode.

2 Voici une série de nombres :

15	17	13	20	16	15	18	15	19	17

1. Quelle est la moyenne de cet échantillon ?
2. Quel est le mode de cet échantillon ?
3. Quelle est l'étendue de cet échantillon ?
4. Combien y a-t-il de modalités différentes ?

3 Pour chaque énoncé ci-dessous, invente une liste de 5 nombres répondant aux critères décrits.

1. La moyenne est 5 et le mode 5.
2. La moyenne est 4 et le mode 6.
3. La moyenne est 7 et l'étendue est 4.

2 Graphiques

1 Réalise un graphique circulaire à partir du tableau ci-dessous montrant les activités d'un élève sur une semaine.

Activité	Nombre d'heures
Dormir	56
Manger	14
Apprendre	38
Se divertir	20
Se laver	5
Autre	35

2 Lors de son départ en vacances, Serge part de chez lui à 7 h. Juste avant de monter sur l'autoroute, qui se trouve à 40 km de chez lui, l'horloge indique 7 h 30. Après une heure d'autoroute, sur laquelle il a fait du 110 km/h en moyenne, il décide de s'arrêter pour faire une première pause de 30 minutes. Frais et reposé, il reprend la route et son compteur indique désormais une moyenne de 120 km/h. À 11 h, il décide de s'arrêter de nouveau pour se restaurer. À midi, il reprend la route pour parcourir les 60 derniers kilomètres et arrive à 13 h à destination.

Réalise un graphique représentant la distance parcourue par Serge lors de son trajet en fonction du temps.

3 Yvan et sa sœur rangent leur bibliothèque. Pour trouver leurs bandes dessinées plus facilement, ils décident de les classer par catégorie et commencent donc par en faire un recensement : ils possèdent 32 bandes dessinées historiques, 26 humoristiques, 28 à énigmes, 30 éducatives et 42 comics.

Représente la répartition sur un graphique en bâtonnets.

4 Voici les réponses de différentes personnes à la question : « Combien d'animaux avez-vous à la maison ? »

Nombre d'animaux	0	1	2	3	4
Nombre de personnes	2	8	5	3	2

a Construis un diagramme en bâtonnets qui correspond à cette situation.

b Détermine la valeur la plus fréquemment observée dans cette série de données.

c Détermine la fréquence de personnes qui a plus de 2 animaux.

d Justifie que la moitié des personnes ont plus d'un animal domestique.

Teste-toi !

1 Dans le cadre d'une enquête, 10 jeunes ont été interrogés. Voici les résultats de cette enquête sous la forme d'un tableau.

Nombre de livres dans leur cartable	5	6	2	6	5	3	4	5	2	6
Moyen de transport pour aller à l'école	Train	Voiture	Train	Bus	Train	Vélo	Voiture	Train	Marche	Voiture
Nombre de frères et sœurs dans le même établissement	0	2	1	0	0	1	2	2	4	2

a **DÉTERMINE** le nombre de livres qu'ils ont en moyenne dans leur cartable.

b **DÉTERMINE** le mode des moyens de transport utilisés pour aller à l'école.

c **CALCULE** l'étendue du nombre de frères et sœurs présents dans la même école.

d **DÉTERMINE** les modalités pour le nombre de frères et sœurs allant dans le même établissement qu'eux.

e **RÉALISE** un graphique en bâtonnets des moyens de transport utilisés pour aller à l'école.

f **RÉPONDS** aux questions. Peut-on affirmer que dans cet échantillon …

1 les élèves vont plus souvent à l'école en train ?

2 la fréquence d'élèves allant à l'école à pied est de 1 sur 10 ?

3 le nombre de modalités correspondant au nombre de livres dans le cartable est de 6 ?

2 Afin de réaliser leur projet de classe, les élèves de 5^{e}A organisent sur le temps de midi une vente de crêpes. À l'aide du graphique ci-dessous, **RÉPONDS** aux questions.

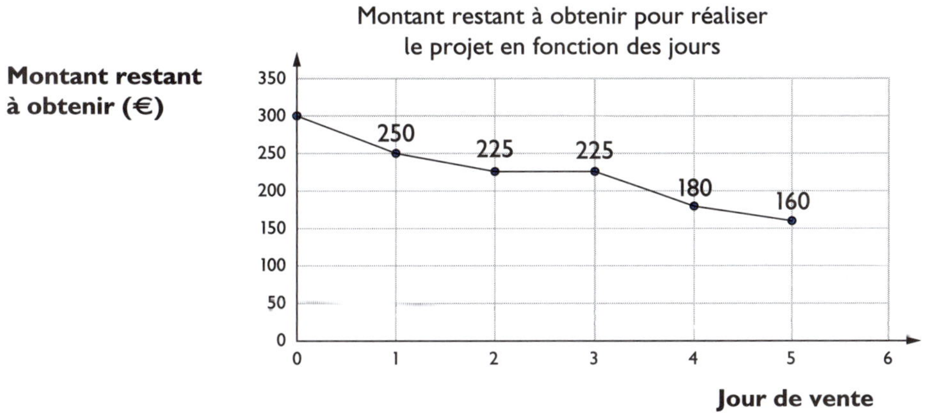

a Quelle somme ont-ils déjà obtenue après 4 jours de vente ?

b Place sur le graphique la recette du 6e jour, si tu sais qu'ils ont doublé la recette du jour précédent.

c Quelle est la moyenne de vente sur les 6 jours ?

d Combien de jours doit-on prévoir pour réaliser le projet s'ils respectent cette moyenne ?

3 À partir du graphique ci-dessous, **RÉPONDS** aux questions.

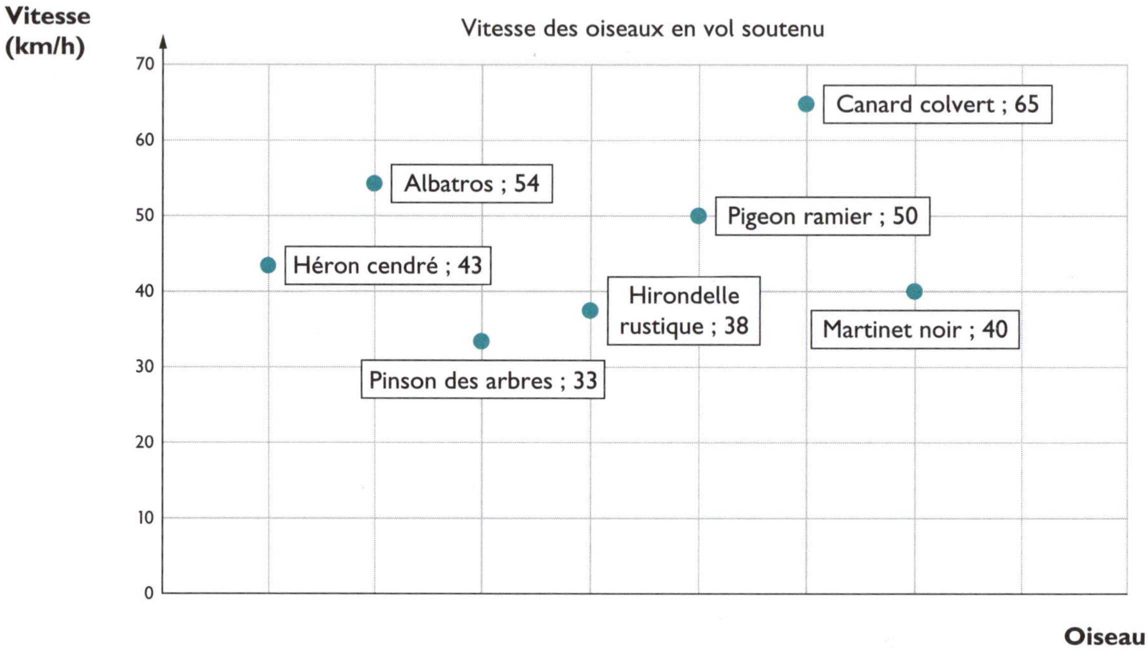

a Quel oiseau a la plus grande vitesse en vol soutenu ?

b Combien de kilomètres par heure devrait gagner un pinson des arbres pour aller aussi vite qu'un héron cendré ?

c Combien de kilomètres par heure devrait gagner un martinet noir pour aller aussi vite qu'un albatros ?

d Quels oiseaux sont moins rapides que le pigeon ramier ?

e **PLACE** le moineau sur le graphique si tu sais que sa vitesse en vol soutenu est la moyenne de celles de tous les oiseaux repris dans ce graphique à l'exception de celle du canard colvert.

Correctif

1 **a** $\frac{5+6+2+6+5+3+4+5+2+6}{10} = 4,4$

b Le train

c $4 - 0 = 4$

d 0 ; 1 ; 2 ; 4

e

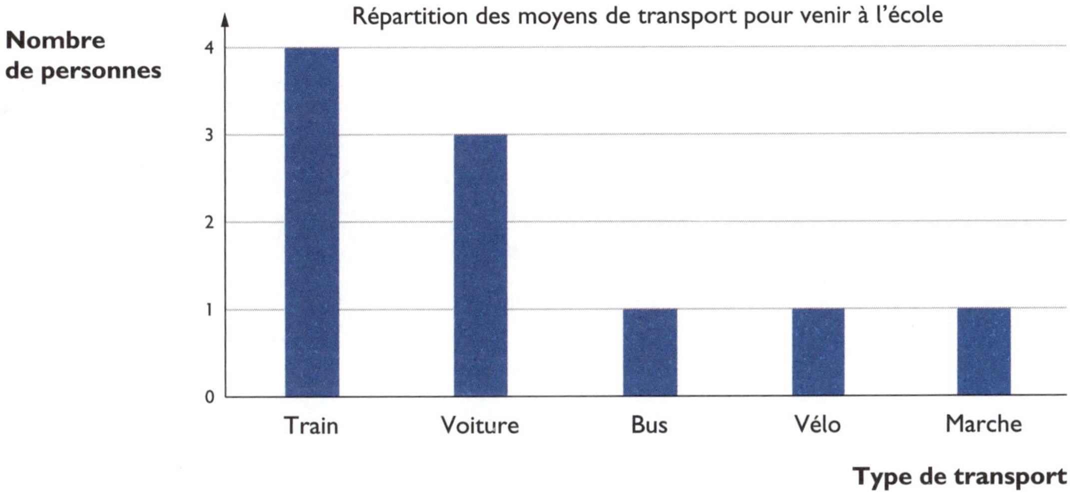

f 1 Non 2 Oui 3 Non

2 **a** 300 – 180 = 120 €

b

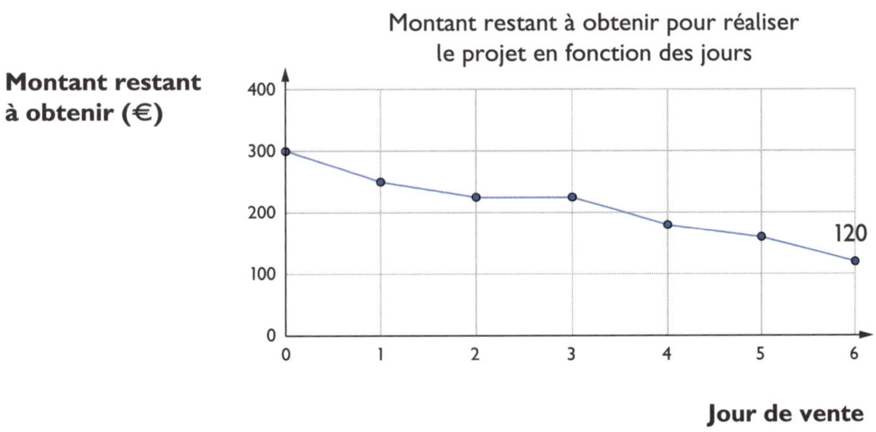

c Ils ont obtenu 180 € en 6 jours, soit $\frac{180}{6}$ = 30 € par jour.

d En moyenne, ils gagnent 30 €/jour. Après le 6e jour il leur reste 120 € à obtenir. Donc ils auront encore besoin de 4 jours. Il faut prévoir 10 jours pour réaliser le projet.

3 a Le canard colvert

b 43 – 33 = 10 km/h

c 54 – 40 = 14 km/h

d Le héron cendré, l'hirondelle rustique, le martinet noir et le pinson des arbres

e

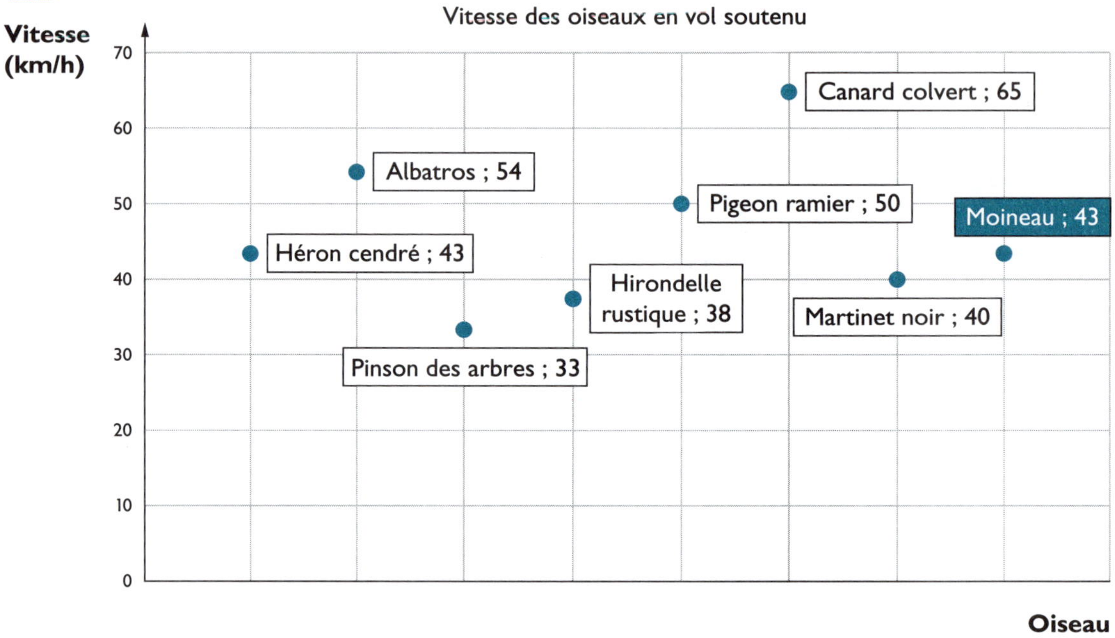

8

1. Calcule les deux nouvelles moyennes.

RÉFÉRENTIEL 8

Traitement de données

1 Statistiques descriptives

• **La population** est un ensemble d'éléments ou d'individus sur laquelle on étudie une ou plusieurs caractéristiques.

EXEMPLE :

En statistiques, la population d'un pays représente l'ensemble de ses habitants qui ont la nationalité du pays.

• **Un échantillon** est composé de plusieurs éléments ou individus faisant partie d'une population.

EXEMPLE :

En statistiques, les habitants d'une ville représentent un échantillon de la population du pays dans lequel ils se trouvent. Il en va de même lorsque l'on prend des individus au hasard au sein de ce même pays.

• **Les modalités** sont les différentes valeurs prises par une caractéristique.

EXEMPLE :

Dans un questionnaire, à la question « Quel est votre groupe sanguin? », quatre modalités sont possibles : O, A, B et AB.

• **L'effectif total** est le nombre de valeurs présentes dans une série.

EXEMPLE :

Dans une classe de 25 personnes, si on demande l'âge de chacun, on obtiendra 25 réponses. L'effectif total sera donc de 25.

• **L'effectif** d'une modalité est le nombre de fois qu'elle est présente dans une série.

EXEMPLE :

Dans une classe de 25 personnes, 12 personnes ont répondu qu'ils étaient plus petits que 1,4 m et 13 plus grands. L'effectif associé à la modalité «plus petits que 1,4 m» est de 12 et celui associé à la modalité «plus grands que 1,4 m» est de 13.

• **Le mode** est la modalité avec le plus grand effectif.

EXEMPLE :

Pour la question « Combien d'enfants avez-vous? », en Belgique, le mode est 1. En effet, en 2023, 47% des ménages avaient un enfant tandis que 40% des ménages en avaient 2.

- **La fréquence** est le rapport entre l'effectif d'une valeur et l'effectif total.

$$\text{Fréquence} = \frac{\text{Effectif d'une valeur}}{\text{Effectif total}}$$

EXEMPLE :

Dans une classe de 25 élèves, si 5 ont les cheveux bruns, la fréquence d'avoir les cheveux bruns dans cette classe est de $\frac{5}{25} = \frac{1}{5} = \frac{20}{100} = 20\ \%$.

20 % des élèves de cette classe ont donc les cheveux bruns.

Si les modalités sont des **valeurs numériques**, alors on peut calculer :

- **L'étendue** est la différence entre la modalité la plus haute et la plus basse.

EXEMPLE :

L'étendue de la taille adulte humaine est de 196,4 cm, car l'homme le plus grand au monde mesure 2,51 m contre 54,6 cm pour le plus petit.

- **La moyenne arithmétique** est le rapport entre la somme de toutes les valeurs et l'effectif total.

$$\text{Moyenne} = \frac{\text{Somme des valeurs}}{\text{Effectif total}}$$

8

EXEMPLE :

La moyenne arithmétique des valeurs suivantes (9 ; 7 ; 12 ; 4 ; 7 ; 7 ; 6 ; 10 ; 9) est

$$\frac{9+7+12+4+7+7+6+10+9}{9} = \frac{71}{9} \cong 7{,}89$$

2 Graphiques

Retrouve la théorie relative aux graphiques aux pages R91-R92.

CHAPITRE

9 Angles et cercle

PRÉREQUIS

Pour commencer ce chapitre, tu dois être capable de :

- construire des figures simples ;
- comprendre et utiliser, en contexte, le vocabulaire propre à la géométrie ;
- tracer un angle d'une mesure donnée ;
- mesurer l'amplitude d'un angle ;
- calculer l'amplitude d'un angle dans diverses situations (polygone, angles opposés par le sommet, angles complémentaires, angles supplémentaires, etc.).

OBJECTIFS

Au terme de ce chapitre, tu seras capable de :

- reconnaitre des angles tangentiels, des angles inscrits et des angles au centre ;
- calculer et justifier des amplitudes d'angles à partir des relations entre angles inscrits et angles au centre dans un cercle ;
- calculer et justifier des amplitudes d'angles à partir des relations entre angles inscrits et angles tangentiels dans un cercle ;
- calculer et justifier des amplitudes d'angles à partir des relations entre des angles à côtés perpendiculaires ou des angles à côtés parallèles ;
- démontrer une propriété en utilisant des relations entre angles inscrits et angles au centre dans un cercle.

1 Angles à côtés parallèles et à côtés perpendiculaires

ACTIVITÉS

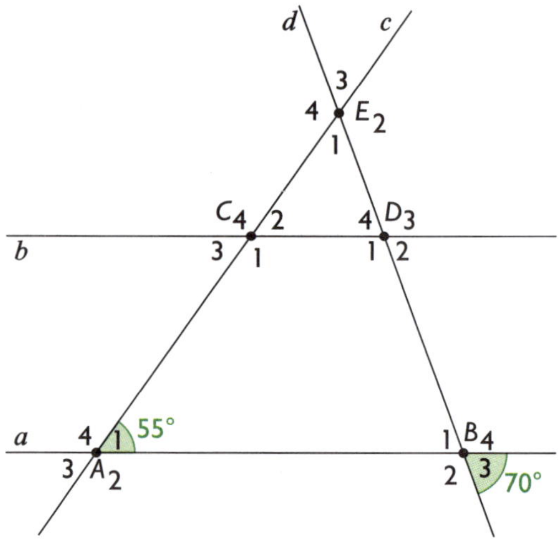

1 Anne est partie vivre six mois au Rwanda pour accompagner sa maman, chercheuse scientifique sur les gorilles. De retour, elle doit rattraper son retard et s'entrainer pour son évaluation. Voici ce que son professeur lui a donné comme devoir. Peux-tu l'aider ?

a Si tu sais que $\widehat{A_1} = 55°$ et $\widehat{B_3} = 70°$, détermine l'amplitude des angles $\widehat{C_2}$, $\widehat{C_3}$, $\widehat{D_4}$, $\widehat{E_1}$, $\widehat{E_3}$ et $\widehat{D_1}$. Justifie ton raisonnement.

1. $\widehat{C_2} = \widehat{A_1} = 55°$ car $\widehat{C_2}$ et $\widehat{A_1}$ sont des angles .... formés par les parallèles a et b et la sécante c. Ils sont donc ....
2. $\widehat{C_3}$ = ... = ... car $\widehat{C_3}$ et .... sont des angles alternes-internes formés par les parallèles a et b et la sécante c. Ils sont donc de même amplitude.
3. $\widehat{D_4} = \widehat{B_3} = 70°$, car $\widehat{D_4}$ et $\widehat{B_3}$ sont des angles .... formés par les parallèles a et b et la sécante c. Ils sont donc de même amplitude.
4. $\widehat{E_1}$ = 180° – .... – .... = 180° – .... – .... = ..., car dans le triangle ...., la somme des amplitudes des angles intérieurs vaut ....
5. $\widehat{E_3}$ = ... = ..., car $\widehat{E_3}$ et .... sont des angles .... Ils sont donc de même amplitude.
6. $\widehat{D_1}$ = 180° – .... = 180° – .... = 110°, car $\widehat{D_1}$ et .... sont des angles ....

b Observe les angles et complète le tableau suivant.

	Angles	Position relative des côtés	Caractérisation des angles
1	$\widehat{A_1}$ et $\widehat{C_2}$	....	....
2	$\widehat{B_3}$ et $\widehat{D_1}$	....	....
3	$\widehat{C_4}$ et $\widehat{A_1}$	....	....
4	$\widehat{D_1}$ et $\widehat{B_4}$	....	....

2 Complète les phrases suivantes.

- Deux angles .... à côtés respectivement .... sont ....
....
- Deux angles .... à côtés respectivement .... sont ....
....
- Un angle .... et un angle .... à côtés respectivement ....
sont ....

R146
1.8

3 Observe l'angle ci-dessous.

a Trace deux droites perpendiculaires chacune à un côté différent de l'angle $\widehat{A}$. Elles se coupent au point B. Ensuite, colorie un angle de sommet B et de même amplitude que $\widehat{A}$.

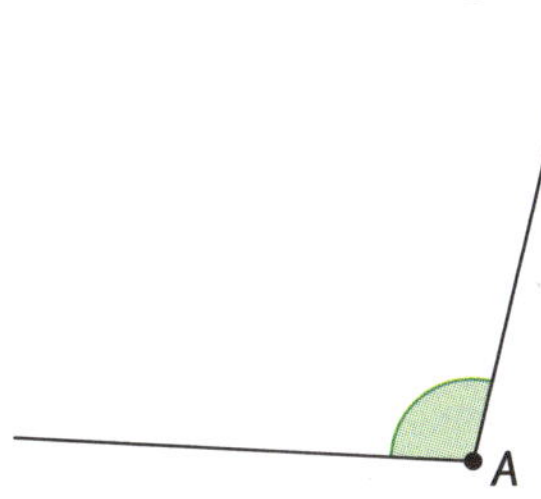

b Sur la même figure, colorie un angle de sommet B dont l'amplitude est différente de celle de l'angle $\widehat{A}$.

c Compare les amplitudes des deux angles du point précédent. Justifie ta réponse.

....

....

4 Complète les phrases suivantes.

- Deux angles .... à côtés respectivement .... sont
....
- Deux angles .... à côtés respectivement .... sont
....
- Un angle .... et un angle .... à côtés respectivement
.... sont ....

R147
1.9

EXERCICES

1 Observe le trapèze ci-dessous.

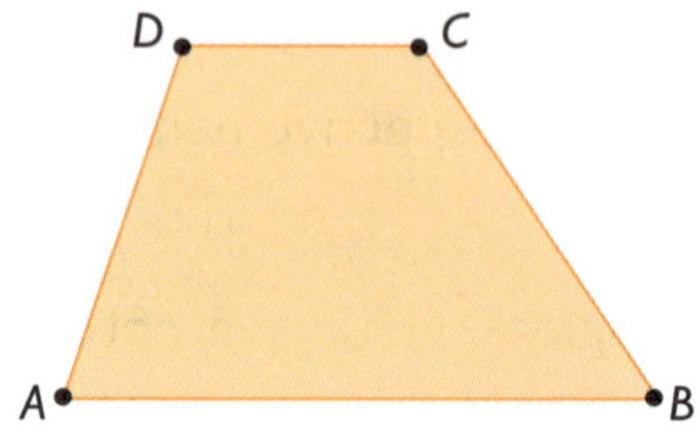

a Si l'amplitude de l'angle $\widehat{BAD}$ est égale à 75°, détermine l'amplitude de l'angle $\widehat{ADC}$.

b Justifie ton raisonnement.

c Complète la phrase suivante.

Les angles adjacents à un des côtés non parallèles d'un trapèze sont … .

2 Observe la figure ci-dessous dans laquelle E et F appartiennent respectivement aux droites (BC) et (AB).

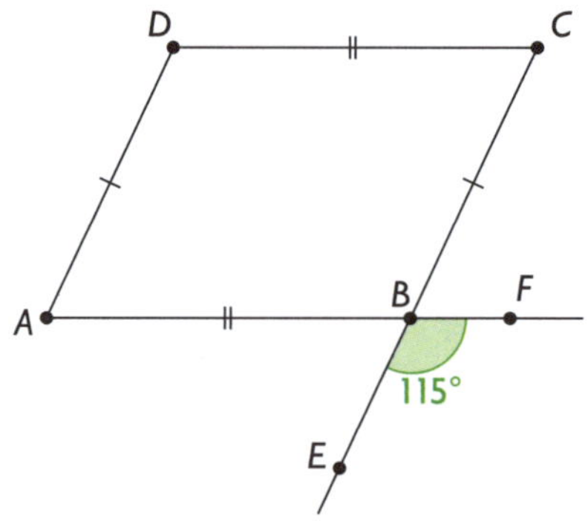

a Détermine la nature du quadrilatère $ABCD$. Justifie ton choix.

b Détermine, en une seule étape, l'amplitude de l'angle…

1 $\widehat{ADC}$ 2 $\widehat{DAB}$

c Justifie ton raisonnement.

2 Vocabulaire

ACTIVITÉS

1 Observe la figure et complète les phrases suivantes avec le terme adéquat.

1 Le point A est le .... du .... $\mathscr{C}$.

2 Le segment $[AB]$ est un .... de $\mathscr{C}$.

3 Le segment $[CD]$ est un .... de $\mathscr{C}$.

4 La droite (BE) est la .... au .... $\mathscr{C}$ au .... B.

5 L'angle $\widehat{BAC}$ intercepte l'.. .

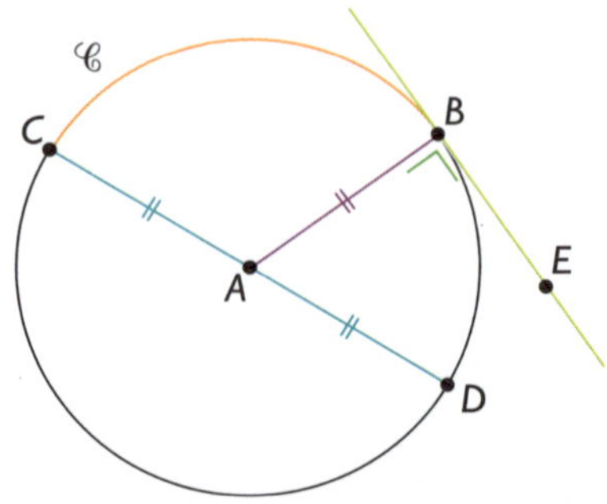

2 Observe la figure et complète les phrases suivantes avec le vocabulaire proposé et le bon arc de cercle.

inscrit | au centre | tangentiel | tangente

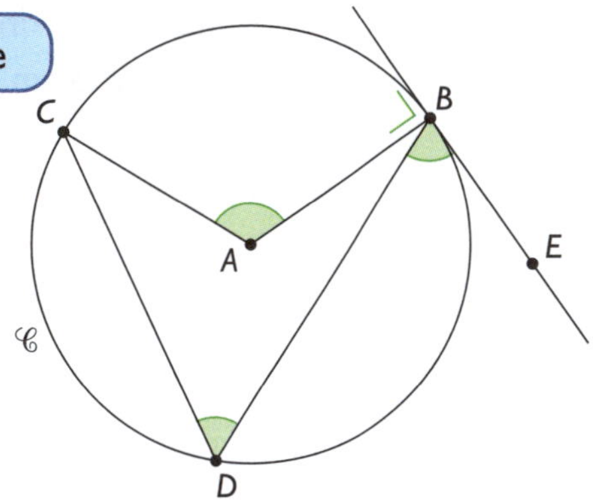

1 L'angle $\widehat{BAC}$ est un angle .... qui intercepte l'arc ....

2 L'angle $\widehat{BDC}$ est un angle .... qui intercepte l'arc ....

3 La droite (BE) est .... au cercle $\mathscr{C}$. L'angle $\widehat{EBD}$ est un angle .... qui intercepte l'arc ....

3 Complète les phrases suivantes.

- Un angle au centre est un angle dont ....
- Un angle inscrit est un angle dont ....
- Un angle tangentiel à un cercle est un angle dont…

....

....

147-148
2.1-4 ....

EXERCICES

9

1 Observe les cercles $\mathscr{C}$ de centre O et les angles ci-dessous.

a Repasse en couleur les arcs interceptés par les angles marqués.

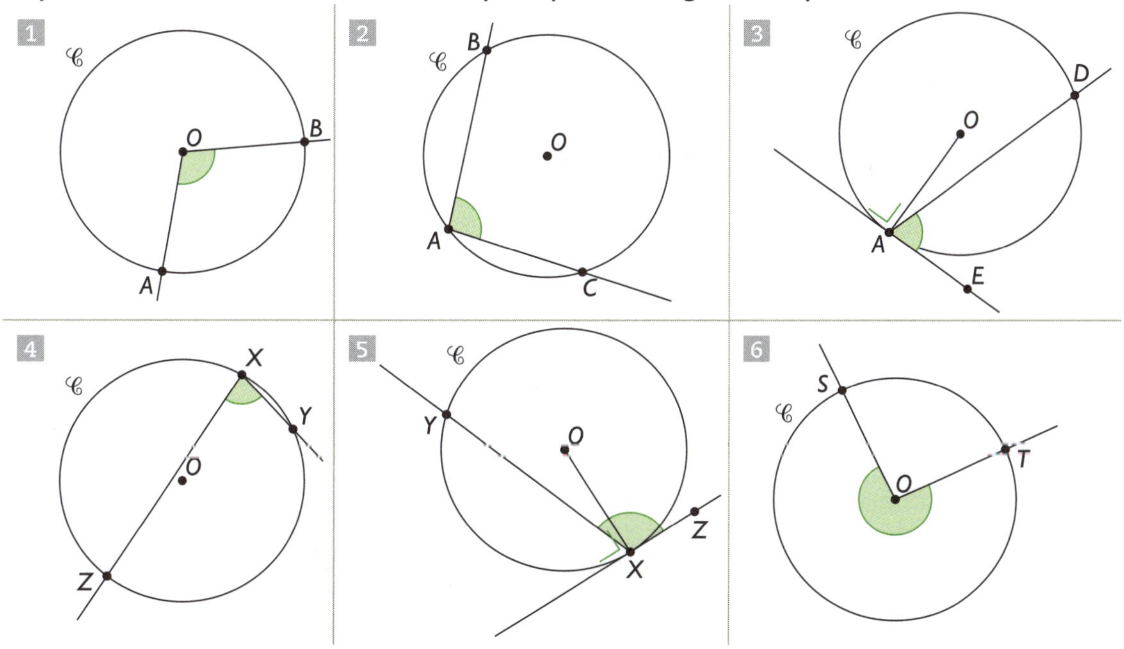

b Cite les angles inscrits, les angles au centre et les angles tangentiels.

$\widehat{ABC}$ représente un angle saillant de sommet B.
$\widecheck{ABC}$ représente un angle rentrant de sommet B.
$\overset{\frown}{AB}$ représente le petit arc d'extrémités A et B.
$\overset{\smile}{AB}$ représente le grand arc d'extrémités A et B.

2 Observe la figure suivante.

a Détermine l'arc qu'intercepte chaque angle ci-dessous.

	Angle	Arc intercepté
1	$\widehat{AEX}$	....
2	$\widehat{ZOC}$	....
3	$\widehat{BXE}$	....
4	$\widehat{XAE}$	....
5	$\widehat{BOA}$	....
6	$\widehat{CBX}$	....
7	$\widehat{AZX}$	....
8	$\widecheck{COB}$	....

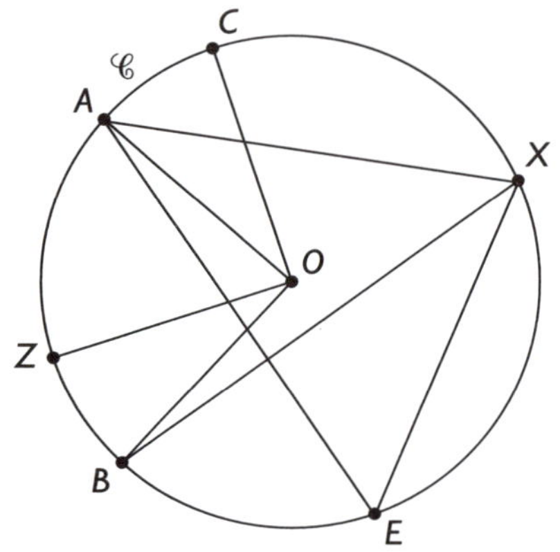

9

b Cite une paire d'angles inscrits interceptant l'arc $\overset{\frown}{AB}$.

c Trace en bleu un angle inscrit interceptant le même arc que l'angle au centre $\widehat{BOZ}$.

3 Observe la figure suivante. Complète le tableau soit par l'angle au centre, soit par un angle inscrit interceptant le même arc que l'angle donné.

p.

	Angle au centre	Angle inscrit
1	$\widehat{AOF}$	....
2	....	$\widehat{FCA}$
3	....	$\widehat{EBD}$
4	$\widehat{AOC}$	....
5	....	$\widehat{DEA}$
6	$\widehat{FOD}$	....
7	....	$\widehat{ABC}$

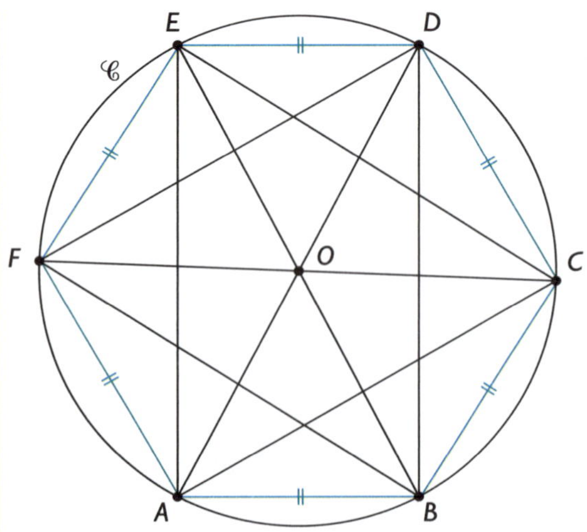

3 Angles au centre, angles inscrits et angles tangentiels

ACTIVITÉS

1 Observe les cercles de centre A suivants.

a Construis deux angles inscrits interceptant le même arc.

b Compare l'amplitude des deux angles tracés et discutes-en avec l'ensemble de la classe. Que constatez-vous ?

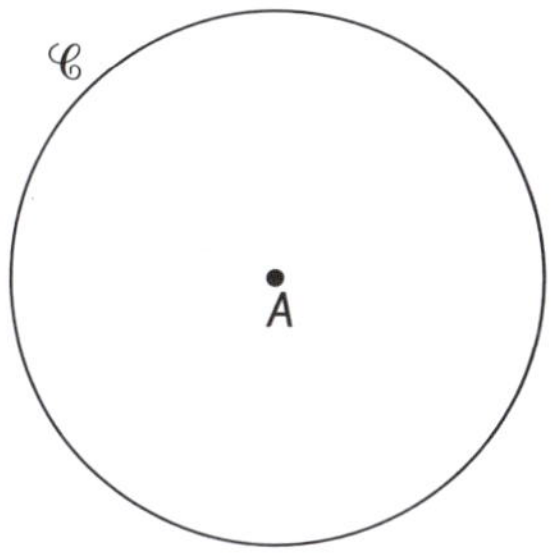

....

....

c Construis un angle inscrit et un angle au centre interceptant le même arc.

d Compare l'amplitude des deux angles tracés et discutes-en avec l'ensemble de la classe. Que constatez-vous ?

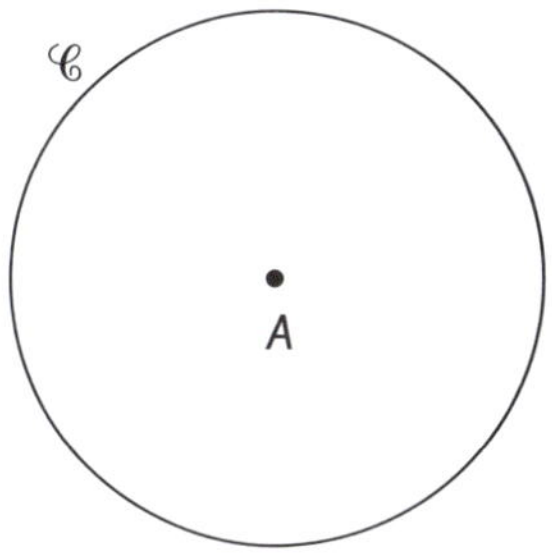

....

....

e Construis un angle inscrit et un angle tangentiel interceptant le même arc.

f Compare l'amplitude des deux angles tracés et discutes-en avec l'ensemble de la classe. Que constatez-vous ?

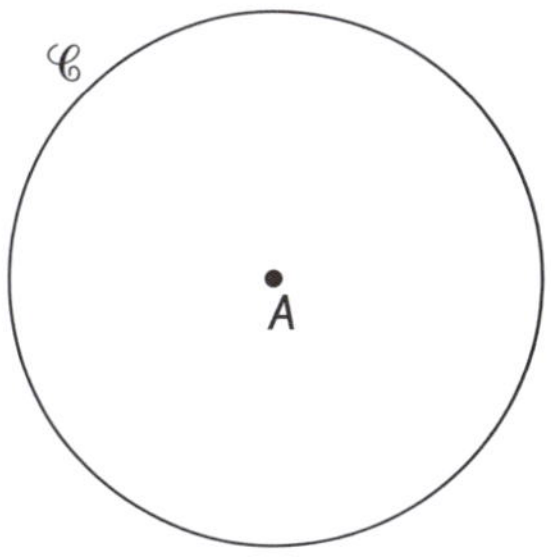

....

....

9

2 Complète les phrases suivantes sur base de tes constatations.

- Dans un cercle, si deux angles .... interceptent le même arc, alors ....
- Dans un cercle, si un angle .... et un angle .... interceptent le même arc, alors ....
- Dans un cercle, si un angle .... et un angle .... interceptent le même arc, alors ....

R 149-153
3.1-4

EXERCICES

1 Soit le cercle $\mathscr{C}$ de centre O. Détermine l'amplitude de chaque angle marqué en bleu. Justifie ton raisonnement.

1
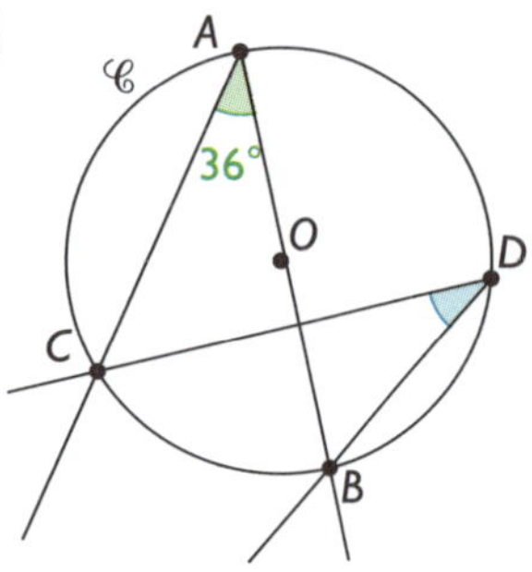

2
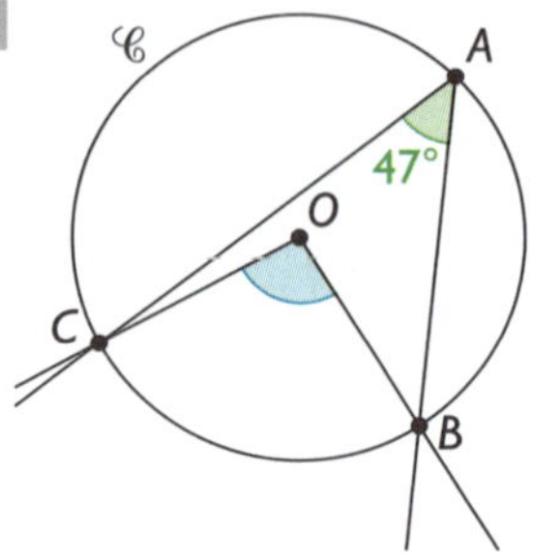

3
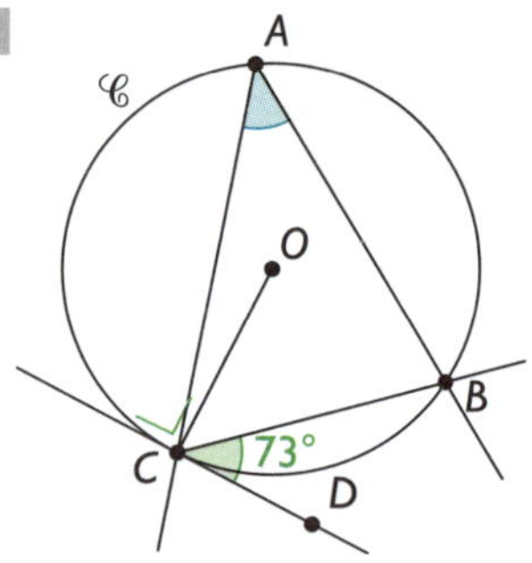

4
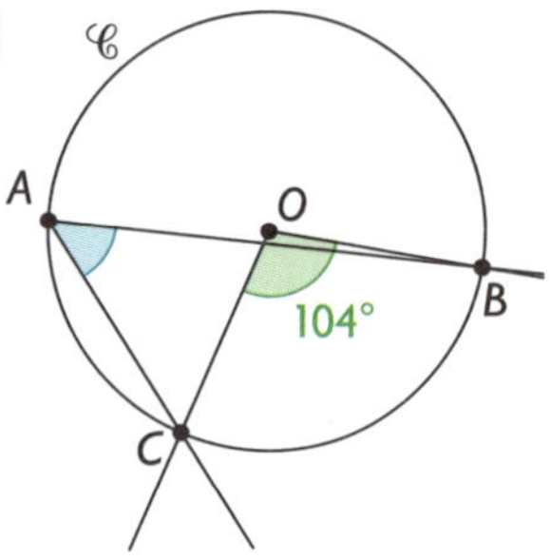

5
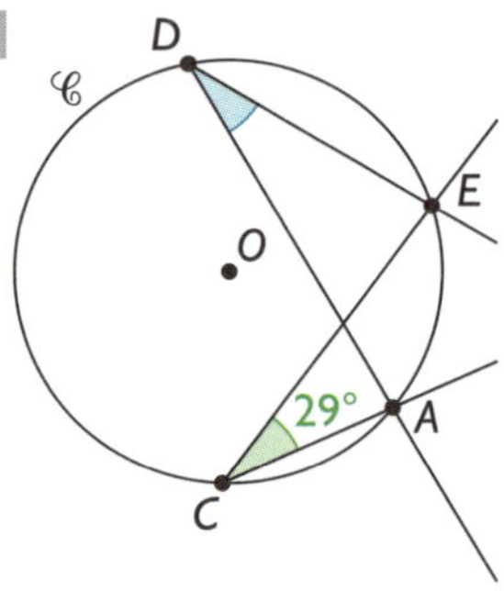

6
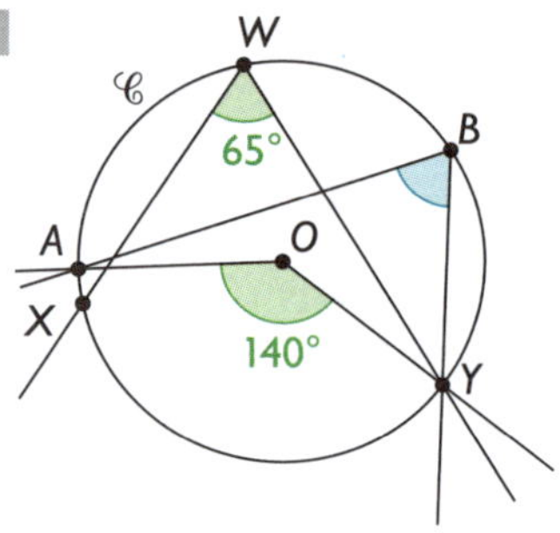

2 Indique si les affirmations suivantes sont correctes.

1 Un angle inscrit est toujours un angle aigu.

2 Deux angles inscrits interceptent toujours le même arc.

3 Deux angles inscrits sont toujours de même amplitude.

4 Si deux angles au centre interceptent le même arc, alors ils sont de même amplitude.

5 L'amplitude d'un angle au centre est toujours plus grande que celle d'un angle inscrit interceptant le même arc.

p.

3 Sans mesurer ni utiliser ton compas, trace…

1 un angle inscrit de 50°

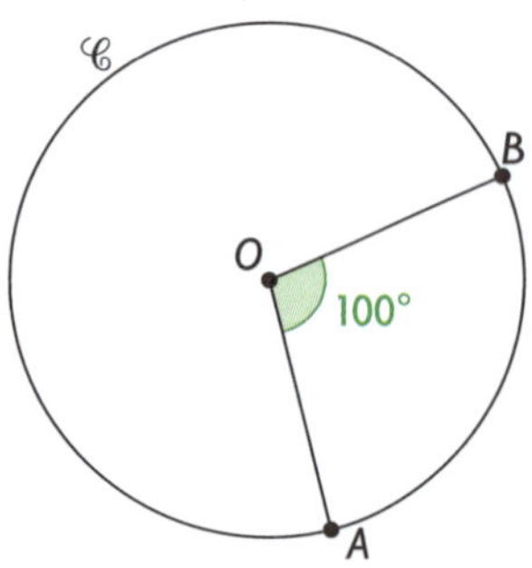

2 un angle au centre de 60°

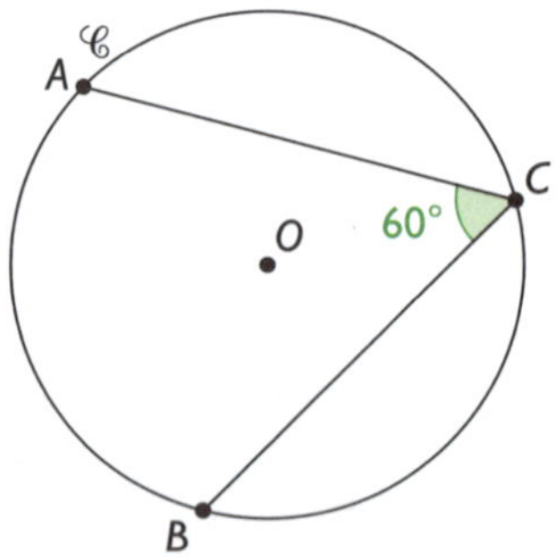

3 un angle inscrit de 40°

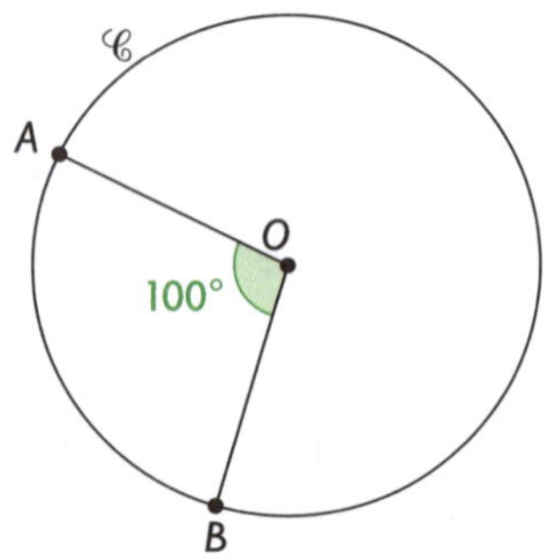

4 Soit le cercle $\mathscr{C}$ de centre O. Calcule l'amplitude des angles demandés. Indique l'ensemble de ton raisonnement.

1

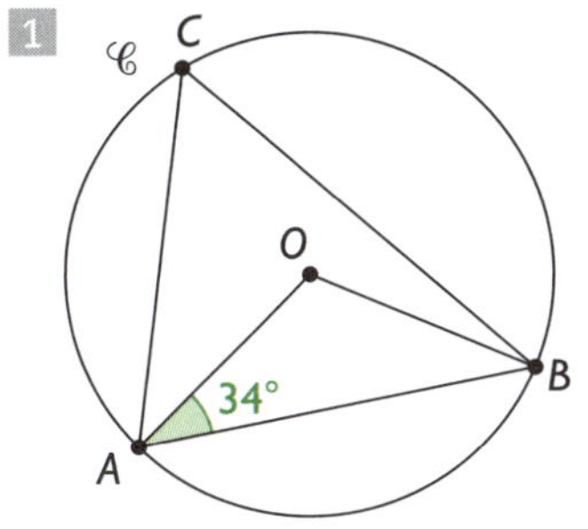

$\widehat{ACB} = ?$

2

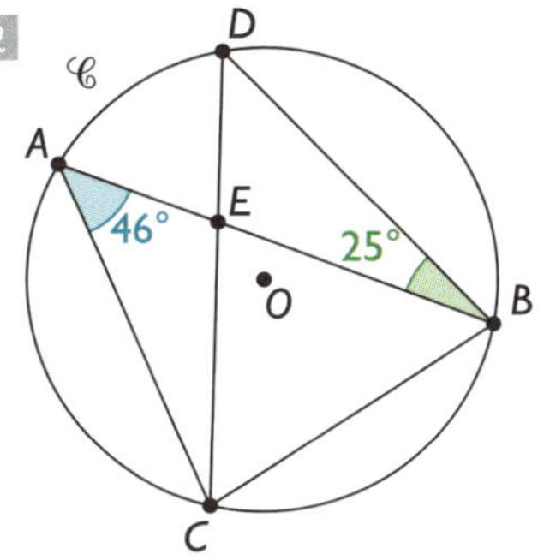

$\widehat{AEC} = ?$

3

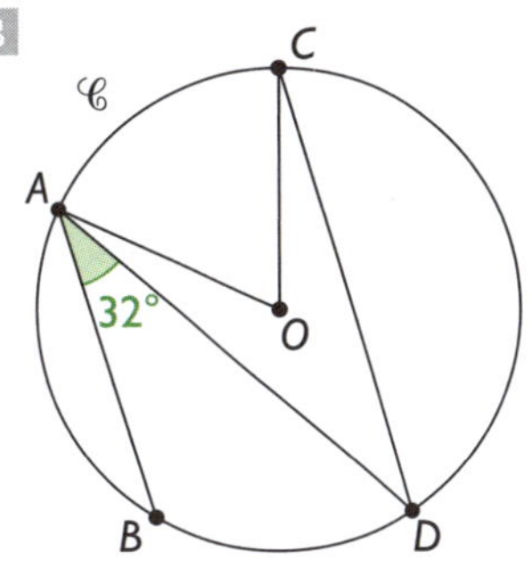

$(AB) \mathbin{/\!/} (CD)$
$\widehat{AOC} = ?$

4

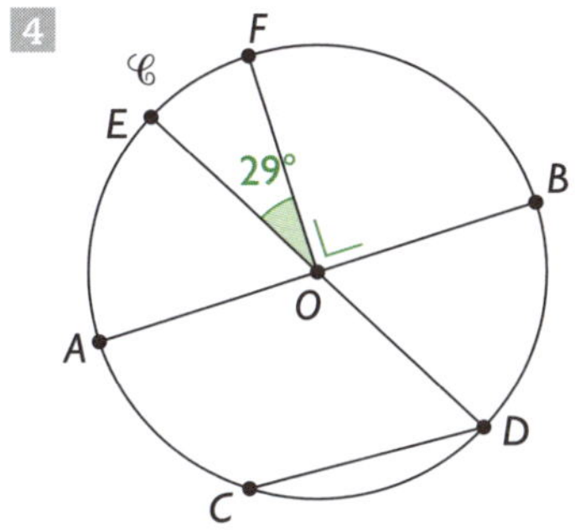

$(AB) \mathbin{/\!/} (CD)$
$\widehat{ODC} = ?$

5

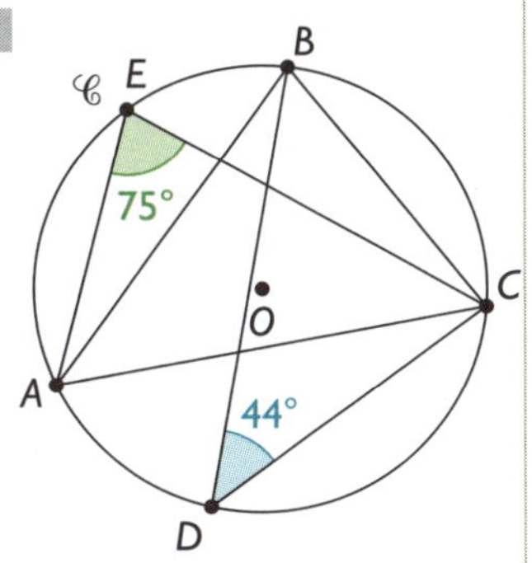

$\widehat{BCA} = ?$

6

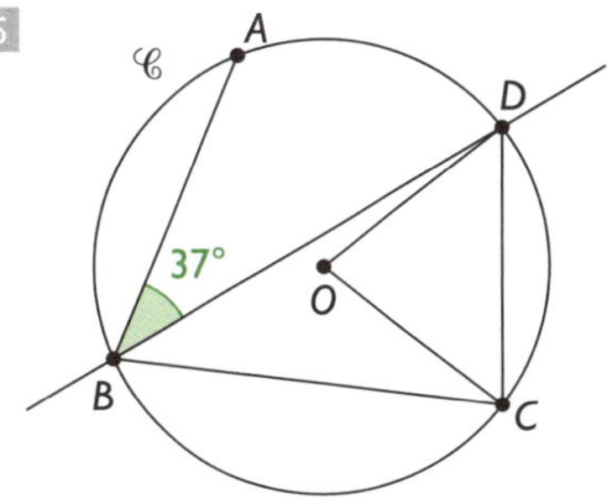

(BD) est la bissectrice de $\widehat{ABC}$.
$\widehat{ODC} = ?$

5 Observe les polygones réguliers inscrits dans un cercle $\mathscr{C}$ de centre O. Détermine l'amplitude des angles marqués…

1 dans le carré $ABCD$

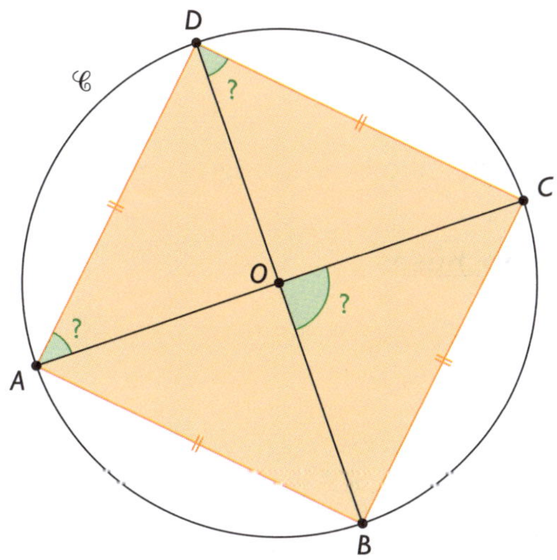

2 dans l'hexagone régulier $ABCDEF$

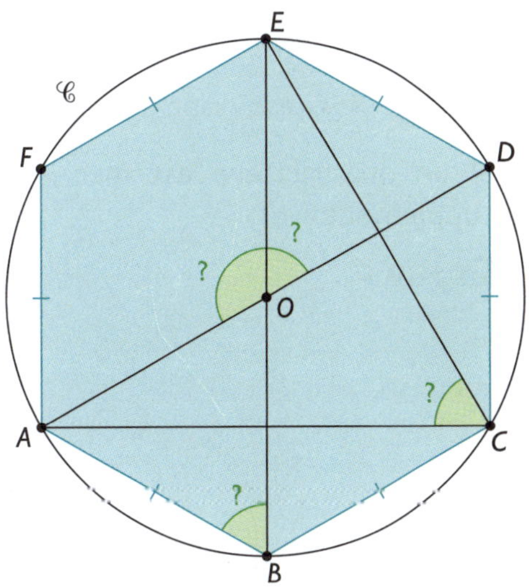

9

Olympiade Mathématique Belge

Le quadrilatère convexe $ABCD$ est inscrit dans un cercle dont $[AB]$ est un diamètre. La diagonale $[AC]$ fait un angle de 24° avec ce diamètre. Que mesure, en degrés, l'angle $\widehat{ADC}$?

☐ 120 ☐ 115 ☐ 114 ☐ 112 ☐ 108

6 Démontre les affirmations suivantes.

1 Si un triangle est inscrit dans un cercle qui a pour diamètre un des côtés du triangle, alors ce triangle est rectangle.

Dessin :

Hypothèses :

....

....

....

....

Thèse :

....

Démonstration :

Puisque le segment $[BC]$ est un .... du cercle $\mathscr{C}$, l'angle $\widehat{BOC}$ est un .... qui intercepte l'arc de cercle .... et dont l'amplitude vaut ....

Ainsi, $\widehat{BAC}$ = ... car ....

....

Dans un cercle, si un angle inscrit et un angle au centre interceptent le même arc, alors ....

Le triangle ABC est donc ....

2 Si un quadrilatère est inscrit dans un cercle, alors ses angles opposés sont supplémentaires.

Dessin :

Hypothèses :

....

....

....

Thèse :

....

....

9

Démonstration :

Traçons l'angle au centre $\widehat{BOD}$. Nommons cet angle $\widehat{O_1}$.

On a :

- $\widehat{O_1}$ = ... car ....
....
....
....
....

- $\widehat{O_2}$ = ... car ....
....
....
....
....

- $\widehat{O_1} + \widehat{O_2} = 360°$ car ....
....

Ce qui donne :

$$\widehat{O_1} + \widehat{O_2} = 360°$$

$\Leftrightarrow$ .... = 360°

$\Leftrightarrow$ .... = 360°

$\Leftrightarrow$ .... = ...

Donc, les angles .... et .... sont ....

On démontrera de la même manière que les angles $\widehat{ABC}$ et $\widehat{ADC}$ sont également supplémentaires.

3 Deux angles aigus dont les côtés sont respectivement perpendiculaires sont de même amplitude.

Olympiade Mathématique Belge

Le quadrilatère *ABCD* est inscrit dans un cercle. L'angle $\widehat{DAB}$ mesure 110°, la droite b est bissectrice de l'angle $\widehat{ABC}$ et la droite d bissectrice de l'angle $\widehat{ADC}$. Quelle est, en degrés, la mesure de l'angle aigu α formé par les droites b et d ?

☐ 15 ☐ 18 ☐ 20 ☐ 23 ☐ 25

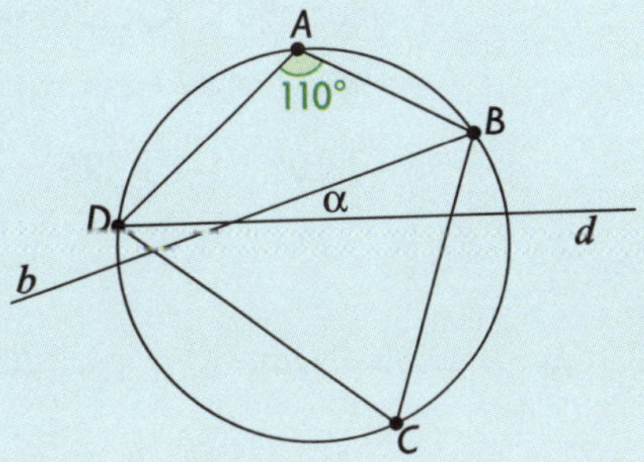

7 Les points G, H, I et J appartiennent au cercle $\mathscr{C}$ de centre O. Si tu sais que G et I sont des points diamétralement opposés, détermine l'amplitude des angles intérieurs au triangle GHI.
Justifie chaque étape de ton raisonnement.

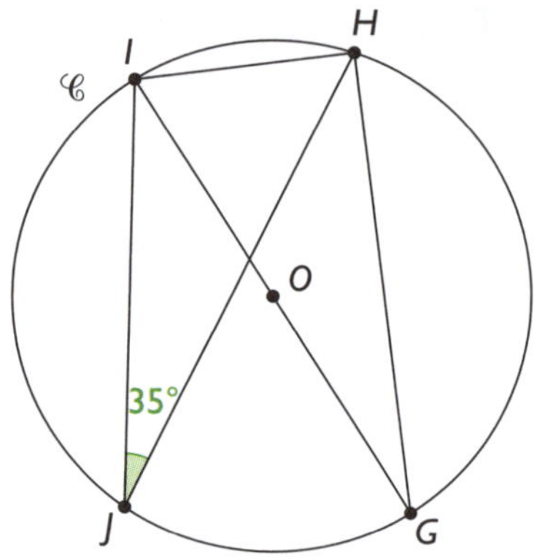

Olympiade Mathématique Belge

Le quadrilatère $ABCD$ est inscrit dans un cercle et l'angle $\widehat{ADC}$ mesure 60°. Quelle relation est vérifiée par les angles $x = \widehat{ABC}$ et $y = \widehat{CDE}$?

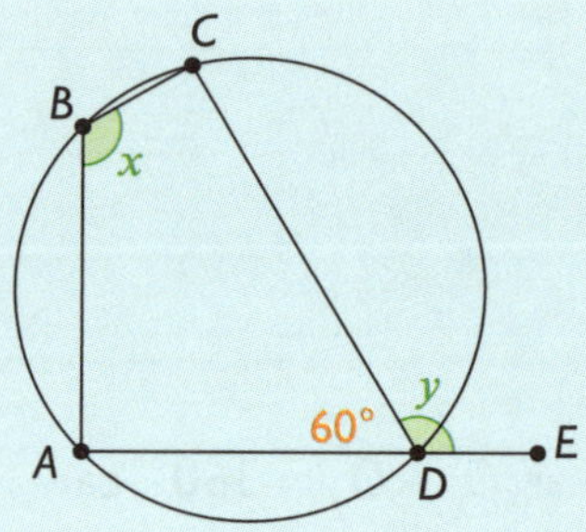

☐ $x + y < 210°$ ☐ $x + y > 270°$

☐ $x - y = 60°$ ☐ $x = 2y$ ☐ $x = y$

8 A, B, C et D sont quatre points du cercle $\mathscr{C}$.

a Si tu sais que X est l'intersection des segments $[AC]$ et $[BD]$, détermine l'amplitude de l'angle $\widehat{DBC}$.

b Le point X est-il le centre du cercle $\mathscr{C}$? Justifie ton raisonnement.

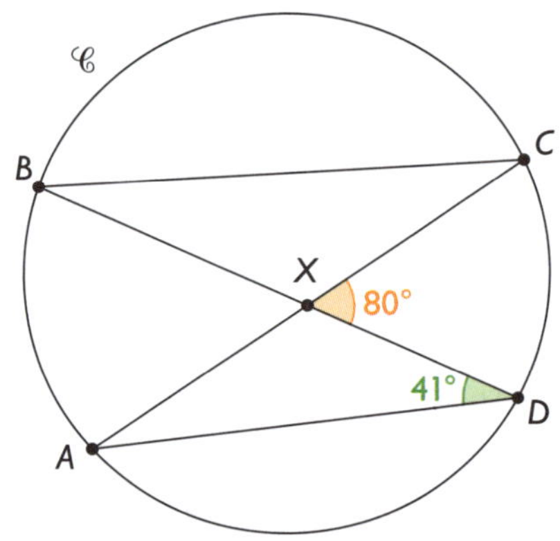

Olympiade Mathématique Belge

Dans le cercle de centre A, l'amplitude de l'angle $\widehat{DAB}$ vaut 90°. Quelle est, en degrés, l'amplitude de l'angle $\widehat{BCD}$?

☐ 105 ☐ 120 ☐ 125 ☐ 135 ☐ 150

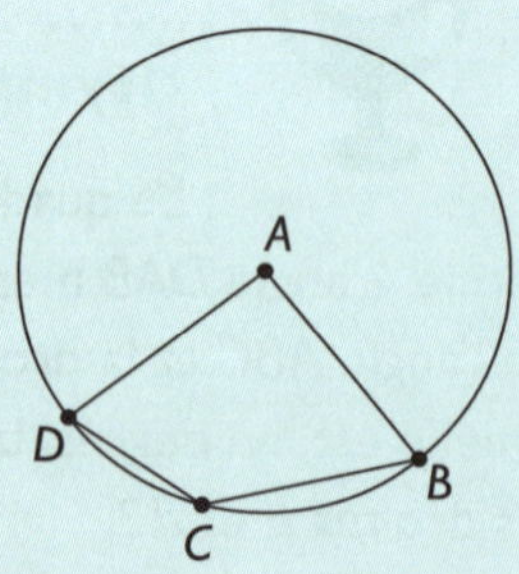

9

9 Si tu sais que C est le centre du cercle, coche la (ou les) proposition(s) correcte(s).

1

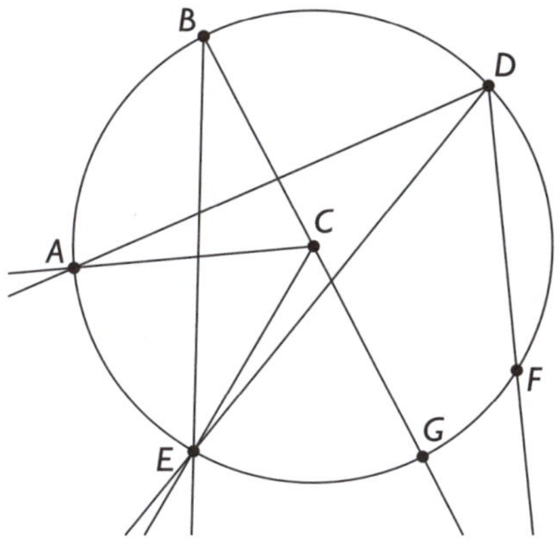

- ☐ $\widehat{ACE} = 2 \cdot \widehat{ADE}$
- ☐ $\widehat{ADE} = \widehat{EBG}$
- ☐ $\widehat{EBG} = 2 \cdot \widehat{ECG}$
- ☐ $\widehat{ADF} = 90°$

2

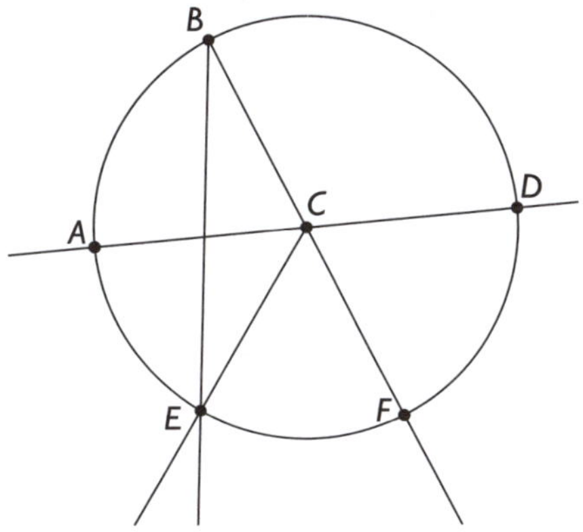

- ☐ $\widehat{EBC} = \dfrac{\widehat{ECF}}{2}$
- ☐ $\widehat{ACE} = \widehat{ECF}$
- ☐ $\widehat{EBC} = \widehat{CEB}$
- ☐ $\widehat{ACB} = \widehat{DCF}$

Olympiade Mathématique Belge

Dans la figure (imprécise) ci-contre, O est le centre du cercle. Quelle est, en degrés, l'amplitude de $\widehat{AQP}$, sachant que $\widehat{ABQ} = 28°$ et que (QA) et (OP) sont parallèles ?

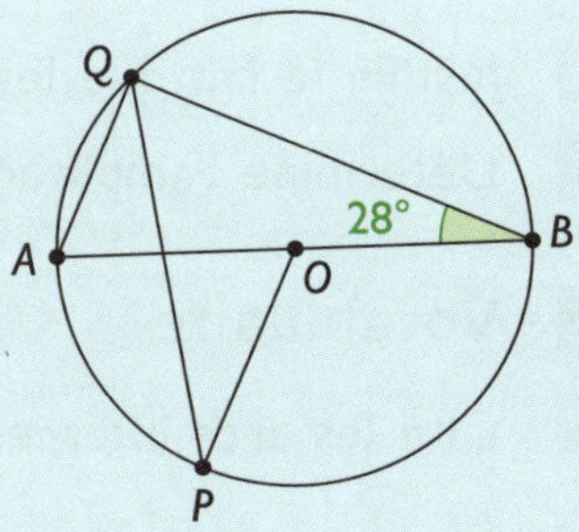

....

Exercices supplémentaires

1 Angles à côtés parallèles et à côtés perpendiculaires

1 Justifie le fait que deux angles consécutifs d'un losange sont supplémentaires.

2 Justifie le fait que les angles opposés d'un losange sont de même amplitude.

3 Observe la figure ci-dessous dans laquelle les droites (AC) et c sont parallèles.

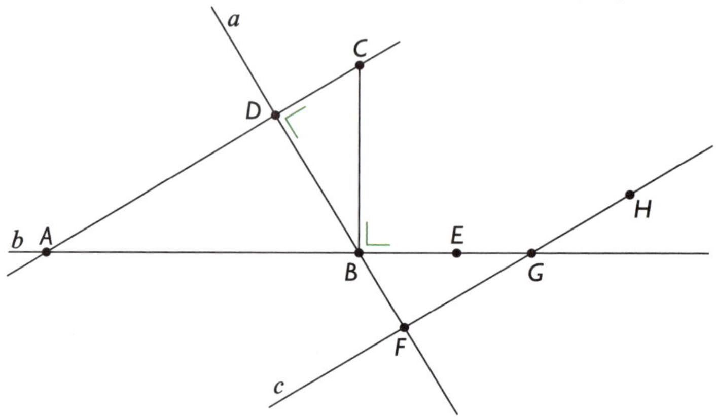

a Détermine l'amplitude de l'angle $\widehat{EGF}$ si tu sais que $\widehat{CAB} = 35°$. Justifie ton raisonnement.

b Justifie le fait que les angles $\widehat{ACB}$ et $\widehat{FBG}$ sont de même amplitude.

c Détermine l'amplitude de l'angle $\widehat{FBG}$.

2 Vocabulaire

1 Cite les arcs interceptés par les angles marqués.

1

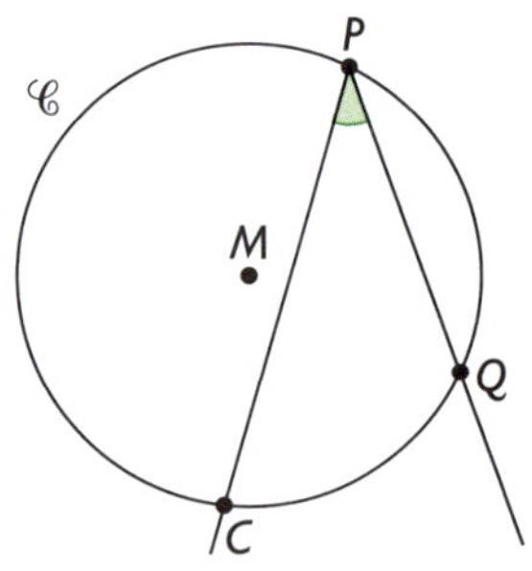

2

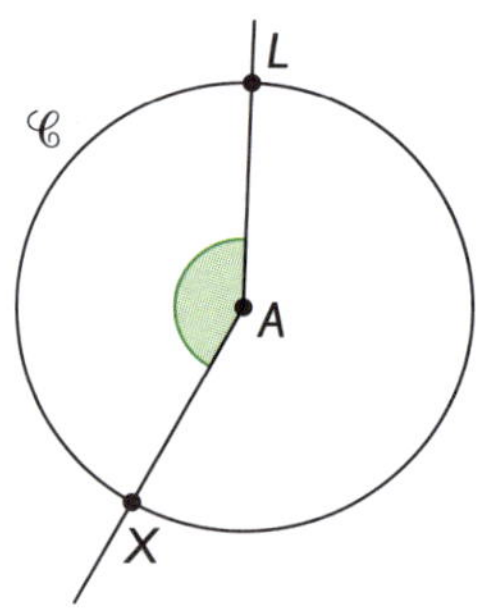

3

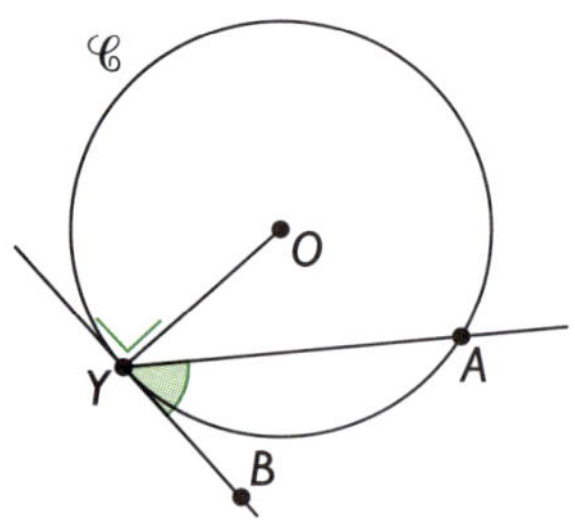

2 Trace l'élément demandé.

1 Un angle au centre de 130°

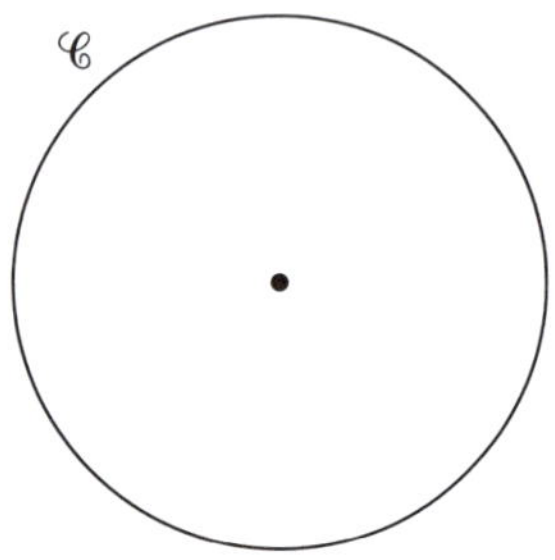

2 Un angle tangentiel de 50°

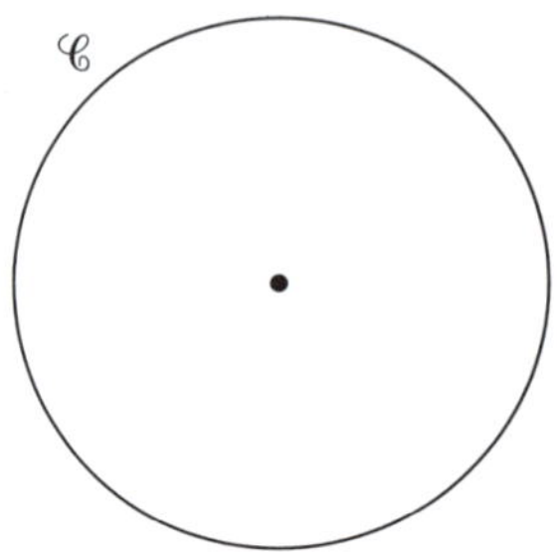

3 Un angle inscrit de 100°

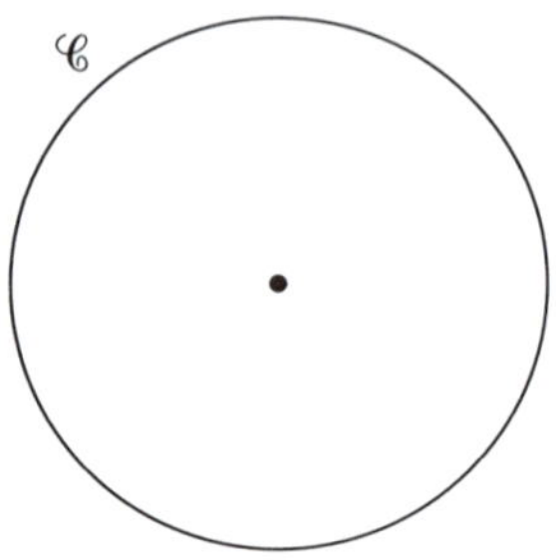

3 Observe le cercle $\mathscr{C}$ de centre C.

a Lis les propositions suivantes et indique si elles sont correctes.

1. $\widehat{ACD}$ est un angle au centre.
2. $\widehat{CXB}$ est un angle inscrit.
3. L'angle $\widehat{DXB}$ intercepte l'arc $\overset{\frown}{BX}$.
4. $\widehat{CAX}$ et $\widehat{CXA}$ sont deux angles inscrits de même amplitude.

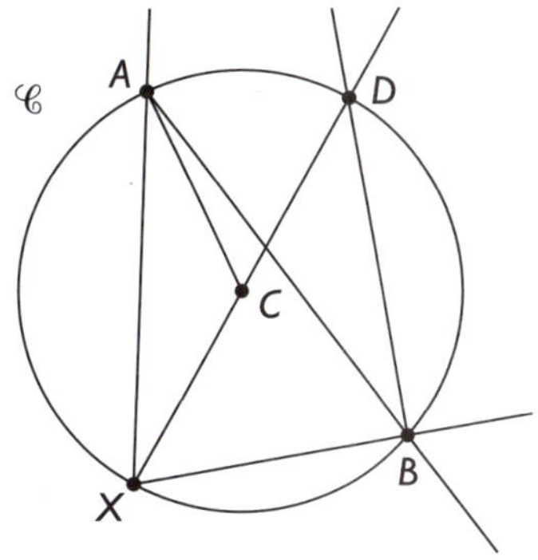

b Cite deux angles inscrits qui interceptent le même arc.

c Cite un angle au centre et un angle inscrit interceptant le même arc.

3 Angles au centre, angles inscrits et angles tangentiels

1 Soit le cercle $\mathscr{C}$ de centre O. Détermine l'amplitude de chaque angle marqué en bleu. Justifie ton raisonnement.

1

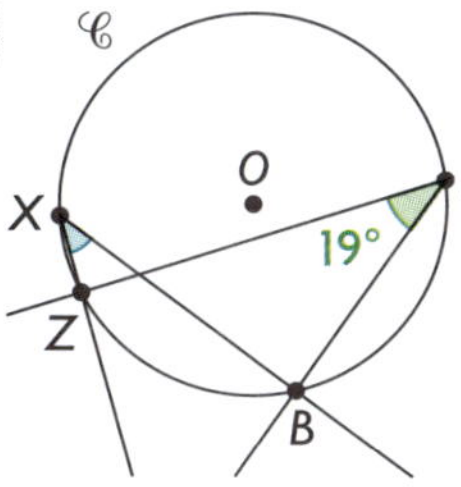

2

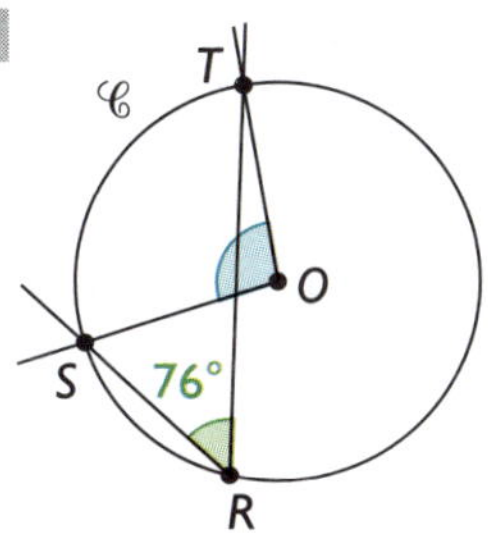

3

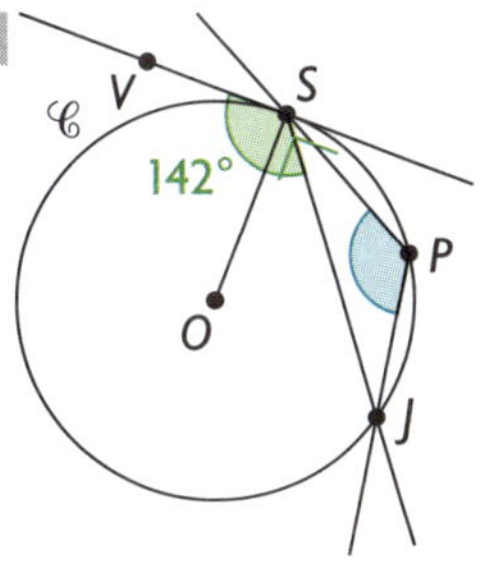

4

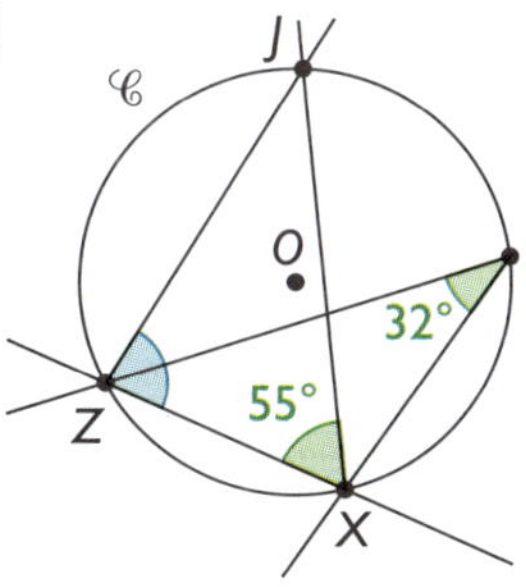

5

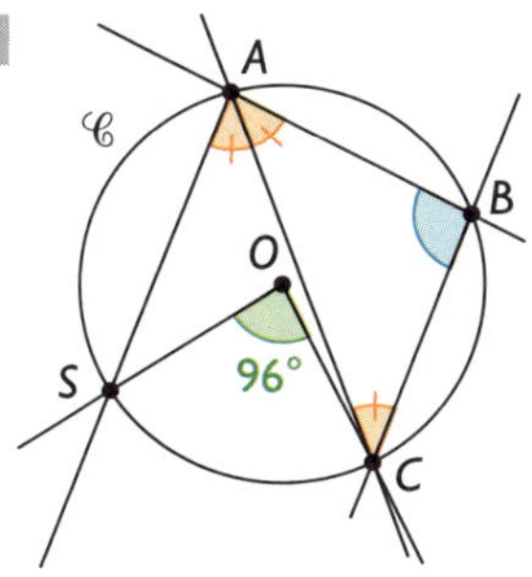

6

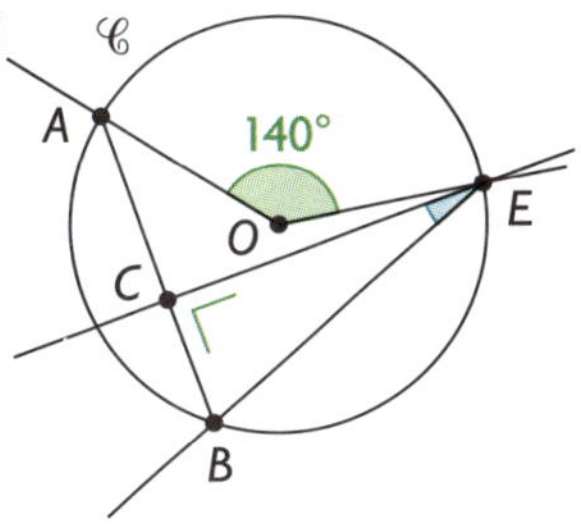

2 Observe les polygones réguliers inscrits dans les cercles $\mathscr{C}$ de centre O. Détermine l'amplitude des angles marqués…

1. dans le pentagone régulier $ABCDE$

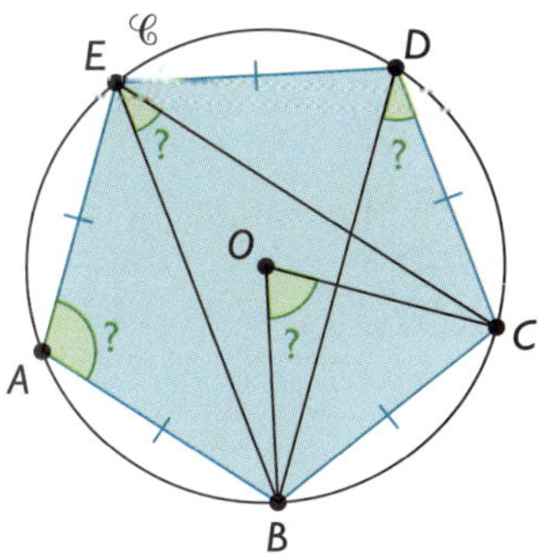

2. dans l'octogone régulier $HGFEDCBA$

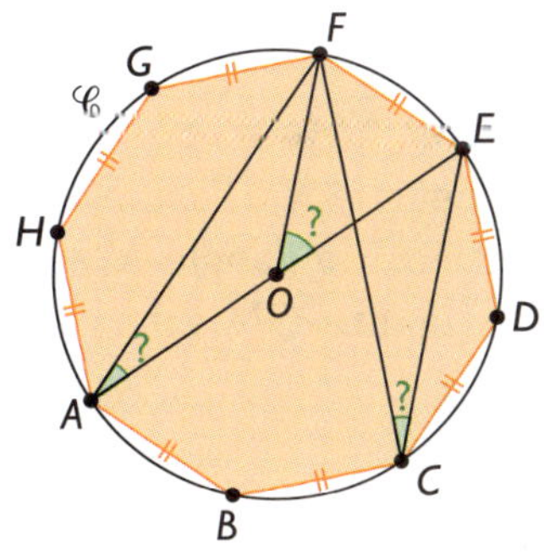

3 Si tu sais que $OBCD$ est un losange, détermine l'amplitude de l'angle $\widehat{DAE}$. Justifie l'ensemble de ton raisonnement.

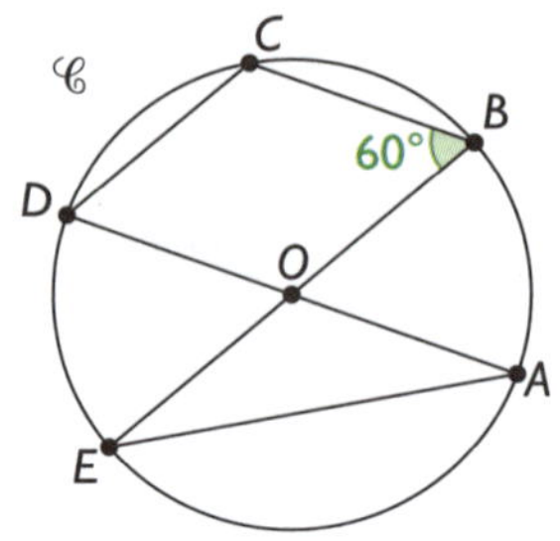

4 Dans la figure ci-contre, O est le centre du cercle $\mathscr{C}$. Si tu sais que A et E sont des points diamétralement opposés du cercle $\mathscr{C}$, exprime y en fonction de x.

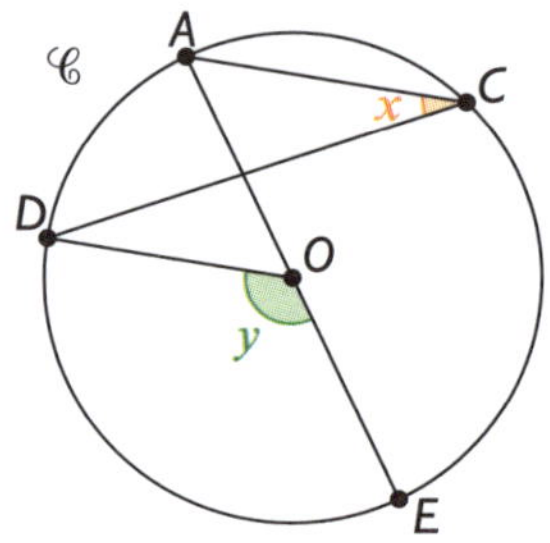

5 Observe le cercle $\mathscr{C}$ de centre O. Si tu sais que A, C et D sont trois points du cercle et que $\widehat{OCA} = 37°$, calcule la mesure de l'amplitude de l'angle $\widehat{ADC}$.

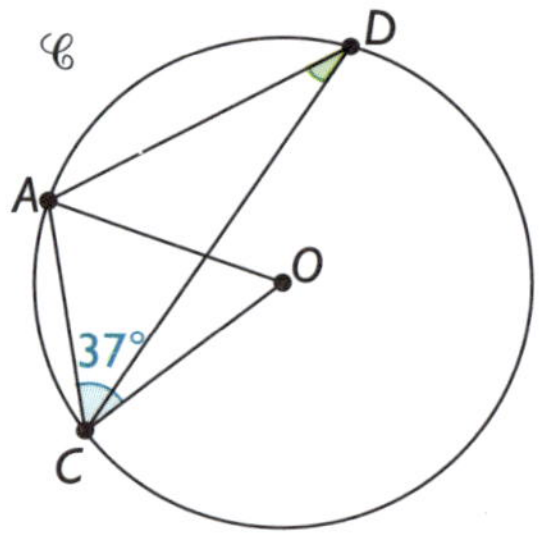

6 Démontre que, si un angle tangentiel et un angle au centre interceptent le même arc, alors l'amplitude de l'angle tangentiel vaut la moitié de celle de l'angle au centre.

7 Observe le cercle $\mathscr{C}$ de centre O et le quadrilatère $ABCD$ qui y est inscrit. Détermine de deux manières l'amplitude de l'angle marqué.
Justifie ton raisonnement.

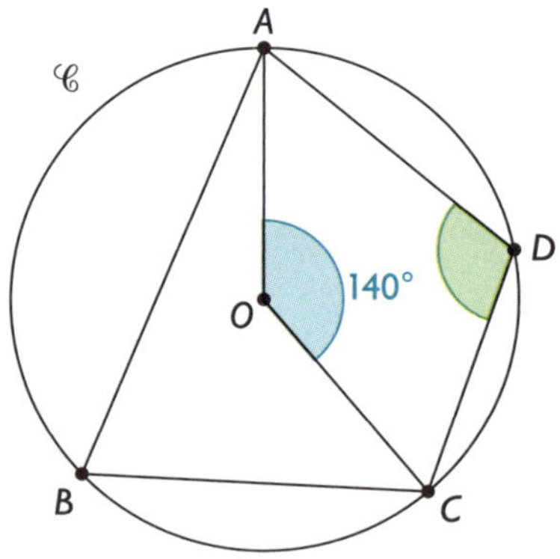

8 Démontre que, si un angle aigu et un angle obtus ont des côtés respectivement parallèles, alors ils sont supplémentaires.

9 Soit X et Y deux points du cercle $\mathscr{C}$ de centre O. Si M appartient à l'arc $\overset{\frown}{XY}$ et N est l'intersection de la bissectrice de l'angle $\widehat{XMY}$ et du cercle $\mathscr{C}$, démontre que la droite ON est la bissectrice de l'angle $\widehat{XOY}$.

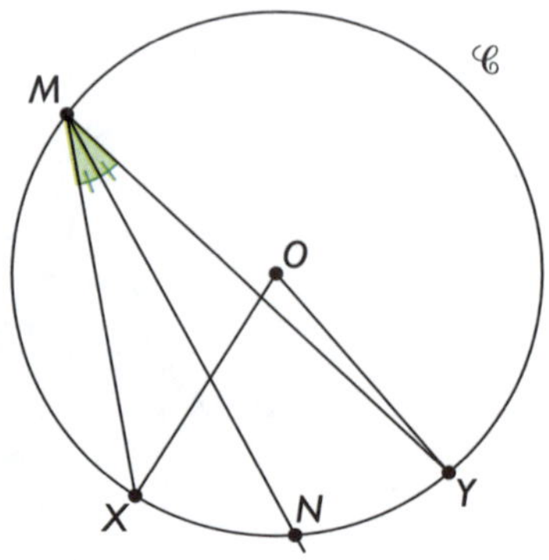

Teste-toi !

1 **OBSERVE** le cercle $\mathscr{C}$ de centre O.

a **REPASSE** en vert l'arc de cercle intercepté par l'angle inscrit $\widehat{FGE}$.

b **TRACE** en bleu l'angle au centre interceptant le même arc que l'angle inscrit $\widehat{FGE}$.

c Si tu sais que $\widehat{FGE} = 70°$, **DÉTERMINE** l'amplitude de l'angle $\widehat{EOF}$.
JUSTIFIE ton raisonnement.

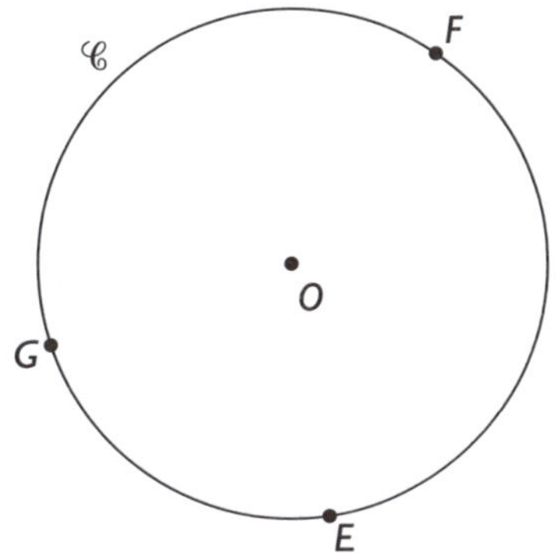

2 **OBSERVE** le cercle $\mathscr{C}$ de centre O et l'hexagone régulier $CDEFGH$ inscrit dans le cercle.

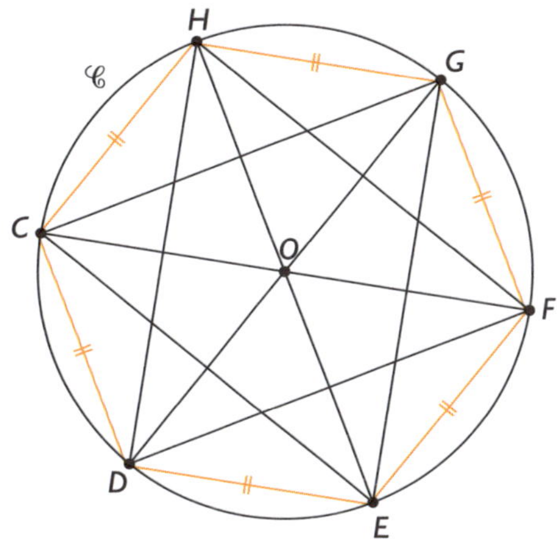

a **JUSTIFIE** le fait que l'angle $\widehat{CDF}$ est droit.

b **JUSTIFIE** le fait que les angles $\widehat{DHE}$ et $\widehat{EGO}$ sont de même amplitude.

c **COCHE** la (ou les) bonne(s) réponse(s).

☐ $\widehat{GOE} = \frac{1}{2} \cdot \widehat{GOF}$

☐ $\widehat{HEG} = \widehat{HFG}$

☐ $\frac{1}{2} \cdot \widehat{COH} = \widehat{CEH}$

3 **OBSERVE** les cercles $\mathscr{C}$ de centre O.

1 **DÉTERMINE** l'amplitude de l'angle $\widehat{CAD}$.

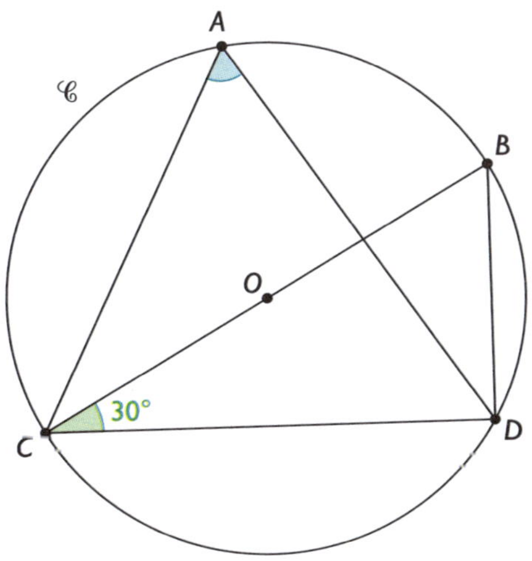

2 **DÉTERMINE** l'amplitude des angles $\widehat{DCO}$ et $\widehat{ADC}$.

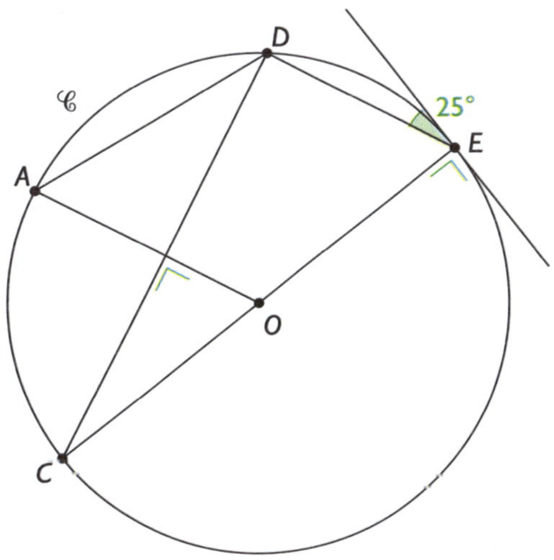

9

4 **VÉRIFIE** si le point X est le centre du cercle $\mathscr{C}$.
JUSTIFIE ton raisonnement.

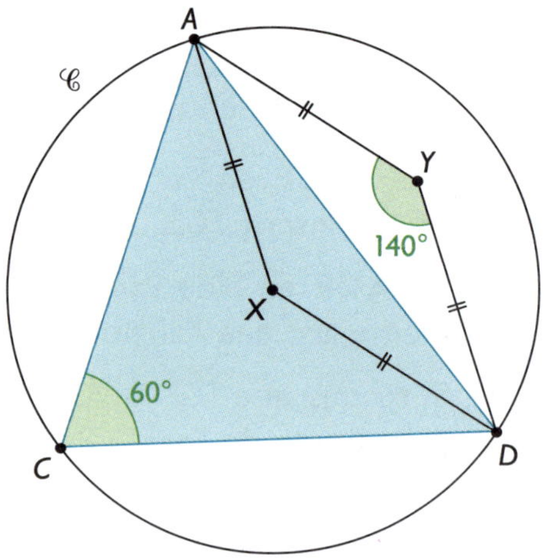

5 **OBSERVE** les cercles $\mathscr{C}_1$ de centre O et $\mathscr{C}_2$ de centre C. **DÉMONTRE** que $\widehat{EHD} = \frac{1}{2} \cdot \widehat{GOF}$.

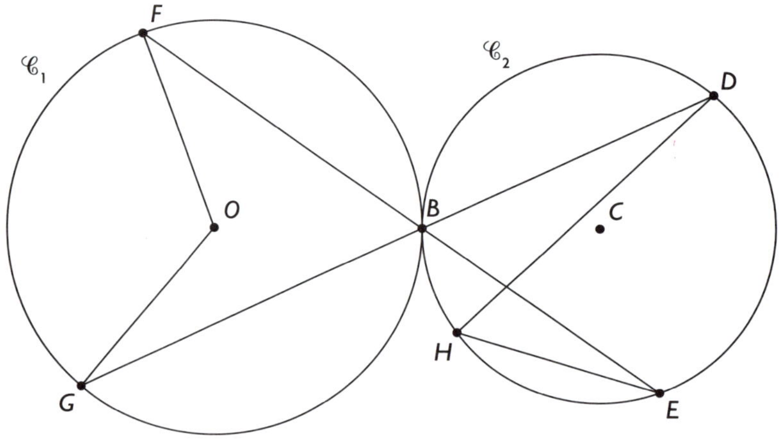

Correctif

1 **a** et **b**

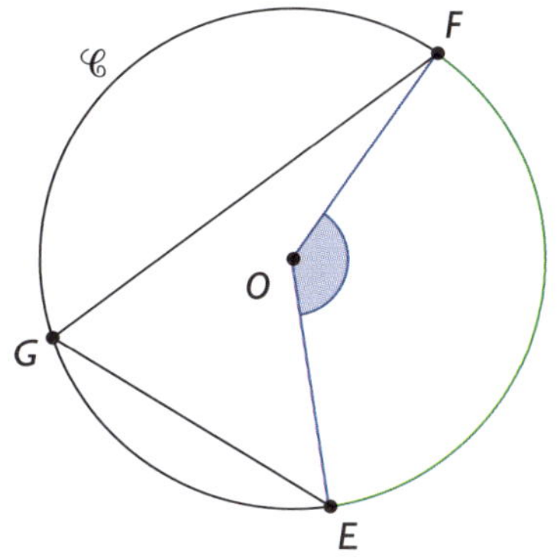

c $\widehat{EOF} = 2 \cdot 70° = 140°$ car l'angle $\widehat{FGE}$ est un angle inscrit interceptant le même arc $\overset{\frown}{EF}$ que l'angle au centre $\widehat{EOF}$. Dans un cercle, si un angle au centre et un angle inscrit interceptent le même arc, alors l'amplitude de l'angle au centre vaut le double de celle de l'angle inscrit.

2 **a** $\widehat{CDF}$ est un angle droit car le triangle CDF est inscrit dans un demi-cercle. Il est donc rectangle.

b Les angles $\widehat{DHE}$ et $\widehat{EGO}$ sont de même amplitude car ce sont des angles inscrits interceptant le même arc $\overset{\frown}{ED}$. Dans un cercle, si deux angles inscrits interceptent le même arc, alors ils sont de même amplitude.

c $\widehat{HEG} = \widehat{HFG}$ et $\dfrac{1}{2} \cdot \widehat{COH} = \widehat{CEH}$

3 **1** $\widehat{BDC} = 90°$ car il s'agit d'un triangle inscrit dans un demi-cercle.

$\widehat{CBD} = 180° - 90° - 30° = 60°$ car la somme des amplitudes des angles intérieurs d'un triangle est égale à 180°.

$\widehat{CAD} = \widehat{CBD} = 60°$ car ce sont des angles inscrits interceptant le même arc.

2 $\widehat{DCO} = \hat{E} = 25°$ car ce sont des angles aigus à côtés perpendiculaires.

$\widehat{AOC} = 180° - 90° - 25° = 65°$ car la somme des amplitudes des angles intérieurs d'un triangle est égale à 180°.

$\widehat{ADC} = \dfrac{65°}{2} = 32,5°$ car, dans un cercle, si un angle inscrit et un angle au centre interceptent le même arc, alors l'amplitude de l'angle inscrit vaut la moitié de celle de l'angle au centre.

4 Le quadrilatère $AYDX$ est un losange car ses quatre côtés sont de même longueur. Dans un losange, les angles opposés sont de même amplitude. Ainsi, $\widehat{AXD} = 140°$.
Si le point X est le centre du cercle $\mathscr{C}$, alors $\widehat{AXD} = 2 \cdot \widehat{ACD}$ car, dans un cercle, si un angle au centre et un angle inscrit interceptent le même arc, alors l'amplitude de l'angle au centre vaut le double de celle de l'angle inscrit.
Ce n'est pas le cas ici ; donc, le point X n'est pas le centre du cercle $\mathscr{C}$.

9

5 **Dessin :**

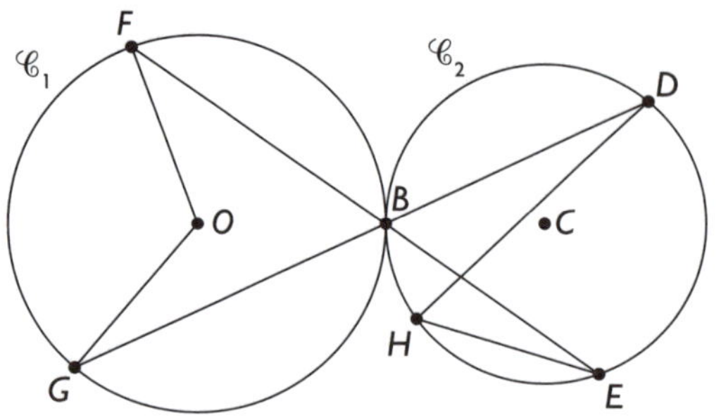

Hypothèses :

$\mathscr{C}_1$ est un cercle de centre O.
$\mathscr{C}_2$ est un cercle de centre C.
F et G appartiennent au cercle $\mathscr{C}_1$.
D, H et E appartiennent au cercle $\mathscr{C}_2$.
$\mathscr{C}_1 \cap \mathscr{C}_2 = \{B\}$

Thèse :

$\widehat{EHD} = \frac{1}{2} \cdot \widehat{GOF}$

Démonstration :

Dans le cercle $\mathscr{C}_2$, $\widehat{EHD} = \widehat{EBD}$ car, dans un cercle, si deux angles inscrits interceptent le même arc, alors ils sont de même amplitude.

De plus, $\widehat{EBD} = \widehat{FBG}$ car des angles opposés par le sommet sont de même amplitude.

Dans le cercle $\mathscr{C}_1$, $\widehat{FBG} = \frac{1}{2} \cdot \widehat{GOF}$ car, dans un cercle, si un angle inscrit et un angle au centre interceptent le même arc, alors l'amplitude de l'angle inscrit vaut la moitié de celle de l'angle au centre.

Ce qui nous donne :

$$\begin{aligned} \widehat{EHD} &= \widehat{EBD} \\ &= \widehat{FBG} \\ &= \frac{1}{2} \cdot \widehat{GOF} \end{aligned}$$

□

1. Repasse en couleur l'arc de cercle intercepté.
2. Représente chaque situation.

RÉFÉRENTIEL

9 Angles et cercle

1 Angles à côtés parallèles et à côtés perpendiculaires

1 Angles complémentaires

Deux **angles complémentaires** sont deux angles dont la **somme** des amplitudes vaut **90°**.

EXEMPLES :

1

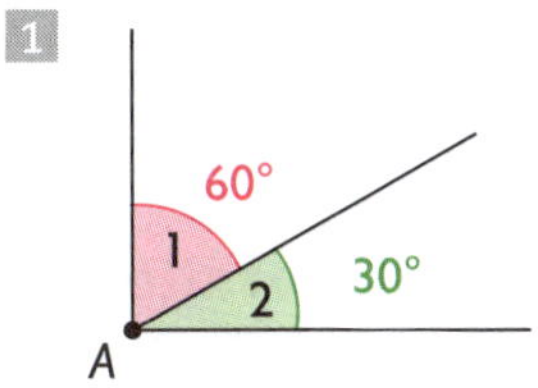

2

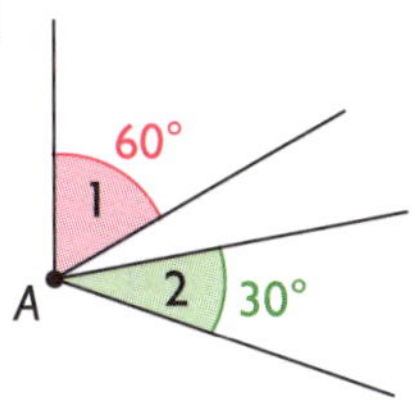

$\widehat{A_1}$ et $\widehat{A_2}$ sont des angles complémentaires car $\widehat{A_1} + \widehat{A_2} = 90°$.

3

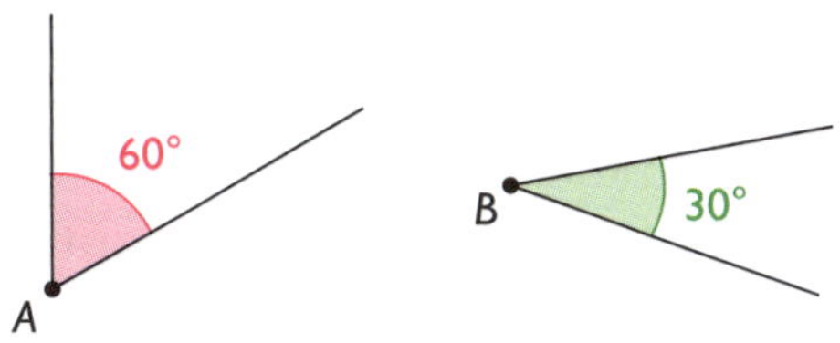

$\widehat{A}$ et $\widehat{B}$ sont des angles complémentaires car $\widehat{A} + \widehat{B} = 90°$.

2 Angles supplémentaires

Deux **angles supplémentaires** sont deux angles dont la **somme** des amplitudes vaut **180°**.

EXEMPLES :

1

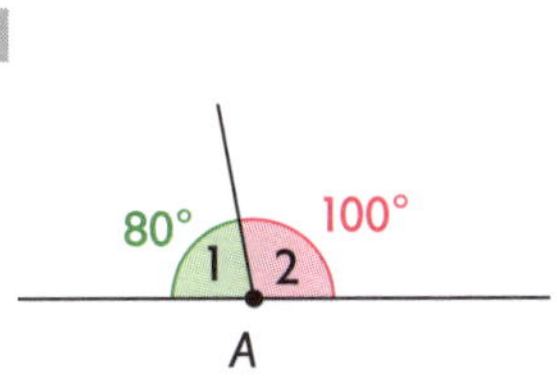

2

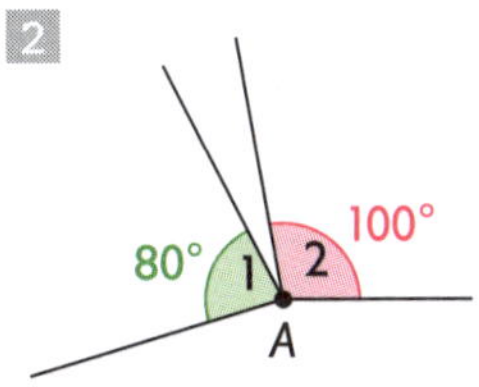

$\widehat{A_1}$ et $\widehat{A_2}$ sont des angles supplémentaires car $\widehat{A_1} + \widehat{A_2} = 180°$.

3

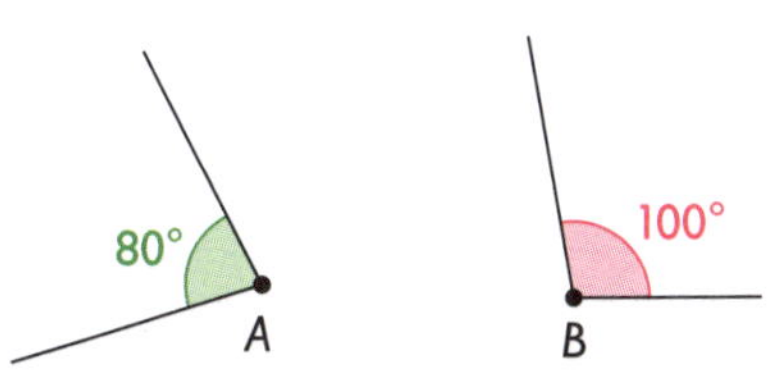

$\widehat{A}$ et $\widehat{B}$ sont des angles supplémentaires car $\widehat{A} + \widehat{B} = 180°$.

3 Angles opposés par le sommet

Des **angles opposés par le sommet** sont des angles dont **les côtés** sont dans **le prolongement** les uns des autres.

EXEMPLE :

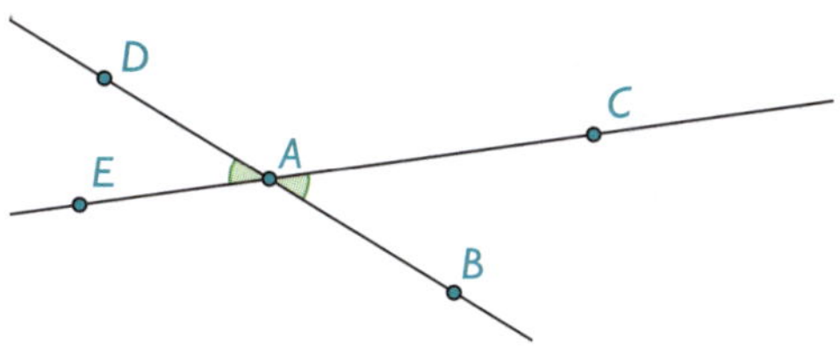

Les angles $\widehat{DAE}$ et $\widehat{CAB}$ sont opposés par le sommet ainsi que les angles $\widehat{DAC}$ et $\widehat{EAB}$.

Si des angles sont **opposés par le sommet**, alors ils sont de **même amplitude**.

9

4 Angles correspondants

Des **angles correspondants** sont des angles formés par deux droites coupées par une sécante et qui occupent des **positions similaires** du même côté de la sécante.

EXEMPLE :

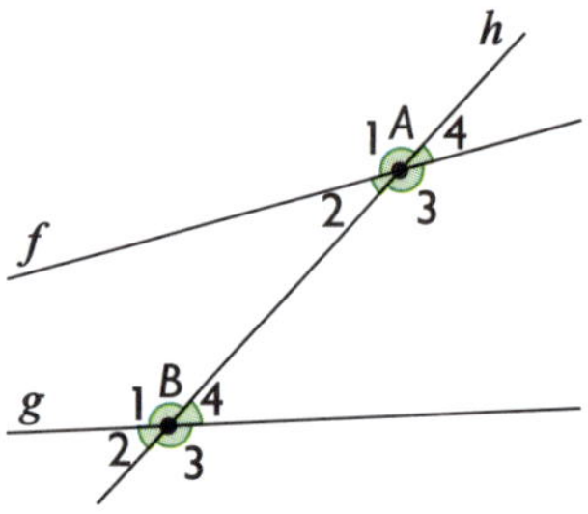

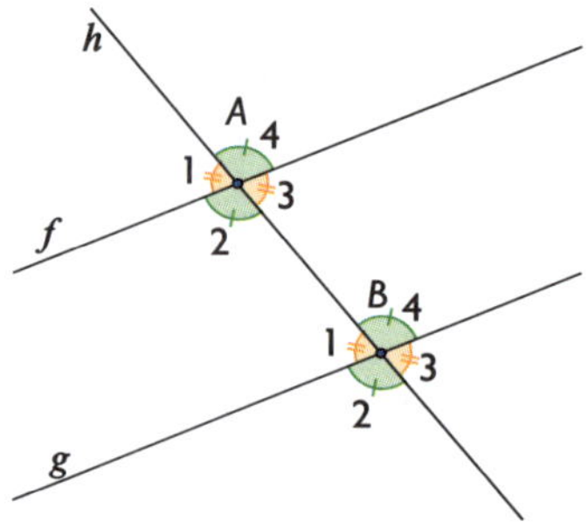

Si $f \nparallel g$

alors .... ≠ .... ≠ ....

.... ≠ .... ≠ ....

Si $f \parallel g$

alors .... = ... = ...

.... = ... = ...

Si deux **angles correspondants** sont déterminés par deux **droites parallèles**, alors ils sont de **même amplitude**.

5 Angles alternes-internes

Des **angles alternes-internes** sont des angles formés par deux droites coupées par une sécante et qui occupent des **positions non adjacentes**, situés **de part et d'autre** de la sécante et **entre** les deux droites.

EXEMPLE :

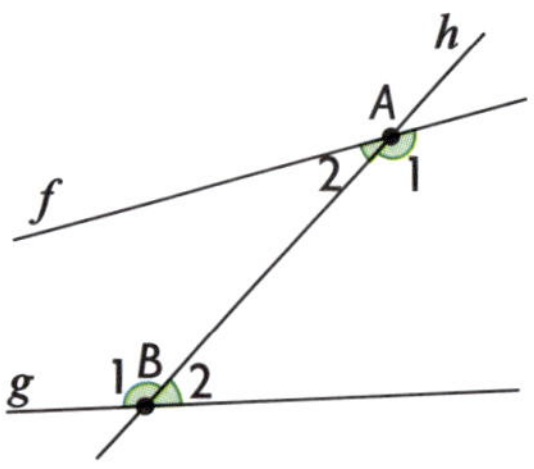

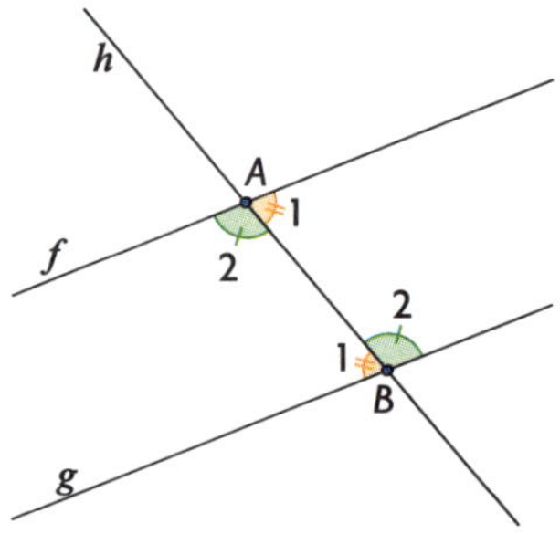

Si $f \nparallel g$

alors .... ≠ .... ≠ ....

Si $f \parallel g$

alors .... = ... = ...

Si deux **angles alternes-internes** sont déterminés par deux **droites parallèles**, alors ils sont de **même amplitude**.

6 Angles alternes-externes

Des **angles alternes-externes** sont des angles formés par deux droites coupées par une sécante et qui occupent des **positions non adjacentes**, situés **de part et d'autre** de la sécante et **à l'extérieur** de la zone déterminée par les deux droites.

EXEMPLE :

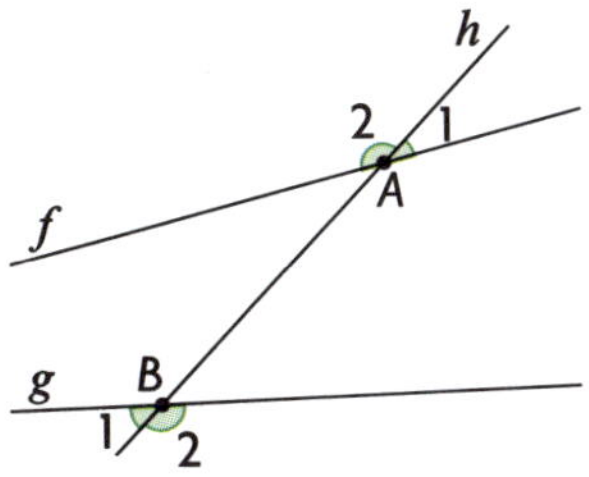

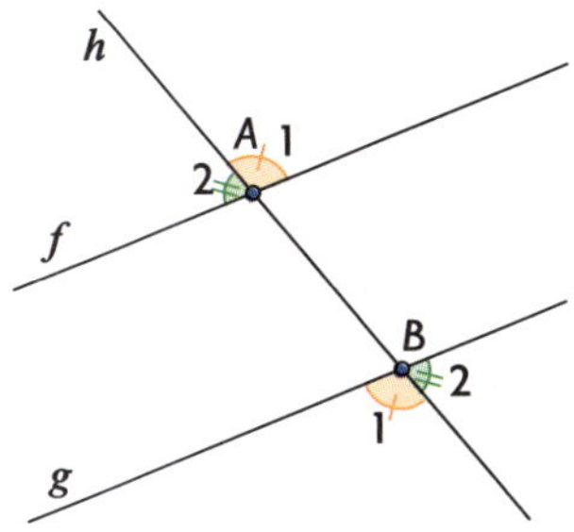

Si $f \nparallel g$

alors .... ≠ .... ≠ ....

Si $f \parallel g$

alors .... = ... = ...

Si deux **angles alternes-externes** sont déterminés par deux **droites parallèles**, alors ils sont de **même amplitude**.

7 Somme des amplitudes des angles intérieurs d'un triangle

La somme des amplitudes des angles **intérieurs** d'un triangle vaut **180°**.

EXEMPLE :

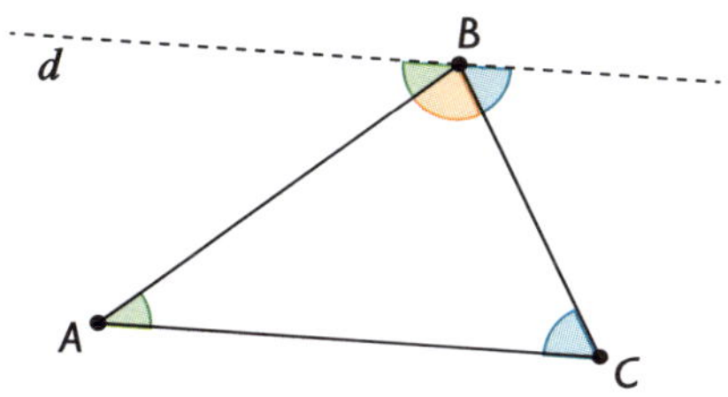

$d \parallel (AC)$

$\widehat{A} + \widehat{B} + \widehat{C} = 180°$

8 Angles à côtés parallèles

Deux **angles à côtés parallèles** sont deux angles dont **les côtés** sont respectivement **parallèles**.

Deux **angles à côtés** respectivement **parallèles**…
- sont de **même amplitude** s'ils sont tous **deux aigus** ou tous **deux obtus** ;
- sont **supplémentaires** si l'un est **aigu** et l'autre **obtus**.

EXEMPLES :

1

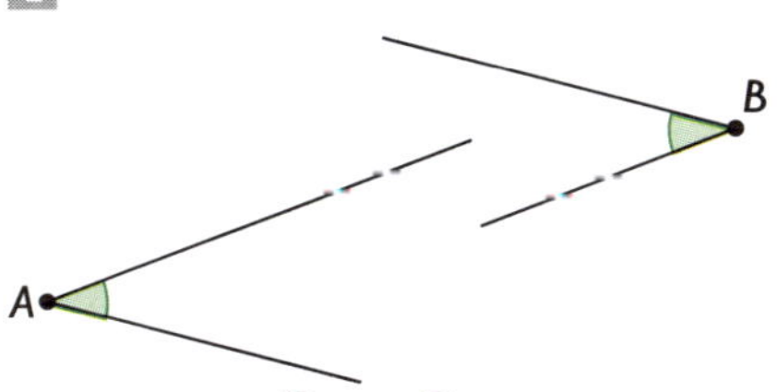

Les angles $\widehat{A}$ et $\widehat{B}$ sont de même amplitude.

$\widehat{A} = \widehat{B}$

2

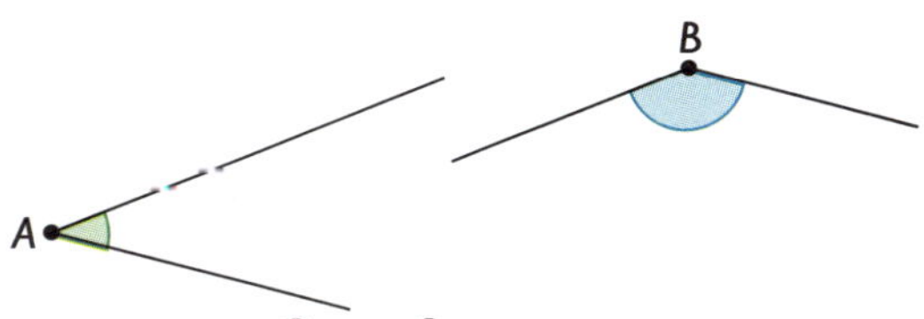

Les angles $\widehat{A}$ et $\widehat{B}$ sont supplémentaires.

$\widehat{A} + \widehat{B} = 180°$

9 Angles à côtés perpendiculaires

Deux **angles à côtés perpendiculaires** sont deux angles dont les **côtés** ou leur **prolongement** sont respectivement **perpendiculaires**.

Deux **angles à côtés** respectivement **perpendiculaires**…
- sont **de même amplitude** s'ils sont tous **deux aigus** ou tous **deux obtus** ;
- sont **supplémentaires** si l'un est **aigu** et l'autre **obtus**.

EXEMPLES :

1

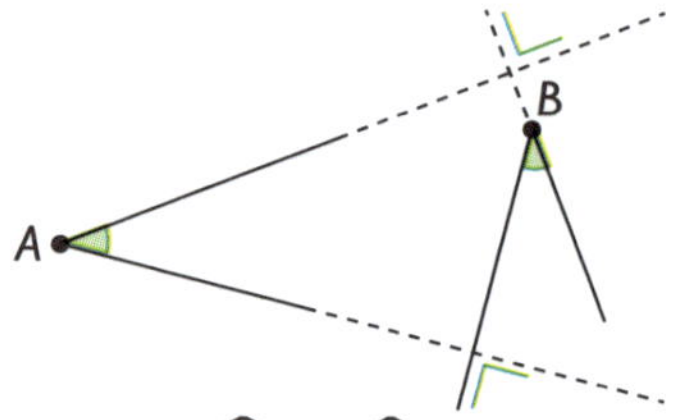

Les angles $\widehat{A}$ et $\widehat{B}$ sont de même amplitude.
$\widehat{A} = \widehat{B}$

2

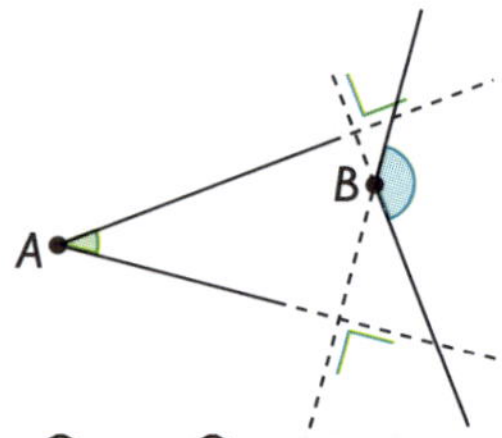

Les angles $\widehat{A}$ et $\widehat{B}$ sont supplémentaires.
$\widehat{A} + \widehat{B} = 180°$

2 Vocabulaire

1 Angle au centre

Un **angle au centre** est un angle dont le **sommet** est le **centre** du cercle.

EXEMPLE :

Soit le cercle $\mathscr{C}$ de centre O.
L'angle $\widehat{DOC}$ est un angle au centre.

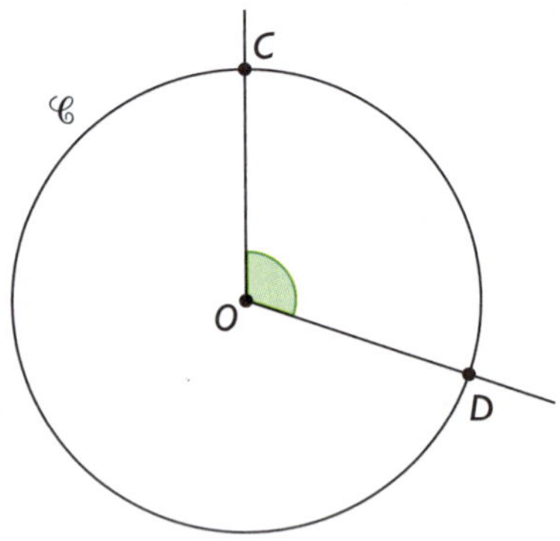

2 Angle saillant et angle rentrant

Lorsque l'angle n'est pas marqué dans la figure, il faut observer la notation mathématique de cet angle afin de distinguer l'angle saillant de l'angle rentrant.

Il en va de même pour les arcs de cercle. En effet, pour distinguer le petit arc de cercle dont les extrémités sont A et B du grand arc de cercle de mêmes extrémités, il est nécessaire d'observer la notation mathématique.

Angle saillant	Angle rentrant
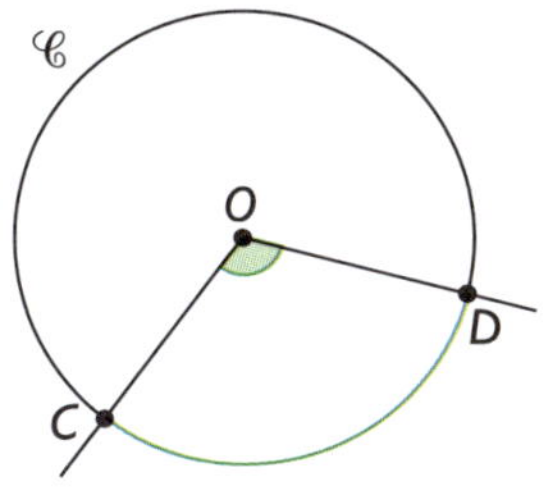 L'angle $\widehat{COD}$ intercepte l'arc de cercle $\overset{\frown}{CD}$.	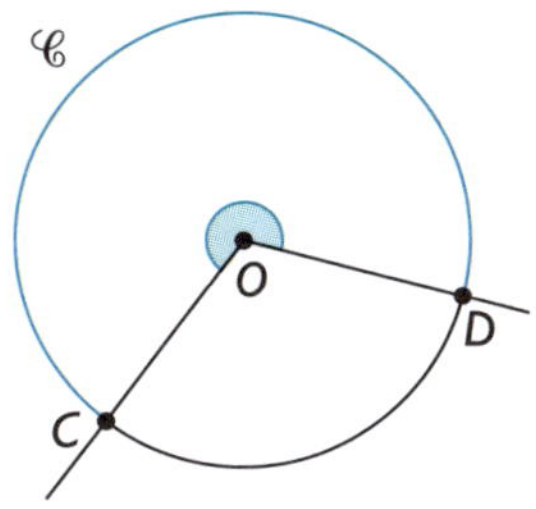 L'angle $\widecheck{COD}$ intercepte l'arc de cercle $\overset{\smile}{CD}$.

3 Angle inscrit

Un **angle inscrit** est un angle dont **le sommet** est **un point** du cercle et dont **les côtés** sont **sécants** au cercle.

EXEMPLE :

Soit le cercle 𝒞 de centre O.
L'angle $\widehat{DCE}$ est un angle inscrit.

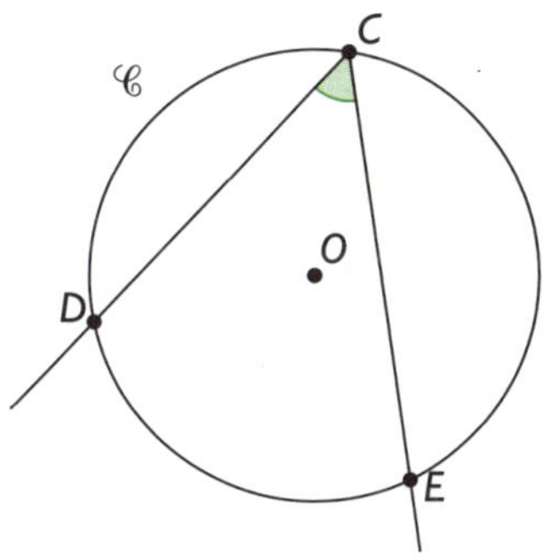

4 Angle tangentiel

Un **angle tangentiel** à un cercle est un angle dont...
- **le sommet** est **un point** du cercle ;
- **un côté** est **sécant** au cercle ;
- **l'autre côté** est formé par **la tangente** au cercle passant par **le sommet**.

EXEMPLE :

Soit le cercle 𝒞 de centre O.
(AD) est la tangente au cercle 𝒞 au point A.
L'angle $\widehat{DAC}$ est un angle tangentiel.

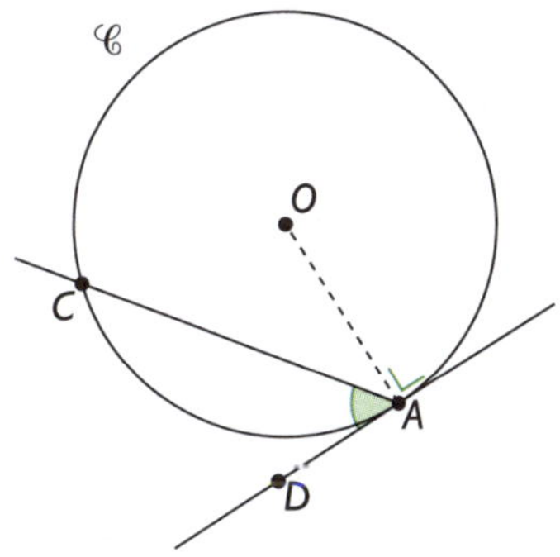

9

3 Angles au centre, angles inscrits et angles tangentiels

1 Un angle au centre et un angle inscrit

Dans un cercle, si **un angle au centre** et **un angle inscrit** interceptent **le même arc**, alors **l'amplitude de l'angle au centre** vaut **le double** de celle de **l'angle inscrit**.

Cas 1	Cas 2	Cas 3
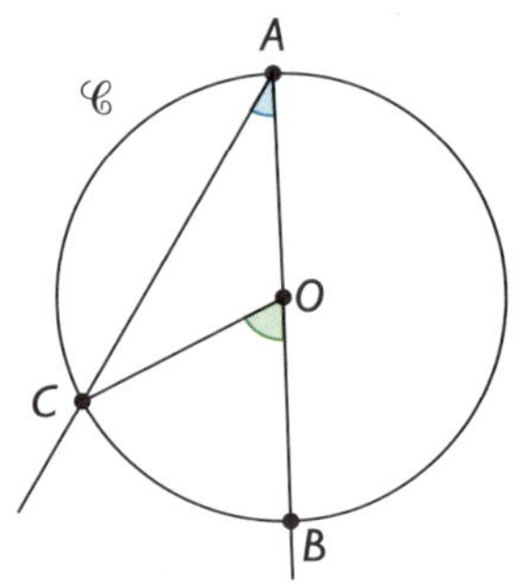	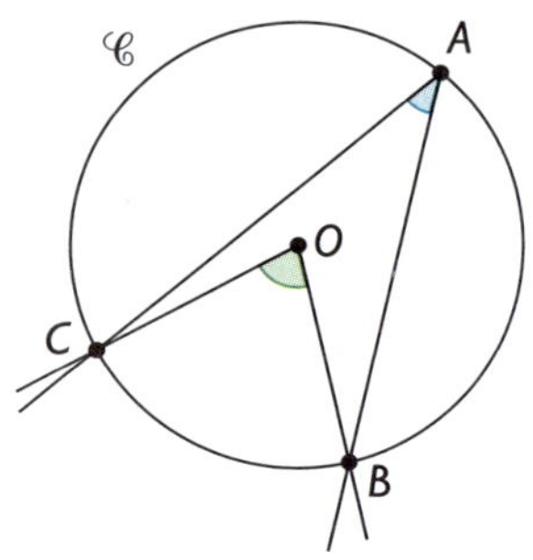	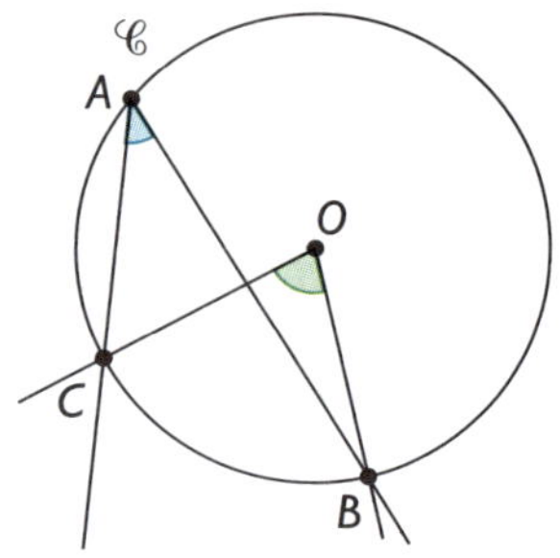

Démontrons le cas 1 et utilisons-le ensuite pour démontrer les cas 2 et 3.

Hypothèses :

$\mathscr{C}$ est un cercle de centre O.

A, B et C appartiennent au cercle $\mathscr{C}$.

$\widehat{BOC}$ est un angle au centre interceptant l'arc $\overset{\frown}{BC}$.

$\widehat{BAC}$ est un angle inscrit interceptant l'arc $\overset{\frown}{BC}$.

$O \in (AB)$.

Thèse :

$\widehat{BOC} = 2 \cdot \widehat{BAC}$

Démonstration :

Le triangle AOC est isocèle en O car $[OC]$ et $[OA]$ sont des rayons du cercle $\mathscr{C}$.
Ainsi, $\widehat{OCA} = \widehat{OAC}$ (1) car les angles adjacents à la base d'un triangle isocèle sont de même amplitude.

L'angle $\widehat{BOC}$ est extérieur au triangle AOC.
Ainsi, $\widehat{BOC} = \widehat{OAC} + \widehat{OCA}$ (2) car l'amplitude d'un angle extérieur à un triangle vaut la somme des amplitudes des angles intérieurs non-adjacents.
Par conséquent, (1) et (2) impliquent :

$$\widehat{BOC} = \widehat{OAC} + \widehat{OCA} \Leftrightarrow \widehat{BOC} = 2 \cdot \widehat{OAC}$$

$$\Leftrightarrow \widehat{BOC} = 2 \cdot \widehat{BAC}^{*}$$

* car $\widehat{OAC}$ et $\widehat{BAC}$ représentent le même angle puisque $O \in (AB)$.

Démontrons les cas 2 et 3.

Cas 2

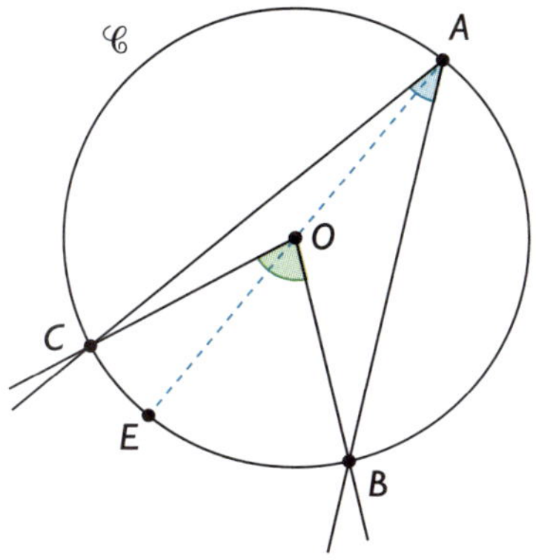

Hypothèses :

$\mathscr{C}$ est un cercle de centre O.
A, B et C appartiennent au cercle $\mathscr{C}$.
$\widehat{BOC}$ est un angle au centre interceptant l'arc $\overset{\frown}{BC}$.
$\widehat{BAC}$ est un angle inscrit interceptant l'arc $\overset{\frown}{BC}$.
O est à l'intérieur de l'angle $\widehat{BAC}$.

Thèse :

$\widehat{BOC} = 2 \cdot \widehat{BAC}$

Démonstration :

Trace la droite AO. Nomme E le point d'intersection de la droite AO avec le cercle $\mathscr{C}$.
En appliquant le cas 1 aux angles $\widehat{BAE}$ et $\widehat{CAE}$, on a :

$\widehat{BOE} = 2 \cdot \widehat{BAE}$

$\widehat{COE} = 2 \cdot \widehat{CAE}$

En additionnant membre à membre les deux égalités, on obtient :

$$\widehat{BOE} + \widehat{COE} = 2 \cdot \widehat{BAE} + 2 \cdot \widehat{CAE}$$

$$\Leftrightarrow \widehat{BOC} = 2 \cdot \left(\widehat{BAE} + \widehat{CAE} \right)$$

$$\Leftrightarrow \widehat{BOC} = 2 \cdot \widehat{BAC}$$

Cas 3

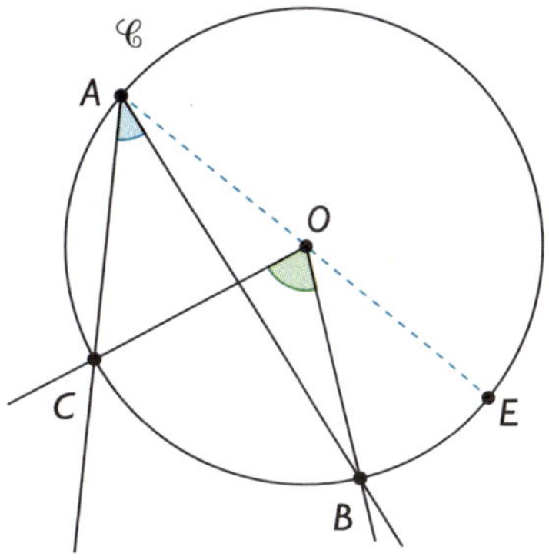

Hypothèses :

$\mathscr{C}$ est un cercle de centre O.
A, B et C appartiennent au cercle $\mathscr{C}$.
$\widehat{BOC}$ est un angle au centre interceptant l'arc $\overset{\frown}{BC}$.
$\widehat{BAC}$ est un angle inscrit interceptant l'arc $\overset{\frown}{BC}$.
O est à l'extérieur de l'angle $\widehat{BAC}$.

Thèse :

$\widehat{BOC} = 2 \cdot \widehat{BAC}$

Démonstration :

Trace la droite AO. Nomme E le point d'intersection de la droite AO avec le cercle $\mathscr{C}$.
En appliquant le cas 1 aux angles $\widehat{BAE}$ et $\widehat{CAE}$, on a :

$\widehat{BOE} = 2 \cdot \widehat{BAE}$

$\widehat{COE} = 2 \cdot \widehat{CAE}$

En soustrayant membre à membre les deux égalités, on obtient :

$$\widehat{COE} - \widehat{BOE} = 2 \cdot \widehat{CAE} - 2 \cdot \widehat{BAE}$$

$$\Leftrightarrow \widehat{BOC} = 2 \cdot \left(\widehat{CAE} - \widehat{BAE} \right)$$

$$\Leftrightarrow \widehat{BOC} = 2 \cdot \widehat{BAC}$$

9

2 Deux angles inscrits

Dans un cercle, si **deux angles inscrits** interceptent **le même arc**, alors ils sont de **même amplitude**.

Hypothèses :

$\mathscr{C}$ est un cercle de centre O.

A, B, C et D appartiennent au cercle $\mathscr{C}$.

$\widehat{BAC}$ est un angle inscrit interceptant l'arc $\overset{\frown}{BC}$.

$\widehat{BDC}$ est un angle inscrit interceptant l'arc $\overset{\frown}{BC}$.

Thèse :

$\widehat{BAC} = \widehat{BDC}$

Dessin :

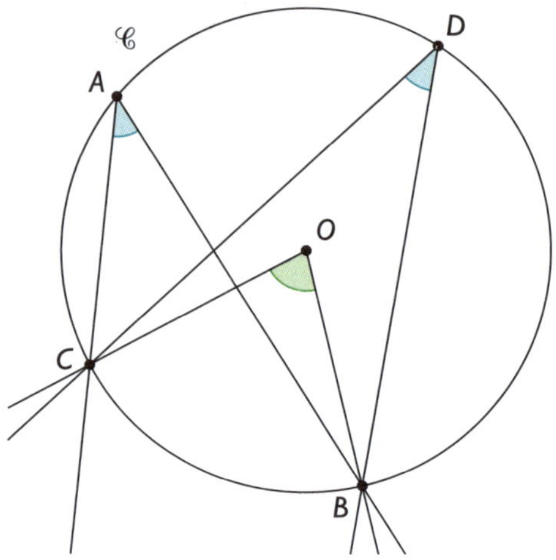

Démonstration :

Soit l'angle au centre $\widehat{BOC}$ interceptant l'arc $\overset{\frown}{BC}$.

L'angle inscrit $\widehat{BAC}$ intercepte le même arc que l'angle au centre $\widehat{BOC}$.

Par conséquent, $\widehat{BOC} = 2 \cdot \widehat{BAC}$. (1)

L'angle inscrit $\widehat{BDC}$ intercepte le même arc que l'angle au centre $\widehat{BOC}$.

Par conséquent, $\widehat{BOC} = 2 \cdot \widehat{BDC}$. (2)

(1) et (2) impliquent : $\widehat{BAC} = \widehat{BDC}$.

9

3 Un angle tangentiel et un angle inscrit

Dans un cercle, si un angle tangentiel et un angle inscrit interceptent le même arc, alors ils sont de même amplitude.

Hypothèses :

$\mathscr{C}$ est un cercle de centre O.

A, B et C appartiennent au cercle $\mathscr{C}$.

$\widehat{ABC}$ est un angle inscrit interceptant l'arc $\overset{\frown}{AC}$.

$\widehat{DAC}$ est un angle tangentiel interceptant l'arc $\overset{\frown}{AC}$.

Dessin :

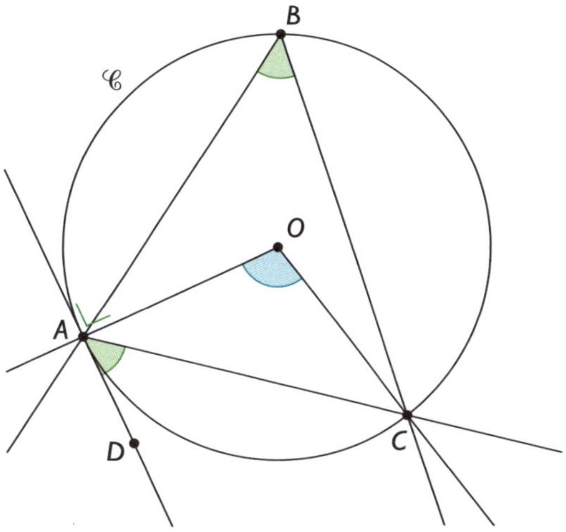

Thèse :

$\widehat{ABC} = \widehat{DAC}$

Démonstration :

Soit l'angle au centre $\widehat{AOC}$ interceptant l'arc $\overset{\frown}{AC}$.

L'angle inscrit $\widehat{ABC}$ intercepte le même arc que l'angle au centre $\widehat{AOC}$.

Par conséquent, $\widehat{AOC} = 2 \cdot \widehat{ABC}$.

Or, le triangle AOC est isocèle en O car $[AO]$ et $[OC]$ sont des rayons du cercle $\mathscr{C}$.

Ainsi, les angles $\widehat{OAC}$ et $\widehat{OCA}$ sont de même amplitude car les angles adjacents à la base d'un triangle isocèle sont de même amplitude.

Par conséquent,

$$\widehat{OAC} = \frac{180° - \widehat{AOC}}{2} = \frac{180° - 2 \cdot \widehat{ABC}}{2} = 90° - \widehat{ABC}$$

Ce qui donne :

$$\begin{aligned} \widehat{DAC} &= 90° - \widehat{OAC}\,^{*} \\ &= 90° - \left(90° - \widehat{ABC}\right) \\ &= 90° - 90° + \widehat{ABC} \\ &= \widehat{ABC} \end{aligned}$$

* car les angles $\widehat{DAC}$ et $\widehat{OAC}$ sont adjacents complémentaires.

9

4 Un angle inscrit interceptant un diamètre

Dans un cercle, si **un angle inscrit** intercepte **un diamètre** de ce cercle, alors c'est **un angle droit**.

Dessin :

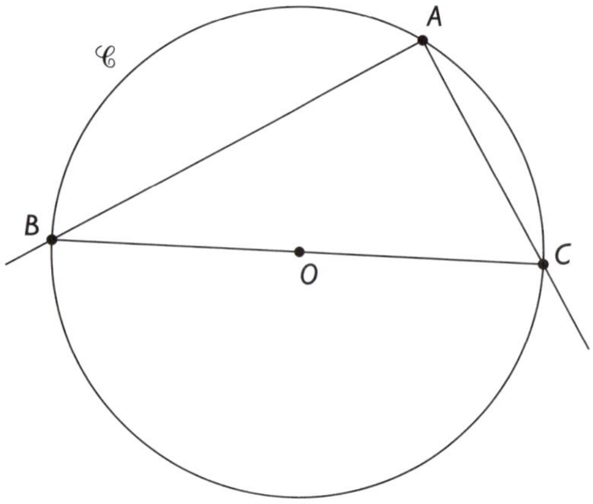

Hypothèses :

$\mathscr{C}$ est un cercle de centre O.
A, B et C sont trois points du cercle $\mathscr{C}$.
$\widehat{BAC}$ est un angle inscrit interceptant l'arc $\overset{\frown}{BC}$.
$[BC]$ est un diamètre du cercle.

Thèse :

$\widehat{BAC} = 90°$

Démonstration :

Puisque le segment $[BC]$ est un diamètre du cercle $\mathscr{C}$, l'angle $\widehat{BOC}$ est un angle au centre qui intercepte l'arc de cercle $\overset{\frown}{BC}$; son amplitude vaut 180°.

Ainsi, $\widehat{BAC} = \dfrac{180°}{2} = 90°$, car l'angle $\widehat{BAC}$ est un angle inscrit interceptant le même arc $\overset{\frown}{BC}$ que l'angle au centre $\widehat{BOC}$. Dans un cercle, si un angle inscrit et un angle au centre interceptent le même arc, alors l'amplitude de l'angle inscrit vaut la moitié de celle de l'angle au centre. Par conséquent, $\widehat{BAC} = 90°$.

9

REMARQUE :
La propriété précédente peut aussi s'énoncer de la façon suivante.

Si un **triangle** est **inscrit** dans un **cercle** qui a pour **diamètre** un des **cotés** du triangle, alors ce triangle est **rectangle**.

CHAPITRE 10

Transformations du plan

PRÉREQUIS

Pour commencer ce chapitre, tu as besoin de :

- savoir reconnaitre l'écriture d'une droite et d'un point ;
- savoir utiliser une équerre géométrique et un compas ;
- savoir construire des droites parallèles.

OBJECTIFS

Au terme de ce chapitre, tu seras capable de/d' :

- reconnaitre une symétrie orthogonale, une translation, une symétrie centrale et une rotation et les associer à leur mouvement ;
- construire l'image d'une figure par une symétrie centrale ;
- construire l'image d'une figure par une symétrie orthogonale ;
- construire l'image d'une figure par une translation ;
- construire l'image d'une figure par une rotation dont l'amplitude de l'angle est un multiple entier de 30° ou de 45° ;
- construire l'image d'une droite et d'une demi-droite par chacune des transformations du plan ;
- compléter une frise ;
- utiliser les invariants des transformations du plan afin de tracer l'image d'une figure.
- décrire les effets de quelques transformations sur les coordonnées d'un point.

1 Identification des mouvements

ACTIVITÉ

Mehdi adore la peinture : son peintre favori est M. C. Escher car ses toiles sont souvent liées à la géométrie.
Escher a réalisé de nombreux pavages, c'est-à-dire des toiles dans lesquelles un ou plusieurs éléments sont répétés afin de former un tout.
Mehdi te lance le défi de retrouver les mouvements qu'il a utilisés pour réaliser ses propres créations.

Complète les phrases par le verbe adéquat.

p.23 1

1

Afin de passer de la figure 1 à la figure 2, nous devons .... le pochoir.

2

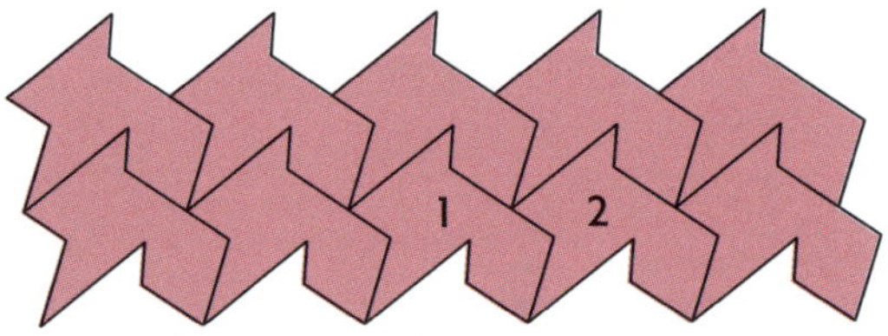

Afin de passer de la figure 1 à la figure 2, nous devons .... le pochoir.

3

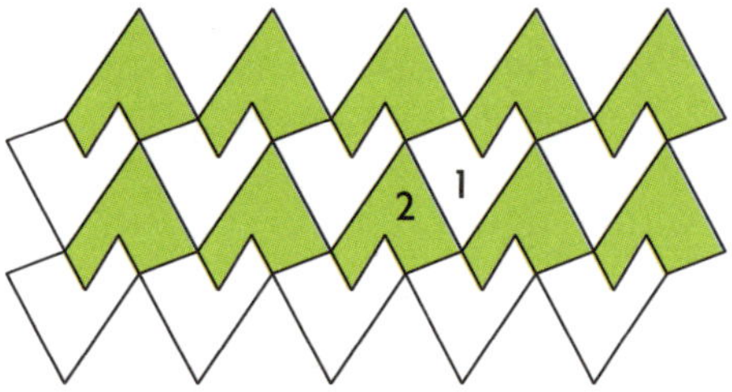

Afin de passer de la figure 1 à la figure 2, nous devons .... le pochoir.

4

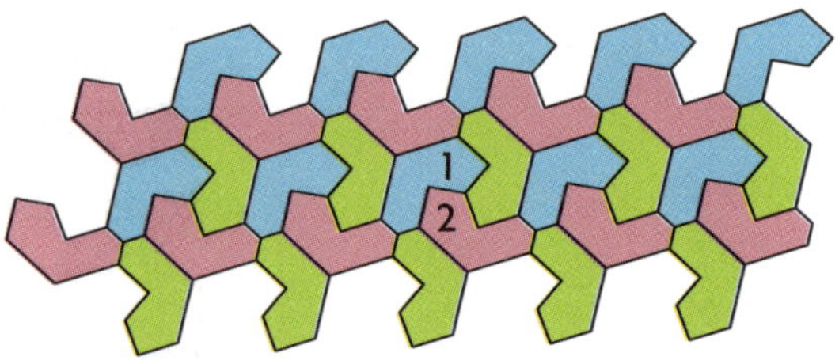

Afin de passer de la figure 1 à la figure 2, nous devons .... le pochoir.

R15 1

EXERCICES

1 Voici 4 images de la vie quotidienne. Repère dans chacune d'elles une transformation du plan et complète le tableau ci-dessous avec les termes suivants :

tourner	symétrie orthogonale	retourner	rotation
tourner d'un demi-tour	glisser	symétrie centrale	translation

Images				
Verbes d'action	....	....	....	....
Transformations du plan	....	....	....	....

2 Retrouve la transformation du plan qui permet de passer de la main n° 1 aux autres mains. S'il ne s'agit pas d'une isométrie (agrandissement, réduction ou déformation), indique-le.

1 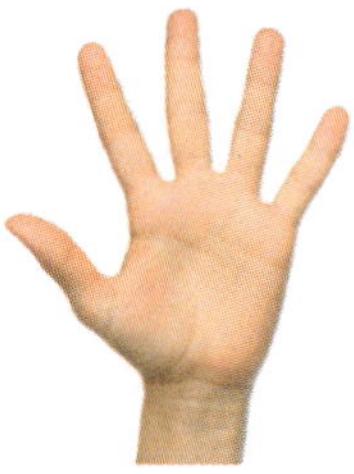
2 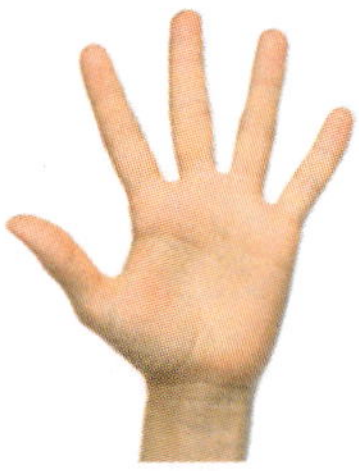
3 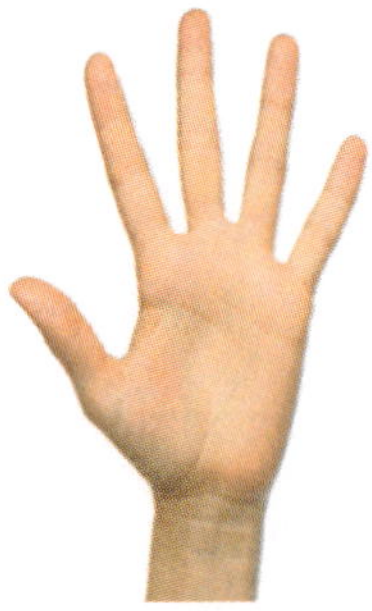
4 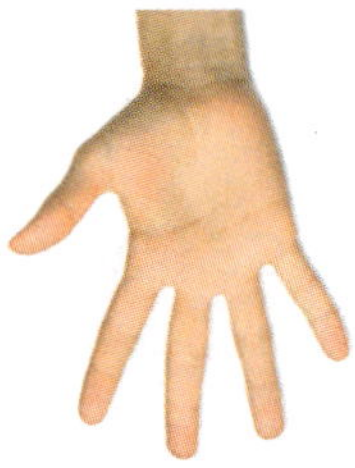

5 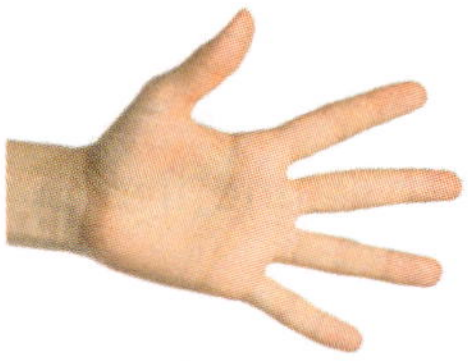
6 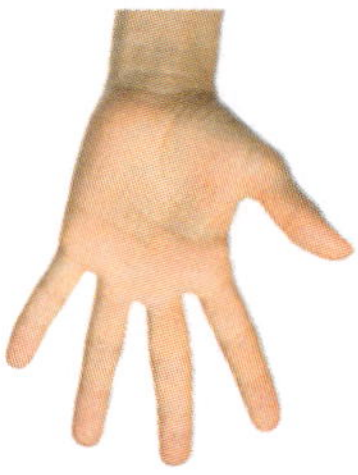
7 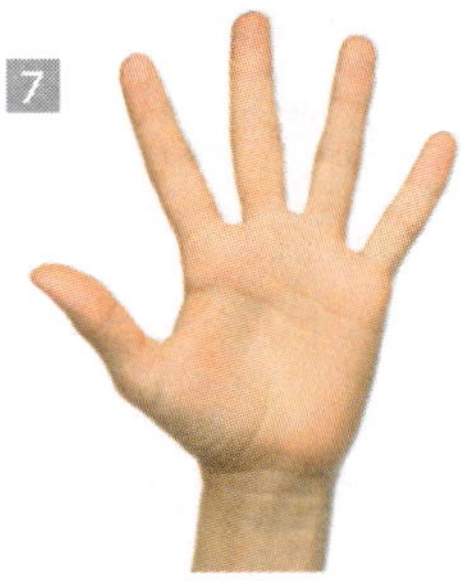
8 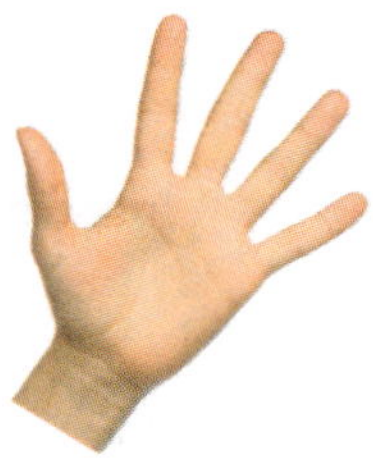

	Pas d'isométrie	Isométries			
		Symétrie orthogonale	Symétrie centrale	Translation	Rotation
1 → 2					
1 → 3					
1 → 4					
1 → 5					
1 → 6					
1 → 7					
1 → 8					

3 Reconnais les différentes transformations du plan qui transforment le bonhomme violet en bonhomme bleu. S'il s'agit d'une…
– symétrie orthogonale, repère en bleu son élément caractéristique ;
– symétrie centrale, repère en vert son élément caractéristique ;
– translation, repère en rouge son élément caractéristique.

1

……………………………………………

2
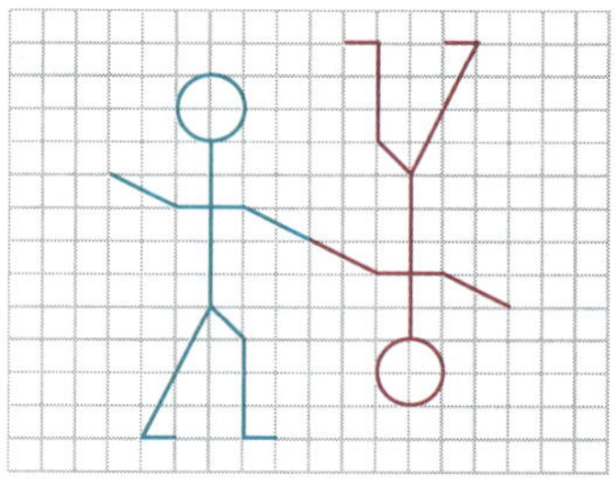
……………………………………………

3

……………………………………………

4
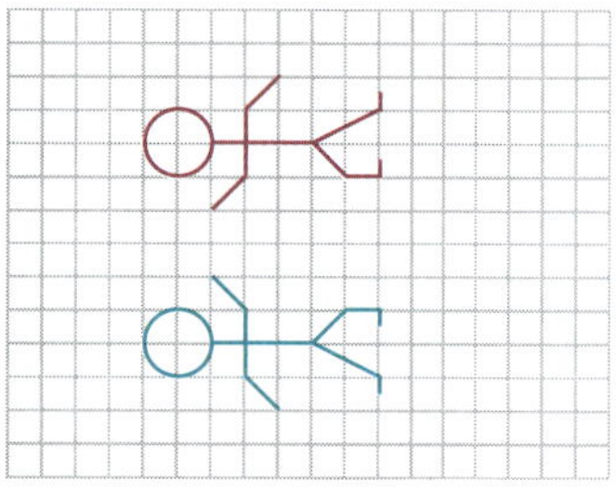
……………………………………………

5
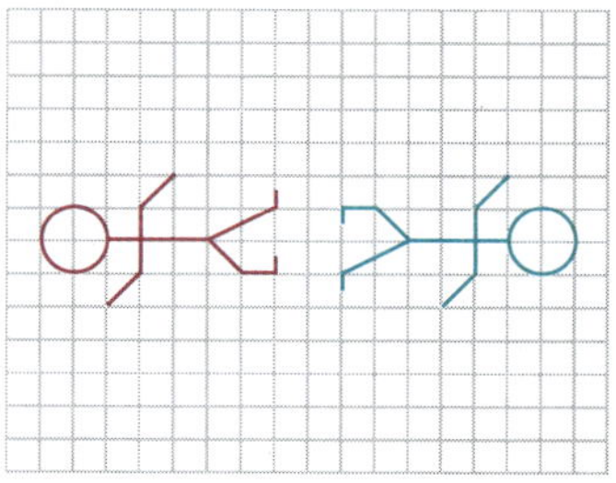
……………………………………………

6
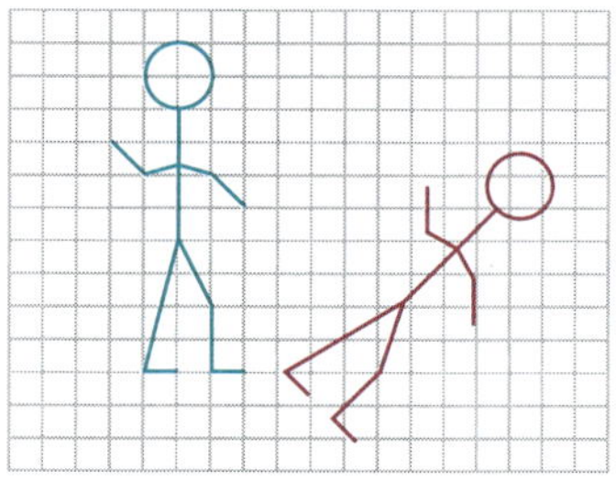
……………………………………………

4 Complète les phrases suivantes.

– Une symétrie orthogonale consiste à …………………………… une figure par rapport à …………………………….

– Une symétrie centrale consiste à …………………………… une figure …………………………… autour d'un …………………………….

– Une translation consiste à …………………………… une figure suivant …………………………….

– Une rotation consiste à …………………………… une figure autour d'un ……………………………, en suivant un sens de rotation et en respectant l'amplitude de l'angle de rotation.

– Une …………………………… est une transformation du plan qui conserve la …………………………… des segments et …………………………… des angles.

2 La symétrie orthogonale

ACTIVITÉ

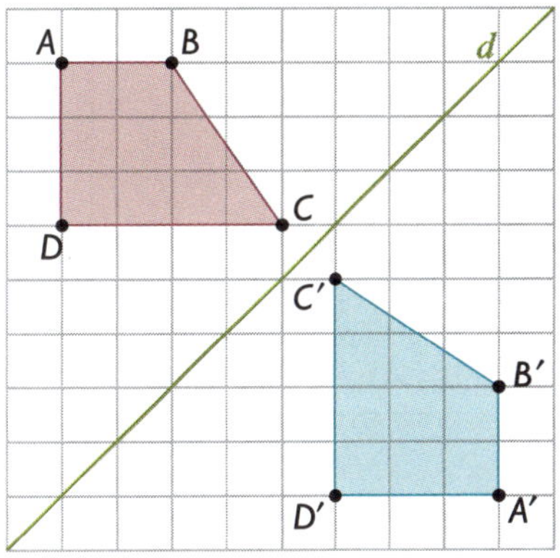

Sur le dessin ci-contre, les trapèzes *ABCD* et *A′B′C′D′* sont images l'un de l'autre par une symétrie orthogonale. Construis les segments reliant chaque point à son image et réponds ensuite aux questions.

a Quelle position relative ont les segments les uns par rapport aux autres ?

....

b Quelle est la position relative des segments par rapport à la droite *d* ?

....

c Si *S* est l'intersection entre le segment [*AA′*] et la droite *d*, quelle est la caractéristique de ce point pour le segment [*AA′*] ?

....

d Quelle est la caractéristique de la droite *d* par rapport à un point et son image ?

....

R155 2

e Complète la phrase suivante.

L'élément caractéristique d'une symétrie orthogonale est ....

appelée .... de la symétrie.

10

EXERCICES

p.230 2

1 En utilisant le quadrillage, construis les images des points *A*, *B*, *C* et *D* par la symétrie orthogonale d'axe *d*. Complète ensuite les phrases.

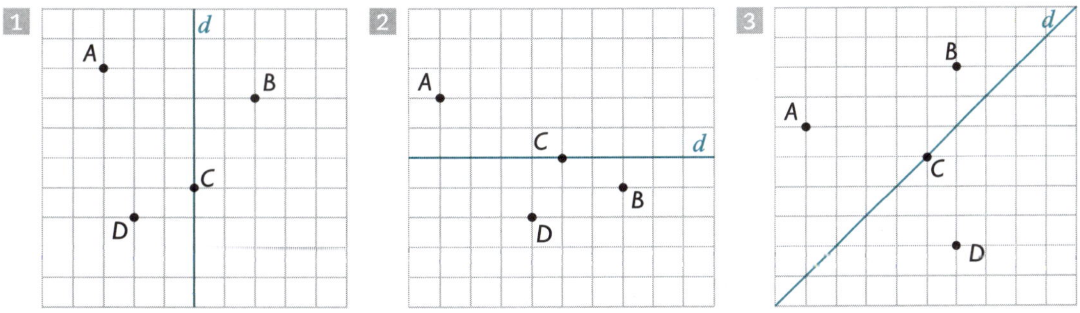

Un point est sa propre image par la symétrie orthogonale d'axe *d* : il s'agit du point

.... Ce type de point est appelé ....

10

2 Coche les situations dans lesquelles la figure bleue est l'image de la figure verte par la symétrie orthogonale d'axe d.

1

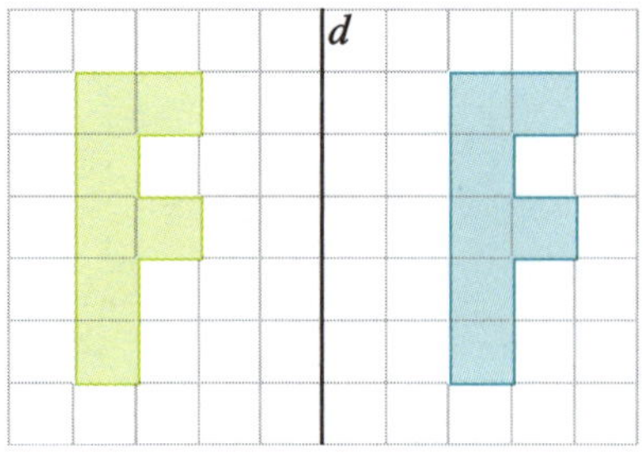

☐

2

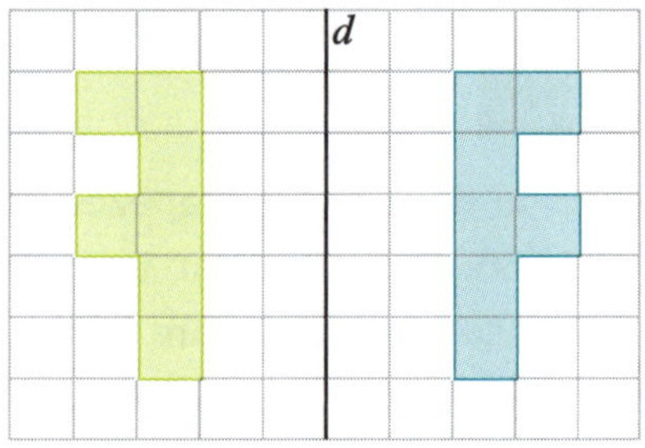

☐

3

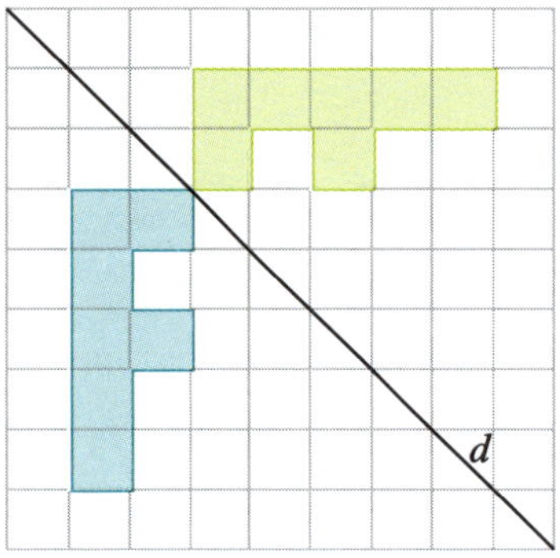

☐

4

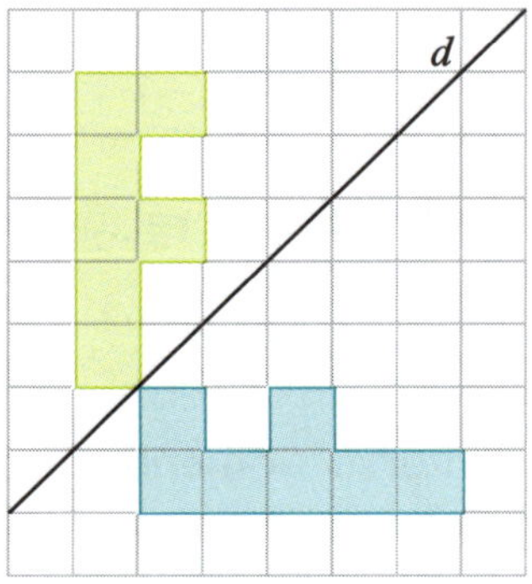

☐

3 Voici 4 figures. Indique si le point A' est bien l'image du point A par la symétrie orthogonale d'axe d en cochant la bonne réponse. Justifie ton choix.

1

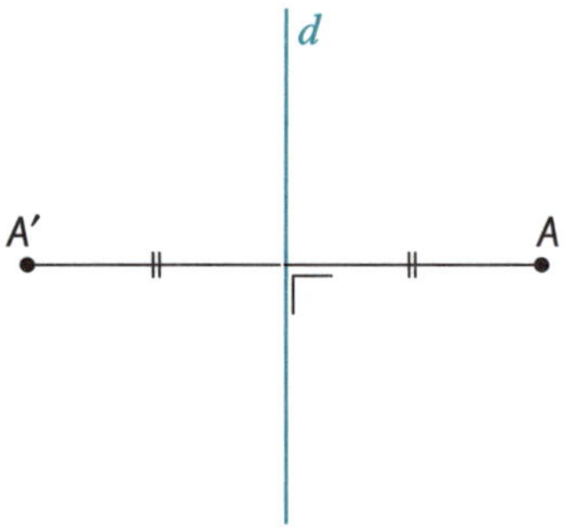

☐ VRAI ☐ FAUX

....

....

....

....

2

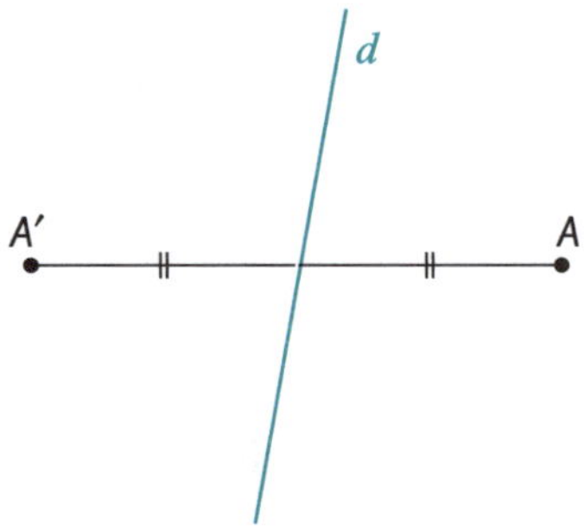

☐ VRAI ☐ FAUX

....

....

....

....

3

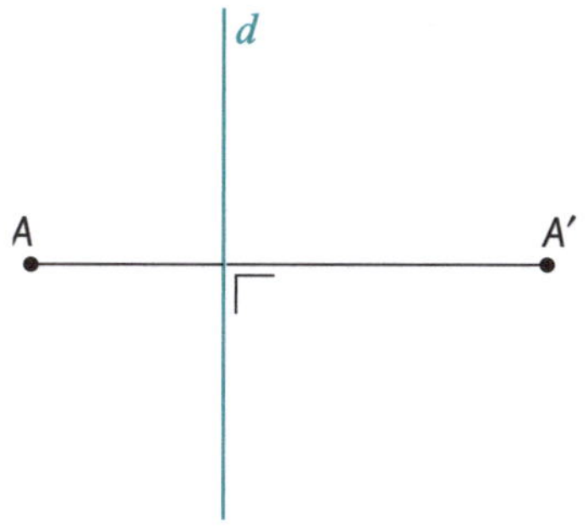

☐ VRAI ☐ FAUX

....

....

....

....

4

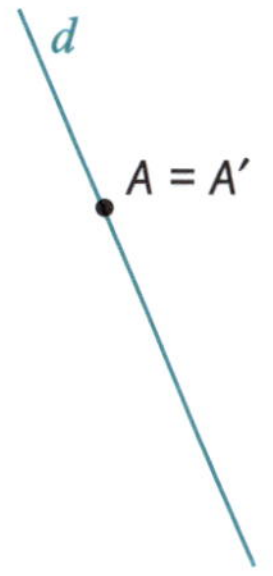

☐ VRAI ☐ FAUX

....

....

....

....

4 Observe cette figure en forme de cible et complète le tableau.

L'image de la figure n°… … par la symétrie d'axe…	2	11	23	17	13
(GC)	....	....	....	....	....
(AE)	....	....	....	....	....
(BF)	....	....	....	....	....

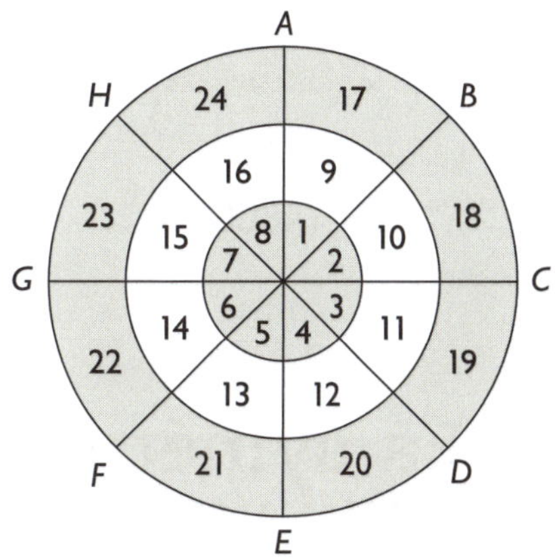

5 Construis les symétries orthogonales ci-dessous.

1 $s_{(AB)}(E) = E'$ 2 $s_m(D) = D'$ 3 $s_a(G) = G'$ 4 $s_m(F) = F'$

5 $s_a(C) = C'$ 6 $s_{(BA)}(D) = X$ 7 $s_m(E) = T$ 8 $s_{(AB)}(A) = A'$

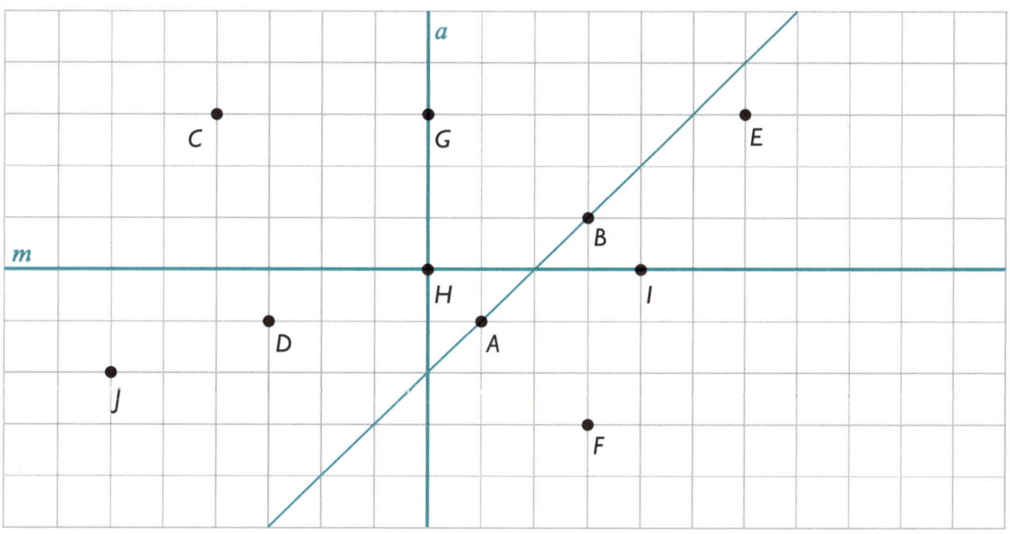

6 En utilisant le quadrillage, construis les images des segments et des figures tracés par la symétrie orthogonale d'axe d.

1

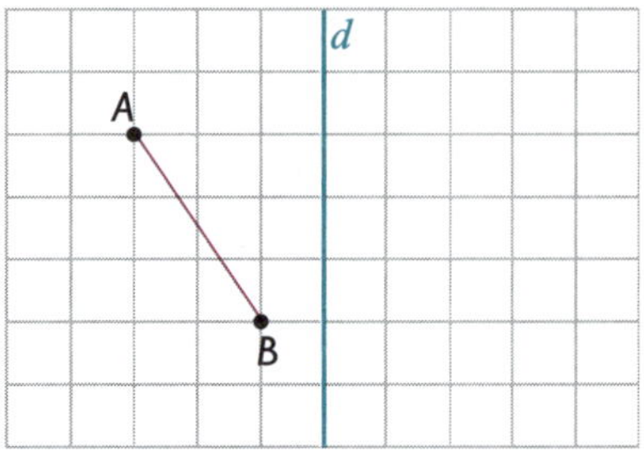

$s_d([AB])$ = ...

2

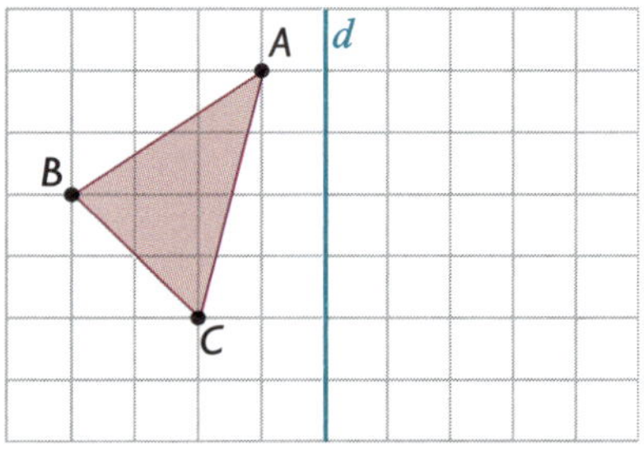

$s_d(ABC)$ = ...

3

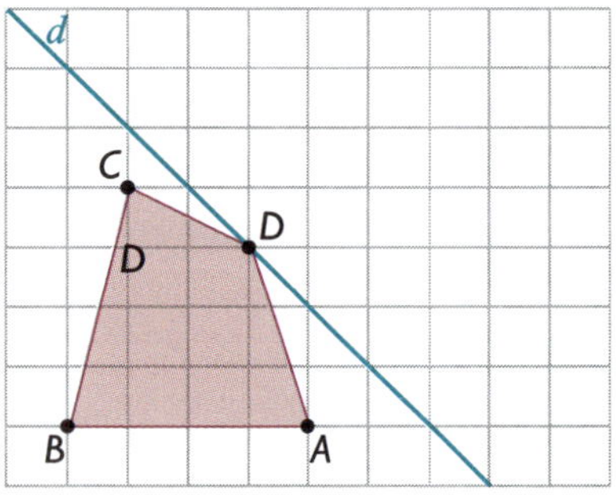

$s_d(ABCD)$ = ...

4

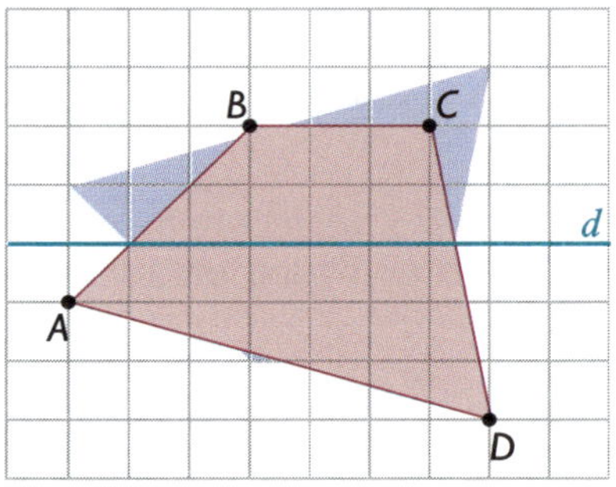

$s_d(ABCD)$ = ...

3 La symétrie centrale

ACTIVITÉ

10

Sur le dessin ci-dessous, les trapèzes *ABCD* et *A′B′C′D′* sont images l'un de l'autre par une symétrie centrale.
Construis les segments reliant les points à leur image et réponds ensuite aux questions.

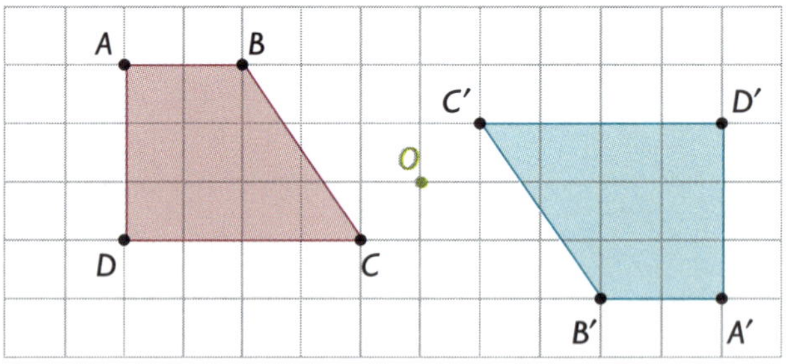

a Quelle position relative occupent les segments les uns par rapport aux autres ?

....

b Quelle est la caractéristique du point *O* par rapport à un segment reliant un point à son image ?

....

c Complète la phrase suivante.

R156 3

L'élément caractéristique d'une symétrie centrale est un .... appelé .... de la symétrie.

EXERCICES

1 Construis les images des points *A*, *B*, *C* et *D* par la symétrie centrale de centre *C*. Complète ensuite les pointillés.

1

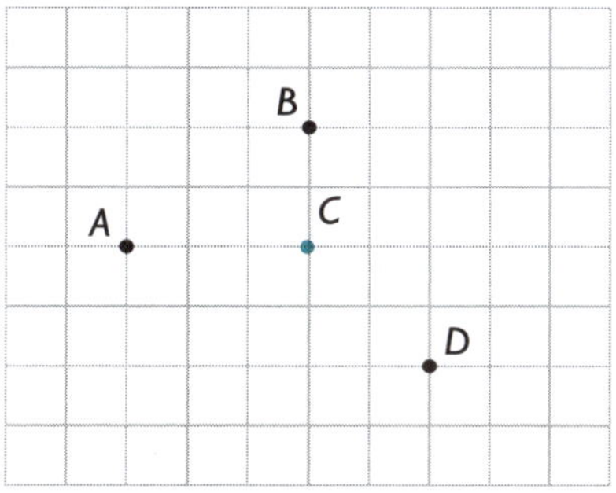

2

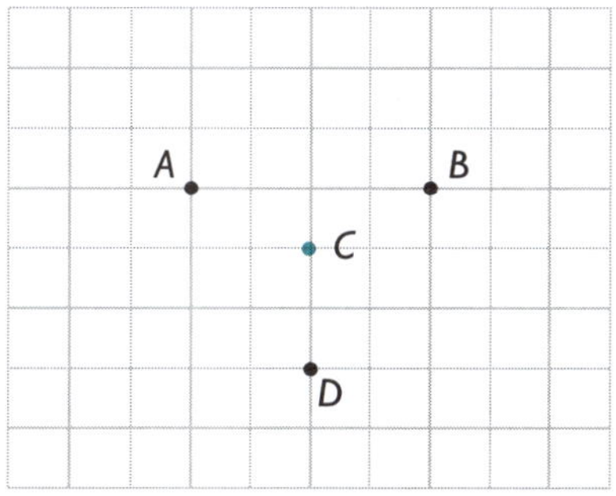

L'image du point C est le point C lui-même, car il s'agit du .... de la symétrie centrale.

2 Coche la situation dans laquelle la figure verte est l'image de la figure bleue par la symétrie centrale de centre *A*.

1

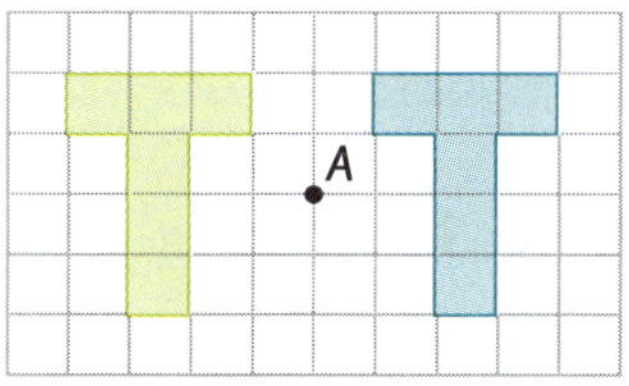

☐

2

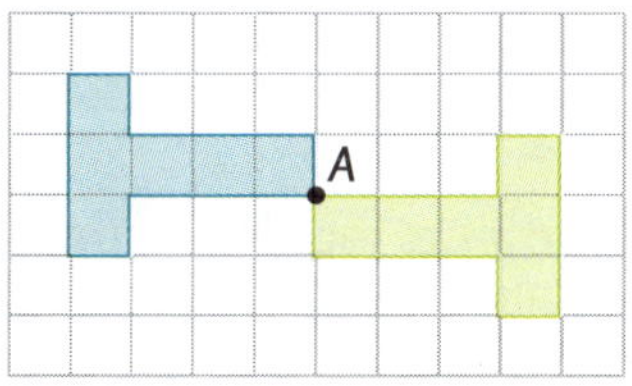

☐

3

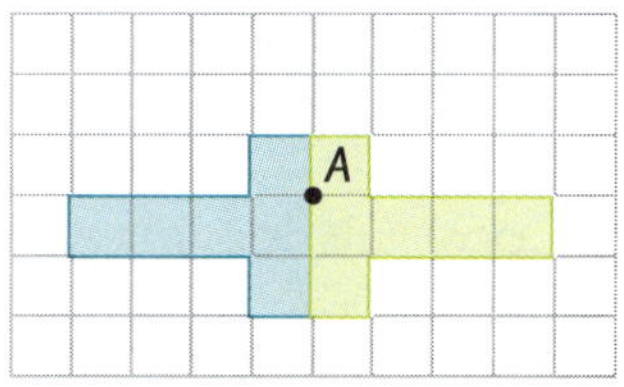

☐

p.230 4

3 Explique pourquoi le point *A′* n'est pas l'image du point *A* par la symétrie centrale de centre *O*.

1

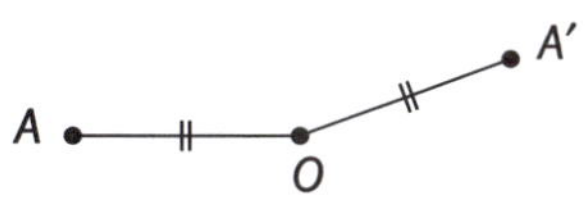

....

....

....

2

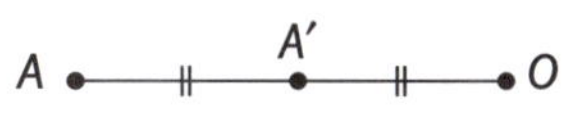

....

....

....

3

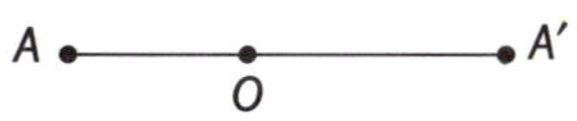

....

....

....

4

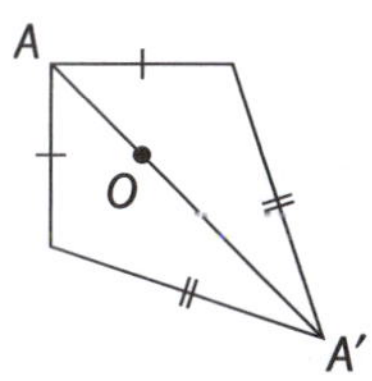

....

....

....

10

4 Observe cette figure en forme de cible et complète le tableau.

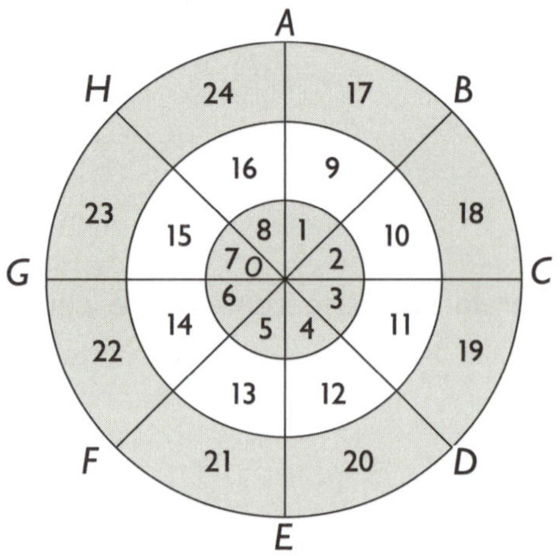

L'image de la figure … par la symétrie centrale de centre O est la figure …	2	24	11	8
	....	....	....	....

5 Construis dans le quadrillage les points images mentionnés ci-dessous.

1 $s_G(C) = C'$ 2 $s_D(J) = J'$

3 $s_B(E) = E'$ 4 $s_F(F) = F'$

5 $s_H(I) = I'$ 6 $s_A(H) = H'$

7 $s_I(H) = M$ 8 $s_B(G) = G'$

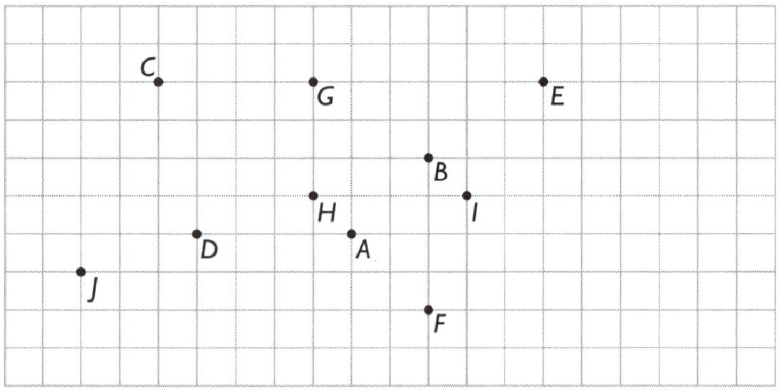

6 Construis les images des segments et des figures tracés par la symétrie centrale de centre O.

1

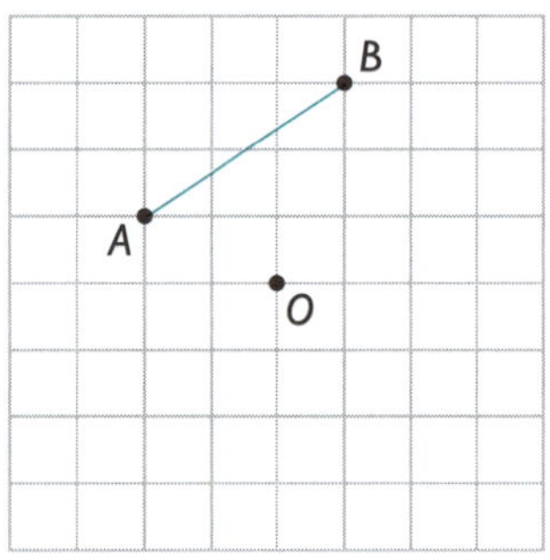

$s_O([AB]) =$ ....

2

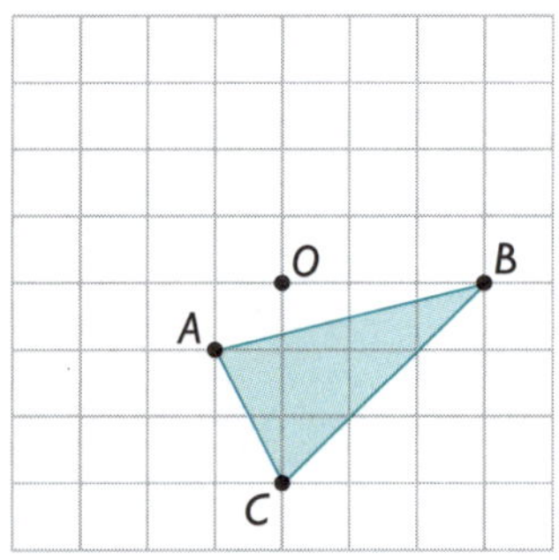

$s_O(ABC) =$ ....

3

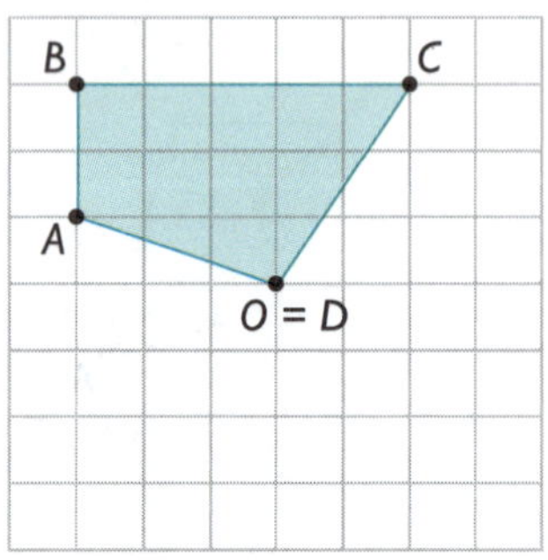

$s_O(ABCD) =$ ....

4

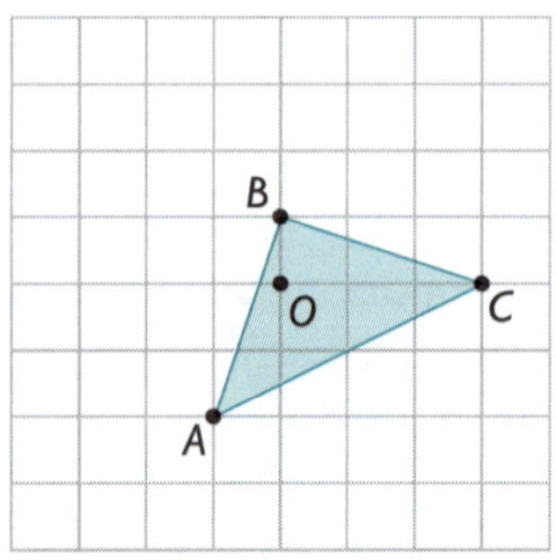

$s_O(ABC) =$ ....

10

4 La translation

ACTIVITÉ

Sur le dessin ci-dessous, le trapèze $A'B'C'D'$ est l'image du trapèze $ABCD$ par une translation. Construis les segments reliant chaque point à son image et réponds ensuite aux questions.

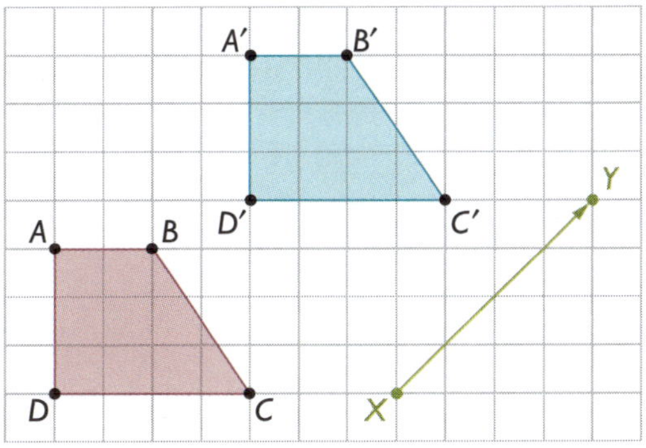

a Quelle position relative ont les segments les uns par rapport aux autres ?

....

b Quelle est la position relative des segments par rapport au vecteur $\overrightarrow{XY}$?

....

c Le sens du mouvement est-il toujours le même ? Justifie ton choix.

....

d À quoi correspond la longueur des segments joignant chaque point à son image ?

....

....

e Caractérise le déplacement qui applique X sur Y.

Tous les segments sont…

– ....

– ....

– ....

R157 4

10

EXERCICES

1 En utilisant le quadrillage, construis les images des points *A*, *B*, *C* et *D* par la translation qui applique le point *X* sur le point *Y*.

1

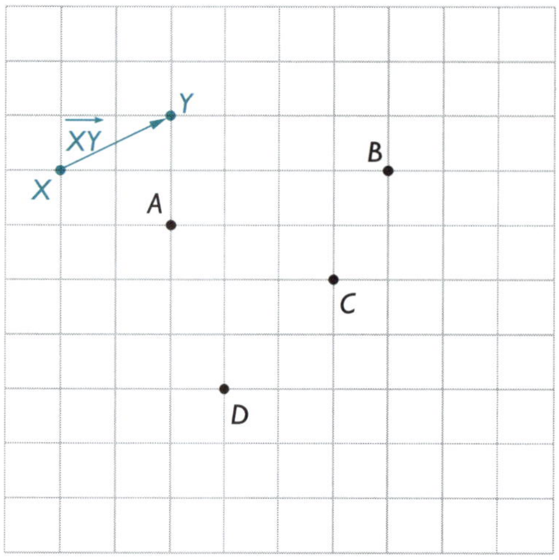

2

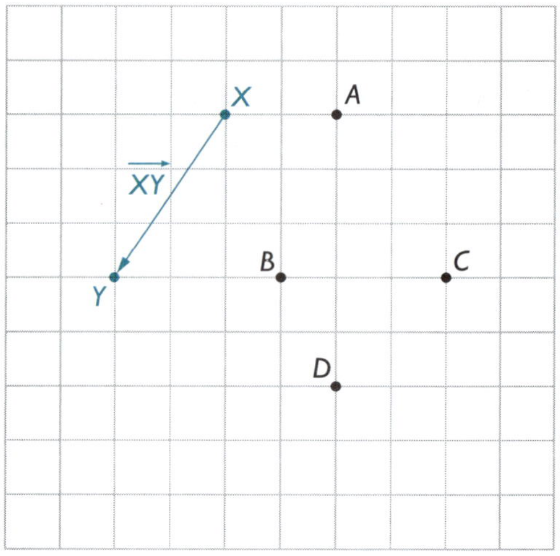

2 Coche la situation dans laquelle la figure bleue est l'image de la figure verte par la translation de vecteur $\overrightarrow{AB}$.

1

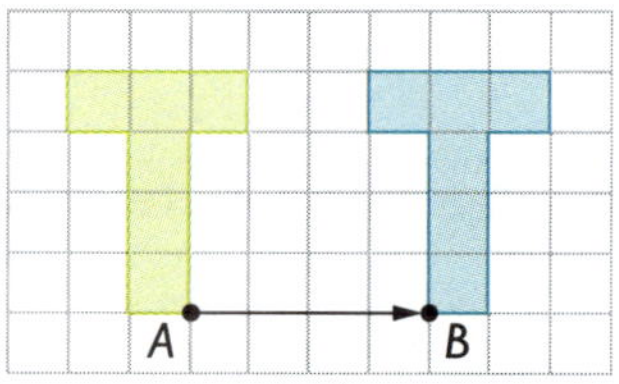

☐

2

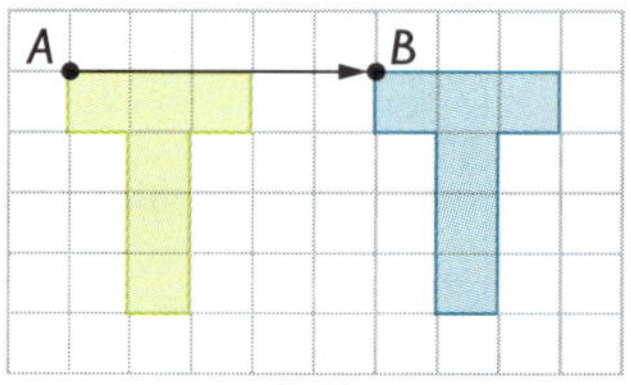

☐

3

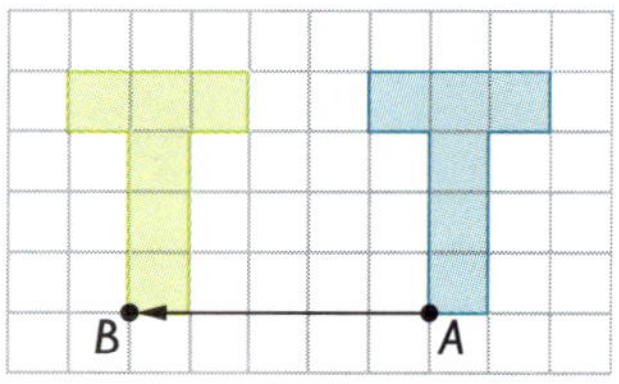

☐

4

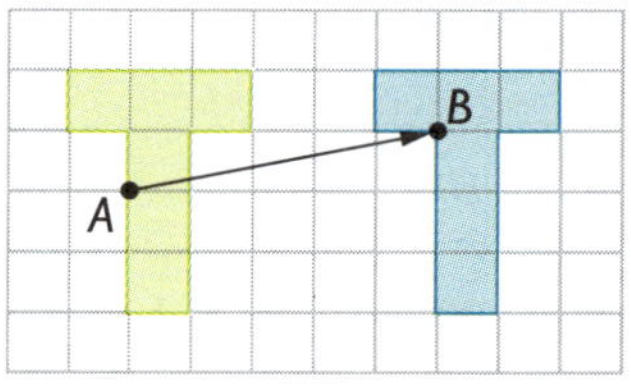

☐

3 Pour chaque situation, indique si le point *B′* est l'image du point *B* par la translation de vecteur $\overrightarrow{AA'}$. Justifie ton choix. p.23 5

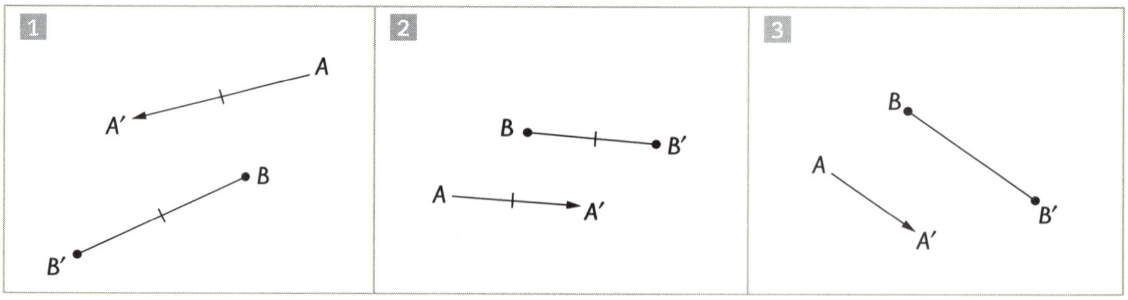

....

....

....

4 Complète les égalités suivantes.

1 $t_{\overrightarrow{AD}}(H) =$ ....

2 $t_{\overrightarrow{VT}}(R) =$ ....

3 $t_{\overrightarrow{OJ}}(M) =$ ....

4 $t_{\overrightarrow{FP}}(L) =$ ....

5 $t_{\overrightarrow{B\ldots\ldots}}(O) = X$

6 $t_{\overrightarrow{I\ldots\ldots}}(P) = J$

7 $t_{\overrightarrow{\ldots\ldots J}}(S) = U$

8 $t_{\overrightarrow{\ldots\ldots F}}(S) = F$

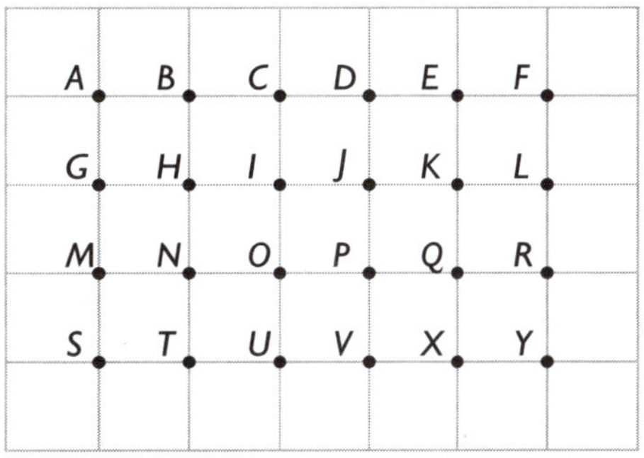

5 Construis les images des segments et des figures tracés par la translation qui applique le point X sur le point Y.

1

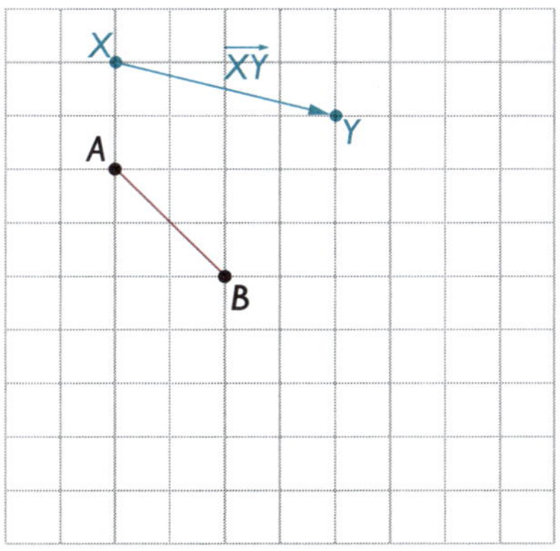

$t_{\overrightarrow{XY}}([AB]) =$ ....

2

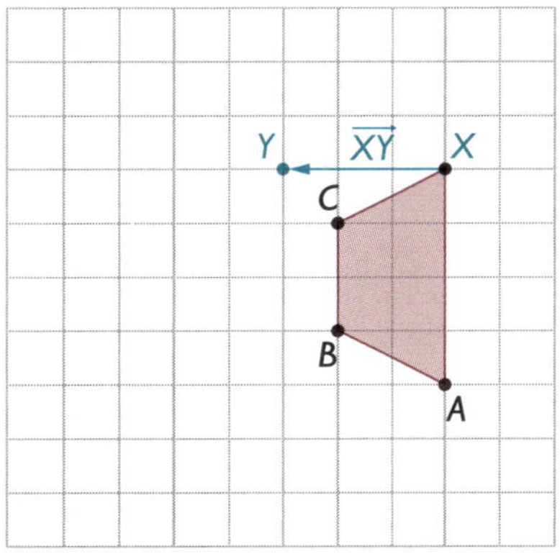

$t_{\overrightarrow{XY}}(ABCX) =$ ....

3

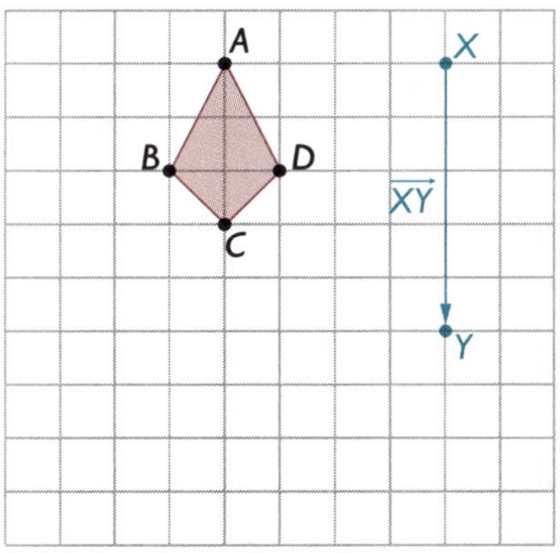

$t_{\overrightarrow{XY}}(ABCD) =$ ....

4

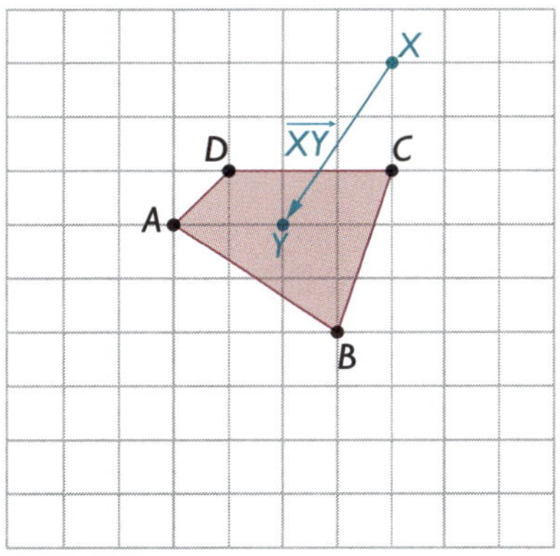

$t_{\overrightarrow{XY}}(ABCD) =$ ....

Olympiade Mathématique Belge

Lequel des drapeaux est l'image du drapeau non étiqueté (situé à gauche) par une rotation ?

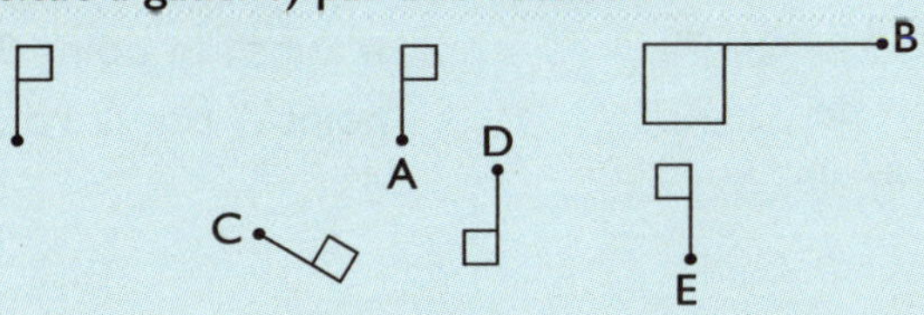

☐ A ☐ B ☐ C ☐ D ☐ E

5 La rotation

ACTIVITÉS

Le sens giratoire d'un rond-point n'est pas le même dans tous les pays. Au Luxembourg, par exemple, nous roulons à droite ; nous entrons donc dans un rond-point par la droite. Par contre, en Angleterre, les voitures roulent à gauche ; les Anglais empruntent par conséquent le rond-point par la gauche.

1 Complète le tableau.

Rond-point au Luxembourg	Rond-point en Angleterre
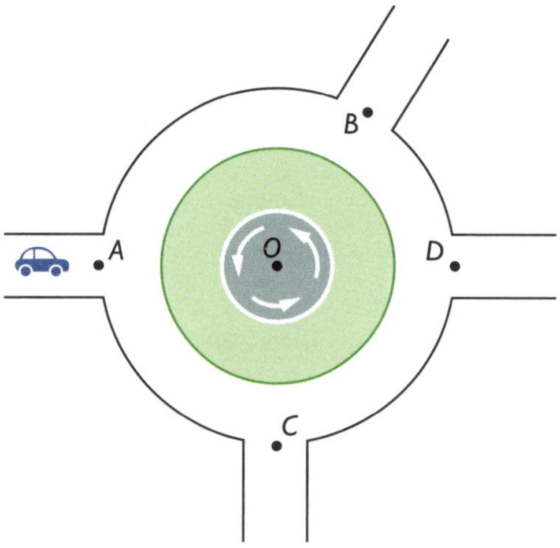 	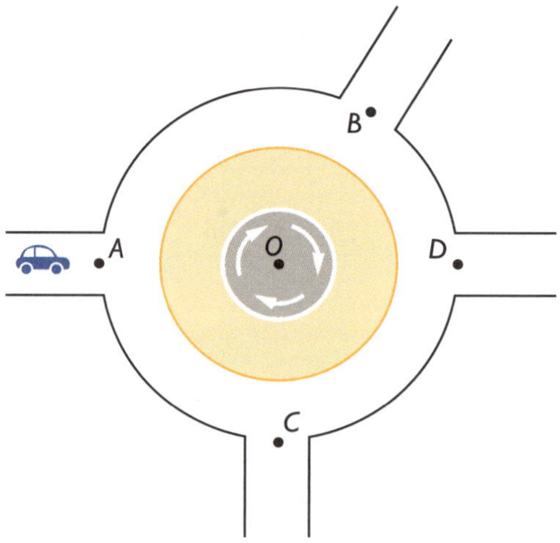
• Au Luxembourg, le sens des ronds-points correspond au sens	• En Angleterre, le sens des ronds-points correspond au sens ....
• En mathématiques, nous l'appellerons le sens	• En mathématiques, nous l'appellerons le sens ....
• L'amplitude de l'angle de rotation (en respectant le sens du rond-point) pour passer du point de passage *A*… – au point *B* vaut : .... – au point *C* vaut : .... – au point *D* vaut :	• L'amplitude de l'angle de rotation (en respectant le sens du rond-point) pour passer du point de passage *A*… – au point *B* vaut : .... – au point *C* vaut : .... – au point *D* vaut : ....
• Ainsi, le point *B* est l'image du point *A* par la rotation de .... ; d'.................... et de	• Ainsi, le point *B* est l'image du point *A* par la rotation de .... ; d'.................... et de ....
• Cela se notera :	• Cela se notera : ....

10

p.230
8

2 Observe les voitures placées à intervalles réguliers dans ce rond-point : six sur la bande intérieure, six sur la bande extérieure.

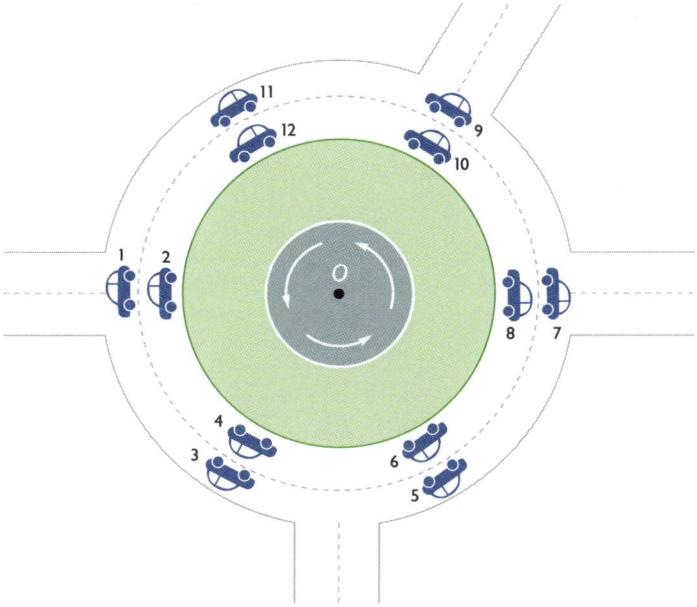

a Détermine l'amplitude de l'angle et le sens de la rotation pour passer de la voiture 1 à la voiture 3 tout en respectant le sens giratoire.

....

....

b Compare les distances entre les voitures 1 et 3 et le centre du rond-point.

....

....

c Détermine l'amplitude de l'angle et le sens de la rotation afin de passer de la voiture 6 à la voiture 10 tout en respectant le sens giratoire.

....

....

d Compare les distances entre les voitures 6 et 10 et le centre du rond-point.

....

....

e La voiture 7 est-elle l'image de la voiture 12 par une rotation ? Justifie ta réponse.

....

....

R158
5

f Complète la phrase suivante.

Pour réaliser une rotation, il est nécessaire de connaitre le .... de rotation, le .... de la rotation et l'.......................... de l'................ de rotation.

EXERCICES

1 Détermine le sens (positif ou négatif) et l'amplitude des rotations de centre O qui appliquent le point A sur le point A'.

1

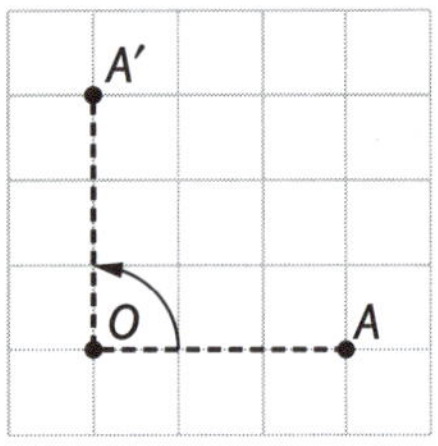

Sens : ....

Amplitude : ....

2

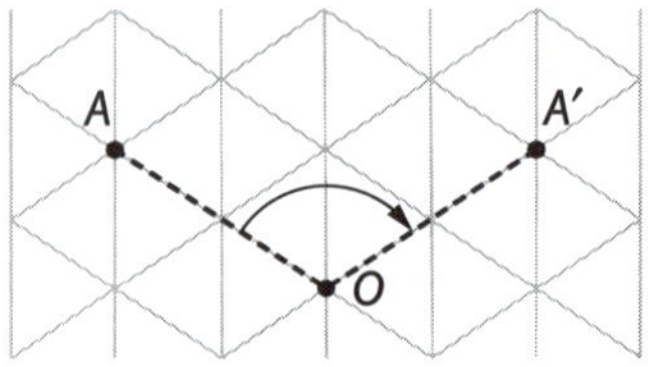

Sens : ....

Amplitude : ....

3

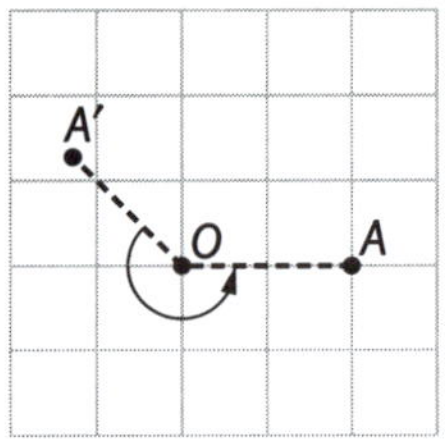

Sens : ....

Amplitude : ....

2 X' est l'image du point X par une rotation de centre C. Détermine le sens (positif ou négatif) et l'amplitude des rotations de centre C.

1

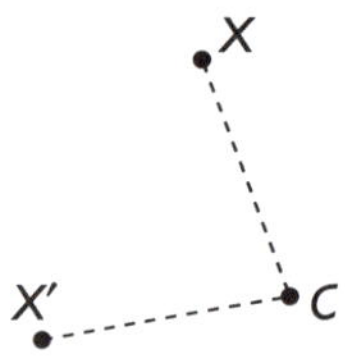

Sens : ....

Amplitude : ....

2

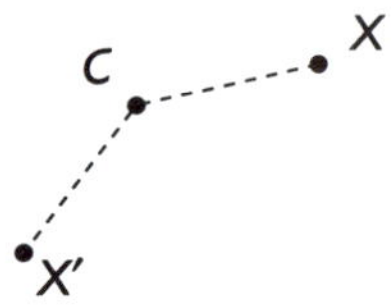

Sens : ....

Amplitude : ....

3 Indique si les égalités sont vraies ou fausses en plaçant une croix dans la bonne case. Si elles sont fausses, corrige-les.

	Égalité	VRAI	FAUX	Correction
1	$r_{A\,;+120°}(B) = r_{A\,;-240°}(B)$			
2	$r_{O\,;-200°}(A) = r_{O\,;+100°}(A)$			
3	$r_{D\,;+45°}(E) = r_{D\,;-315°}(E)$			
4	$r_{C\,;-60\,°}(C) = r_{C\,;-250°}(C)$			

4 Dans chaque cas, détermine si le point E' est l'image du point E par la rotation de centre D, d'amplitude 45° et de sens positif.

p. 2 9

1

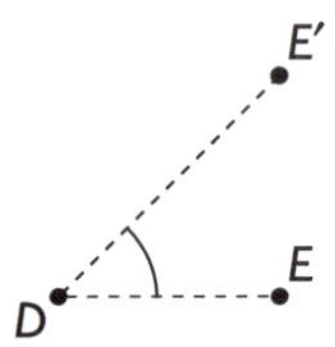

☐ VRAI
☐ FAUX

2

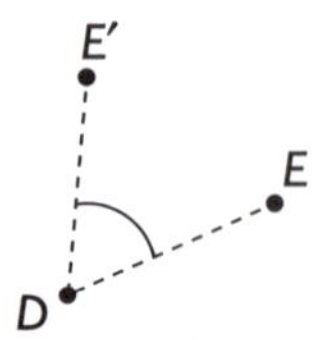

☐ VRAI
☐ FAUX

3

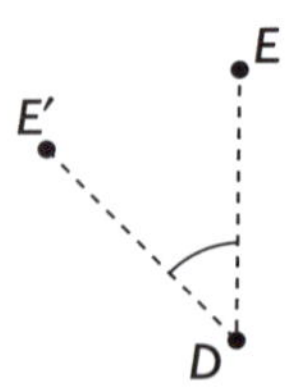

☐ VRAI
☐ FAUX

4

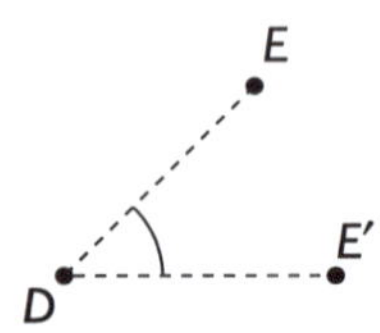

☐ VRAI
☐ FAUX

5 Construis les images des points ou des figures par la rotation demandée.

Série 1

1 $r_{C\,;\,-90°}$

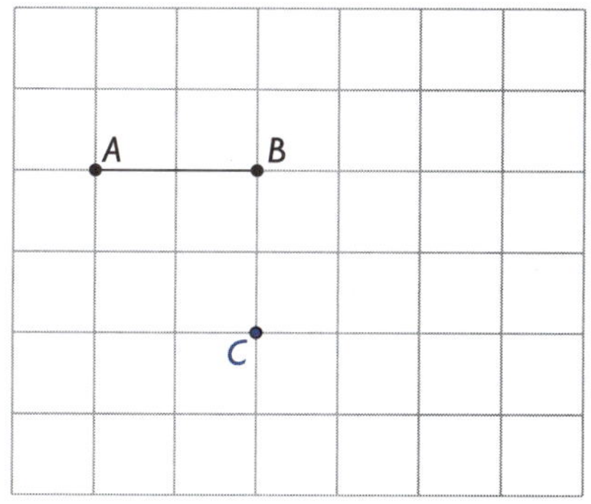

2 $r_{A\,;\,-180°}$

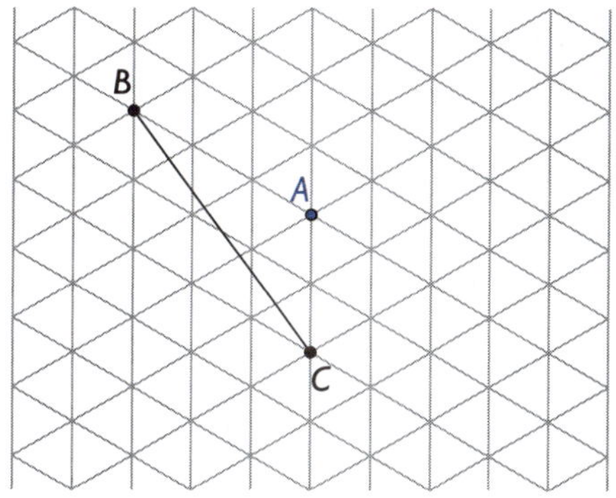

3 $r_{X\,;\,+60°}$

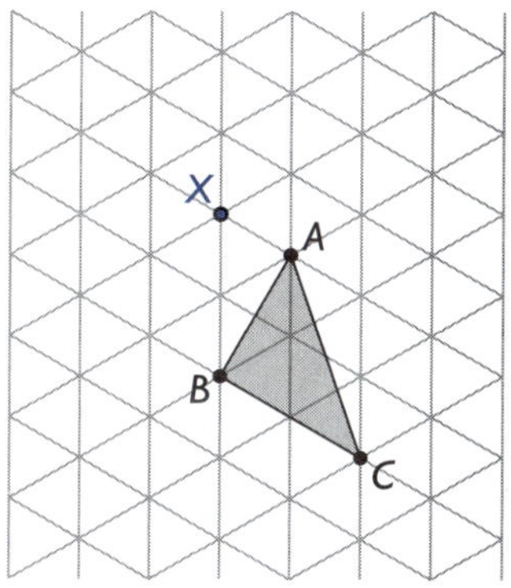

4 $r_{O\,;\,-270°}$

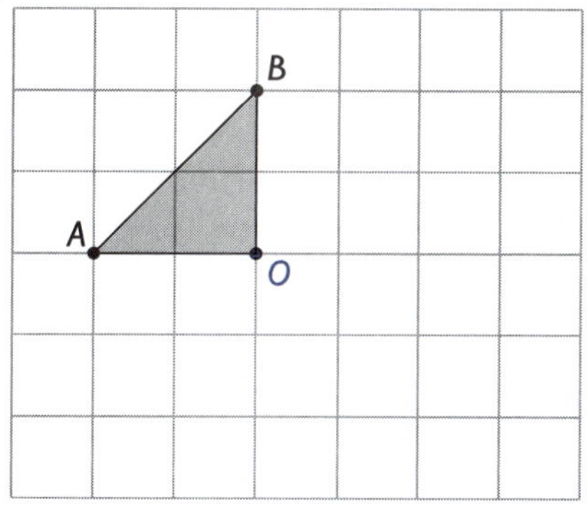

Série 2

1 $r_{O\,;\,-90°}$

2 $r_{D\,;\,+120°}$

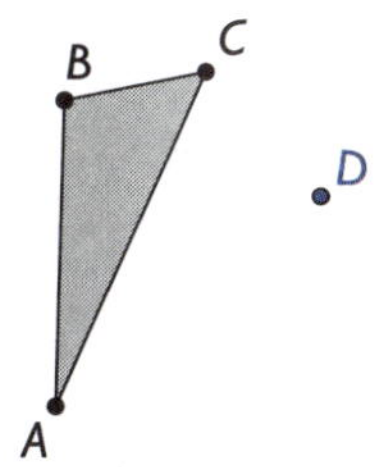

3 $r_{X\,;\,-30°}$

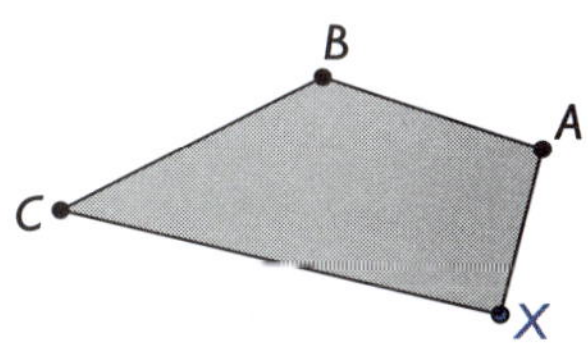

4 $r_{O\,;\,+270°}$

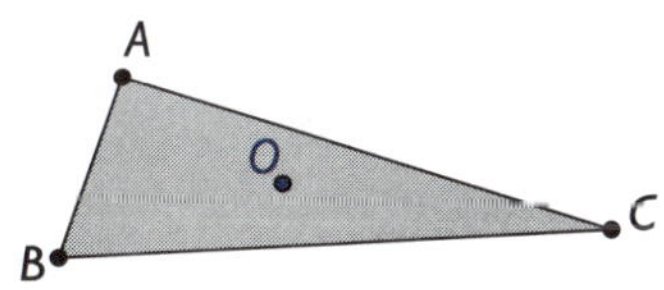

10

6 Observe la construction formée de losanges tous identiques.

a Hachure…

1 en bleu l'image du losange *BEJF* par la rotation de centre *J*, de sens négatif et d'amplitude 120° ;

2 en vert l'image du losange *HGIP* par la rotation de centre *I*, de sens positif et d'amplitude 180° ;

3 en rouge l'image du triangle *FEJ* par la rotation de centre *B*, de sens positif et d'amplitude 60°.

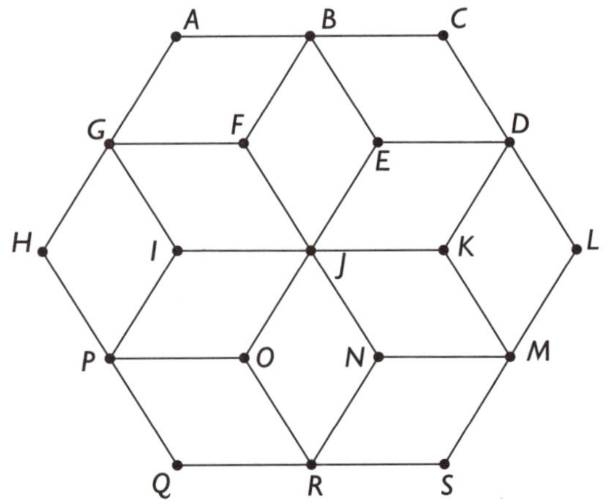

b On appelle $\mathcal{R}$ la rotation de centre *J* qui applique le point *A* sur le point *Q*. Détermine…

1 l'amplitude de l'angle de la rotation $\mathcal{R}$. ....

2 le sens de la rotation $\mathcal{R}$. ....

7 Observe la figure construite à partir de triangles équilatéraux et complète les notations mathématiques.

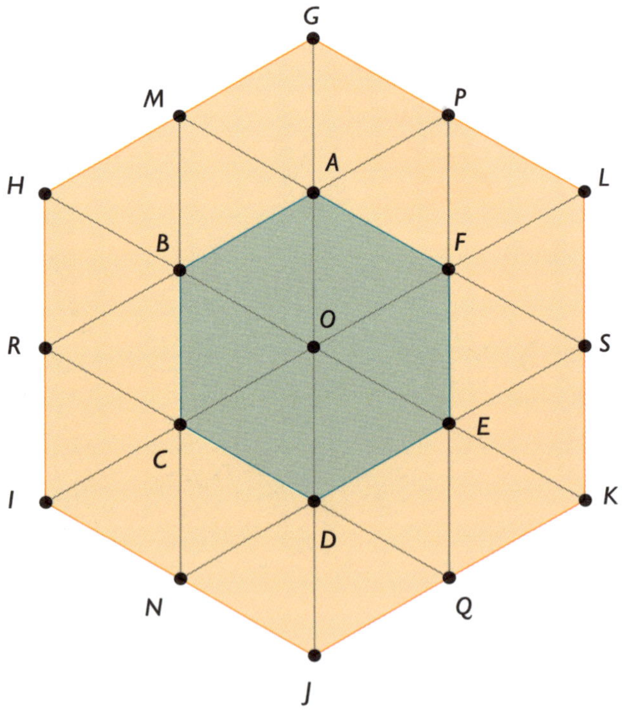

1 $r_{O\,;\,+60°}(F)$ = ...

2 $r_{O\,;\,+60°}(A)$ = ...

3 $r_{O\,;\,+60°}(P)$ = ...

4 $r_{O\,;\,+60°}(AFP)$ = ...

5 $r_{O\,;\,-120°}(\ldots\ldots)$ = K

6 $r_{O\,;\,\ldots\ldots}(I)$ = G (ou ....)

7 $r_{O\,;\,-180°}(\ldots\ldots)$ = N

8 $r_{B\,;\,-60°}(B)$ = ...

9 $r_{\ldots\,;\,+120°}(R)$ = N

10 $r_{E\,;\,\ldots\ldots}(S)$ = O (ou ....)

11 $r_{O\,;\,-60°}([FE])$ = ...

12 $r_{D\,;\,-120°}(CIN)$ = ...

6 Les droites et demi-droites

ACTIVITÉ

Observe la figure ci-dessous.

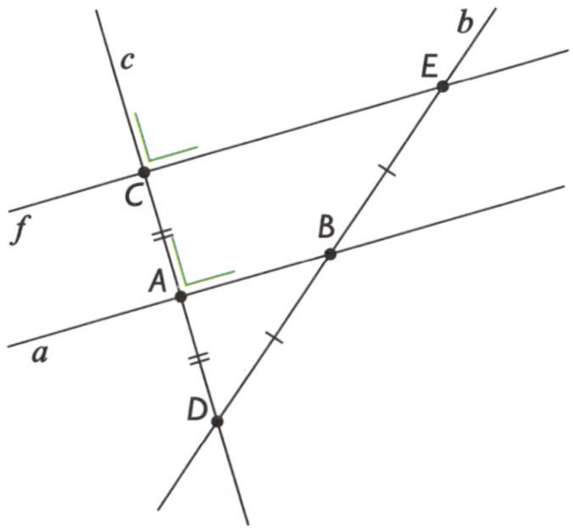

a Réalise les constructions suivantes.

1. $s_a((DE)) = (CF)$
2. $s_B((EC)) = d$

b Détermine l'image des droites et demi-droites par les transformations du plan proposées.

1. $s_a(a) =$ ....
2. $s_a(b) =$ ....
3. $s_a(c) =$ ....
4. $s_a(d) =$ ....
5. $s_B(f) =$ ....
6. $s_A(a) =$ ....
7. $s_B[CE)) =$ ....
8. $t_{\overrightarrow{BC}}(a) =$ ....
9. $t_{\overrightarrow{AB}}(a) =$ ....
10. $t_{\overrightarrow{DC}}([DF)) =$ ....

c Complète le tableau à partir de tes observations.

Symétrie orthogonale	
	• L'image d'une droite sécante à l'axe de la symétrie est ....
	• L'image d'une droite perpendiculaire à l'axe de la symétrie est ....
	• L'image d'une droite parallèle distincte à l'axe de la symétrie est ....
	• L'image d'une droite parallèle confondue à l'axe de la symétrie est ....

10

Symétrie centrale	• L'image d'une droite passant par le centre de la symétrie est .... • L'image d'une droite ne passant pas par le centre de la symétrie est ....
Translation	• L'image d'une droite parallèle au vecteur de la translation est .... • L'image d'une droite non parallèle au vecteur de la translation est ....

EXERCICES

1 En utilisant les propriétés des isométries, achève les constructions suivantes sans construire l'image d'un point supplémentaire.

a Si tu sais que $a \parallel b$ et $s_a(C) = C'$, construis…

1. en bleu $s_a(b)$;
2. en vert $s_a([CA])$;
3. en rouge $s_a(a)$.

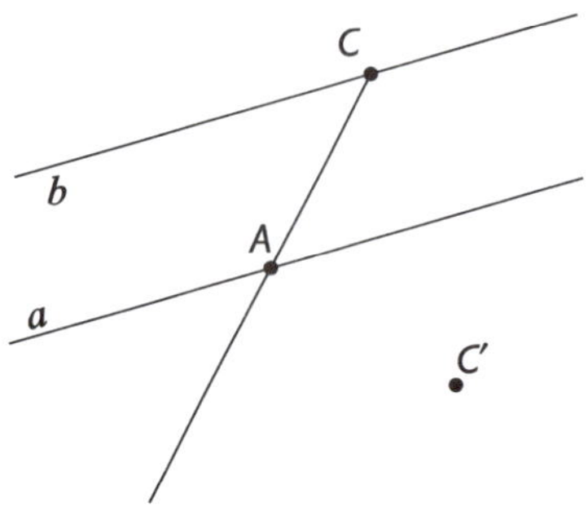

b Si tu sais que $a \parallel [CD]$ et $s_A(C) = C'$, construis…

1. en bleu $s_A([CD])$;
2. en vert $s_A((C'D))$;
3. en rouge $s_A(a)$.

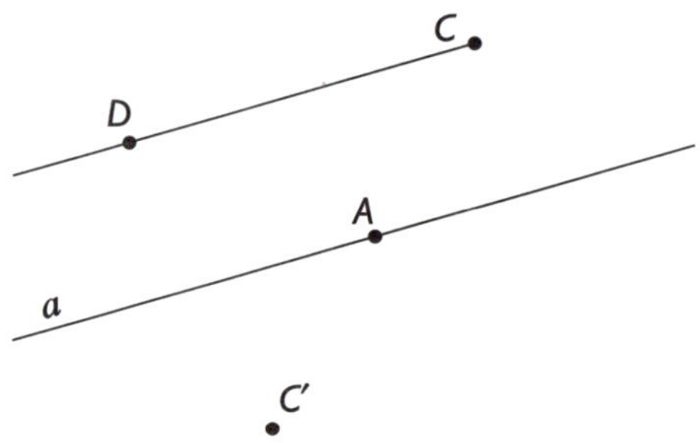

c Si tu sais que $t_{\overrightarrow{DE}}(B) = B'$, construis…

1. en bleu $t_{\overrightarrow{DE}}((AB))$;
2. en vert $t_{\overrightarrow{DE}}([BC])$;
3. en rouge $t_{\overrightarrow{AB}}(a)$.

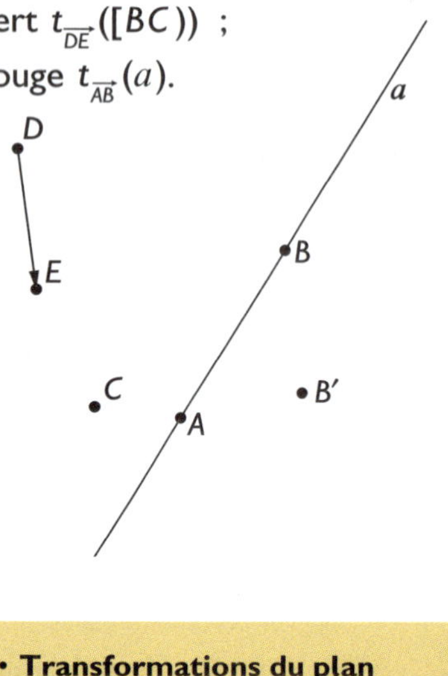

d Si tu sais que m est la médiatrice de $[AB]$, construis…

1. en bleu $s_m(a)$;
2. en vert $s_m([AD])$;
3. en rouge $s_D([DC])$.

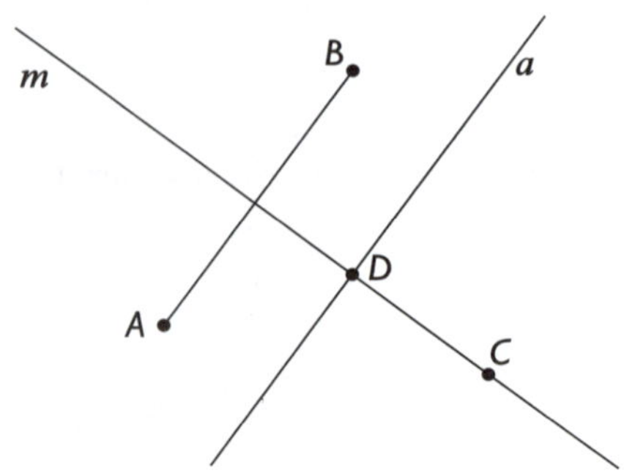

p. 230 10

2 Construis l'image des droites et demi-droites par les transformations du plan demandées en t'aidant uniquement de ton équerre pour tracer des parallèles ou des perpendiculaires.

a *ABCD* est un parallélogramme.
Construis…

1. en bleu $t_{\overrightarrow{BD}}([BC])$;
2. en vert $t_{\overrightarrow{CD}}((AB))$;
3. en rouge $t_{\overrightarrow{AB}}((AD))$.

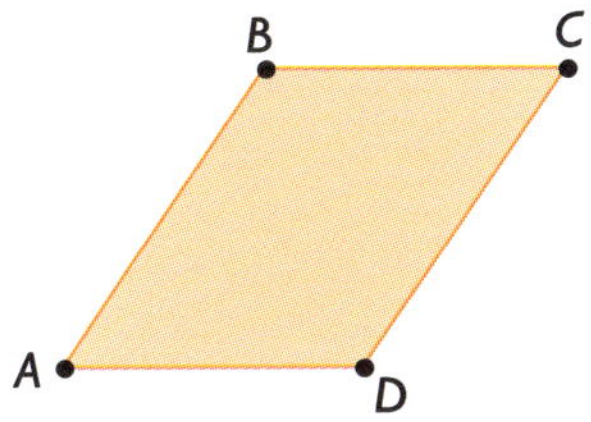

b *ABCD* est un losange.
Construis…

1. en bleu $s_E((AB))$;
2. en vert $s_E([AC))$;
3. en rouge $s_E([EB))$.

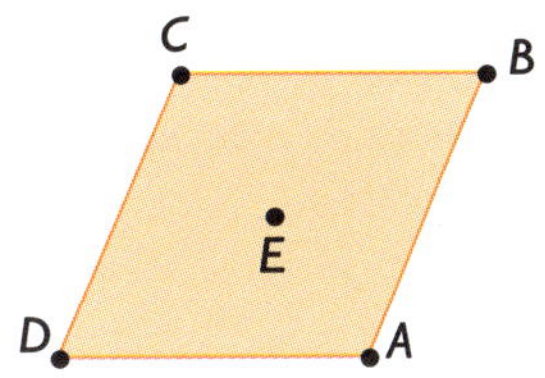

c *ABCD* est un rectangle dont les médianes sont $[IG]$ et $[FH]$. Construis…

1. en bleu $s_{(FH)}([AB))$;
2. en vert $s_{(GI)}([AE))$;
3. en rouge $s_E([CD))$.

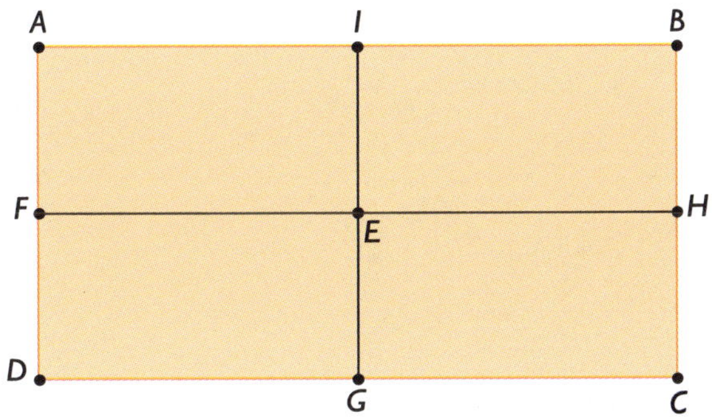

10

Olympiade Mathématique Belge

Trois cordes sont fixées d'un côté à un mur et de l'autre à un bâton, comme schématisé ci-dessous.

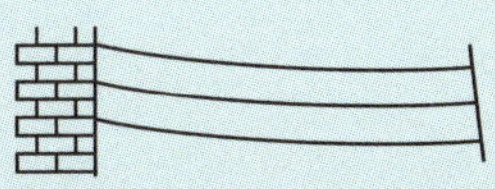

Lequel des dessins suivants représente une situation possible après une rotation d'un demi-tour du bâton autour d'un axe perpendiculaire au mur ?

☐ 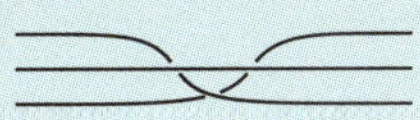 ☐ 

☐ 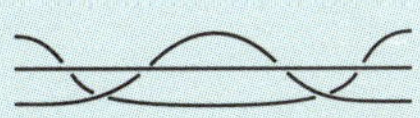 ☐ 

☐ 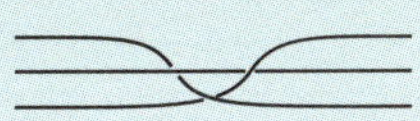

7 Les invariants

ACTIVITÉ

Les trapèzes bleus sont les images des trapèzes mauves par des transformations du plan.

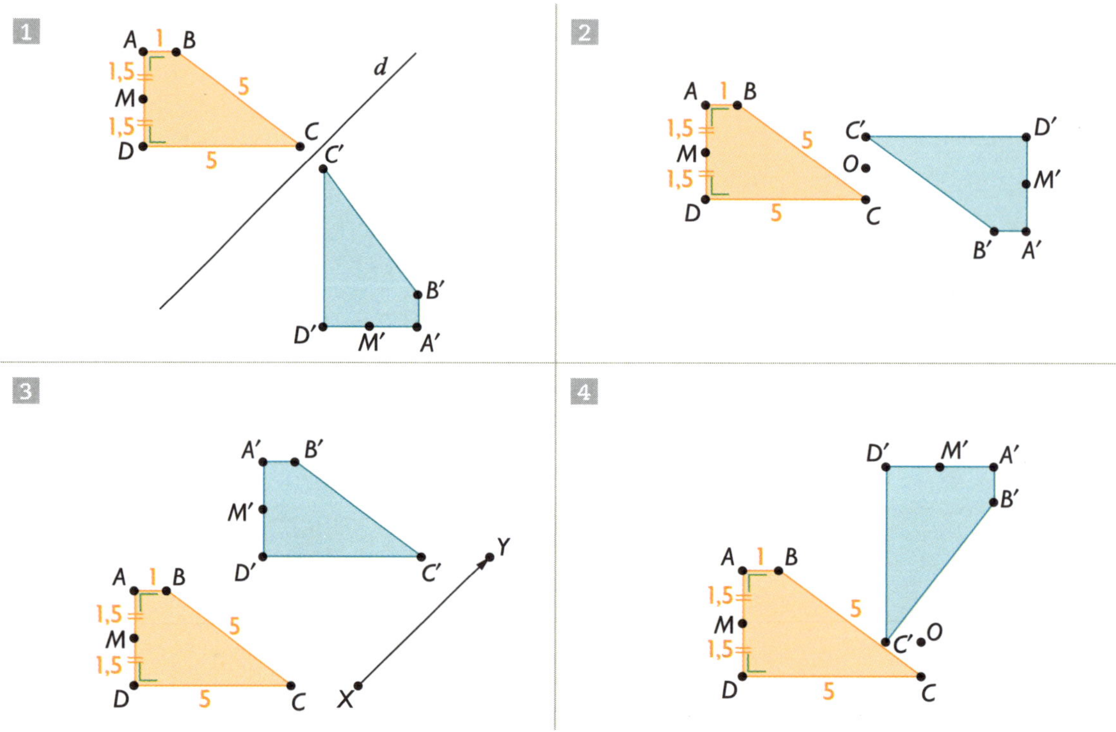

a Complète le tableau suivant.

	1	2	3	4
Nom de la transformation du plan				
AM				
MD				
A'M'				
M'D'				
$\widehat{ADC}$				
$\widehat{A'D'C'}$				

Position relative entre (*AB*) et (*AD*)	....	....	....	....
Position relative entre (*A′B′*) et (*A′D′*)	....	....	....	....
Position relative entre (*AB*) et (*CD*)	....	....	....	....
Position relative entre (*A′B′*) et (*C′D′*)	....	....	....	....
Périmètre de *ABCD*	....	....	....	....
Périmètre de *A′B′C′D′*	....	....	....	....
Aire de *ABCD*	....	....	....	....
Aire de *A′B′C′D′*	....	....	....	....

R162
8

b Que peux-tu observer ? Complète les phrases suivantes.
Si on réalise une isométrie, on observe toujours que…

- l'image d'un segment est .... ;
- l'image d'un angle est .... ;
- l'image du milieu d'un segment est .... ;
- les images de deux droites perpendiculaires sont .... ;
- les images de deux droites parallèles sont .... ;
- l'image d'une figure est .... ;

EXERCICES

1 Contruis *A′B′C′D′E′F′*, image du polygone *ABCDEF* par une symétrie axiale. Utilise les invariants pour achever la construction (le compas peut être utilisé pour le report de certaines longueurs).

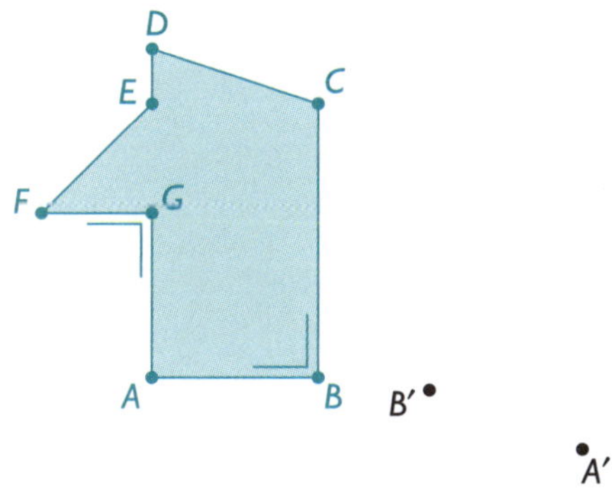

2 Jelila prétend que si les triangles ci-dessous sont images l'un de l'autre par une symétrie centrale, alors le triangle *DEF* est rectangle. A-t-elle raison ? Justifie ta réponse.

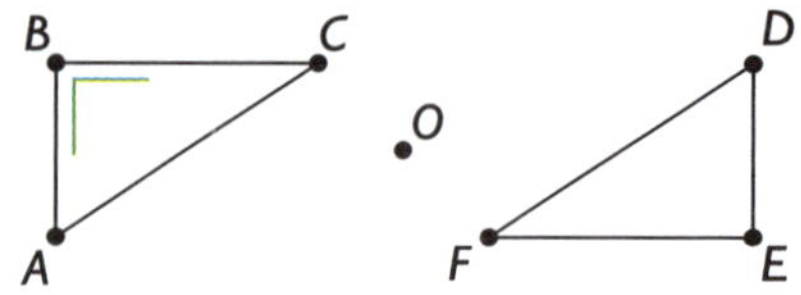

....

p.230 11

3 Le triangle *CDF* est l'image du triangle *WXZ* par la symétrie orthogonale d'axe (*AB*).

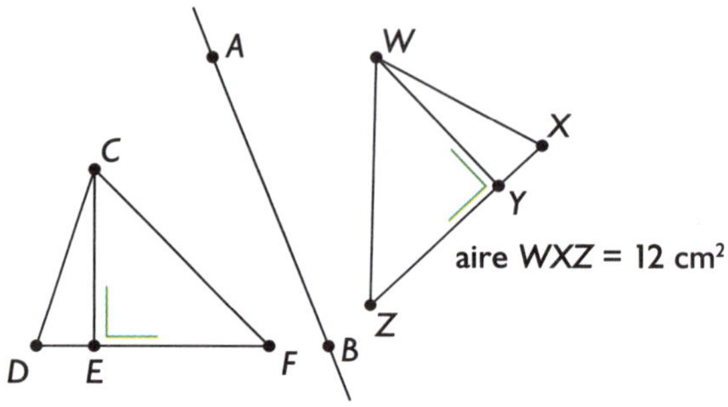

a Si tu sais que $DF = 6$ cm, calcule la distance *CE*.

....

....

....

....

....

....

....

b Justifie ta démarche en utilisant un invariant.

....

4 Voici les constructions de trois élèves lors d'une interrogation de géométrie. Dans chaque ligne, un seul élève a commis une erreur. Chaque élève qui a correctement réalisé les constructions remporte 1 point. Quel élève a obtenu le plus de points ?

	Nina	Sacha	Olivia
1	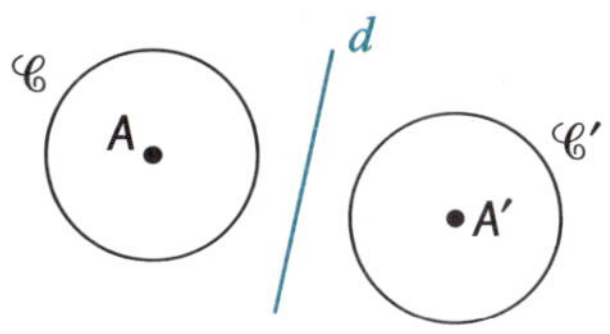 ……………	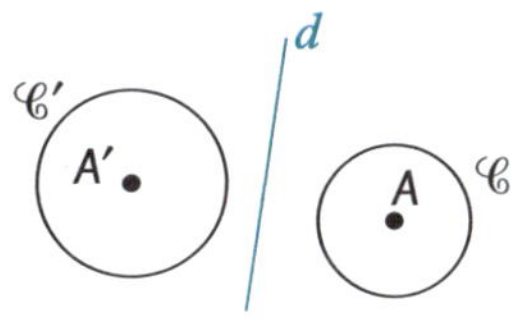 ……………	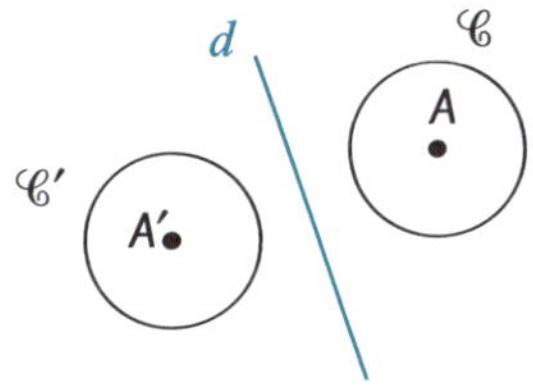 ……………
2	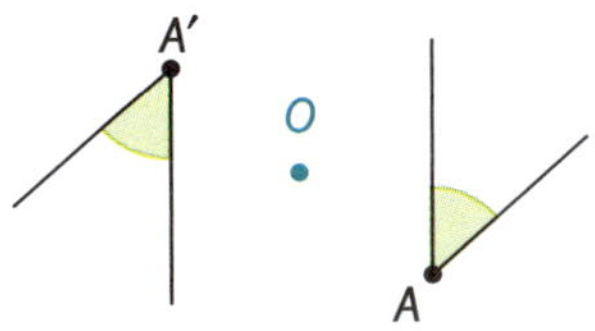 ……………	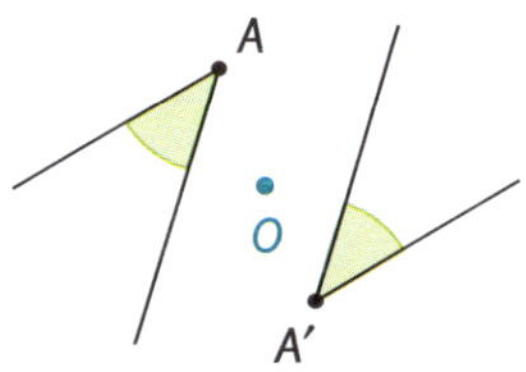 ……………	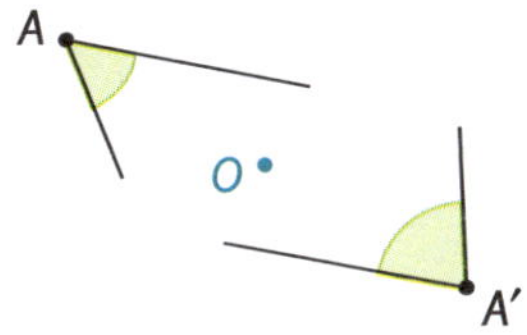 ……………
3	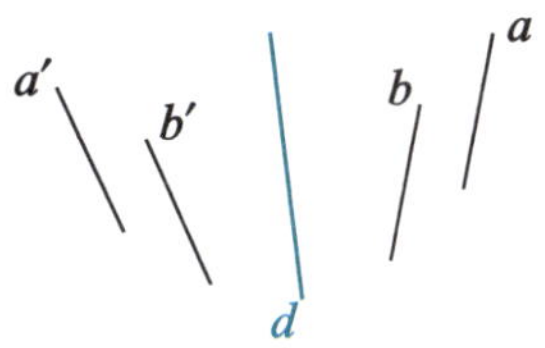 ……………	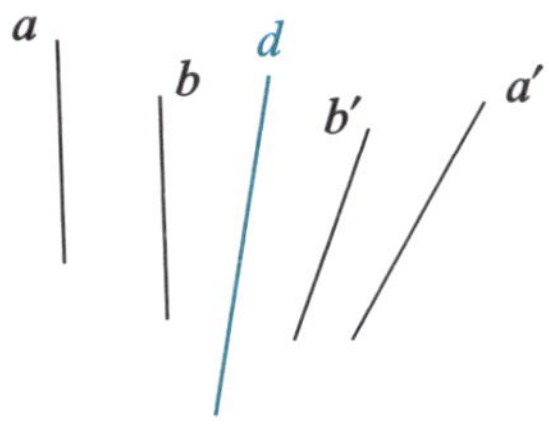 ……………	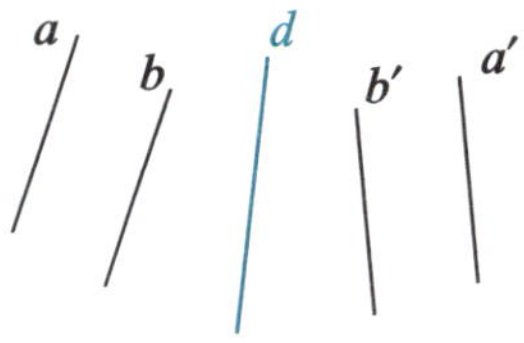 ……………
4	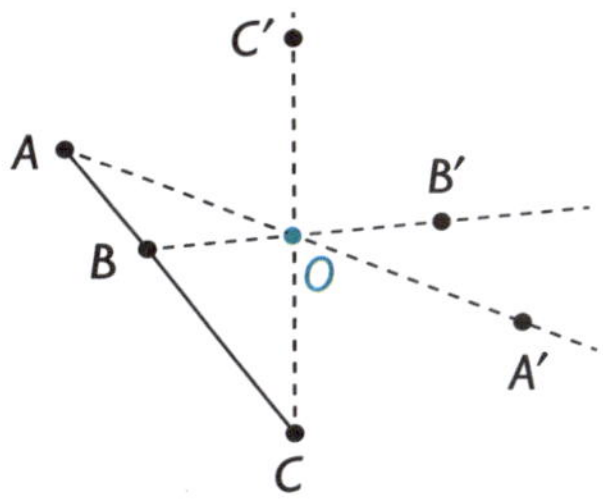 ……………	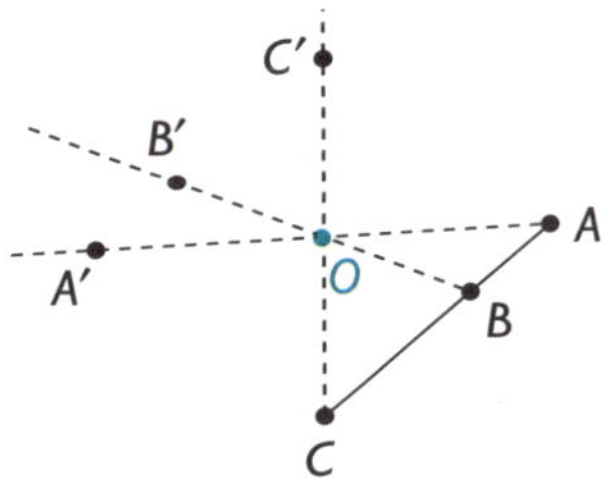 ……………	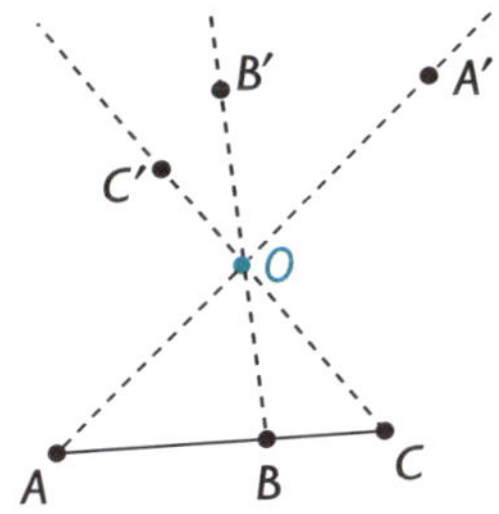 ……………
5	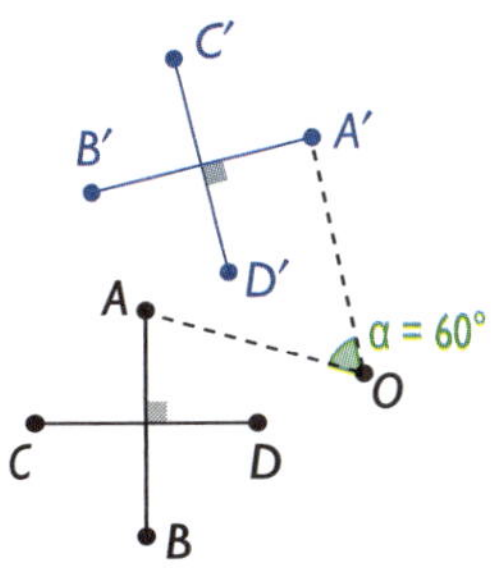 ……………	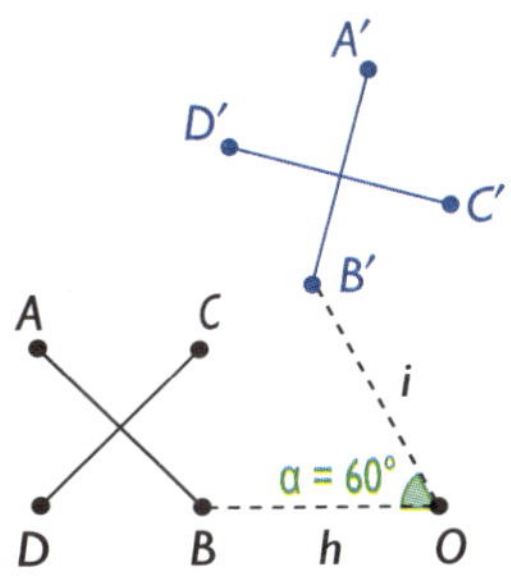 ……………	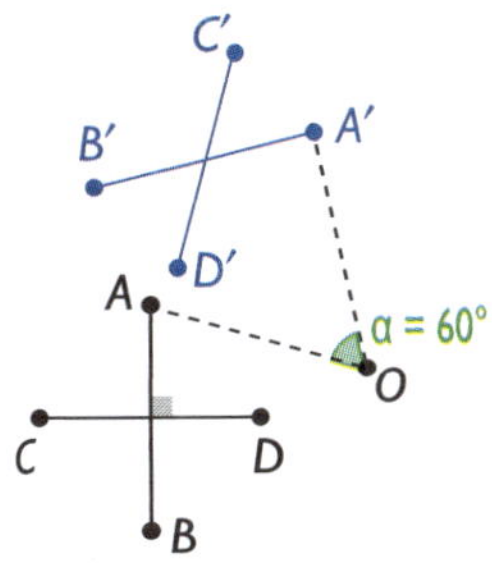 ……………

……

5 Achève la construction de la figure en utilisant uniquement les invariants si tu sais que le segment [*C′D′*] est l'image du segment [*CD*] par une transformation du plan. p.23 6

1

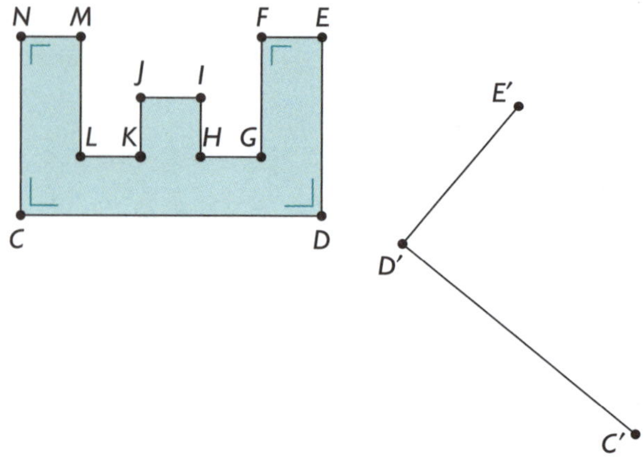

2

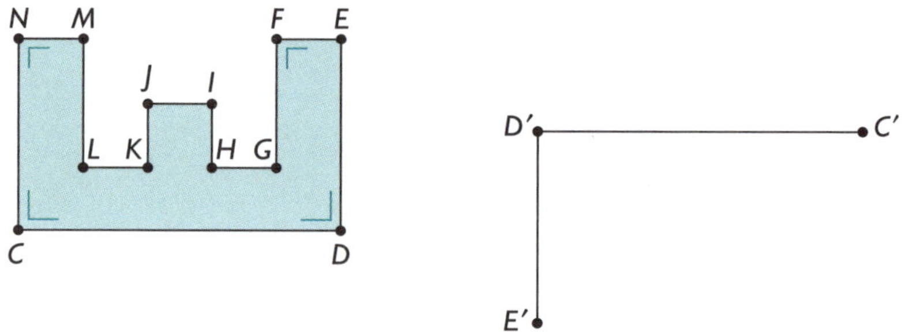

3

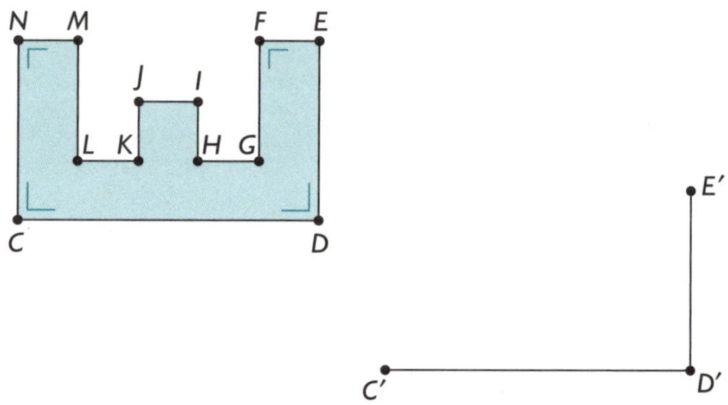

4

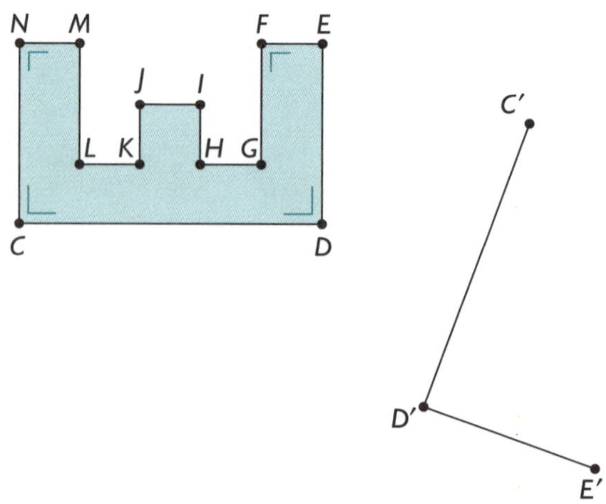

10

8 Exercices de synthèse

EXERCICES

1 Complète le tableau et construis l'élément caractéristique si c'est possible.

	Images	Nature de la transformation	Verbe d'action	Élément caractéristique
1				
2				
3				
4				
5				
6				

2 Observe le schéma ci-dessous.

a Complète le tableau à l'aide des informations présentes sur le schéma.

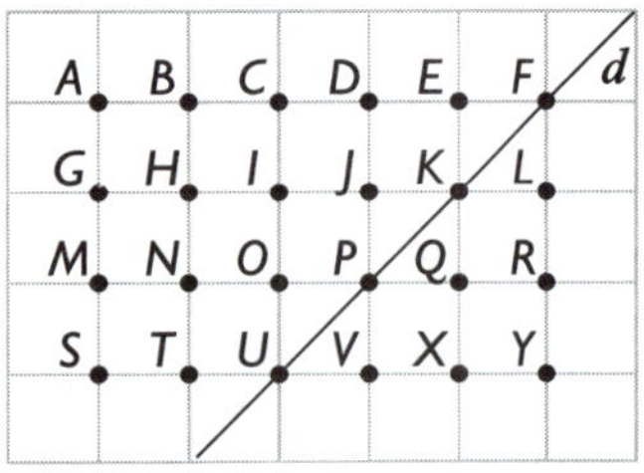

1 $s_O(U) =$	2 $t_{\overrightarrow{SG}}(Q) =$	3 $r_{P,\,-45°}(P) =$	4 $s_N(N) =$ .....
5 $t_{\overrightarrow{MP}}(B) =$	6 $s_U(X) =$	7 $r_{P,\,+90°}(I) =$	8 $s_{(CH)}(M) =$ ..
9 $s_d(E) =$	10 $s_{DV}(T) =$	11 $r_{P,\,-45°}(P) =$	12 $s_d(U) =$ .....

b Observe la dernière colonne du tableau. Que peux-tu remarquer ? Complète la phrase suivante.

Pour chacune de ces trois transformations du plan, l'image du point est ....

On appelle ces points des ....

p. 230 7

3 Observe la figure ci-dessous composée de trapèzes tous superposables, et complète les phrases.

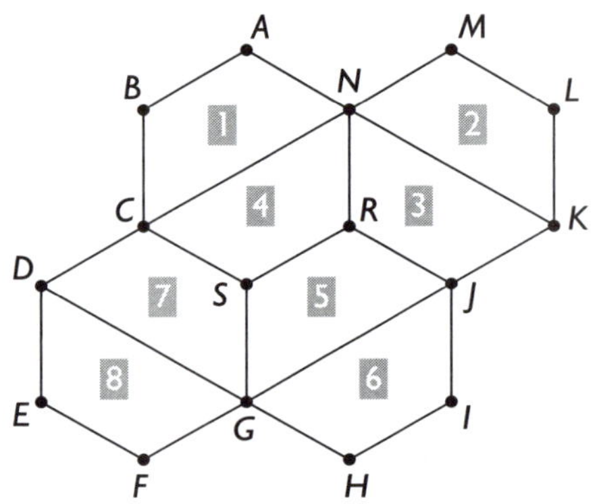

1 La transformation du plan qui applique le trapèze 1 sur le trapèze 5 est

....

....

2 La transformation du plan qui applique le trapèze 8 sur le trapèze 5 est

....

....

3 La transformation du plan qui applique le trapèze 4 sur le trapèze 5 est

....

....

....

....

4 La transformation du plan qui applique le trapèze 3 sur le trapèze 7 est

....

....

....

5 La transformation du plan qui applique le trapèze 8 sur le trapèze 3 est

....

....

....

4 Observe la figure ci-dessous et complète les pointillés.

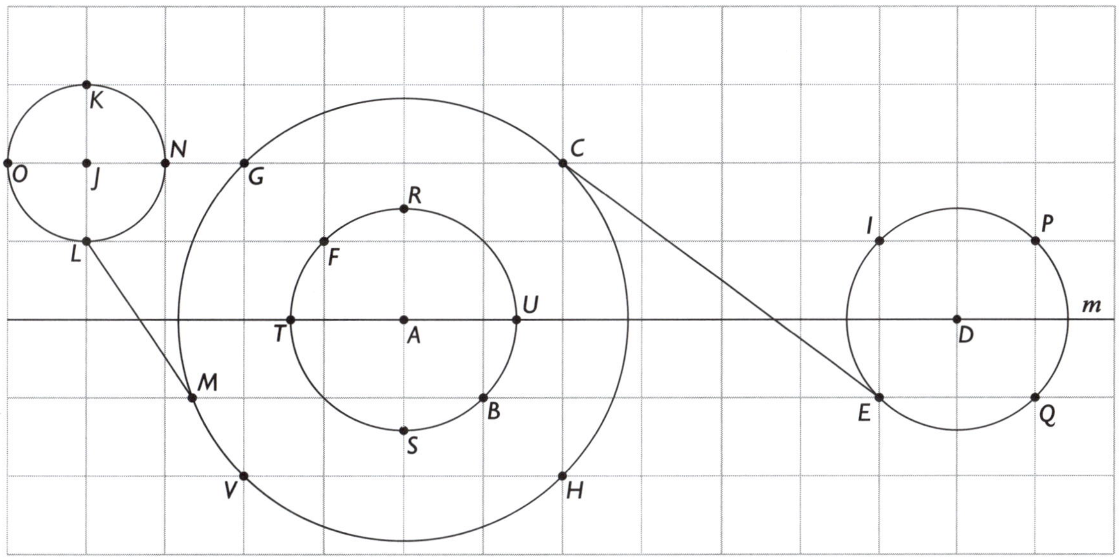

1 $s_m(C) =$ ....

2 $s_A(T) =$ ....

3 $t_{\overrightarrow{PI}}(N) =$ ....

4 $s_{(FB)}(C) =$ ....

5 $t_{\overrightarrow{GA}}(F) =$ ....

6 $s_A(A) =$ ....

7 $s_{(RS)}(V) =$ ....

8 $t_{\overrightarrow{LO}}(A) =$ ....

9 $s_A(G) =$ ....

10 $s_{(TU)}(V) =$ ....

11 $s_{......}(C) = V$

12 $s_{......}(E) = I$

13 $s_{......}(P) = E$

14 $t_{\overrightarrow{......}}(I) = F$

15 $s_{(E......)}(D) = D$

16 $r_{A,\,-90°}(R) =$ ....

17 $r_{A,\,......}(U) = S$

18 $r_{......,\,135°}(T) = B$

19 $r_{A,\,52°}(A) =$ ....

20 $r_{......,\,180°}(S) = R$

10

Olympiade Mathématique Belge

Dans la figure ci-dessous, la symétrie qui applique la figure X sur la figure Y applique la figure Z sur…

☐ A ☐ B ☐ C ☐ D ☐ E

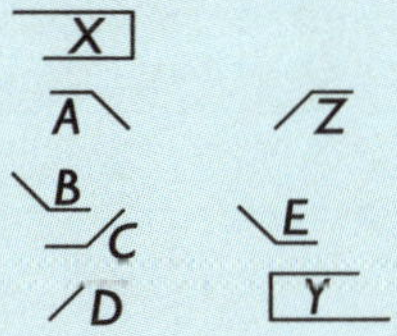

5 Construis les images des points ou des figures par la transformation du plan représentée par son élément caractéristique.

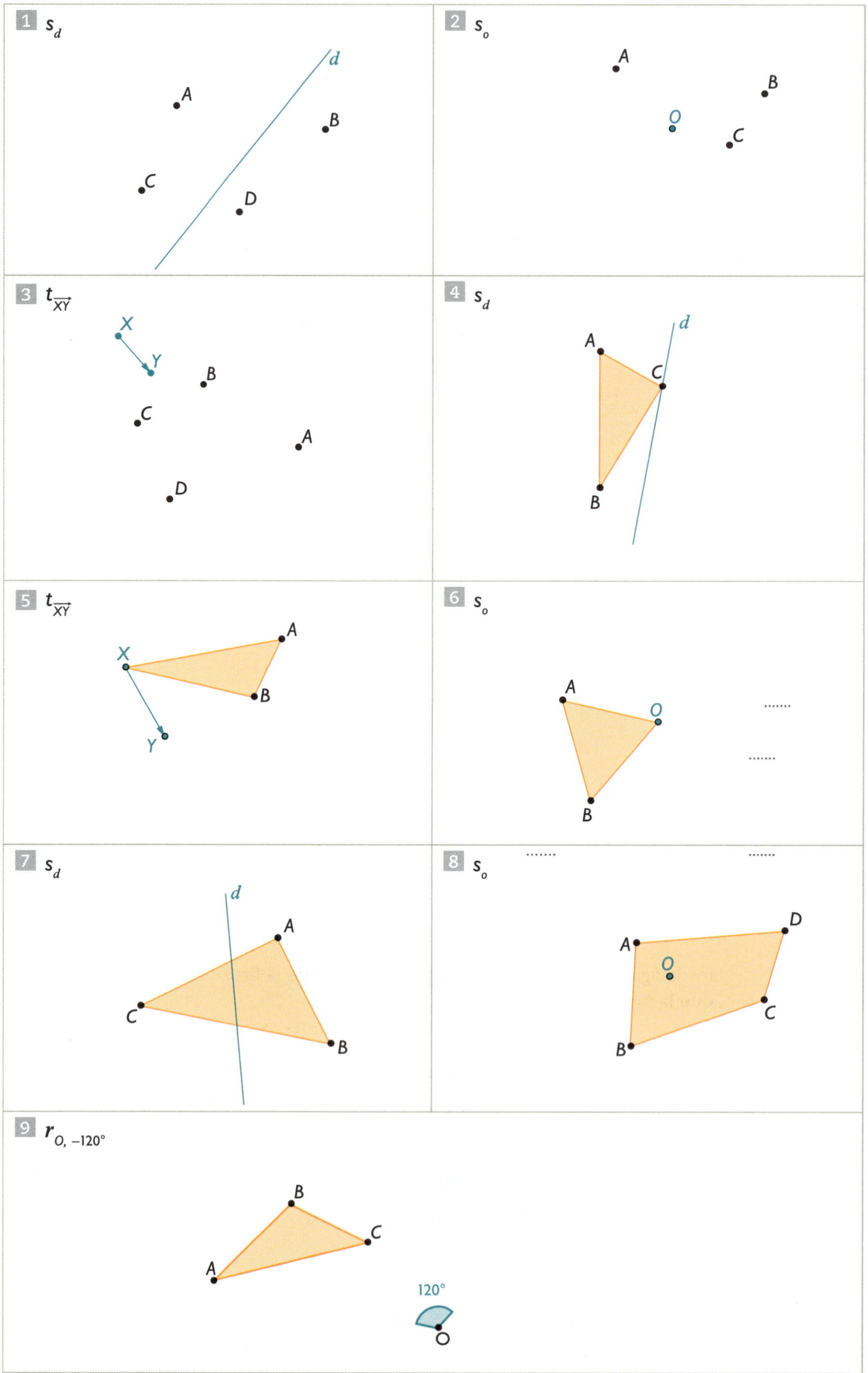

9 Les frises

ACTIVITÉ

Dans une frise, chaque image est construite à partir de la précédente à l'aide d'une transformation du plan.
Donne le nom de la transformation du plan qui applique la première image sur la deuxième et complète la frise en construisant trois dessins supplémentaires.

1

Il s'agit d'une ....

2

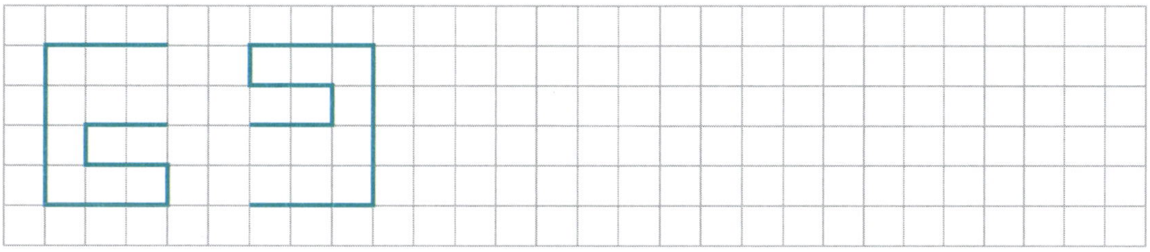

Il s'agit d'une ....

3

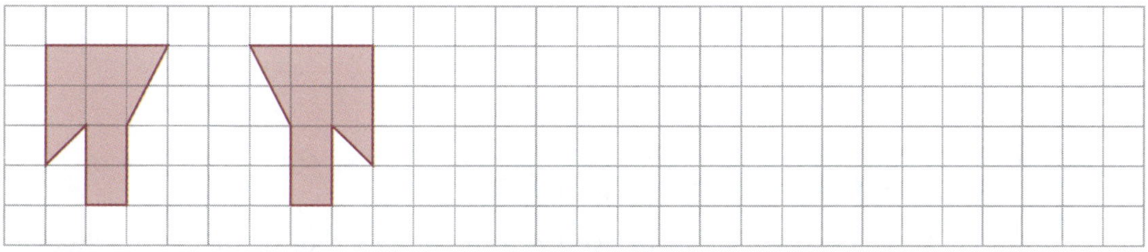

Il s'agit d'une ....

EXERCICES

Termine les frises ci-dessous. Détermine la ou les transformations du plan que tu as utilisées et repère en vert l'élément caractéristique qui permet de passer de la première construction à la seconde. Il y a parfois plusieurs possibilités.

1

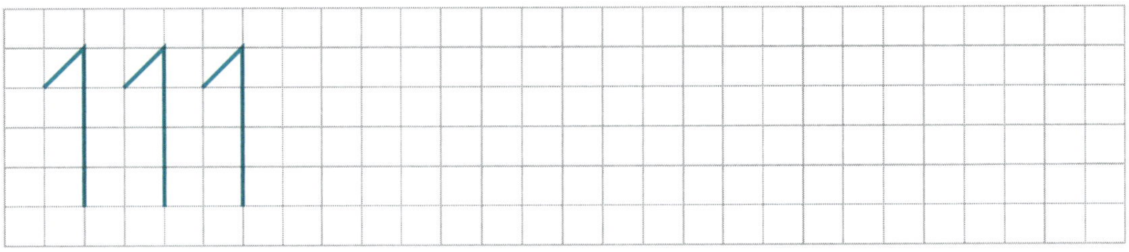

Il s'agit d'une ....

2

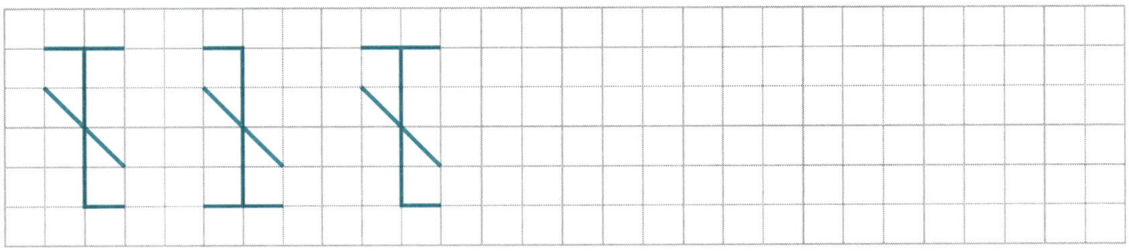

Il s'agit d'une ....

3

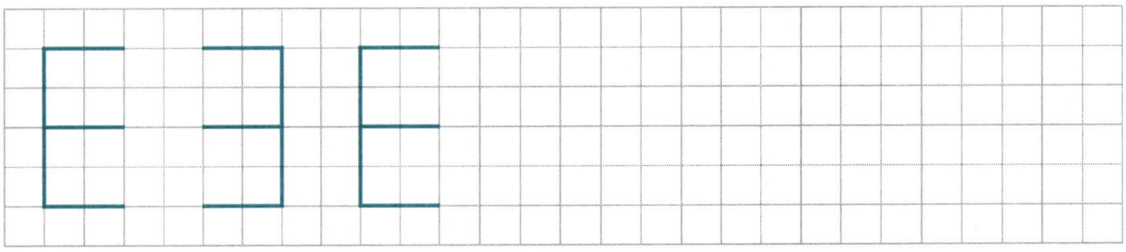

Il s'agit d'une ....

10

Olympiade Mathématique Belge

Le disque dessiné ci-dessous est divisé en secteurs tous de même amplitude. L'aire du grand disque vaut 100. Que vaut l'aire totale des parties non grisées ?

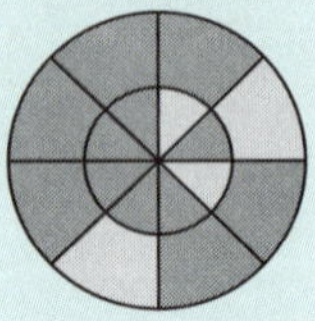

☐ 10 ☐ 12,5 ☐ 18 ☐ 25 ☐ 28

10 Les effets sur les coordonnées

ACTIVITÉS

1 Observe le pavage ci-dessous et les coordonnées des différents points dans le repère orthonormé.

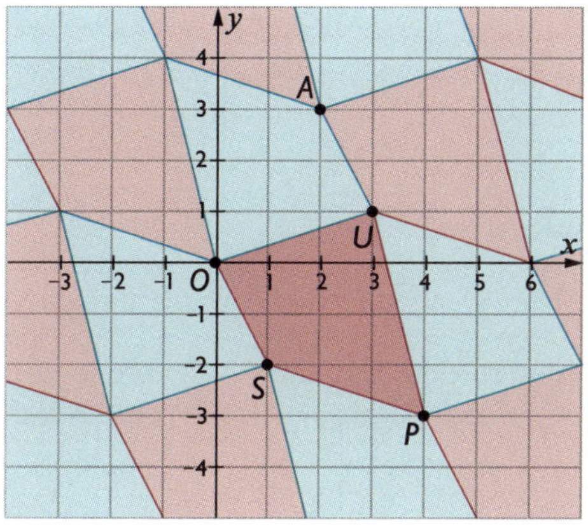

a Complète le tableau.

Point initial		Point image
O(............ ; ....)	par la translation de vecteur $\overrightarrow{OA}$	....(............ ; ....)
S(............ ; ....)		....(............ ; ....)
P(............ ; ....)		....(............ ; ....)

b De quelle manière évoluent les coordonnées des points initiaux par rapport à leurs images respectives ?

....

....

c Sans utiliser le pavage, détermine les coordonnées du point U', image du point U par la translation de vecteur $\overrightarrow{OA}$.

....

....

10

2 Observe le pavage.

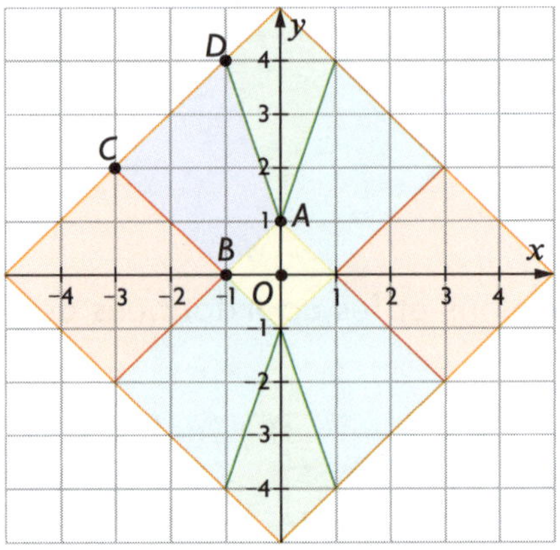

a Complète le tableau.

	Point initial	Point image par la...		
		symétrie orthogonale d'axe *(Ox)*	symétrie centrale de centre *O*	symétrie orthogonale d'axe *(Oy)*
1	*A*(...... ; ......)	......(...... ; ......)	......(...... ; ......)	......(...... ; ......)
2	*B*(...... ; ......)	......(...... ; ......)	......(...... ; ......)	......(...... ; ......)
3	*C*(...... ; ......)	......(...... ; ......)	......(...... ; ......)	......(...... ; ......)

b Comment évoluent les coordonnées des points initiaux par rapport à leurs images respectives ?

1 Pour la symétrie orthogonale d'axe *(Ox)* :

....

....

....

2 Pour la symétrie orthogonale d'axe *(Oy)* :

....

....

....

3 Pour la symétrie centrale de centre *O* :

....

....

....

c Sans utiliser le pavage, détermine les coordonnées du point image du point *D*.

1 $s_{(Ox)}(D) = D_1 \rightarrow D_1$(.............. ; ....)

2 $s_{(Oy)}(D) = D_2 \rightarrow D_2$(.............. ; ....)

3 $s_O(D) = D_3 \rightarrow D_3$(.............. ; ....)

3 Observe le pavage.

a Complète le tableau.

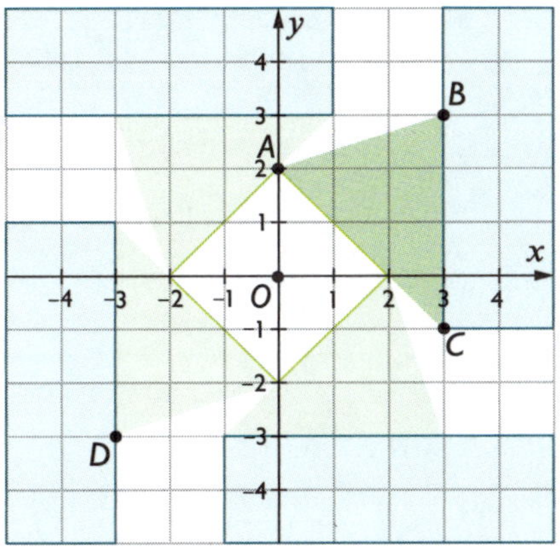

Point initial	Point image par la…	
	rotation de centre O, d'amplitude 90° et de sens positif	rotation de centre O, d'amplitude 90° et de sens négatif
A(……; ……)	……(……; ……)	……(……; ……)
B(……; ……)	……(……; ……)	……(……; ……)
C(……; ……)	……(……; ……)	……(……; ……)

b De quelle manière évoluent les coordonnées des points initiaux par rapport à leurs images respectives ?

1 Pour la rotation de centre O, d'amplitude 90° et de sens positif :

……………………………………………………………………………………

2 Pour la rotation de centre O, d'amplitude 90° et de sens négatif :

……………………………………………………………………………………

R163 9

c Sans utiliser le pavage, détermine les coordonnées du point image du point D…

1 par la rotation de centre O, d'amplitude 90° et de sens positif ;

$r_{O\,;\,+90°}(D) = D_1$(……………)

2 par la rotation de centre O, d'amplitude 90° et de sens négatif.

$r_{O\,;\,-90°}(D) = D_2$(……………)

10

EXERCICES

1 Complète le tableau ci-dessous.

p.230 12

	Coordonnées du point initial	Coordonnées du point image par…					
		s_O	$t_{\overrightarrow{OB}}$ avec $B(-5\,;\,3)$	$r_{O\,;\,+90°}$	$s_{(Ox)}$	$s_{(Oy)}$	$r_{O\,;\,-90°}$
1	(3 ; 2)	…………	…………	…………	…………	…………	…………
2	(–2 ; 9)	…………	…………	…………	…………	…………	…………
3	…………	(7 ; –2)	…………	…………	…………	…………	…………
4	…………	…………	…………	…………	(–3 ; –9)	…………	…………
5	…………	…………	(14 ; 0)	…………	…………	…………	…………
6	…………	…………	…………	(–1 ; –1)	…………	…………	…………

2 Détermine la ou les transformations du plan qui lient un point et son image.

	Coordonnées du point initial	Coordonnées du point image	Transformation(s) du plan
1	(0 ; 3)	(3 ; –5)	....
2	(2 ; 3)	(–2 ; –3)	....
3	(–7 ; –2)	(–7 ; 2)	....
4	(–9 ; 0)	(0 ; 9)	....

3 Observe le repère cartésien ci-dessous.

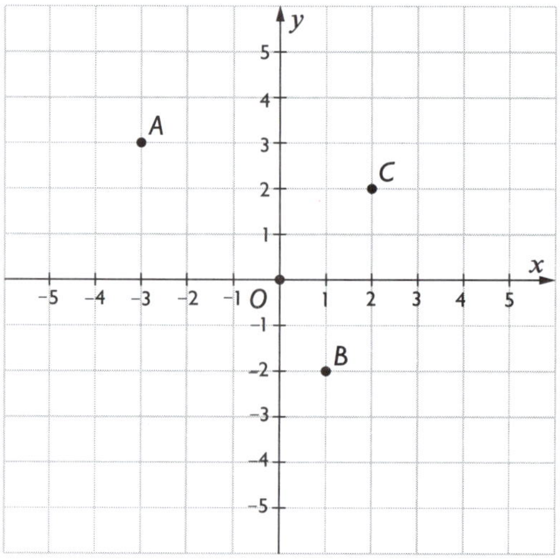

a Détermine les coordonnées des points *A*, *B* et *C*.

A(........;........) *B*(........;........) *C*(........;........)

b Construis et détermine les coordonnées du quatrième sommet du parallélogramme *ACBX*.

X(........;........)

c Place dans le repère…

1 le point *A′* image du point *A* par la symétrie orthogonale d'axe (*Ox*) ;
2 le point *B′* image du point *B* par la symétrie orthogonale d'axe (*Oy*) ;
3 le point *C′* image du point *C* par la symétrie centrale de centre *O*.

d Détermine les coordonnées des points *A′*, *B′* et *C′*.

A′(........;........) *B′*(........;........) *C′*(........;........)

e Sachant que les coordonnées de *D* sont (125 ; –246), détermine les coordonnées de…

1 D_1 image du point *D* par la symétrie centrale de centre *O* ; ....
2 D_2 image du point *D* par la symétrie orthogonale d'axe (*Oy*) ; ....
3 D_3 image du point *D* par la symétrie orthogonale d'axe (*Ox*). ....

Exercices supplémentaires

1 Identification des mouvements

Pour chaque figure, indique le verbe d'action qui associe les deux images et note le nom de la transformation du plan qui y est associée.

2 La symétrie orthogonale

1 En utilisant le quadrillage, construis les images des points et des figures tracés par la symétrie orthogonale d'axe *d*.

1

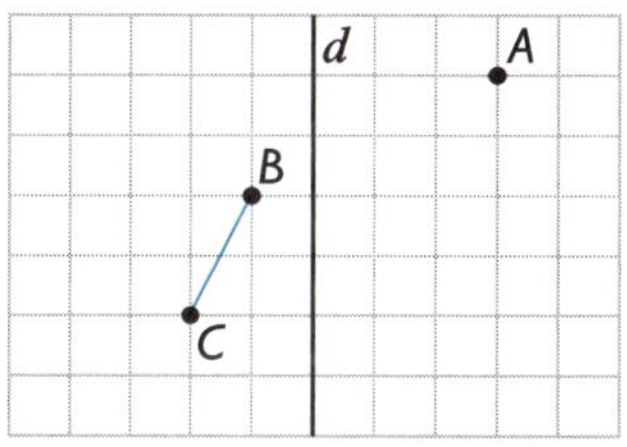

2

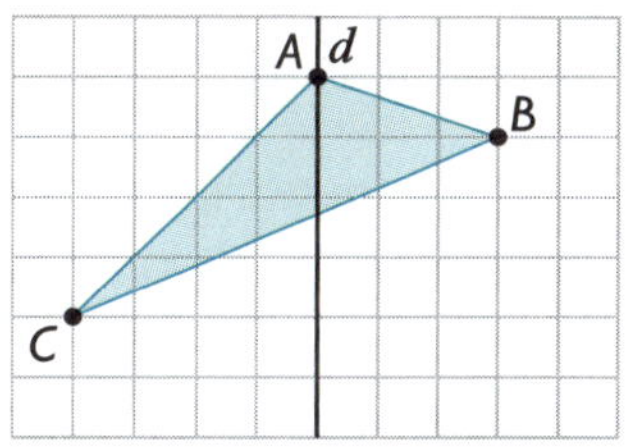

3

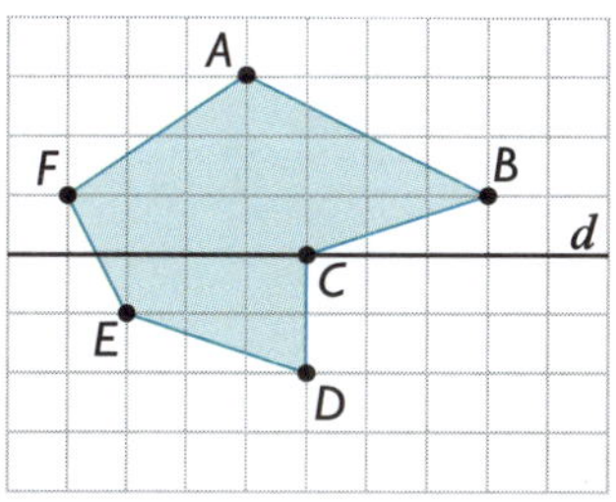

4

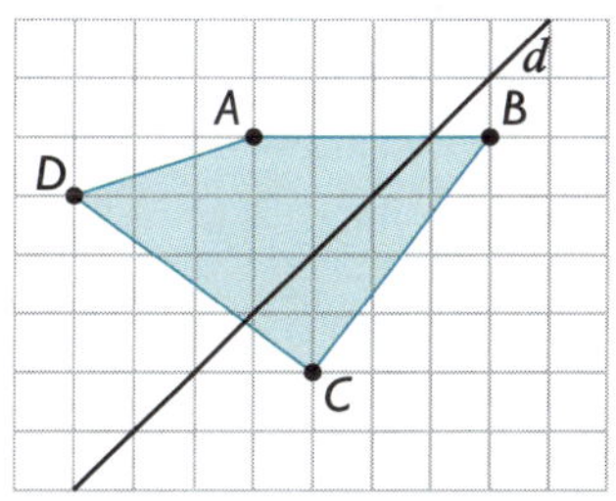

2 Complète les phrases suivantes.

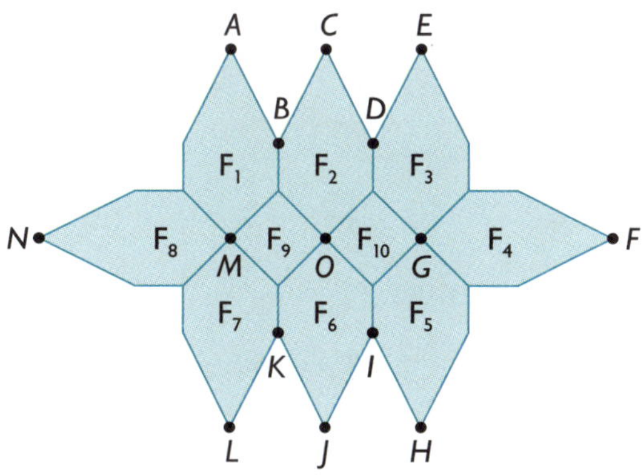

1 L'image de la figure 3 par la symétrie orthogonale d'axe (*NF*) est la figure ....

2 L'image de la figure 1 par la symétrie orthogonale d'axe (*BK*) est la figure ....

3 L'image de la figure .... par la symétrie orthogonale d'axe (CJ) est la figure 4.

4 L'image de la figure 9 par la symétrie orthogonale d'axe .... est la figure 10.

5 L'image de la figure 2 par la symétrie orthogonale d'axe .... est la figure 6.

3 Retrouve une citation d'Albert Einstein en remplaçant chaque point par son image par la symétrie orthogonale d'axe a.

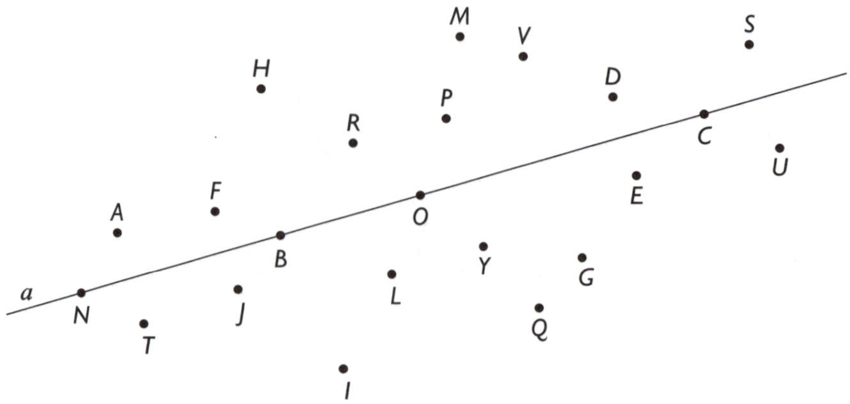

Citation : RT GHD, C'DUA COQQD SND BHCPCRDAAD, HR JTSA TGTNCDL YOSL ND YTU YDLELD R'DMSHRHBLD.

3 La symétrie centrale

1 En utilisant le quadrillage, construis les images des points et des figures tracés par la symétrie centrale de centre O.

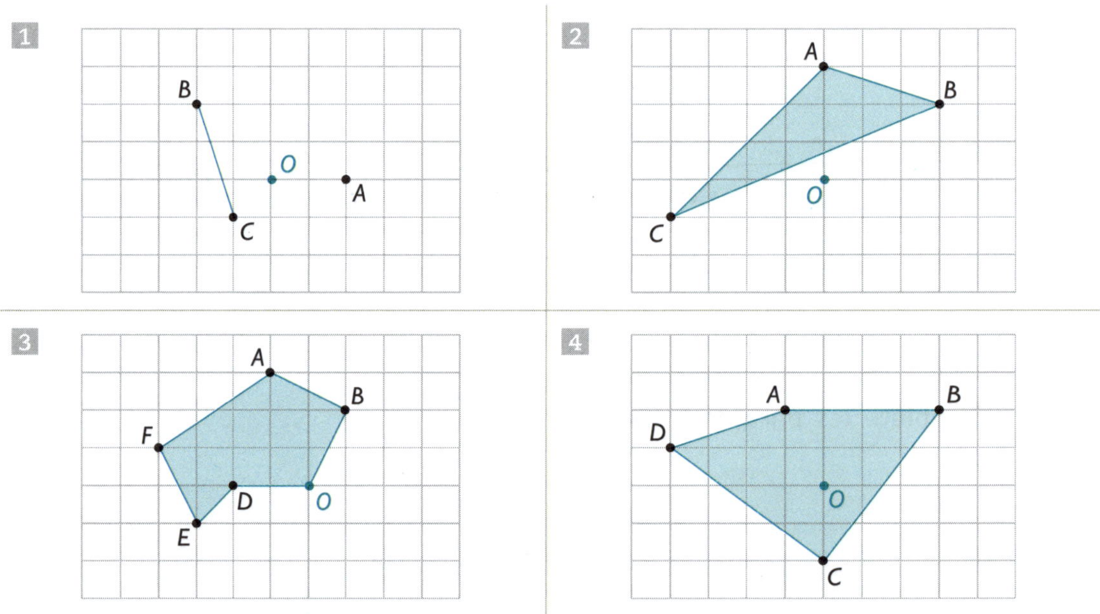

2 Complète les phrases suivantes.

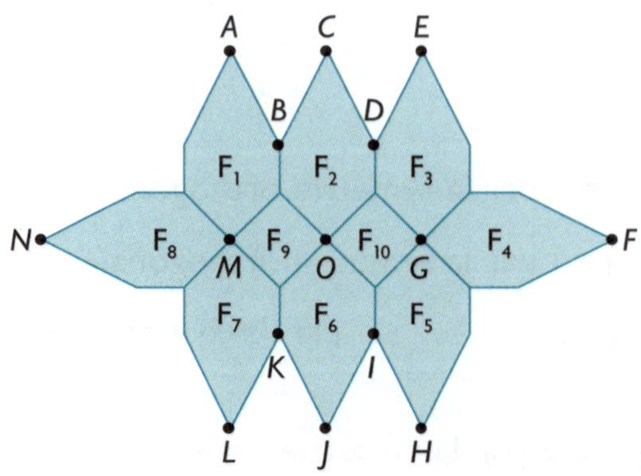

1 L'image de la figure 3 par la symétrie centrale de centre O est la figure ....

2 L'image de la figure 8 par la symétrie centrale de centre O est la figure ....

3 L'image de la figure .... par la symétrie centrale de centre G est la figure 3.

4 L'image de la figure 7 par la symétrie centrale de centre .... est la figure 1.

5 L'image de la figure .... par la symétrie centrale de centre O est la figure 10.

4 La translation

1 En utilisant le quadrillage, construis les images des points et des figures tracés par la translation de vecteur $\overrightarrow{XY}$.

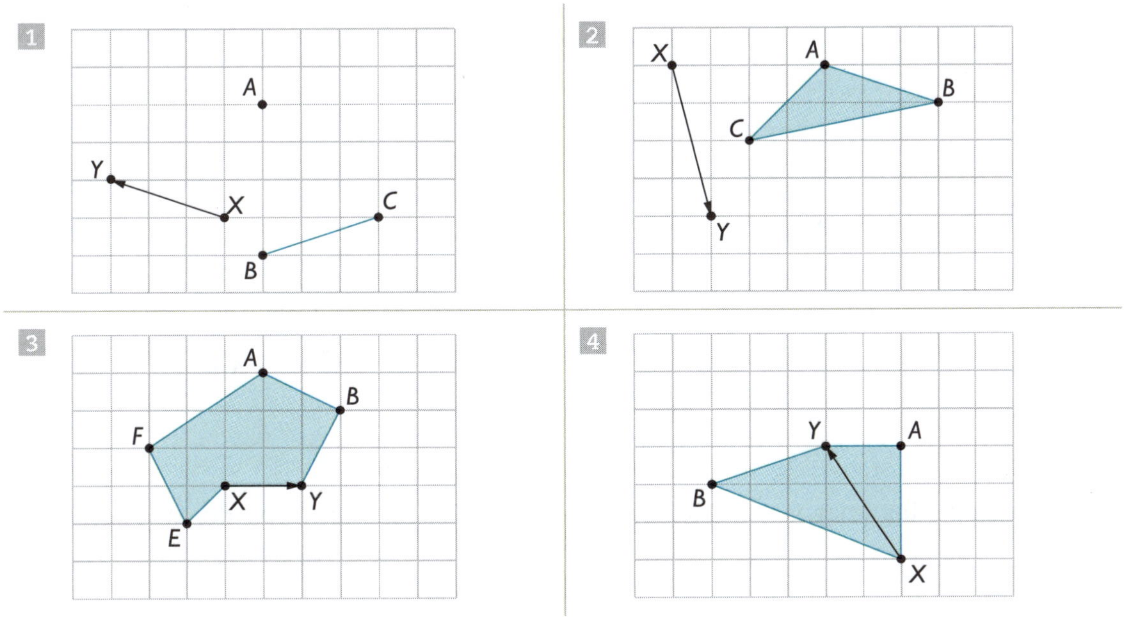

2 Complète les phrases suivantes.

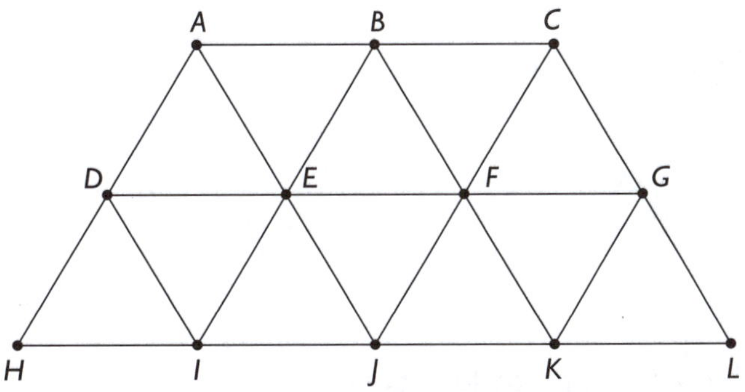

1 L'image du triangle AED par la translation de vecteur $\overrightarrow{AB}$ est le triangle ....

2 L'image du triangle GKF par la translation de vecteur $\overrightarrow{GE}$ est le triangle ....

3 L'image du triangle .... par la translation de vecteur $\overrightarrow{FK}$ est le triangle FKJ.

4 L'image du triangle DEI par la translation de vecteur .... est le triangle BCF.

5 L'image du triangle .... par la translation de vecteur $\overrightarrow{HJ}$ est le triangle JFK.

6 L'image du triangle GLK par la translation de vecteur .... est le triangle BFE.

10

5 La rotation

1 Détermine le sens (positif ou négatif) et l'amplitude des angles de rotation de centre O qui appliquent le point A sur le point A'.

1

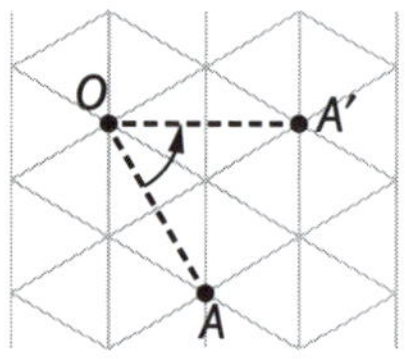

2

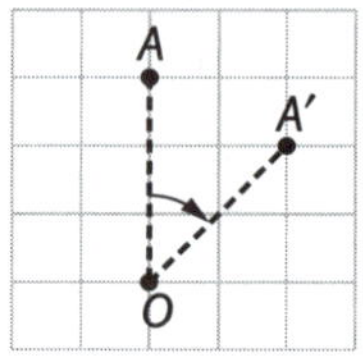

3

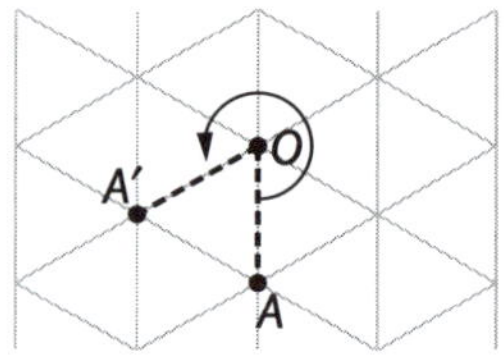

2 Construis les images des figures ci-dessous par les rotations demandées. Aide-toi du quadrillage.

1 $r_{X\,;\,+90°}$

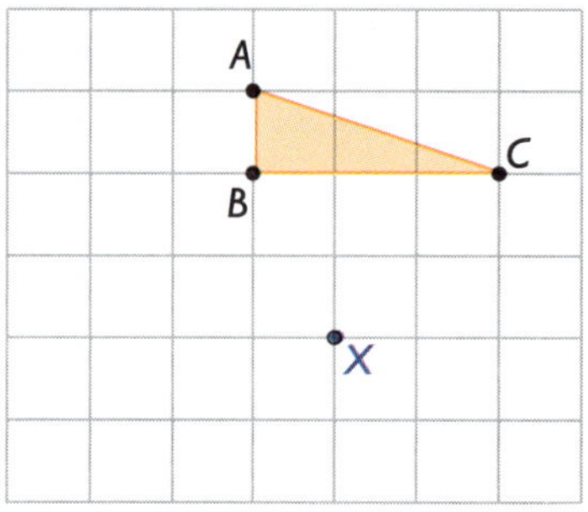

2 $r_{A\,;\,-120°}$

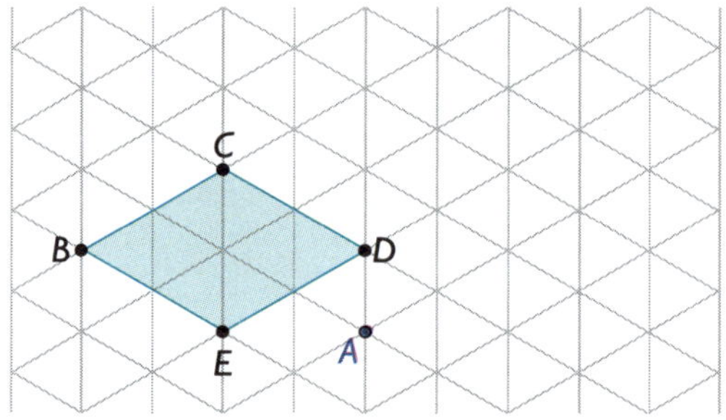

3 Construis les images des figures ci-dessous par les rotations demandées.

1 $r_{B\,;\,-90°}$

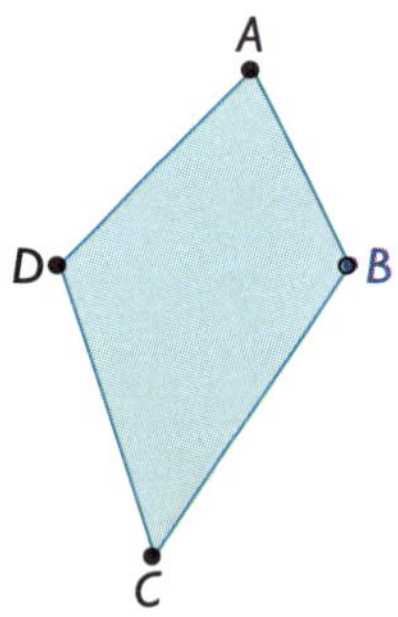

2 $r_{E\,;\,+120°}$

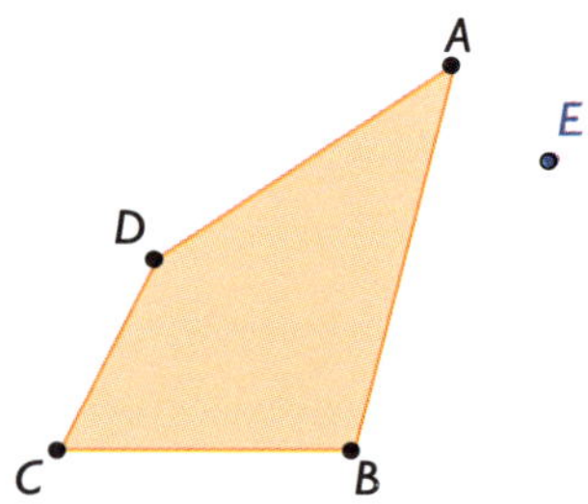

4 Observe la cible et complète le tableau.

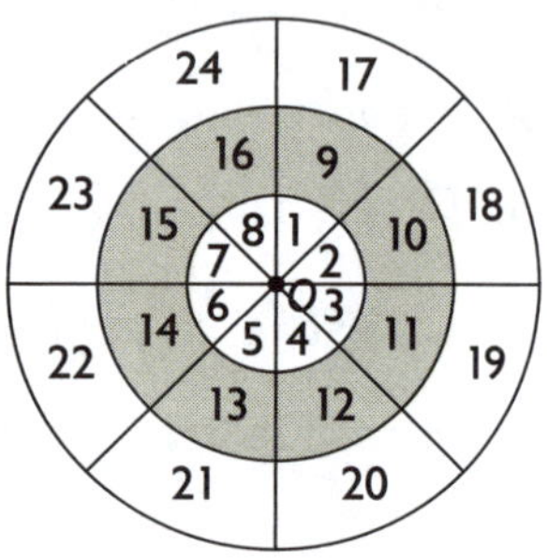

	L'image de la figure n°… … par la rotation de centre O de…	3	12	19	17	22
1	sens négatif et d'amplitude 45°.					
2	sens positif et d'amplitude 135°.					
3	sens négatif et d'amplitude 225°.					

6 Les droites et demi-droites

Dans l'hexagone régulier *ABCDEF*, construis...

1 en bleu $s_{(FC)}([BO])$;

2 en vert $s_O([CD])$;

3 en rouge $t_{\overrightarrow{AC}}([AF])$.

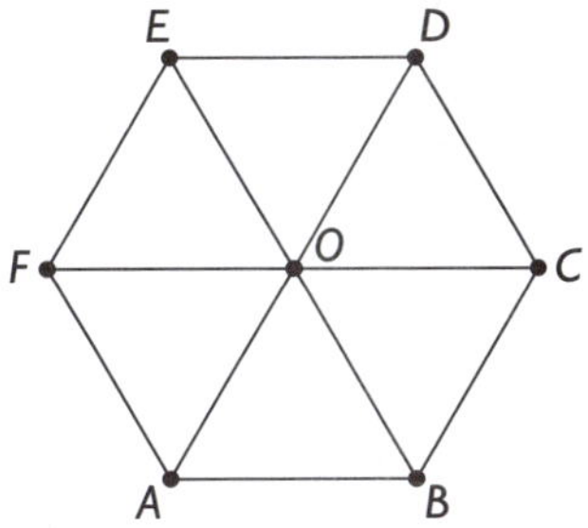

7 Les invariants

1 Observe le schéma de deux parcs rectangulaires : le parc Amplix et le parc Érasme.

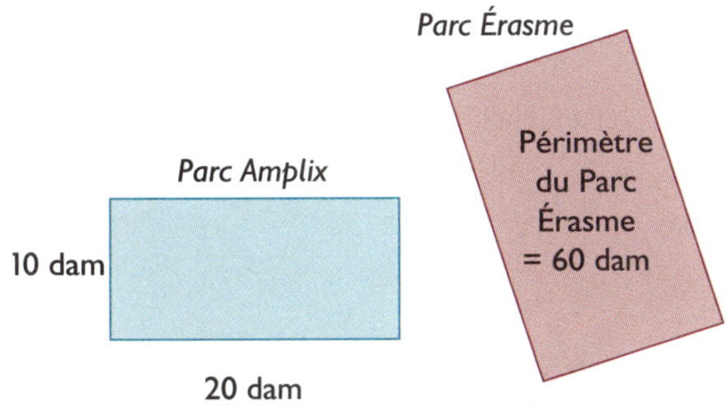

a Carole prétend que les deux parcs ont la même surface mais Gustave n'est pas d'accord avec elle. Qui a raison ? Justifie ta réponse.

b Carole reconnait que Gustave a raison de douter. Elle persiste cependant car elle connait une information qu'il ignore : le parc Érasme est l'image par une rotation du parc Amplix.

En tenant compte de cette information supplémentaire, peux-tu dire qu'elle a raison ? Justifie ta réponse.

2 En utilisant les données connues et les invariants, construis l'image des figures.

1 (AB) // *m*. Construis $s_m(\mathscr{C}_{A,\ [AB]}) = \mathscr{C}'$

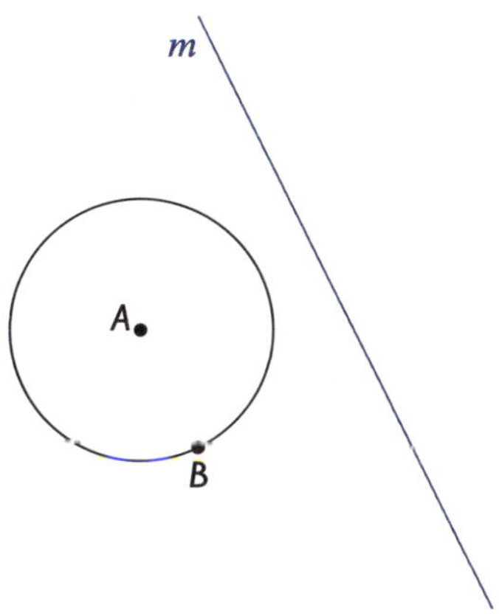

2 Construis $s_O(\mathscr{F}) = \mathscr{F}'$

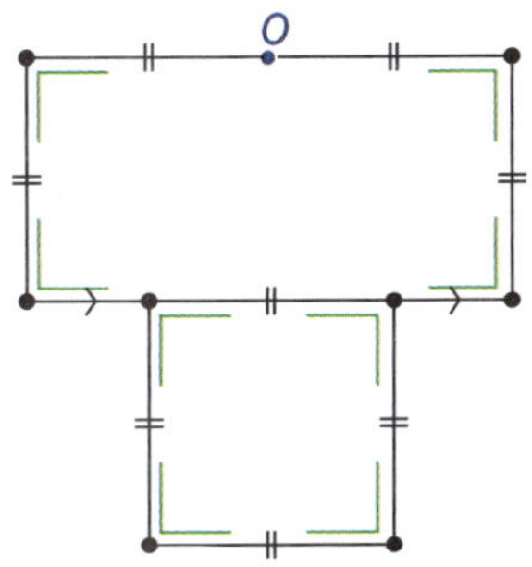

3 Réponds par vrai ou faux.

1. L'image d'un cercle par une symétrie centrale est un cercle de même rayon.
2. L'image de deux droites parallèles par une symétrie orthogonale est une paire de droites parallèles à l'axe de la symétrie.
3. L'image d'un angle par une translation est un angle de même amplitude.
4. L'image d'un segment par une symétrie orthogonale est un segment de même longueur et sécant au premier.

4 Achève la construction de la figure en utilisant uniquement les invariants si tu sais que le segment [X′Y′] est l'image du segment [XY] par une transformation du plan.

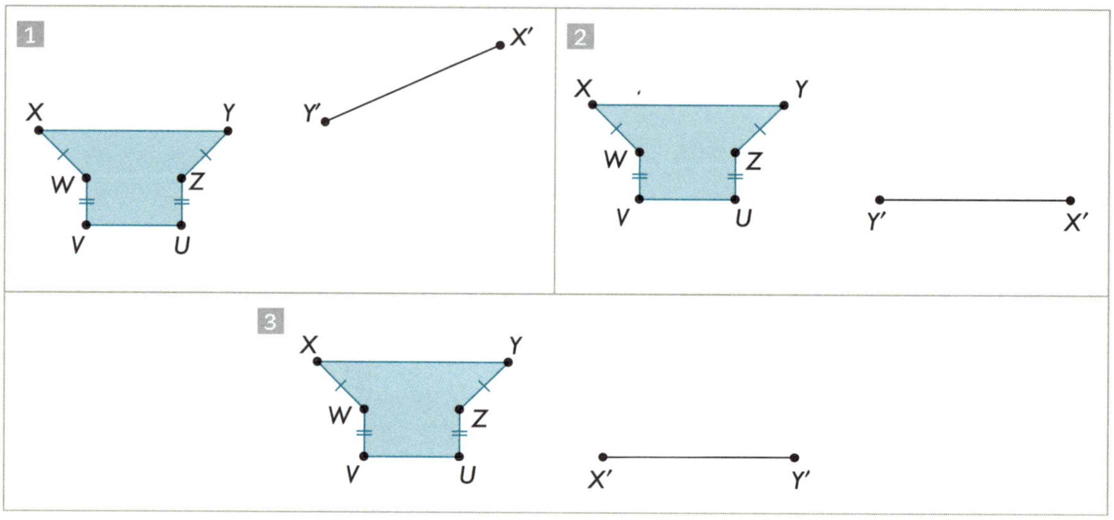

8 Exercices de synthèse

1 Construis les images des points ou des figures par la transformation du plan représentée par son élément caractéristique.

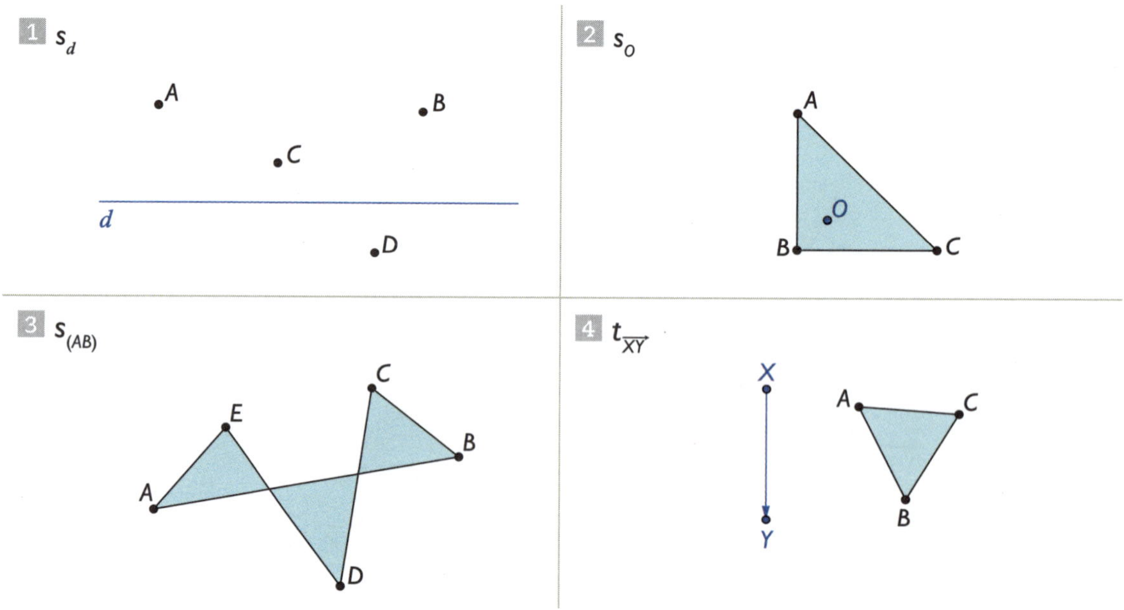

2 Construis…

1. en bleu $s_{(CD)}(ABCD) = A_1B_1C_1D_1$
2. en vert $t_{\overrightarrow{A_1B}}(A_1B_1C_1D_1) = A_2B_2C_2D_2$
3. en rouge $s_C(A_2B_2C_2D_2) = A_3B_3C_3D_3$
4. en orange $r_{C\,;\,-180°}(ABCD) = A_4B_4C_4D_4$

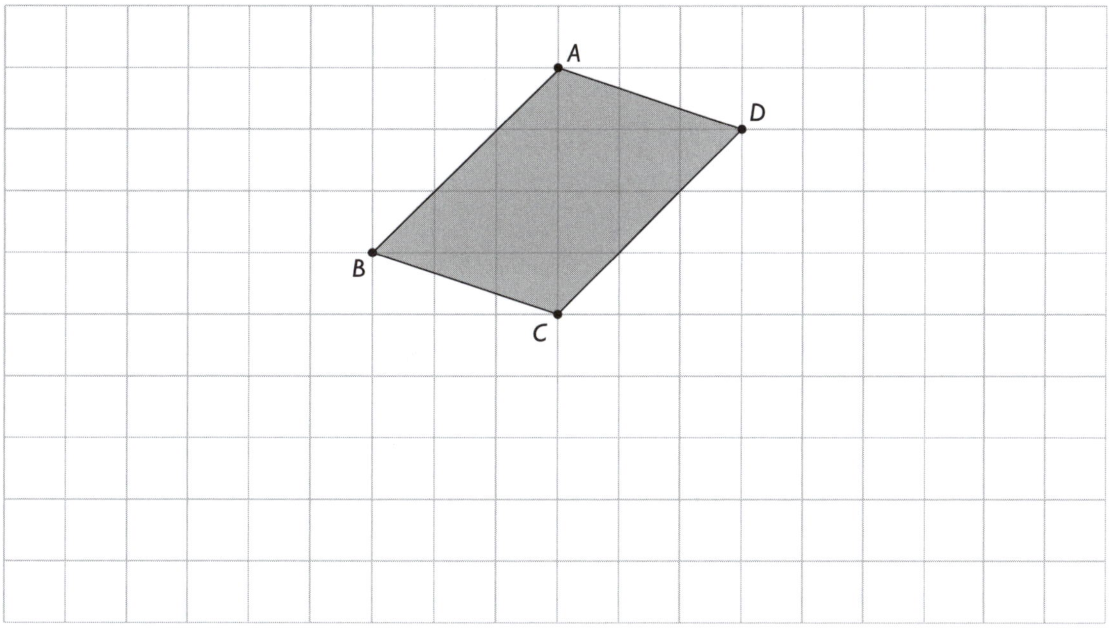

9 Les frises

Termine les frises ci-dessous. Détermine la ou les transformations du plan que tu as utilisées et trace en vert l'élément caractéristique qui permet de passer de la première construction à la seconde. Il y a parfois plusieurs possibilités.

1

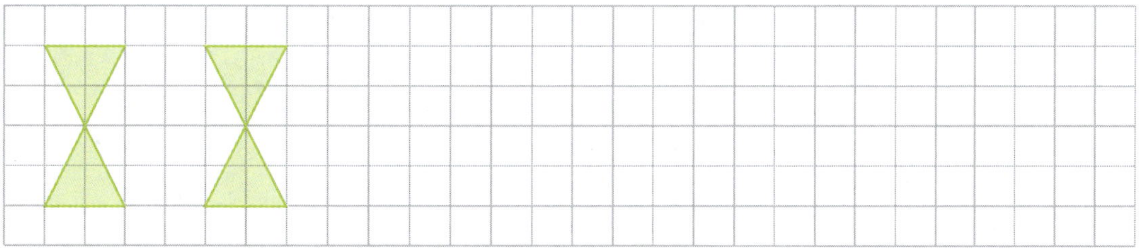

2

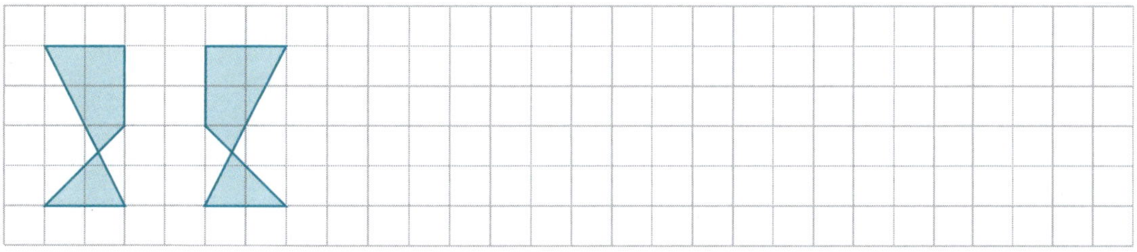

10 Les effets sur les coordonnées

1 Complète le tableau ci-dessous.

		Coordonnées du point image par…					
		$s_{(Ox)}$	$t_{\overrightarrow{OA}}$ avec $A(2\ ;\ -9)$	s_O	$r_{O\ ;\ -90°}$	$s_{(Oy)}$	$r_{O\ ;\ +90°}$
1	(–6 ; 3)						
2		(–7 ; –4)					
3				(21 ; –92)			
4						(–32 ; 87)	

2 Détermine la ou les transformations du plan qui lient les coordonnées du point initial à celles du point image.

	Coordonnées du point initial	Coordonnées du point image
1	(31 ; 23)	(–31 ; –23)
2	(0 ; –12)	(–12 ; 0)
3	(–31 ; 23)	(31 ; –23)
4	(–35 ; –4)	(35 ; –14)
5	(–25 ; 126)	(25 ; 126)
6	(26 ; 12)	(–26 ; 12)
7	(19 ; 84)	(19 ; –84)
8	(0 ; 2)	(2 ; 0)

Teste-toi !

1 **EXPLIQUE** pourquoi une symétrie centrale est une rotation particulière.

2 **COMPLÈTE** la phrase suivante.
L'écriture $s_a(A) = A'$ signifie que A' est…

3 **RECONNAIS** les notations mathématiques correctes et **ASSOCIE** les à la bonne transformation.

s_M	t_{AB}	s_a	$t_{\overrightarrow{AB}}$	s_{AB}	$t_{\overrightarrow{ab}}$	s_{ab}	s_C
a	b	c	d	e	f	g	h

1 Symétrie centrale

2 Symétrie orthogonale

3 Translation

4 **RECONNAIS** les différentes transformations du plan qui appliquent la figure 1 sur les autres figures. S'il s'agit…
- d'une symétrie centrale, **TRACE** en bleu son élément caractéristique ;
- d'une translation, **TRACE** en vert son élément caractéristique ;
- d'une symétrie orthogonale, **TRACE** en orange son élément caractéristique.

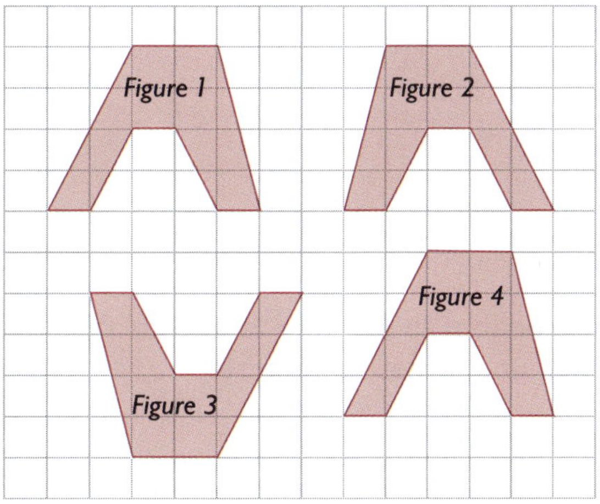

5 **CONSTRUIS** l'image des figures ci-dessous par la transformation du plan adéquate.

1 $t_{\overrightarrow{AB}}(XYZ) = X'Y'Z'$

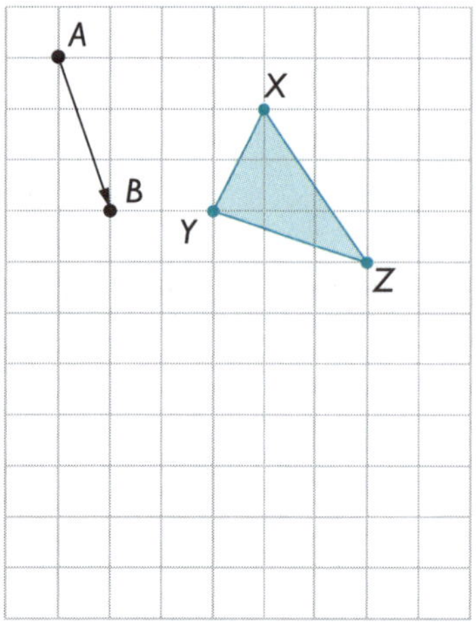

2 $s_O(ABC) = A'B'C'$

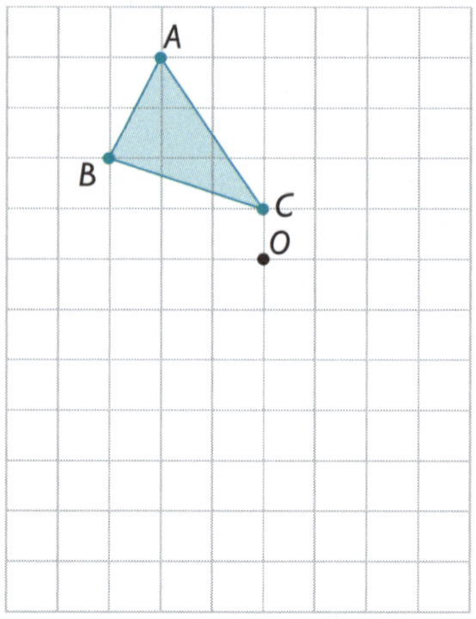

3 $s_d(MATH) = M'A'T'H'$

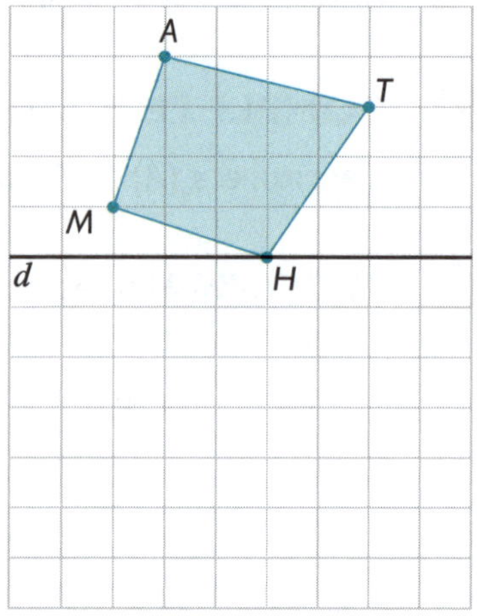

6 Lors d'une évaluation, Sacha devait construire l'image de l'angle $\hat{A}$ par la symétrie orthogonale d'axe d. Voici ce qu'il a fait comme construction.

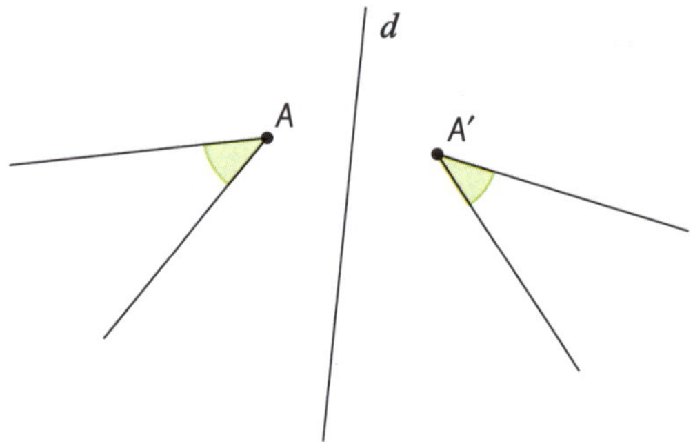

JUSTIFIE pourquoi la construction est incorrecte.

7 **ACHÈVE** la construction de la figure si tu sais que le segment $[A'B']$ est l'image du segment $[AB]$ par une symétrie centrale.

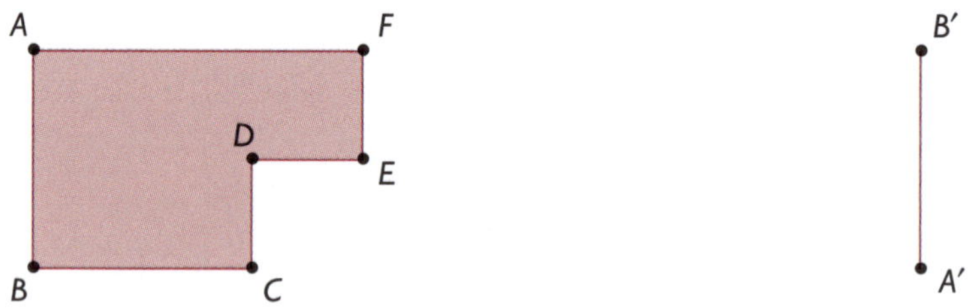

8 **OBSERVE** la figure ci-contre et suis les consignes.

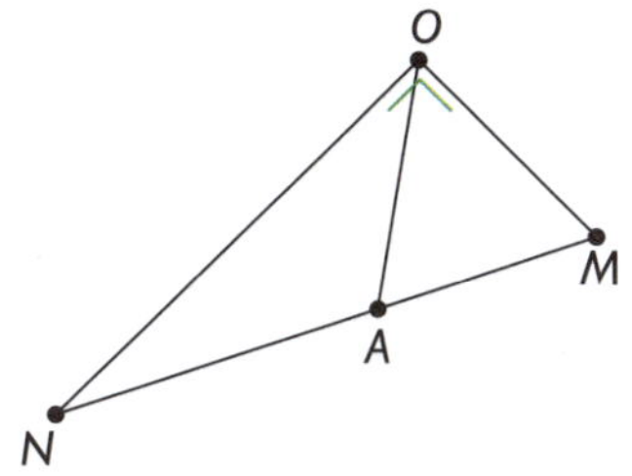

a **PLACE** le point *B*, image du point *A* par la symétrie orthogonale d'axe (*ON*).

b **DÉTERMINE** l'amplitude de l'angle $\widehat{NOB}$ si tu sais que $\widehat{AON} = 36°$ et **JUSTIFIE** ton raisonnement.

c **PLACE** le point *C*, image du point *A* par la symétrie orthogonale d'axe (*OM*).

d **VÉRIFIE** à l'aide d'un calcul que l'angle $\widehat{COB}$ est un angle plat.

9 Soit $L(91\ ;\ -456)$; $J(3\ ;\ 8)$; $V(-314\ ;\ 159)$.

DÉTERMINE les coordonnées des points *M*, *A*, *T* et *H*.

$M = s_{(Oy)}(L)$	$A = s_{(Ox)}(J)$	$T = t_{\overrightarrow{OJ}}(L)$	$H = s_O(V)$
→ *M*(… ;…)	→ *A*(… ;…)	→ *T*(… ;…)	→ *H*(… ;…)

10 **OBSERVE** la figure ci-dessous constituée de triangles rectangles isocèles tous superposables et **COMPLÈTE** les notations.

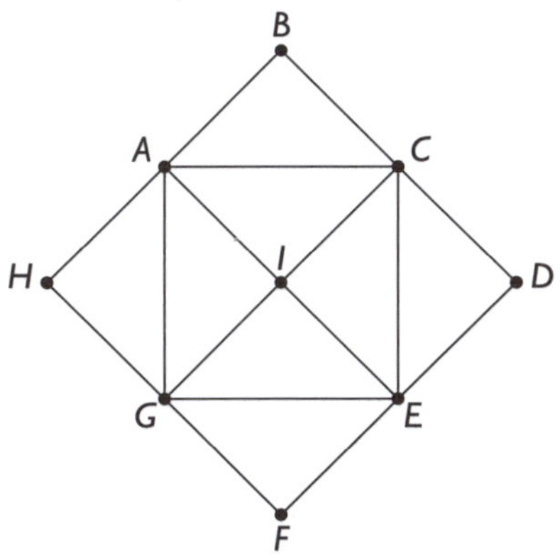

1. $s_{(AG)}(I) = \ldots$
2. $r_{I\,;\,-90°}(\ldots) = D$
3. $s_E(F) = \ldots$
4. $s_{(IG)}(C) = \ldots$
5. $t_{\overrightarrow{GE}}(\ldots) = I$
6. $r_{H\,;\,+90°}(G) = \ldots$
7. $t_{\ldots\ldots}(F) = D$

11 **COMPLÈTE** le plus précisément possible les phrases suivantes.

1. L'image par une symétrie orthogonale d'une droite perpendiculaire à l'axe de la symétrie est…
2. L'image par une symétrie centrale d'une demi-droite est…

12 **CONSTRUIS** l'image du pentagone *ABCDE* par la rotation de centre *O*, de sens positif et d'amplitude 135°.

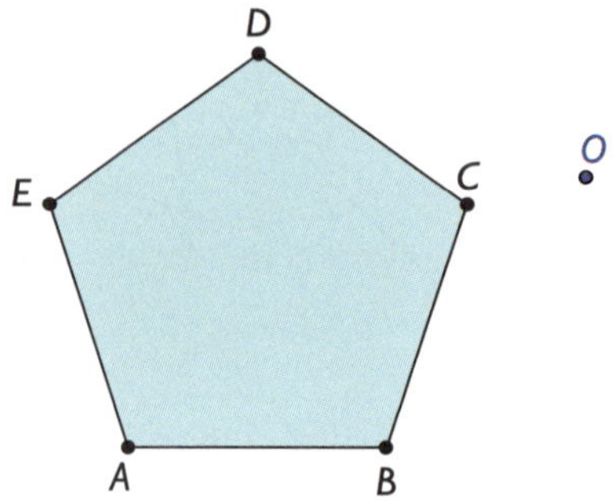

13 **OBSERVE** la figure ci-dessous composée de neuf losanges superposables et, en utilisant uniquement les éléments représentés, **DÉTERMINE** une transformation du plan qui applique…

1. le losange 1 sur le losange 6 ;
2. le losange 3 sur le losange 7 ;
3. le losange 5 sur le losange 6 ;
4. le losange 5 sur le losange 9 ;
5. le losange 2 sur le losange 4.

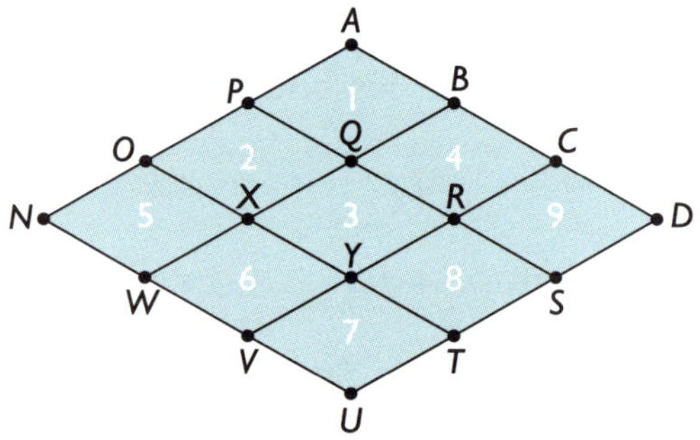

14 Le rectangle *CODE* est l'image du rectangle *JOLI* par la rotation de centre *O*.

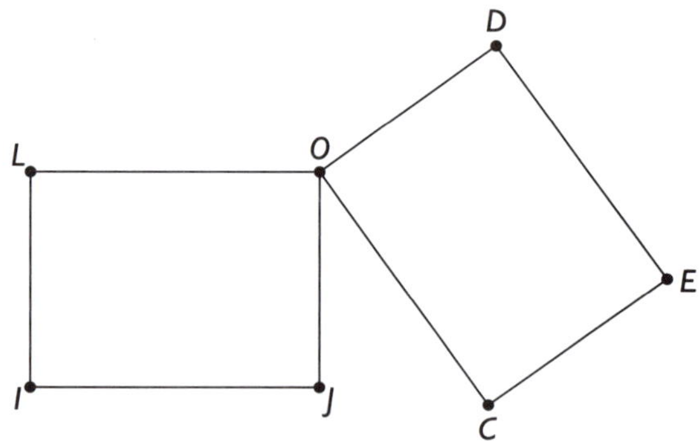

a Si tu sais que $CE = 2$ cm et que $P_{JOLI} = 10$ cm, **CALCULE** la longueur de [*IJ*] et **JUSTIFIE** ta démarche en utilisant un invariant.

b **CALCULE** l'aire du rectangle *CODE* et **JUSTIFIE** ta démarche à l'aide d'un invariant.

Correctif

1 Une symétrie centrale est une rotation particulière car l'amplitude de rotation est de 180°. Il s'agit donc de faire tourner la figure d'un demi-tour.

2 *A'* est l'image du point *A* par la symétrie orthogonale d'axe *a*.

3
1. a ; h
2. c ; e
3. d

4 La transformation du plan qui applique la figure 1 sur…
- la figure 2 est une symétrie orthogonale.
- la figure 3 est une symétrie centrale.
- la figure 4 est une translation.

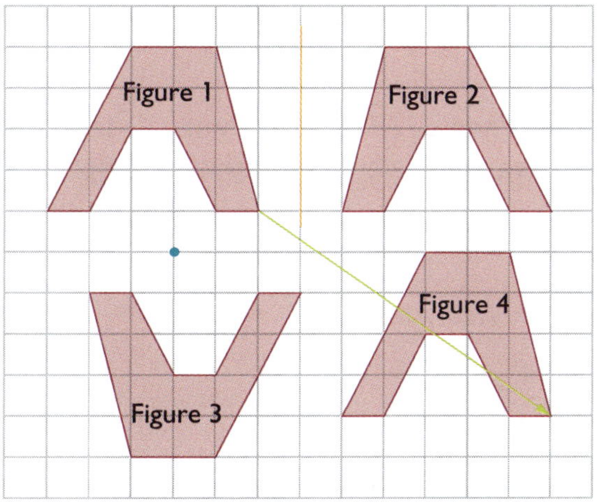

5

1. $t_{\overrightarrow{AB}}(XYZ) = X'Y'Z'$

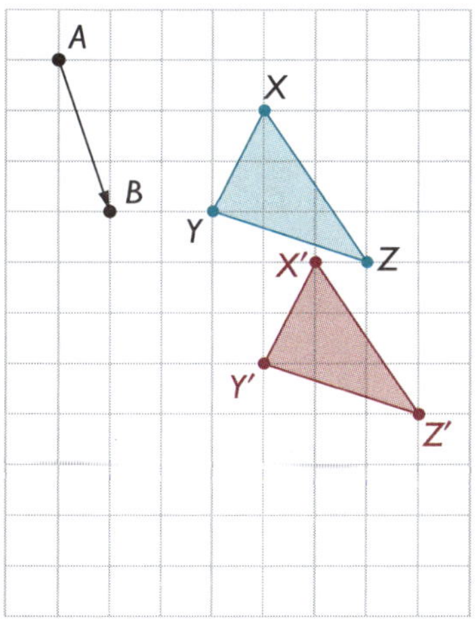

2. $s_o(ABC) = A'B'C'$

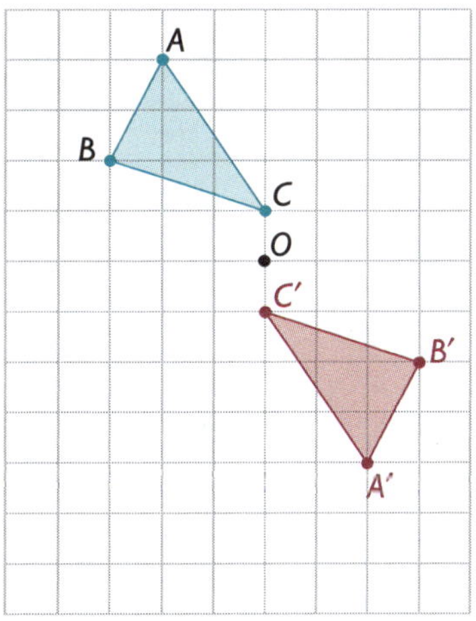

3. $s_d(MATH) = M'A'T'H'$

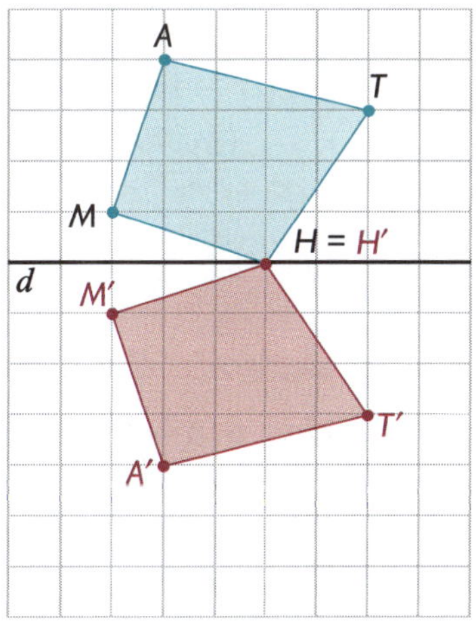

6 La construction est incorrecte car les isométries, en particulier la symétrie orthogonale, conservent l'amplitude des angles. Dans la construction de Sacha, l'amplitude de l'angle $\hat{A}$ vaut 45° alors que celle de l'angle $\hat{A'}$ vaut 40°.

7

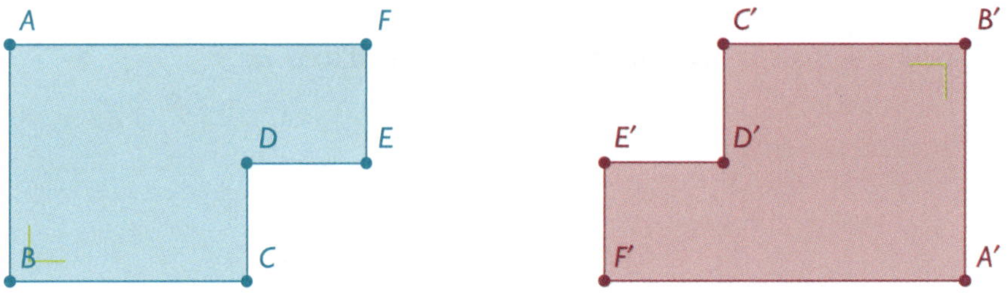

8 **a**

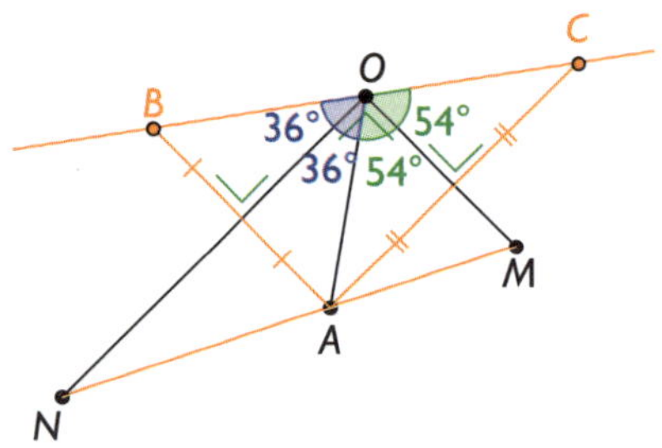

b $\widehat{NOB} = 36°$ car l'angle $\widehat{NOB}$ est l'image de l'angle $\widehat{NOA}$ par la symétrie orthogonale d'axe (ON) et la symétrie orthogonale conserve l'amplitude des angles.

c Voir schéma.

d $\widehat{COB} = \widehat{COM} + \widehat{MOA} + \widehat{AON} + \widehat{NOB}$

$= 54° + 54° + 36° + 36°$

$= 180°$

L'angle $\widehat{COB}$ est un angle plat.

9

1. $M(-91\ ;\ -456)$
2. $A(3\ ;\ -8)$
3. $T(94\ ;\ -448)$
4. $H(314\ ;\ -159)$

10

1. $s_{(AG)}(I) = H$
2. $r_{I\,;\,-90°}(B) = D$
3. $s_E(F) = D$
4. $s_{(IG)}(C) = C$
5. $t_{\overrightarrow{GE}}(H) = I$
6. $r_{H\,;\,+90°}(G) = A$
7. $t_{\overrightarrow{FD}}(F) = D$ (ou $\overrightarrow{GC}$ ou $\overrightarrow{HB}$)

11

1. La droite elle-même.
2. Une demi-droite parallèle et de sens contraire.

12

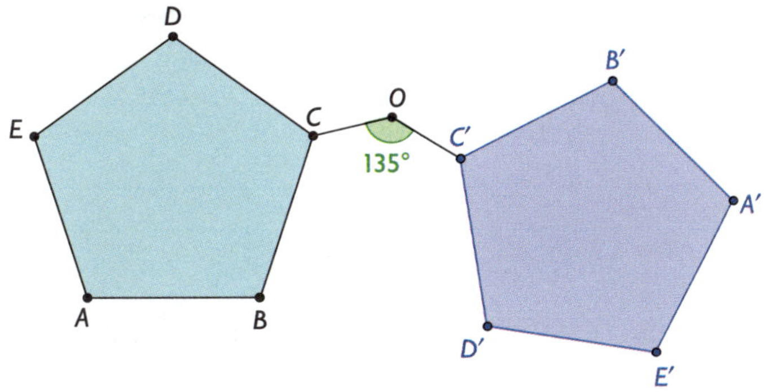

13 **1** La translation de vecteur $\overrightarrow{AX}$ (ou $\overrightarrow{PW}$ ou $\overrightarrow{BY}$ ou $\overrightarrow{QV}$ ou $\overrightarrow{CT}$ ou $\overrightarrow{RU}$).

2 Plusieurs transformations du plan peuvent transformer le losange 3 en le losange 7 : la translation de vecteur $\overrightarrow{QY}$ (ou tout vecteur parallèle, de même sens et de même longueur) ; la symétrie orthogonale d'axe (*WY*) (ou (*WS*) ou (*YS*)) ; la symétrie centrale de centre *Y* ; la rotation de centre *Y*, de sens positif et d'amplitude 180° ou la rotation de centre *Y*, de sens négatif et d'amplitude 180°.

3 La translation de vecteur $\overrightarrow{OX}$ (ou tout vecteur parallèle, de même sens et de même longueur).

4 Plusieurs transformations du plan peuvent transformer le losange 5 en le losange 9 : la translation de vecteur $\overrightarrow{OC}$ (ou $\overrightarrow{NR}$ ou $\overrightarrow{WS}$ ou $\overrightarrow{XD}$) ou la symétrie orthogonale d'axe (*AU*) (ou (*AQ*) ou (*AY*) ou (*QY*) ou (*QU*) ou (*YU*)).

5 Plusieurs transformations du plan peuvent transformer le losange 2 en le losange 4 : la translation de vecteur $\overrightarrow{PB}$ (ou tout vecteur parallèle, de même sens et de même longueur) ; la symétrie orthogonale d'axe (*AU*) (ou (*AQ*) ou (*AY*) ou (*QY*) ou (*QU*) ou (*YU*)) ; la symétrie centrale de centre *Q* ; la rotation de centre *Q*, de sens positif et d'amplitude 180° ou la rotation de centre *Q*, de sens négatif et d'amplitude 180°.

14 **a** $[CE]$ est l'image de $[LI]$ par la rotation de centre O. Donc $CE = LI = 2$ cm car les isométries conservent les longueurs des segments.

Or, $P_{JOLI} = 2 \cdot LI + 2 \cdot IJ$
Donc, $10 = 2 \cdot 2 + 2 \cdot IJ$
$6 = 2 \cdot IJ$
$IJ = 3$ cm

b $A_{JOLI} = 3 \cdot 2 = 6$
Donc, l'aire du rectangle *CODE* est de 6 cm² car les isométries conservent l'aire des figures.

1. Commence par regarder la plus petite forme.
2. Si tu plies ta feuille selon l'axe de la symétrie, les points et leur image se rencontrent.
3. Une symétrie orthogonale est caractérisée par…
4. Une symétrie centrale est caractérisée par…
5. Une translation est caractérisée par…
6. $DE = D'E' = \ldots$
$\widehat{CDE} = \widehat{C'D'E'} = \ldots$
7. La transformation du plan qui transformer le trapèze 2 en le trapèze 3 est la symétrie orthogonale d'axe (KN).
8. 360° correspond à un tour complet.
9. Une rotation est caractérisée par…
10. Rappelle-toi des propriétés des quadrilatères.
11. L'aire d'un triangle est donnée par $\frac{b \cdot h}{2}$.
12. N'hésite pas à représenter la situation sur une feuille quadrillée.

RÉFÉRENTIEL 10

Transformations du plan

1 Identification des mouvements

- **Une isométrie** est une transformation du plan qui conserve les mesures.
- **La symétrie orthogonale** et **centrale**, **la translation** et **la rotation** sont des isométries.

- Arbre des transformations :

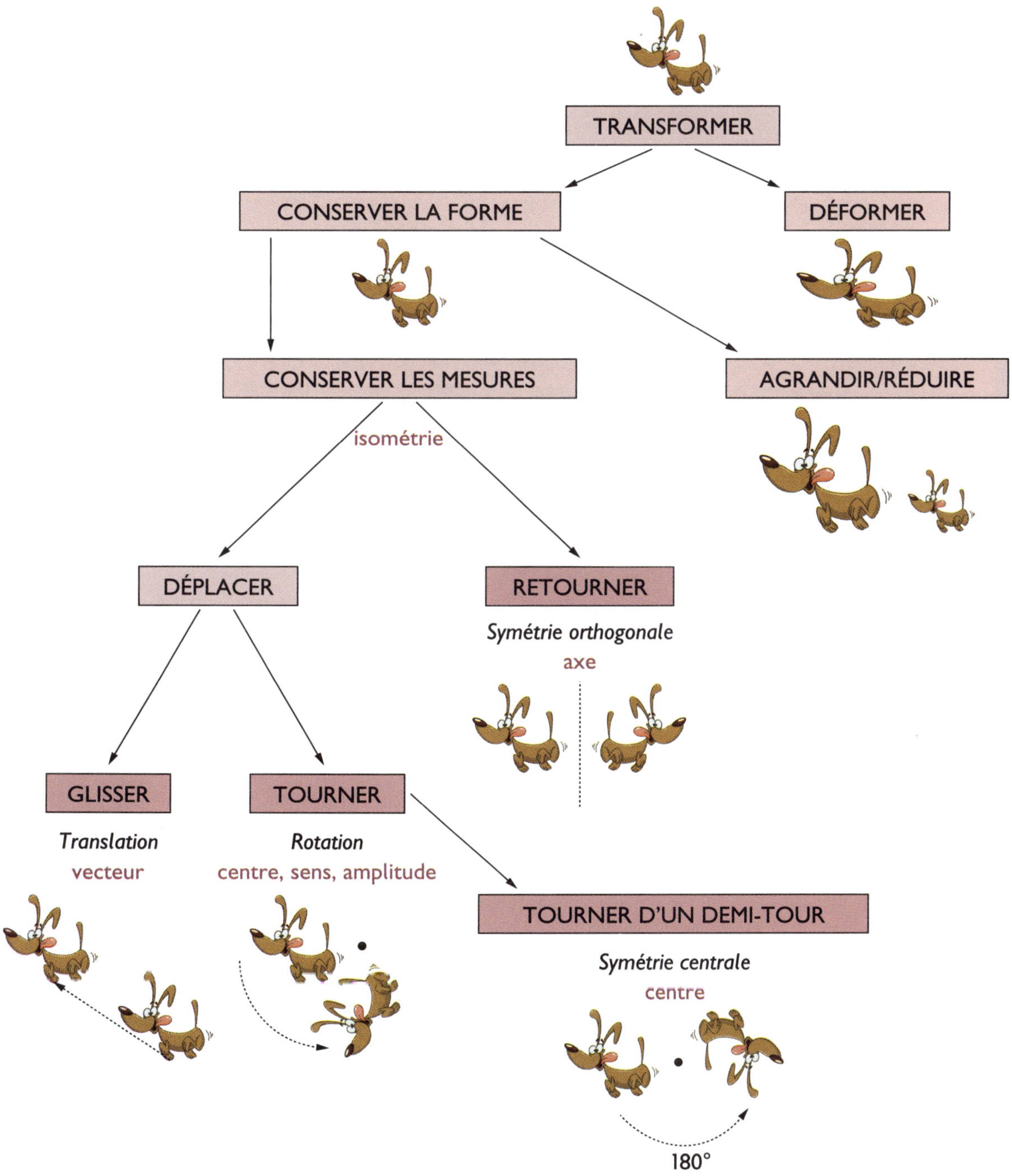

2 La symétrie orthogonale

• **Une symétrie orthogonale** est une transformation du plan qui fait se **retourner** les objets par rapport à une droite appelée **axe de la symétrie orthogonale**.

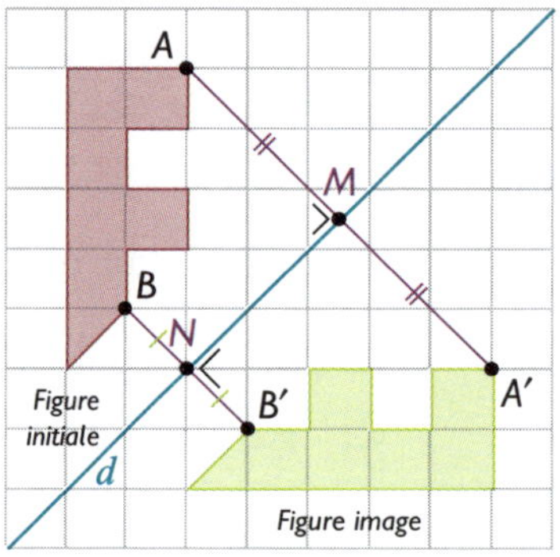

• Le point A' est l'image du point A par la symétrie orthogonale d'axe d si la droite d est la médiatrice du segment $[AA']$.

• Langage mathématique :

$$s_d(A) = A' \Leftrightarrow \begin{cases} d \perp [AA'] \\ [AA'] \cap d = \{M\} \\ AM = MA' \end{cases}$$

• Notation : $s_d\,(A) = A'$

symétrie (s) axe de la symétrie (d) point initial (A) point image (A')

• Lecture de la notation :

$s_d\,(A) = A'$ peut se lire de deux manières :

– Le point A' est l'image du point A par la symétrie orthogonale d'axe d ;

– L'image du point A par la symétrie orthogonale d'axe d est le point A'.

• Point(s) fixe(s) :

– tous les points situés sur l'axe de symétrie sont des points fixes.

3 La symétrie centrale

- **Une symétrie centrale** est une transformation du plan qui fait **tourner d'un demi-tour** (180°) les objets par rapport à un point appelé **centre de la symétrie centrale**.

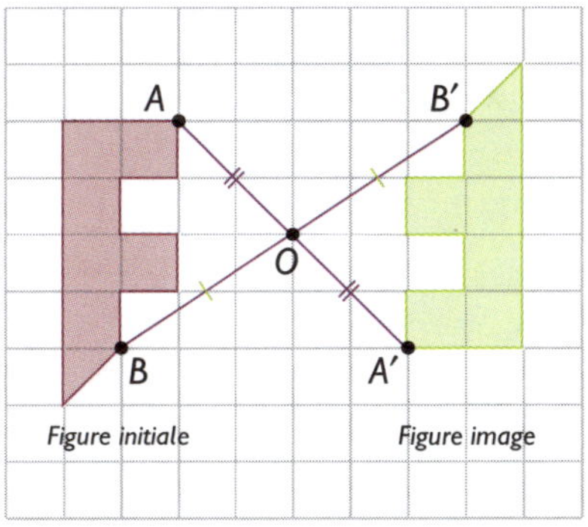

- Le point A' est l'image du point A par la symétrie centrale de centre O si le point O est le milieu du segment $[AA']$.

- Langage mathématique :

$$s_O(A) = A' \Leftrightarrow \begin{cases} O \in [AA'] \\ AO = OA' \end{cases}$$

- Notation : $s_O\ (A) = A'$

symétrie — centre de la symétrie — point initial — point image

- Lecture de la notation :

$s_O\ (A) = A'$ peut se lire de deux manières :

– Le point A' est l'image du point A par la symétrie centrale de centre O ;

– L'image du point A par la symétrie centrale de centre O est le point A'.

- Point(s) fixe(s) :

– le centre de la symétrie est le seul point fixe.

REMARQUE :

Une symétrie centrale est une rotation particulière.
En effet, une symétrie centrale fait tourner un objet d'un demi-tour, c'est-à-dire de 180°.

10

4 La translation

- **Une translation** est une transformation du plan qui fait **glisser** les objets suivant **un vecteur**.

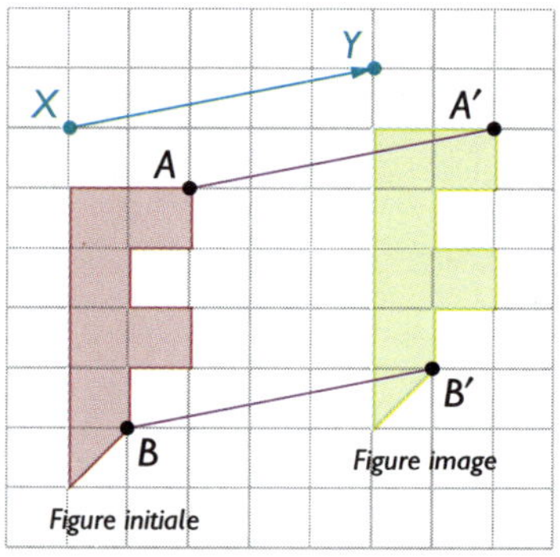

- Le point A' est l'image du point A par la translation de vecteur $\overrightarrow{XY}$ si (XY) est parallèle à (AA'), si $XY = AA'$ et si les demi-droites $[XY)$ et $[AA')$ sont de même sens.

- Langage mathématique :

$$t_{\overrightarrow{XY}}(A) = A' \Leftrightarrow \begin{cases} (AA') \,//\, (XY) \\ AA' = XY \\ [AA') \text{ et } [XY) \text{ de même sens.} \end{cases}$$

- Notation : $t_{\overrightarrow{XY}}(A) = A'$

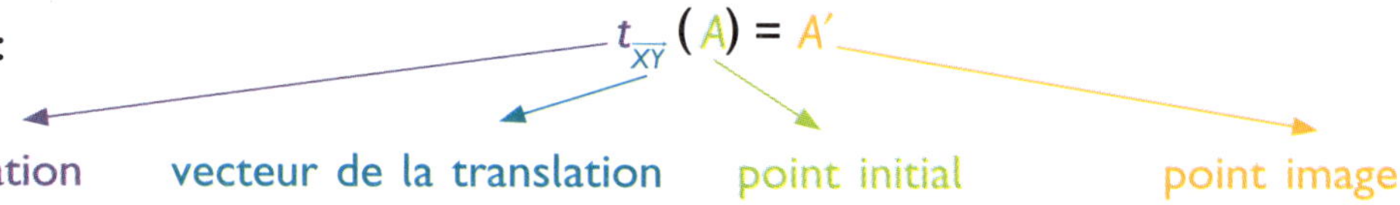

- Lecture de la notation :

$t_{\overrightarrow{XY}}(A) = A'$ peut se lire de deux manières :

– Le point A' est l'image du point A par la translation qui applique le point X sur le point Y ;

– L'image du point A par la translation qui applique le point X sur le point Y est le point A'.

- Point(s) fixe(s) :

– si $X \neq Y$, aucun point n'est fixe

– si $X = Y$, tous les points sont fixes

5 La rotation

• **Une rotation** est une transformation du plan qui fait **tourner** les objets autour d'**un centre**, suivant **un sens** et **une amplitude**.

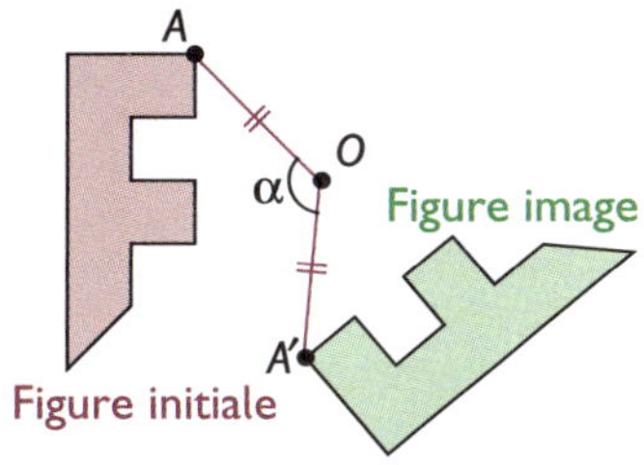

• Le point A' est l'image du point A par la rotation de centre O, de sens positif (**négatif**) et d'amplitude α si et seulement si $OA = OA'$ et $\widehat{AOA'} = \alpha$ dans le sens contraire des aiguilles d'une montre (dans le sens des aiguilles d'une montre).

Sens des aiguilles d'une montre ou sens négatif	Sens contraire des aiguilles d'une montre ou sens positif

• Langage mathématique :

$$r_{O;\alpha}(A) = A' \Leftrightarrow \begin{cases} OA = OA' \\ \widehat{AOA'} = \alpha \end{cases}$$

• Notation :

$$r_{O;\alpha}(A) = A'$$

- r : rotation
- O : centre de la rotation
- α : amplitude de rotation
- A : point initial
- A' : point image

• Lecture de la notation :

$r_{O;\alpha}(A) = A'$ peut se lire de deux manières :

– Le point A' est l'image du point A par la rotation de centre O et d'amplitude α ;

– L'image du point A par la rotation de centre O et d'amplitude α est le point A'.

• Point(s) fixe(s) :

– si l'amplitude n'est pas un multiple de 360°, le centre est le seul point fixe

– si l'amplitude est un multiple de 360°, tous les points sont des points fixes

REMARQUES :

– Le sens de la rotation doit être respecté : il est négatif s'il y a un signe « – » devant l'amplitude et il est positif s'il y a un signe « + » devant l'amplitude.

– Une symétrie centrale est une rotation particulière. En effet, une symétrie centrale fait tourner un objet d'un demi-tour, c'est-à-dire de 180°.

6 Constructions

- Comment construire l'image d'un point par la symétrie orthogonale d'axe d ?

1

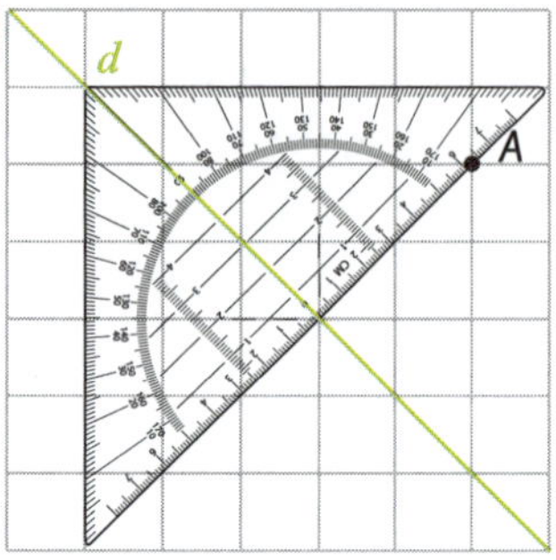

On place l'équerre géométrique perpendiculairement à la droite d.

2

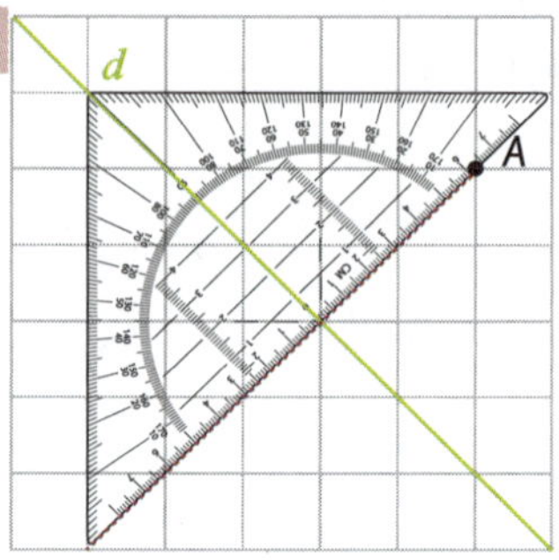

On trace une droite (ou demi-droite) perpendiculaire à la droite d passant par A.

3

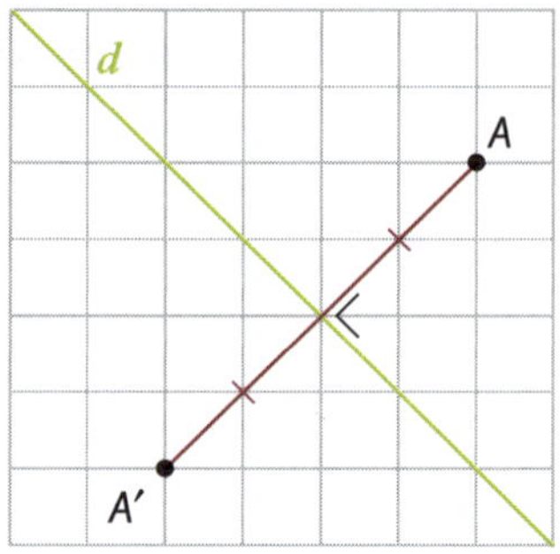

On reporte la distance du point A à la droite d de l'autre côté de la droite d (au moyen du compas ou en mesurant).
A' est **le symétrique** du point A par rapport à la droite d.

- Comment construire l'image d'un point par la symétrie centrale de centre O ?

1

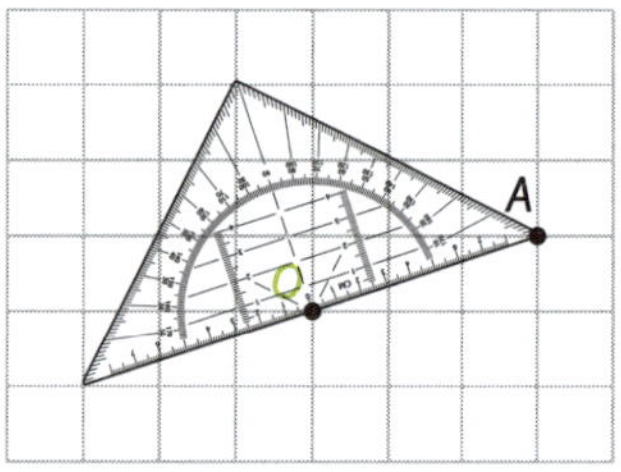

On place l'équerre géométrique de telle façon à avoir le 0 de l'équerre sur le centre de la symétrie et le point A dans le prolongement de l'équerre.

2

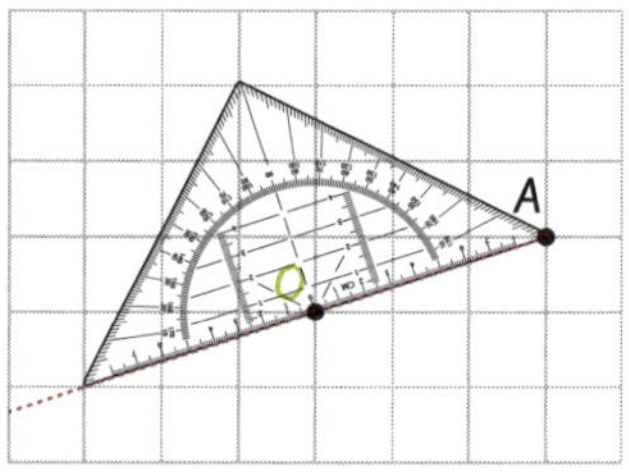

On trace une droite (ou demi-droite) passant par le centre O de la symétrie et par le point A.

3

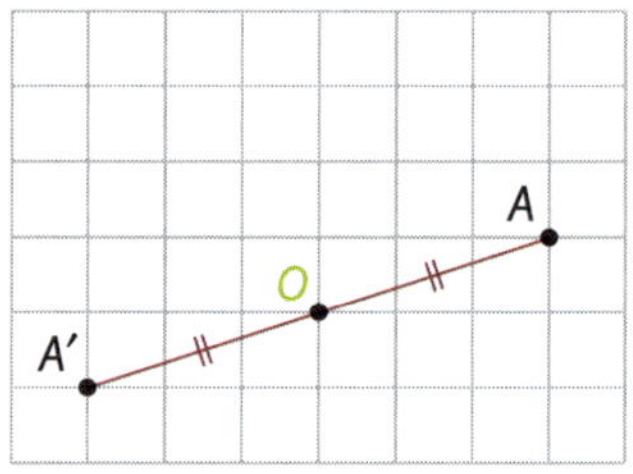

On reporte la distance du point A au centre O de la symétrie de l'autre côté du centre O (au moyen du compas ou en mesurant).
A' est **le symétrique** du point A par rapport au point O.

10

- Comment construire l'image d'un point par la translation de vecteur $\overrightarrow{XY}$?

1

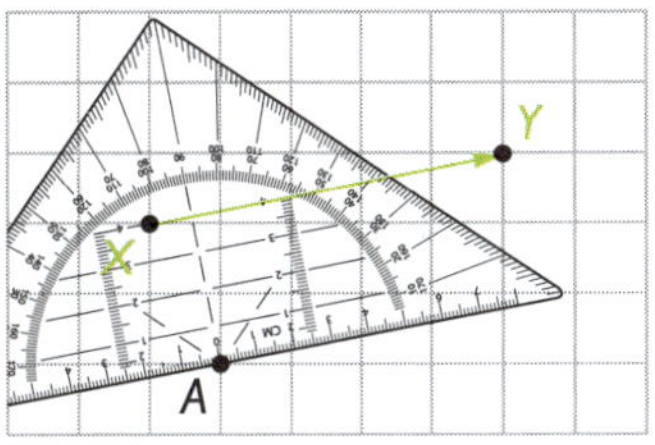

On place l'équerre géométrique parallèlement au vecteur de la translation et le 0 de l'équerre sur le point *A*.

2

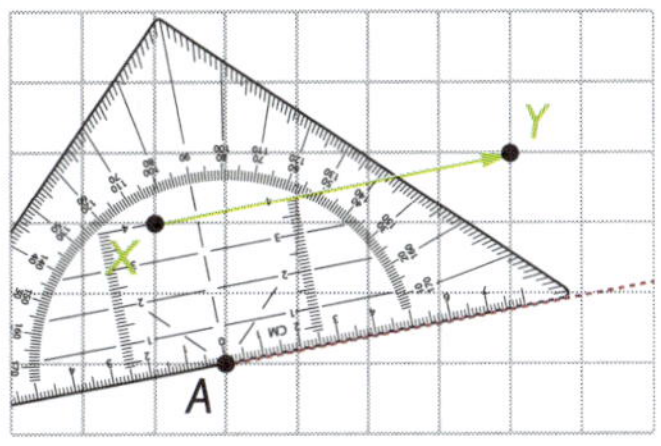

On trace une droite (ou demi-droite) passant par le point *A*.

3

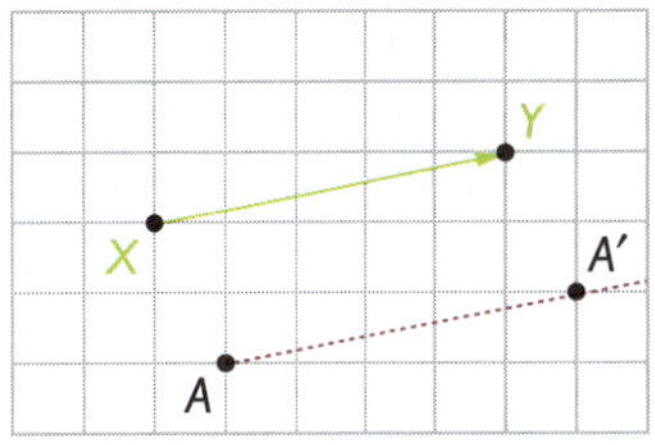

On reporte la longueur du vecteur de la translation sur la droite à partir du point *A* dans le même sens. *A'* est le **translaté** du point *A* par la translation de vecteur $\overrightarrow{XY}$.

- Comment construire l'image d'un point par la rotation de centre *O*, de sens négatif et d'amplitude 60° ?

1

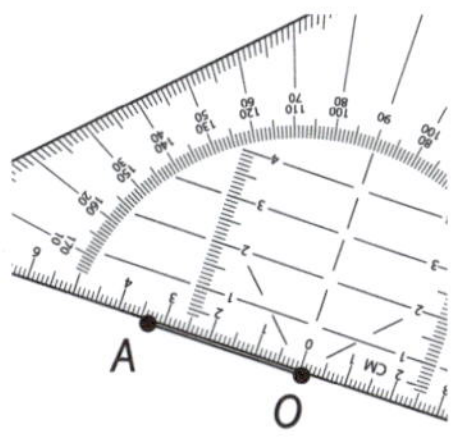

On place l'équerre géométrique de manière à faire coïncider le *O* avec le centre de la rotation. Ensuite, on aligne l'équerre sur le point à déplacer.

2

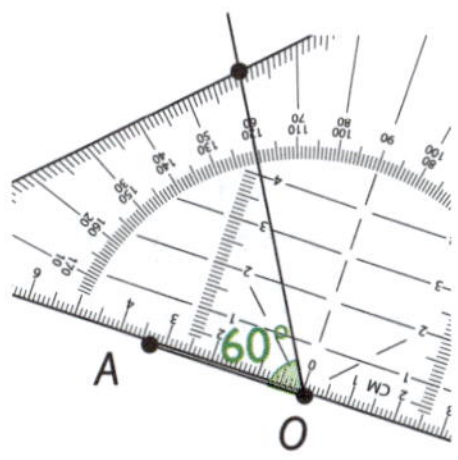

On construit un angle de 60° dans le sens négatif (dans le sens des aiguilles d'une montre).

3

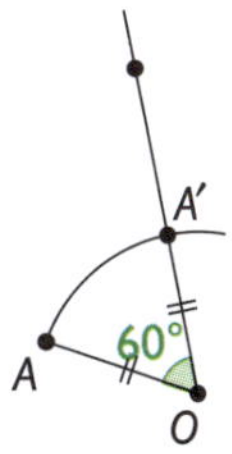

On reporte la distance du point *A* au centre *O* de la rotation (au moyen du compas ou en mesurant) sur le deuxième côté de l'angle de 60°. L'intersection de l'arc de cercle avec la demi-droite est l'image du point *A*.

7 Les droites et demi-droites

Symétrie orthogonale	• L'image d'**une droite sécante à l'axe de la symétrie** est une droite sécante ayant le même point d'intersection. Exemple : $s_a(b) = b'$ • L'image d'**une droite perpendiculaire à l'axe de la symétrie** est la droite elle-même. Exemple : $s_a(c) = c$ • L'image d'**une droite parallèle distincte à l'axe de la symétrie** est la droite qui lui est parallèle de l'autre côté et à la même distance de l'axe de la symétrie. Exemple : $s_a(d) = d'$ • L'image d'**une droite parallèle confondue à l'axe de la symétrie** est la droite elle-même. Exemple : $s_a(a) = a$	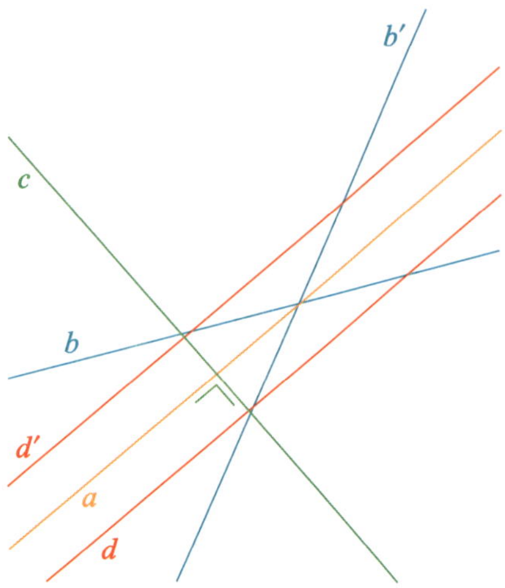
Symétrie centrale	• L'image d'**une droite passant par le centre de la symétrie** est la droite elle-même. Exemple : $s_O(a) = a$ • L'image d'**une droite ne passant pas par le centre de la symétrie** est la droite qui lui est parallèle dont le centre de la symétrie est le milieu du segment représentant la distance entre ces deux droites parallèles. Exemple : $s_O(b) = b'$	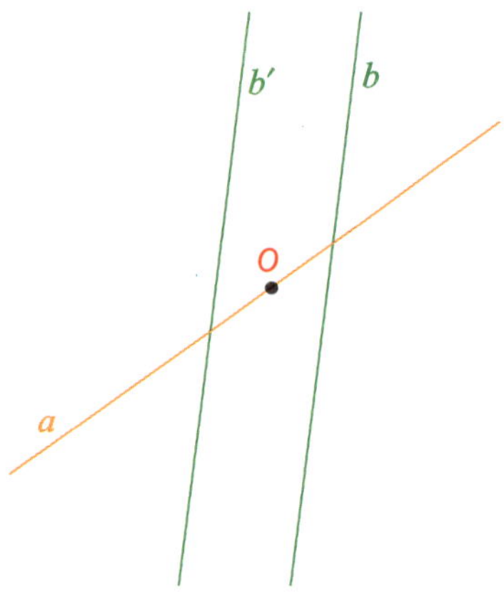
Translation	• L'image d'**une droite parallèle au vecteur de la translation** est la droite elle-même. Exemple : $t_{\overrightarrow{AB}}(a) = a$ • L'image d'**une droite non parallèle au vecteur de la translation** est la droite parallèle à la droite initiale passant par un point qui est l'image d'un point de la droite initiale par cette translation. Exemple : $t_{\overrightarrow{AB}}(d) = d'$	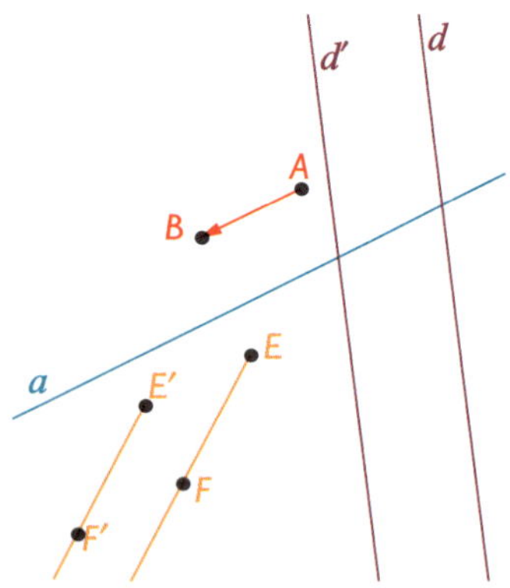

8 Les invariants

Les isométries (symétrie orthogonale, symétrie centrale, translation et rotation) conservent…

- **l'alignement des points** : les images de trois points alignés sont trois points alignés ;
- **la longueur des segments** : l'image d'un segment est un segment de même longueur ;
- **l'amplitude des angles** : l'image d'un angle est un angle de même amplitude ;
- **le parallélisme des droites :** les images de deux droites parallèles sont deux droites parallèles ;
- **le milieu d'un segment** : l'image du milieu d'un segment est le milieu du segment image ;
- **la perpendicularité des droites** : les images de deux droites perpendiculaires sont deux droites perpendiculaires ;
- **le périmètre et l'aire des figures** : l'image d'une figure est une figure de même périmètre et de même aire ;
- **l'intersection de deux droites (de deux cercles, d'une droite et d'un cercle)** : l'image de l'intersection de deux droites est l'intersection des droites images.

9 Les effets sur les coordonnées

Symétrie orthogonale d'axe (*Ox*)

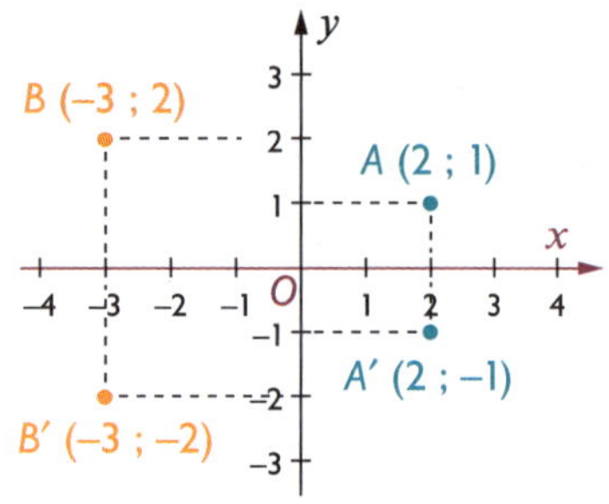

Par la symétrie orthogonale d'axe x, $(x\ ;\ y)$ devient $(x\ ;\ -y)$.

Symétrie orthogonale d'axe (*Oy*)

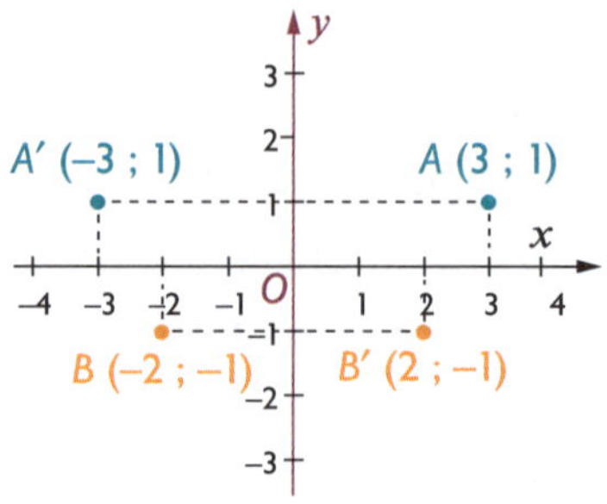

Par la symétrie orthogonale d'axe y, $(x\ ;\ y)$ devient $(-x\ ;\ y)$.

Symétrie centrale de centre *O*

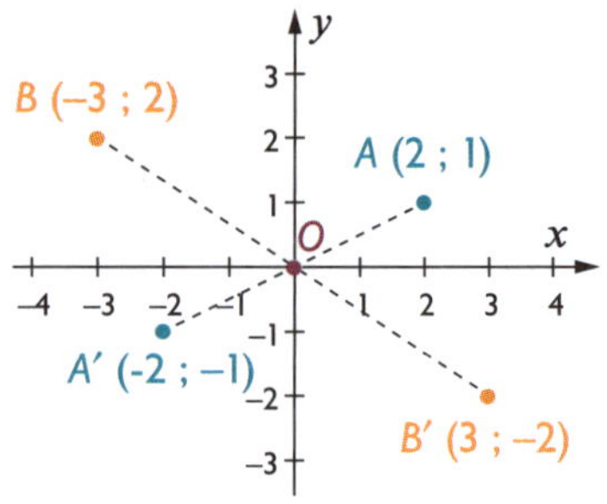

Par la symétrie centrale de centre *O* (0 ; 0), $(x\ ;\ y)$ devient $(-x\ ;\ -y)$.

Translation de vecteur $\overrightarrow{OP}$

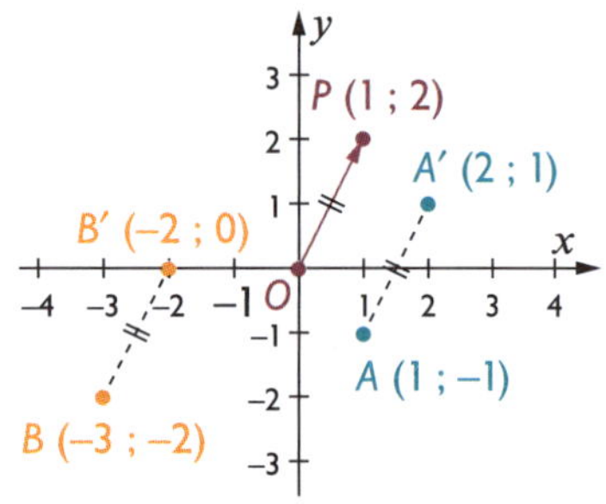

Par la translation de vecteur $\overrightarrow{OP}\ (a\ ;\ b)$,

$(x\ ;\ y)$ devient $(x + a\ ;\ y + b)$.

Rotation de centre *O*, de sens positif et d'amplitude 90°

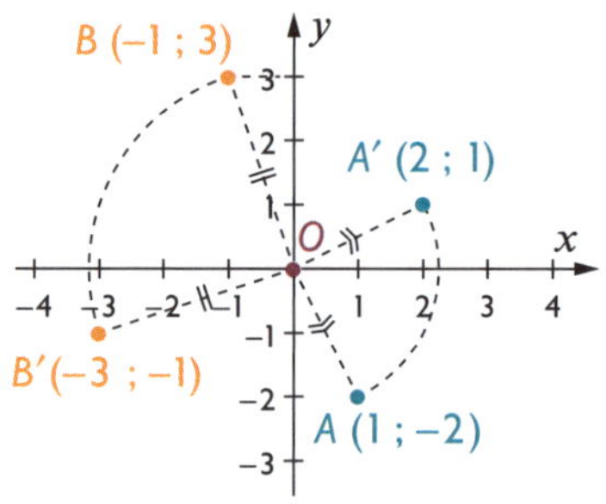

Par la rotation de centre *O*, de sens positif et d'amplitude 90°, $(x\ ;\ y)$ devient $(-y\ ;\ x)$.

Rotation de centre *O*, de sens négatif et d'amplitude 90°

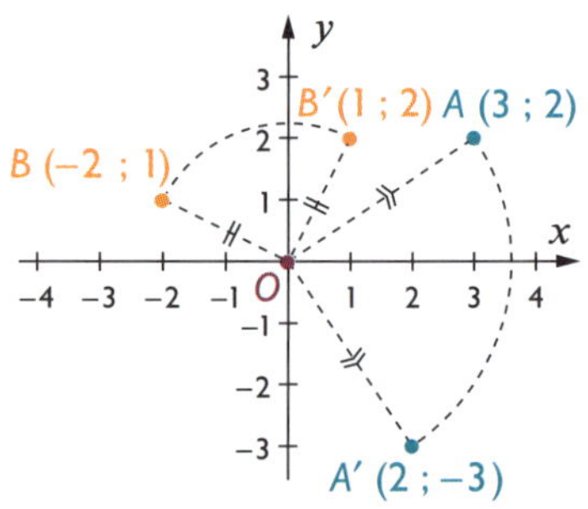

Par la rotation de centre *O*, de sens négatif et d'amplitude 90°, $(x\ ;\ y)$ devient $(y\ ;\ -x)$.

10 Synthèse sur les isométries

Les isométries conservent les mesures.

TOURNER

Symétrie centrale

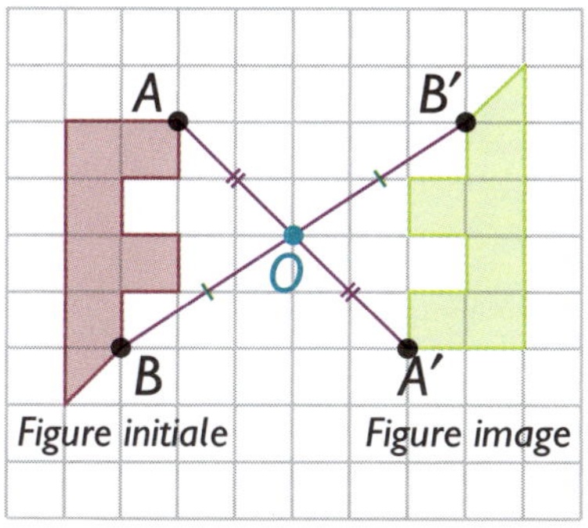

Élément caractéristique :

un point appelé **centre** de la symétrie.

Notation :

s_O

Rotation

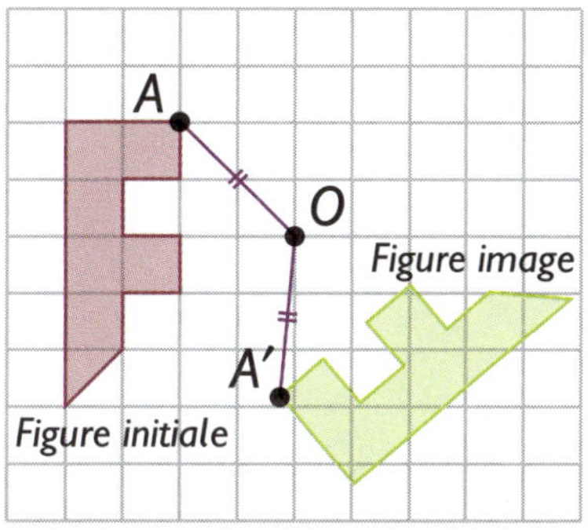

Éléments caractéristiques :

un point appelé **centre, un sens et une amplitude**.

Notation :

$r_{O\,;\,\alpha}$

RETOURNER

Symétrie orthogonale

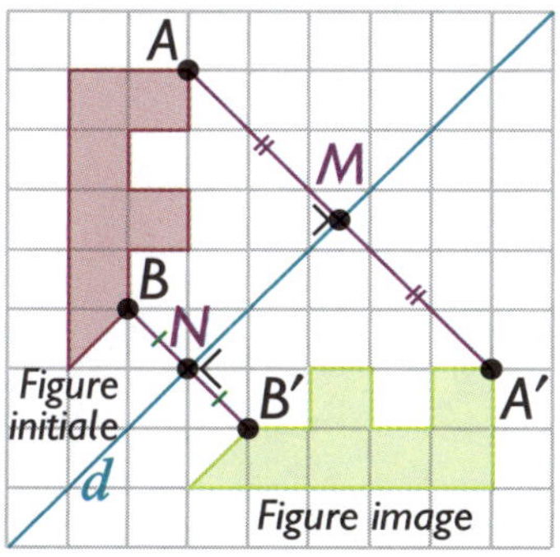

Élément caractéristique :

une droite appelée **axe** de la symétrie.

Notation :

s_d ou $s_{(MN)}$

GLISSER

Translation

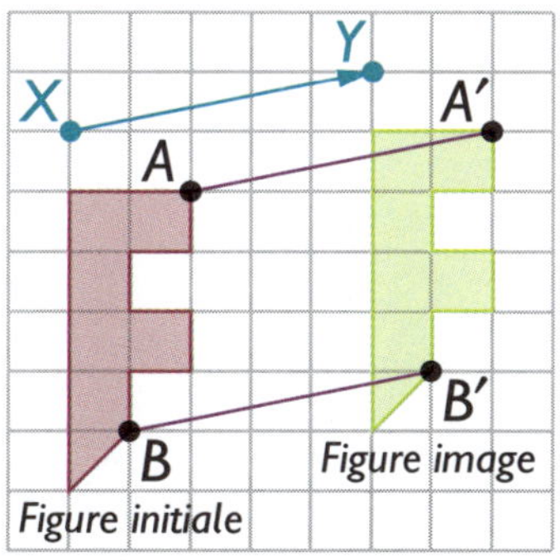

Élément caractéristique :

un segment orienté appelé **vecteur** (caractérisé par une distance, une direction et un sens).

Notation :

$t_{\overrightarrow{XY}}$

CHAPITRE

11 Axes et centres de symétrie

PRÉREQUIS

Pour commencer ce chapitre, tu as besoin de :

- savoir utiliser une équerre géométrique et un compas ;
- savoir construire la médiatrice d'un segment et la bissectrice d'un angle ;
- savoir reconnaitre une symétrie orthogonale, une translation, une symétrie centrale et une rotation ;
- savoir construire l'image d'une figure par une symétrie orthogonale, une symétrie centrale et une translation au moyen d'un quadrillage ;
- savoir utiliser les notations mathématiques liées à la géométrie.

OBJECTIFS

Au terme de ce chapitre, tu seras capable d'/de :

- déterminer si une figure possède un ou plusieurs axes de symétrie ;
- déterminer si une figure possède un centre de symétrie ;
- déterminer si une droite, une demi-droite, un segment de droite, un angle et un cercle possèdent un ou des axes et/ou un centre de symétrie ;
- déterminer si un polygone régulier possède un ou des axes de symétrie et/ou un centre de symétrie ;
- déterminer des rotations dans les polygones réguliers ;
- identifier une figure sur la base de ses axes de symétrie ou de son centre de symétrie.

1 Dans la vie courante

ACTIVITÉ

Observe les images qui te sont proposées.

a Lesquelles peuvent être construites grâce à une symétrie orthogonale et/ou une symétrie centrale ? Coche la ou les bonnes cases.

b Trace en bleu tous les axes de symétrie possibles.

c Place en vert le centre de la symétrie centrale.

p.2

1

☐ Symétrie orthogonale
☐ Symétrie centrale

Cette image possède...
...... axe(s) de symétrie et
...... centre de symétrie.

2

☐ Symétrie orthogonale
☐ Symétrie centrale

Cette image possède...
...... axe(s) de symétrie et
...... centre de symétrie.

3

☐ Symétrie orthogonale
☐ Symétrie centrale

Cette image possède...
...... axe(s) de symétrie et
...... centre de symétrie.

4

☐ Symétrie orthogonale
☐ Symétrie centrale

Cette image possède...
...... axe(s) de symétrie et
...... centre de symétrie.

5

☐ Symétrie orthogonale
☐ Symétrie centrale

Cette image possède...
...... axe(s) de symétrie et
...... centre de symétrie.

6

☐ Symétrie orthogonale
☐ Symétrie centrale

Cette image possède...
...... axe(s) de symétrie et
...... centre de symétrie.

R165
1

d Complète les phrases à partir de tes observations.

- Si l'image d'une figure par une symétrie orthogonale est la figure elle-même, alors ....

....

- Si l'image d'une figure par une symétrie centrale est la figure elle-même, alors ....

....

- Dans l'exercice ci-dessus, certaines figures possèdent .... axes de symétrie ; toutes possèdent .... centre de symétrie.

EXERCICES

1 Observe le clavier ci-dessous:

1 Quelles lettres possèdent un centre de symétrie mais pas d'axe de symétrie ?

....

2 Quelles lettres possèdent uniquement un axe de symétrie horizontal ?

....

3 Combien de centres et d'axes de symétrie les lettres H, X et I possèdent-elles toutes ?

....

4 Existe-t-il une lettre possédant plus que 2 axes de symétrie ?

....

....

Olympiade Mathématique Belge

Combien de centres de symétrie et d'axes de symétrie compte la figure ci-dessous ?

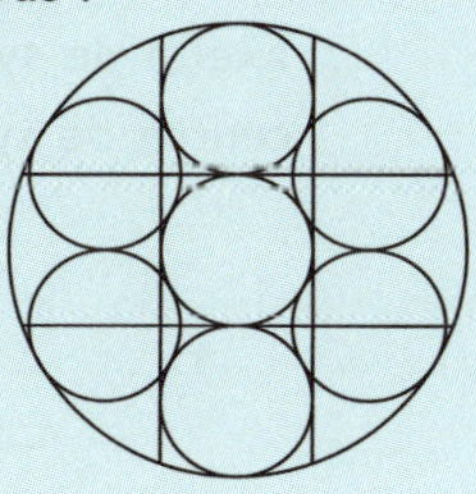

- ☐ Pas de centre, mais un axe.
- ☐ Un centre et pas d'axe.
- ☐ Un centre et deux axes.
- ☐ Un centre et quatre axes.
- ☐ Un centre et six axes.

11

2 Observe la figure et trace si possible…

a en bleu ses axes de symétrie ;

b en vert son centre de symétrie.

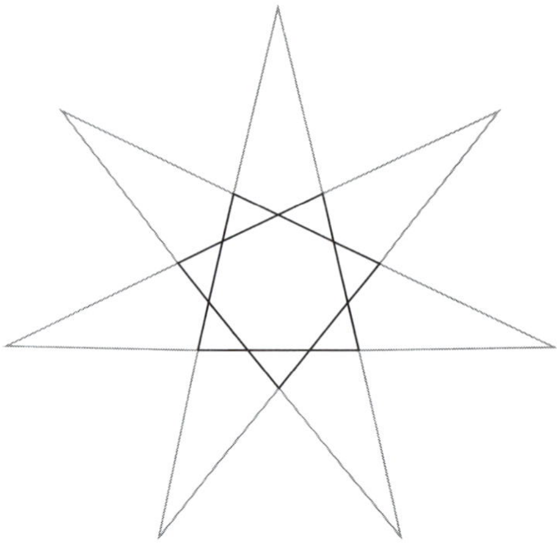

3 Voici la représentation de quelques objets. Détermine s'ils possèdent un ou plusieurs centres ou axes de symétrie.

1

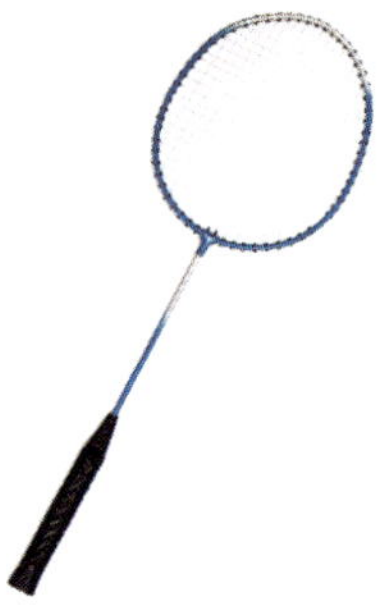

…… axe(s) de symétrie
…… centre de symétrie

2

…… axe(s) de symétrie
…… centre de symétrie

3

…… axe(s) de symétrie
…… centre de symétrie

4

…… axe(s) de symétrie
…… centre de symétrie

2 Éléments géométriques de base

ACTIVITÉS

1 Voici les réponses de trois élèves lors d'un test de mathématiques.

a Sont-elles correctes ? Pour chaque énoncé, entoure V ou F.

	Mathilde	Younes	Réhane
1 Représente deux axes de symétrie de ce cercle. 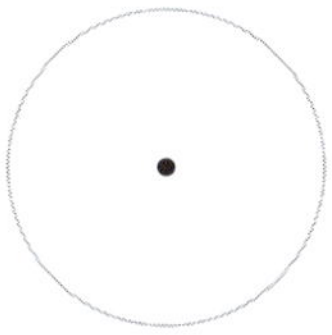	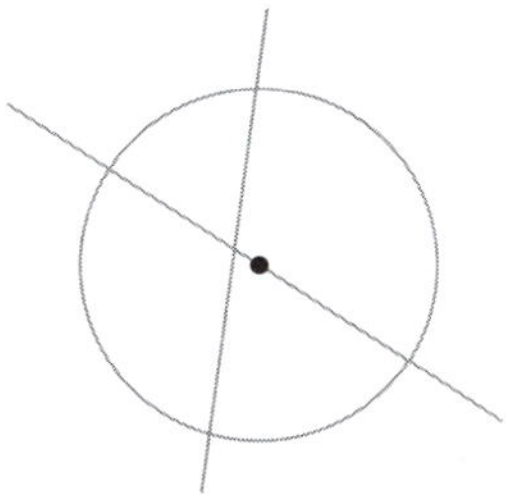 V – F	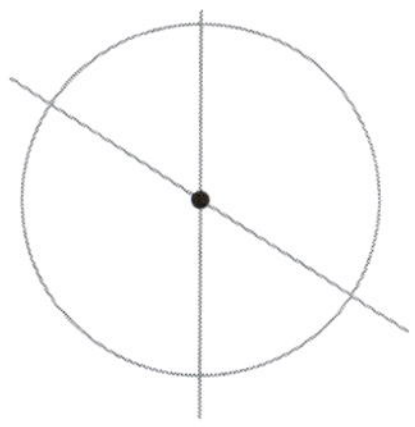 V – F	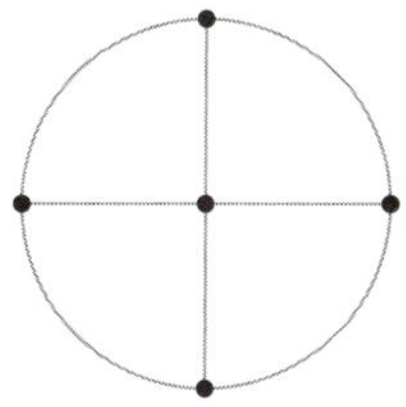 V – F
2 Représente en bleu un axe de symétrie et en vert le centre de symétrie de ce segment. 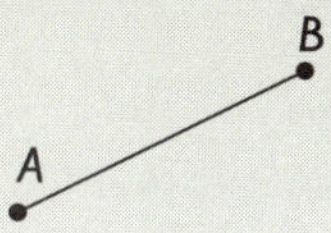	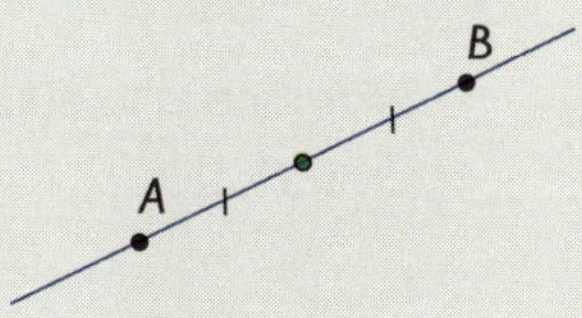 V – F	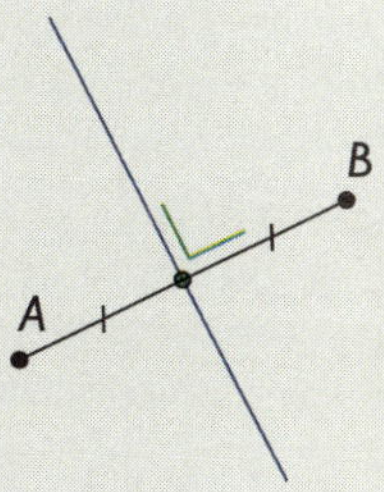 V – F	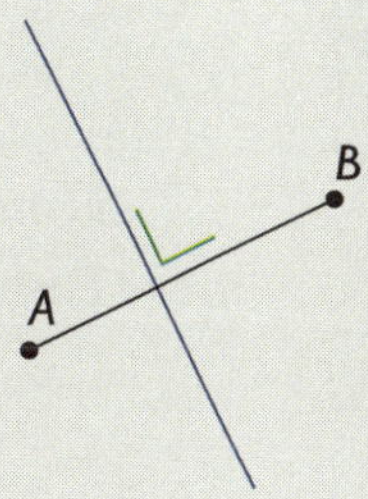 V – F
3 Combien de centres de symétrie possède une demi-droite ?	0 V – F	1 V – F	Une infinité V – F
4 Représente en bleu trois axes de symétrie et en vert trois centres de symétrie de cette droite. 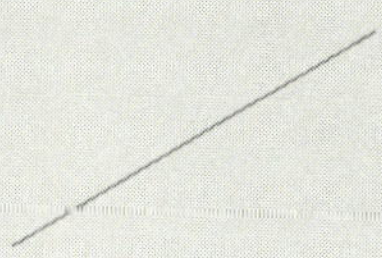	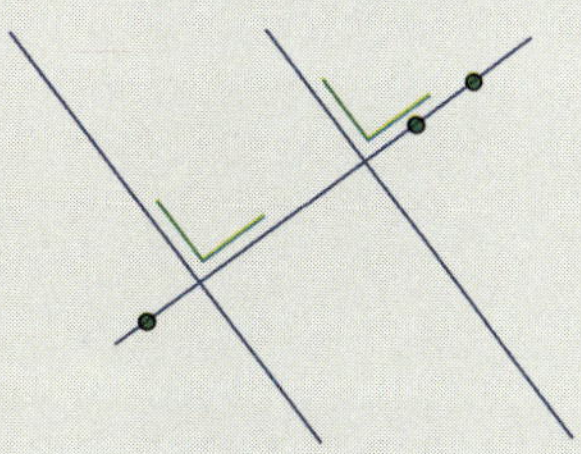 V – F	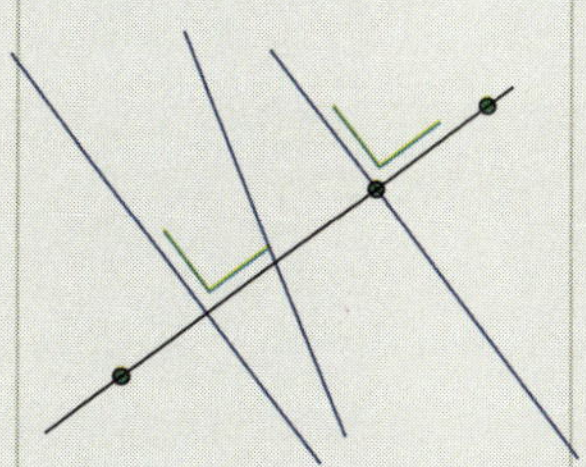 V – F	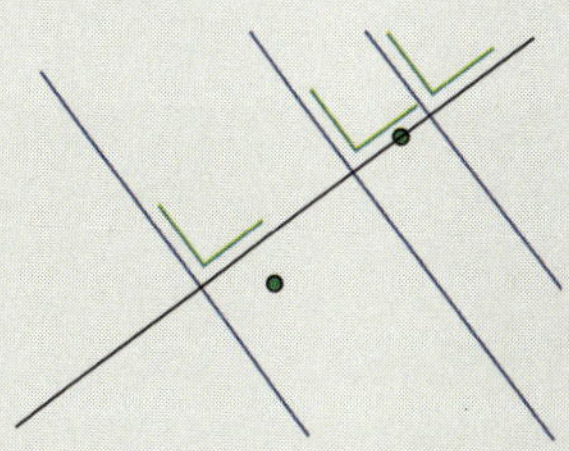 V – F

b Cite le nom de l'élève qui a le mieux réussi le test.

....

11

2 Dans le tableau suivant, trace les axes de symétrie en bleu et les centres de symétrie en vert. Décris-les précisément et indique leur nombre.

p.

	Centre(s) de symétrie	Axe(s) de symétrie
Le point *A*	 Nombre de centre(s) : .... Description :	 Nombre d'axe(s) : .... Description : ....
La droite *d*	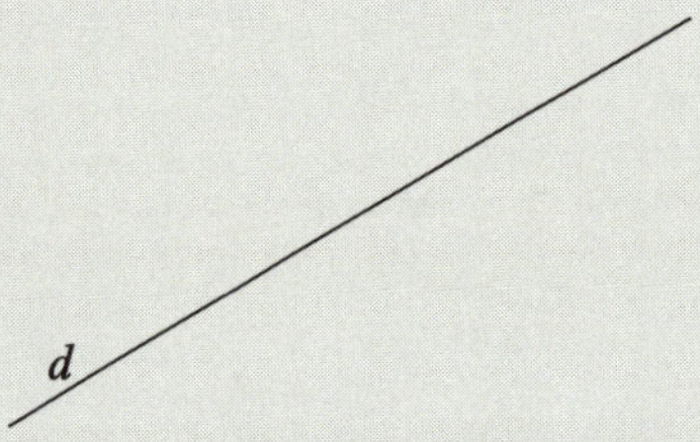 Nombre de centre(s) : .... Description :	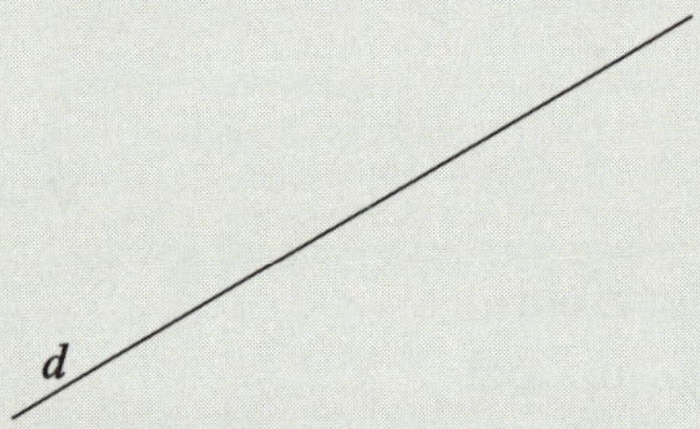 Nombre d'axe(s) : .... Description : ....
La demi-droite [*AB*)	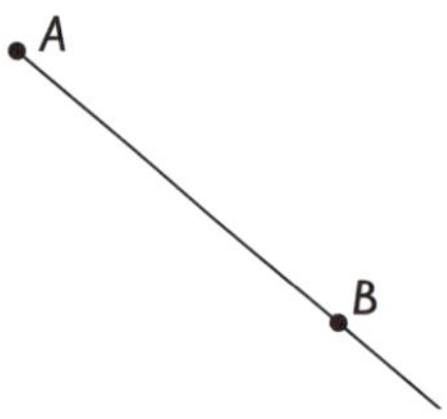 Nombre de centre(s) : .... Description :	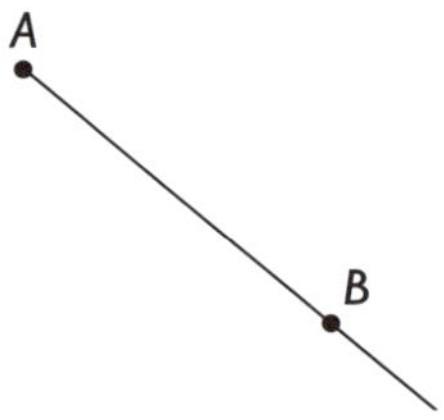 Nombre d'axe(s) : .... Description : ....
Le segment [*AB*]	 Nombre de centre(s) : .... Description :	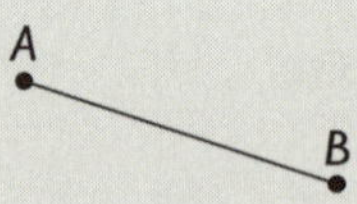 Nombre d'axe(s) : .... Description : ....

Le cercle $\mathscr{C}$	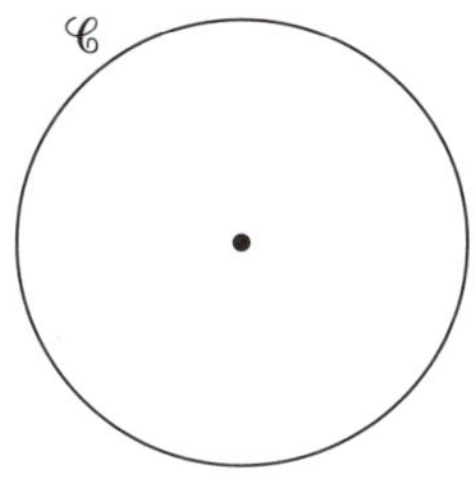 Nombre de centre(s) : .... Description :	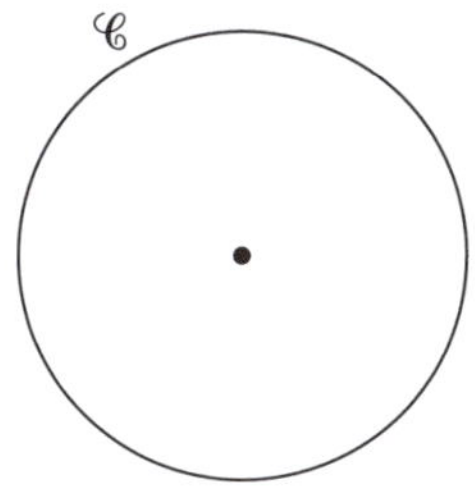 Nombre d'axe(s) : .... Description : ....

3 Dans l'activité précédente, tu as découvert une autre manière de définir la médiatrice d'un segment. Énonce-la. Donne ensuite les deux autres définitions déjà connues.

....

....

....

....

....

....

4 Observe les différentes représentations ci-dessous. Trace le ou les centres de symétrie en vert et le ou les axes de symétrie en bleu.

1 Une droite et un point	2 Deux demi-droites de même origine ou un angle	3 Deux droites sécantes
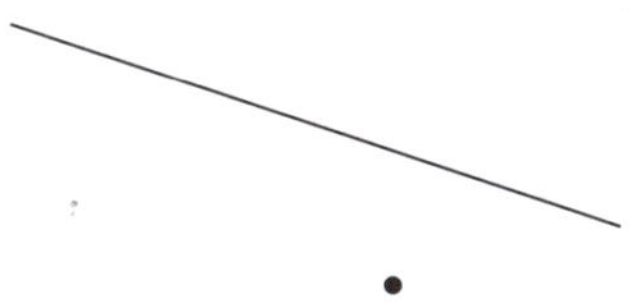		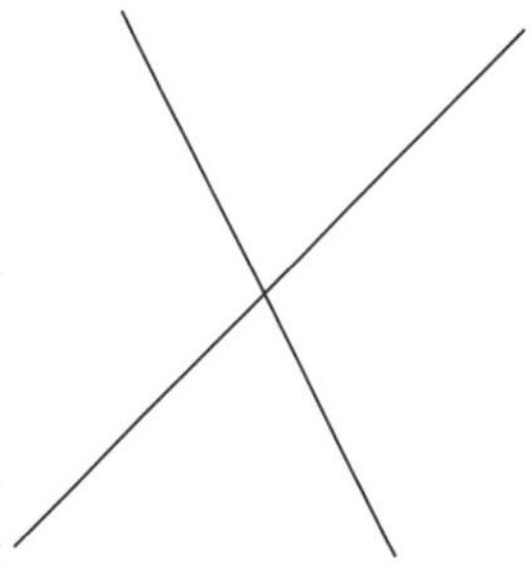
4 Deux droites parallèles	5 Deux cercles sécants	6 Deux cercles concentriques
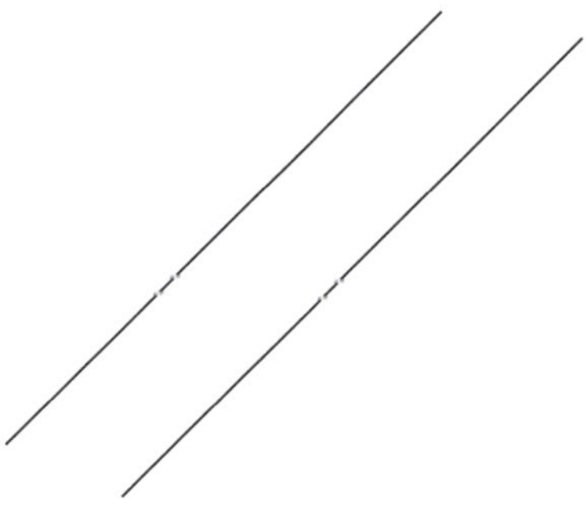	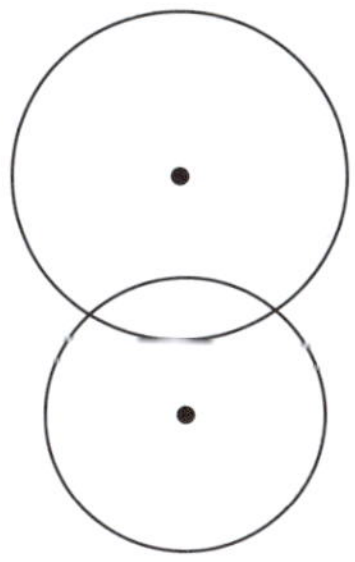	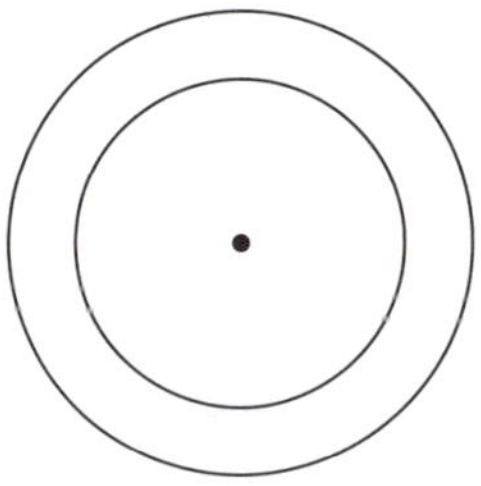

a Complète cette proposition.
L'axe de symétrie d'un angle est ....

b Retrouve dans ton cours les deux autres définitions de cette droite remarquable.

....

....

....

....

EXERCICES

1 Observe les figures suivantes.

1 Un cercle et une droite extérieure	2 Un cercle et une droite passant par le centre	3 Deux cercles disjoints de rayons différents	4 Deux cercles sécants de même rayon
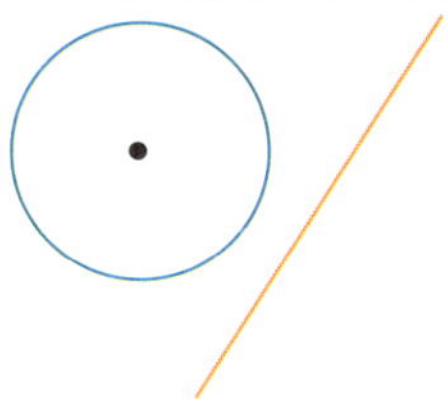	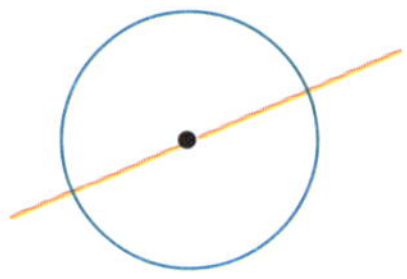	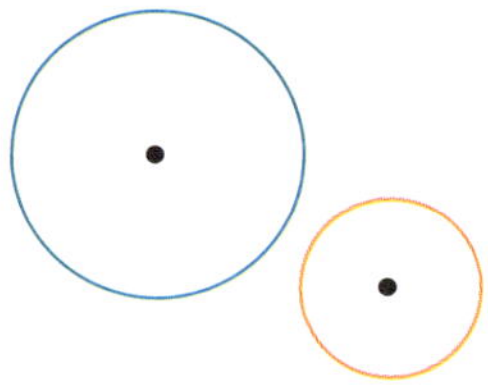	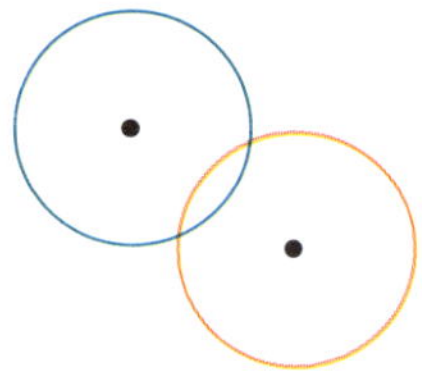

a Indique le numéro des figures qui possèdent exactement un axe de symétrie.

....

b Indique le numéro des figures qui possèdent exactement deux axes de symétrie.

....

2 Chacune des affirmations suivantes est-elle vraie ou fausse ? Entoure la bonne réponse.

1. Un cercle possède une infinité d'axes de symétrie et un centre de symétrie. VRAI – FAUX
2. Le seul axe de symétrie d'un segment est sa médiatrice. VRAI – FAUX
3. Les deux axes de symétrie de deux droites sécantes sont perpendiculaires. VRAI – FAUX
4. L'axe de symétrie de deux cercles de rayons différents est la droite joignant les centres des cercles. VRAI – FAUX
5. Deux cercles de même rayon forment une figure qui possède un centre de symétrie situé au milieu du segment joignant les centres des cercles. VRAI – FAUX

p.255 4

3 La proposition suivante est-elle vraie ? Explique ta réponse à l'aide de l'exemple fourni.
« Si une figure possède un centre de symétrie, alors elle possède deux axes de symétrie perpendiculaires... »

....

....

Olympiade Mathématique Belge

Combien la figure ci-dessous possède-t-elle d'axes de symétrie ? ......

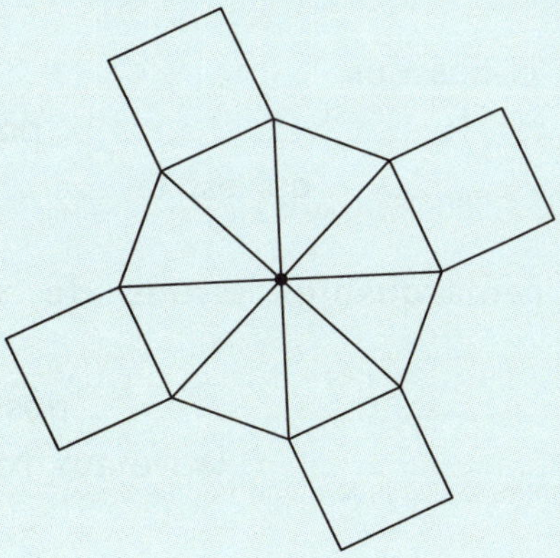

3 Axes et centres de symétrie de figures

ACTIVITÉS

1 Observe les différentes représentations ci-dessous.

a Construis l'image de [AB] par la symétrie orthogonale d'axe d.
Laisse tes constructions apparentes.

b Détermine la nature des figures obtenues.

p.2

1	2	3
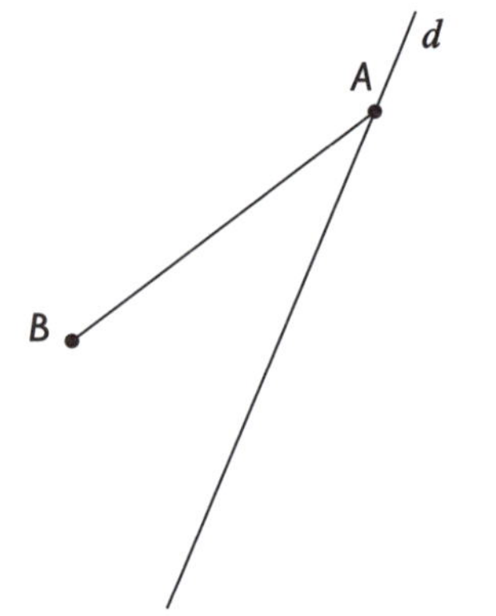	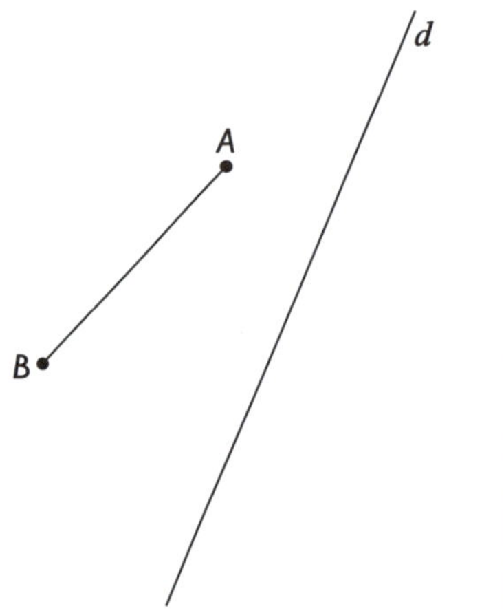	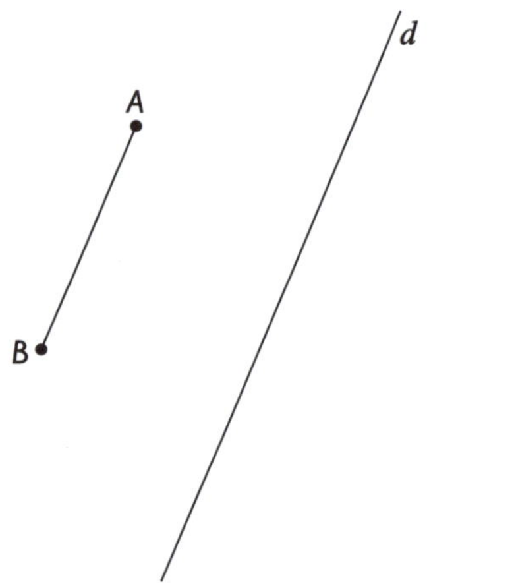
ABB' est un	$ABB'A'$ est un	$ABB'A'$ est un ....

c Complète les phrases ci-dessous.

- Un triangle .... possède un .... qui est la .... de la base.
- Les quatre droites remarquables issues de son sommet principal sont ....
- Le trapèze .... possède un axe de symétrie qui est la .... relative aux bases.

d Le rectangle possède deux axes de symétrie. Représente en rouge le 2e axe sur la figure appropriée construite à l'activité a.

11

2 Observe le triangle *ABC*.

a Construis l'image du triangle *ABC* isocèle en *A* par la symétrie orthogonale d'axe *BC*.

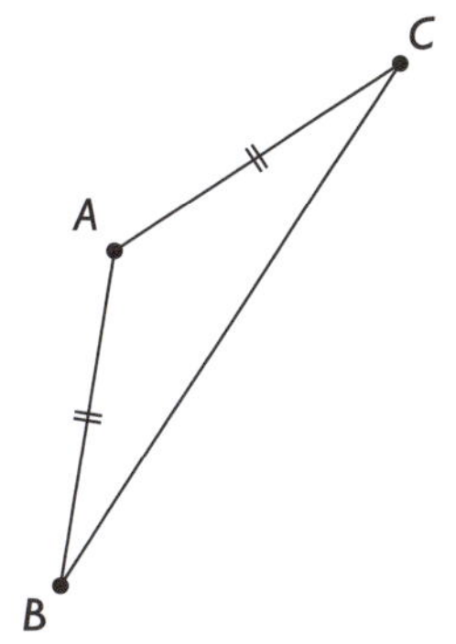

b Détermine la nature du quadrilatère obtenu et complète les phrases.

- Le quadrilatère est un .... car il a ....
- Un .... est composé de .... images l'un de l'autre par une .... Il possède donc ...... axes de symétrie qui sont ses ....

c Détermine la caractéristique à ajouter au triangle *ABC* pour qu'il forme un carré avec son image par cette même symétrie. Justifie ton raisonnement.

....

....

....

....

d Complète les phrases.

Un carré est un quadrilatère qui possède ..... axes de symétrie car il est à la fois un .... et un .... Ces .... axes sont les .... et les .... du carré.

3 Voici différents quadrilatères représentés avec leurs diagonales.

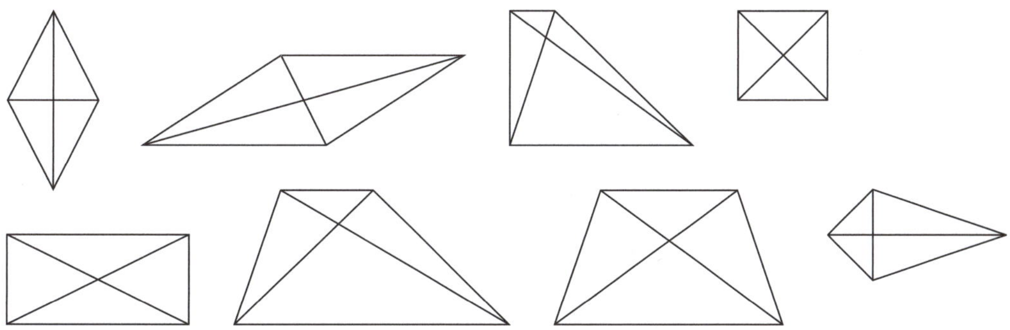

a Trace en bleu les axes de symétrie des différents quadrilatères.

b Représente en vert leur centre de symétrie.

c Complète cette phrase.

Le parallélogramme possède .... mais aucun ....

4 Complète l'organigramme suivant.

R168-1 2.3.2-

p.2 6

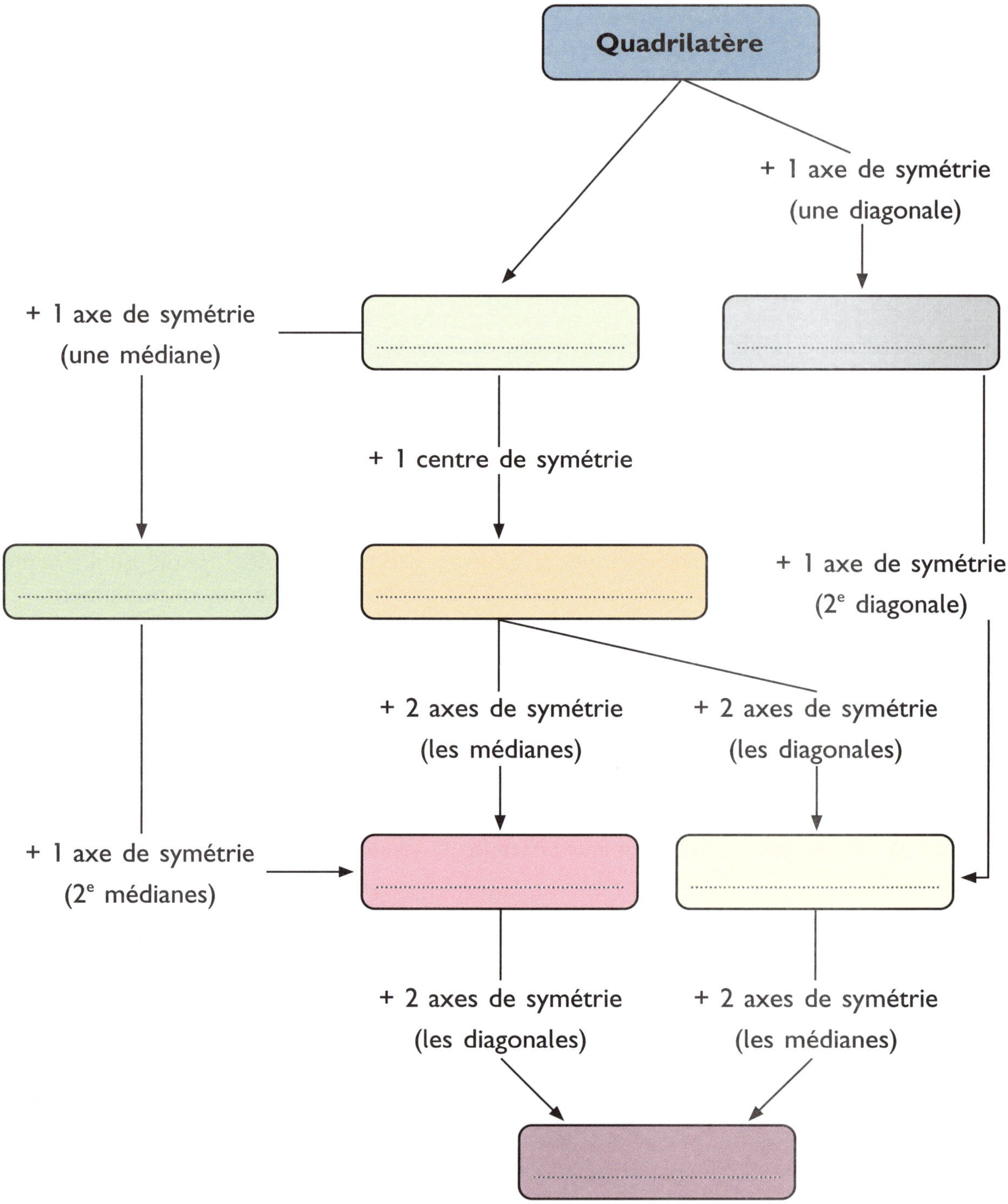

11

EXERCICES

1 Complète les phrases suivantes.

1 Je suis un quadrilatère qui possède 4 axes de symétrie.
Je suis un ....

2 Je suis un quadrilatère qui possède exactement 2 axes de symétrie.
Je suis un ....

3 Je suis un quadrilatère qui possède exactement 2 axes de symétrie et 1 angle droit.
Je suis un ....

4 Je suis un quadrilatère qui possède 1 centre de symétrie et aucun axe de symétrie.
Je suis un ....

5 Je suis un quadrilatère qui possède au moins 1 axe de symétrie qui est une de mes médianes. Je suis un ....

6 Je suis un triangle qui possède 1 axe de symétrie.
Je suis un ....

2 Chacune des affirmations suivantes est-elle correcte ? Entoure la bonne réponse.

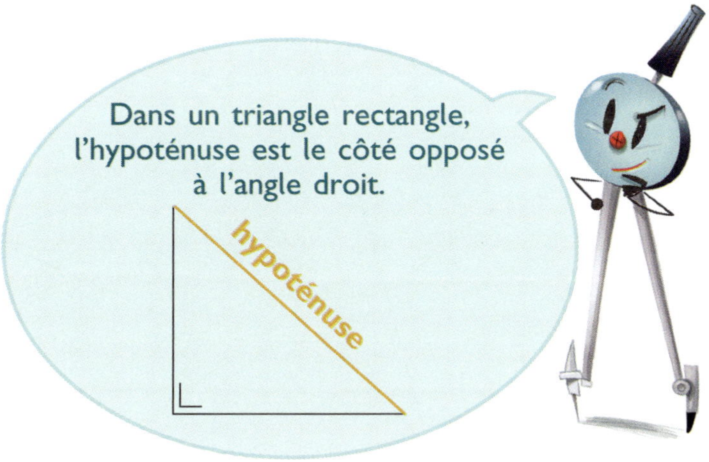

1 Seul le triangle équilatéral possède un centre de symétrie.	VRAI – FAUX
2 Les axes de symétrie d'un parallélogramme sont ses médianes.	VRAI – FAUX
3 L'image d'un triangle isocèle rectangle par la symétrie orthogonale dont l'axe est son hypoténuse est un carré.	VRAI – FAUX
4 Un triangle rectangle peut posséder un axe de symétrie.	VRAI – FAUX
5 Le seul quadrilatère n'ayant qu'un axe de symétrie est le trapèze.	VRAI – FAUX
6 Un triangle équilatéral possède 3 axes de symétrie.	VRAI – FAUX
7 Un quadrilatère peut avoir 2 centres de symétrie.	VRAI – FAUX
8 Si un quadrilatère possède deux axes de symétrie, alors c'est un losange.	VRAI – FAUX

p.255 7

3 Si les diagonales d'un quadrilatère sont axes de symétrie, alors ces diagonales...

....

Olympiade Mathématique Belge

Le quadrilatère *ABCD* admet au moins un axe de symétrie. Parmi les affirmations suivantes, laquelle est alors correcte ?

- ☐ *ABCD* admet nécessairement un centre de symétrie.
- ☐ *ABCD* possède toujours une paire de côtés parallèles.
- ☐ *ABCD* admet nécessairement un deuxième axe de symétrie.
- ☐ Les diagonales de *ABCD* sont toujours de même longueur.
- ☐ Les quatre affirmations précédentes sont fausses.

4 Voici 3 représentations de l'ensemble des axes de symétrie de différents quadrilatères. Détermine à quel(s) quadrilatère(s) peuvent correspondre ces axes de symétrie et représente-le(s).

1

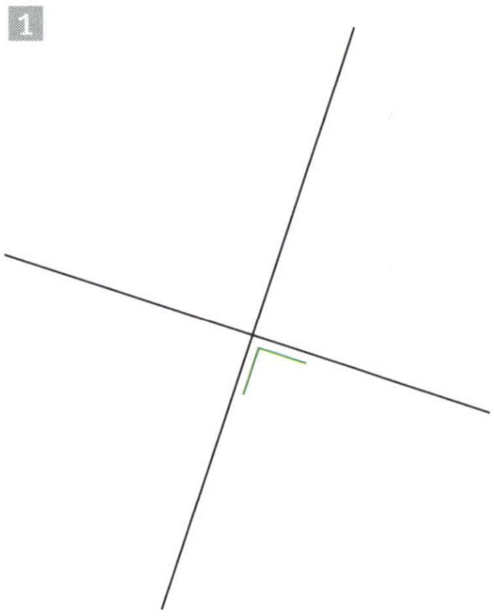

....

....

2

....

....

3

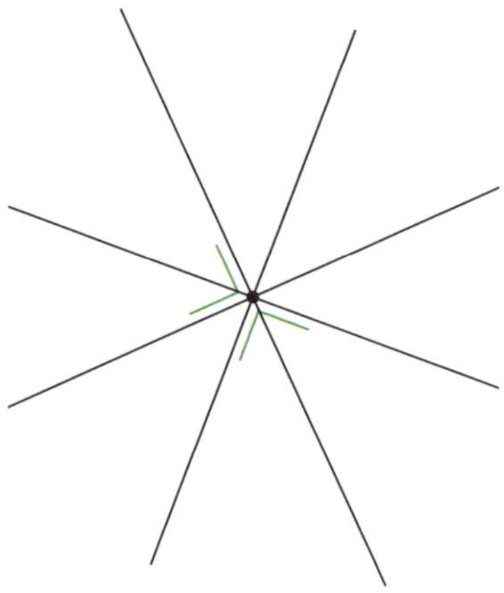

....

....

5 Construis le parallélogramme *ABCD* si tu sais que *P* est l'intersection de ses diagonales.

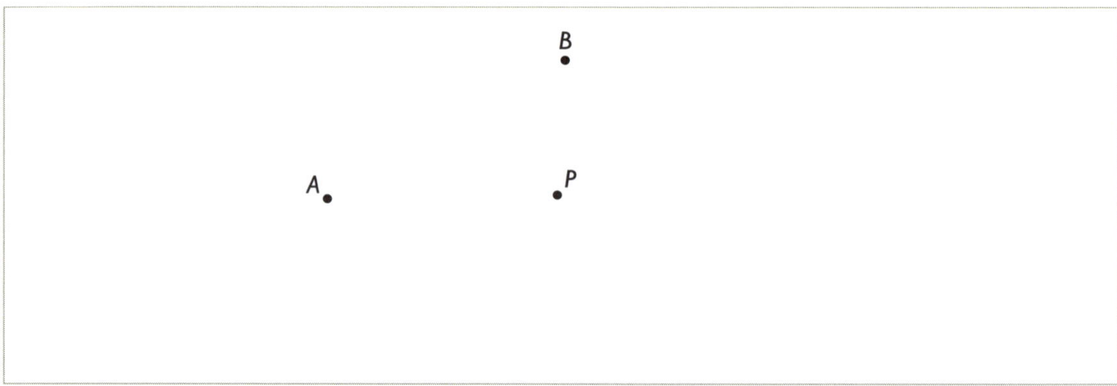

6 Construis un rectangle à l'intérieur du cadre si tu sais que les droites a et b sont ses axes de symétrie, qu'un de ses sommets appartient au bord inférieur du cadre et que sa largeur est de 4 cm.

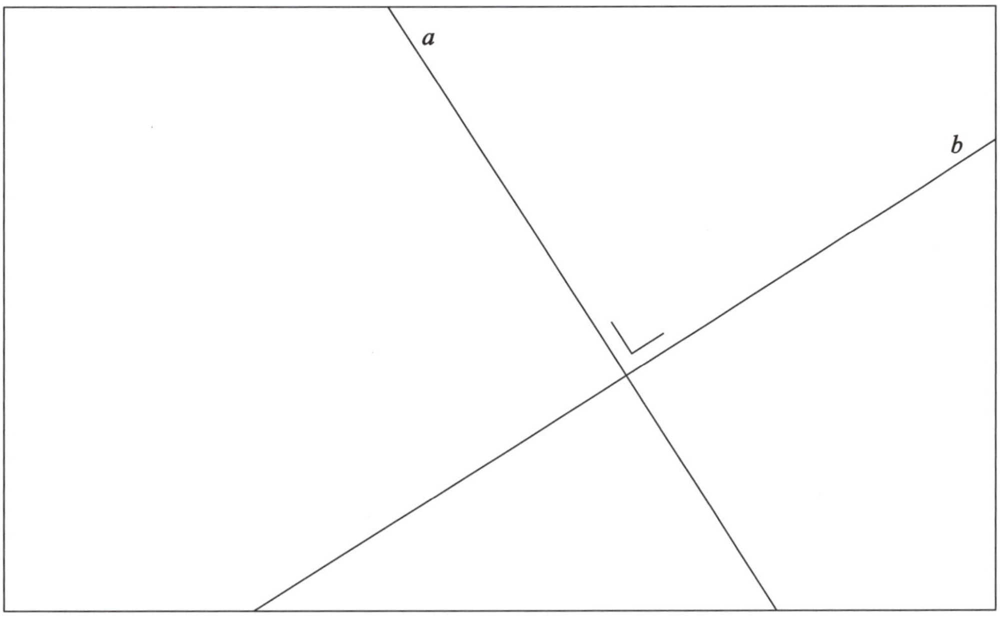

11

4 Axes et centres de symétrie des polygones réguliers

ACTIVITÉS

1 Voici une série de polygones réguliers.

a Trace dans chaque figure les axes de symétrie en bleu.

b Représente le centre de symétrie en vert.

c Complète les deux dernières lignes des tableaux avec les nombres qui conviennent.

Nombre de côtés	3	4	5	6
Représentation	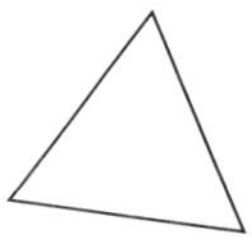		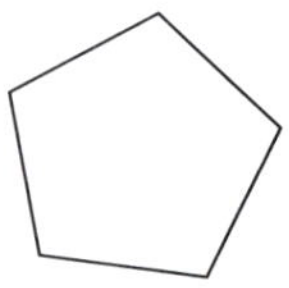	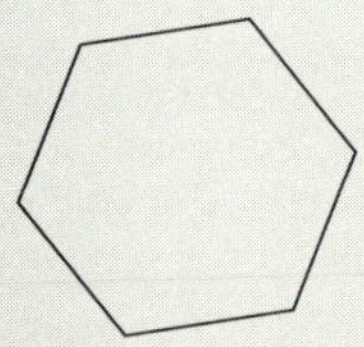
Nombre d'axes de symétrie	…………	…………	…………	…………
Nombre de centres de symétrie	…………	…………	…………	…………

Nombre de côtés	7	8	$2n$	$2n + 1$
Représentation	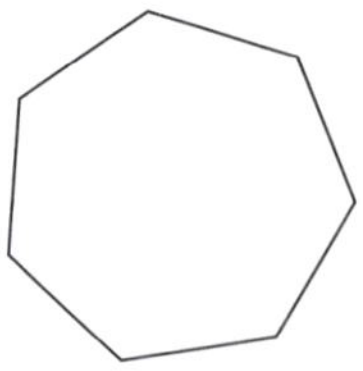	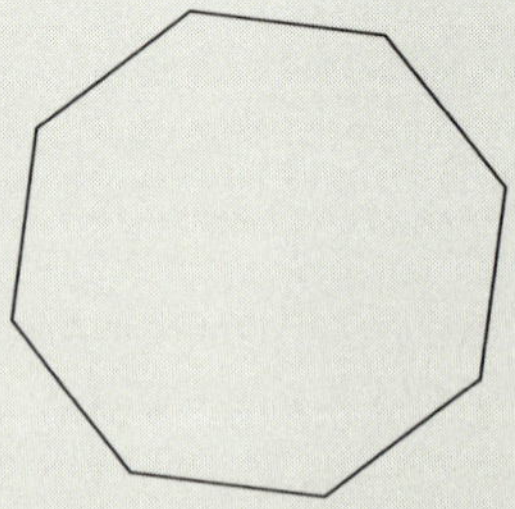		
Nombre d'axes de symétrie	…………	…………	…………	…………
Nombre de centres de symétrie	…………	…………	…………	…………

11

d Complète les phrases suivantes à partir de tes observations.

- Dans un polygone régulier, il y a autant d'axes de symétrie que ……………………………………………….
- Seuls les polygones réguliers ayant un nombre ………………………………………… de côtés possèdent un centre de symétrie.

2 Philippe a construit des polygones réguliers inscrits dans un cercle.

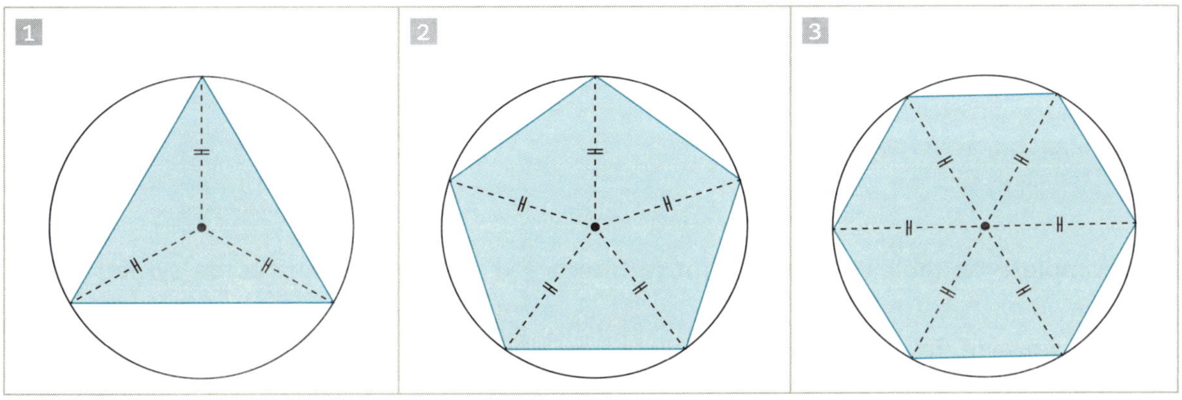

Sonia, sa petite sœur, lui dit :

– Tu sais que tu peux tourner tes figures sans qu'on remarque la différence par rapport à la figure de départ.
– Ah bon ! Et comment fais-tu ?
– Il suffit de tourner la figure d'un certain angle…

Dans ce tableau, voici, en résumé, ce que dit Sonia à Philippe.

	Pour la figure…		
	1	2	3
Il faut tourner la figure d'un angle de…	120°	72°	60°

a Quelle transformation du plan est liée à ce mouvement ? ……………………………

b Donne les calculs permettant de trouver les amplitudes énoncées par Sonia.

Figure 1 : ……………………………………………………………………

Figure 2 : ……………………………………………………………………

Figure 3 : ……………………………………………………………………

c Quelle serait l'amplitude donnée par Sonia si le polygone régulier possède n côtés ? Exprime ta réponse à l'aide d'une formule et d'une phrase.

……………………………………………………………………………………

……………………………………………………………………………………

……………………………………………………………………………………

…………………………………………………………………………………….

11

R169-170
2.3.4

d Leur grande sœur, Laura, leur dit qu'il existe d'autres amplitudes d'angles strictement positives et inférieures ou égales à 360° qui laissent le polygone fixe. Complète le tableau avec les amplitudes d'angles de rotation manquantes.

	Figure 1	Figure 2	Figure 3
Nombre d'angles manquants	2	4	5
Amplitudes des angles manquants	....	....	....

EXERCICES

1 Complète ce tableau en indiquant le nombre d'axes et de centres de symétrie.

		Nombre d'axes de symétrie	Nombre de centres de symétrie
1	Décagone régulier	....	....
2	Hendécagone régulier	....	....
3	Ennéagone régulier	....	....
4	Heptagone régulier	....	....
5	Polygone régulier à 222 côtés	....	....

Olympiade Mathématique Belge

Du milieu de chaque côté d'un triangle équilatéral *ABC*, la perpendiculaire a été abaissée sur le côté précédent ; *G* est le centre du triangle.
Quelle est la transformation qui applique le triangle 1 sur le triangle 2 ?

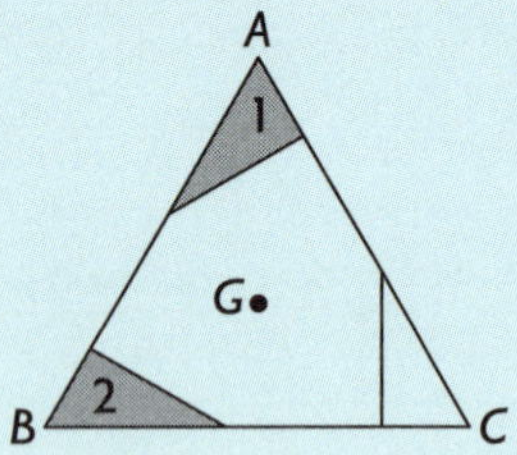

- ☐ Une symétrie axiale dont l'axe passe par *G*.
- ☐ Une rotation de 60° autour de *C*.
- ☐ La symétrie centrale par rapport à *G*.
- ☐ Une rotation de 120° autour de *G*.
- ☐ Une rotation de 120° autour de *C*.

11

2 Observe ce moulin à eau.

a Détermine la nature du polygone régulier représenté par la roue du moulin.

....

b Détermine le nombre d'axes de symétrie de cette roue.

....

c La roue possède-t-elle un centre de symétrie ? Justifie ta réponse.

....

....

d Détermine toutes les amplitudes strictement inférieures à 360° des angles qui laissent la roue invariante.

....

....

11

Olympiade Mathématique Belge

Un octogone inscrit à un cercle a alternativement des côtés de 30 et de 40 (un fragment en est représenté ci-contre). Cet octogone…

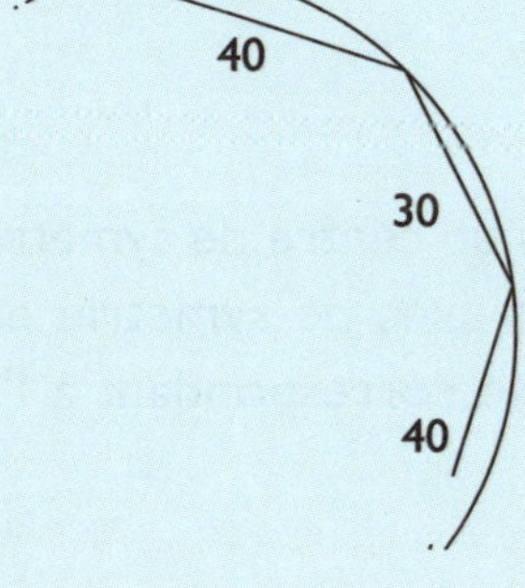

- ☐ possède exactement 8 axes de symétrie.
- ☐ possède exactement 4 axes de symétrie.
- ☐ possède exactement 2 axes de symétrie.
- ☐ n'a pas d'axe de symétrie, mais est conservé par des rotations d'un quart de tour.
- ☐ possède un centre de symétrie, mais pas d'axe de symétrie.

Exercices supplémentaires

1 Dans la vie courante

Détermine les axes et centres de symétrie des figures ci-dessous.

1

2

3

4

5

6

2 Éléments géométriques de base

1 Les propositions suivantes sont-elles correctes ?

1. Un angle possède un axe de symétrie.
2. Un segment possède un seul axe de symétrie.
3. Le cercle possède seulement 2 axes de symétrie.
4. Le seul centre de symétrie d'une demi-droite est son origine.
5. Le point et le cercle possèdent le même nombre d'axes de symétrie.

2 À quelle condition deux segments ont-ils le même axe de symétrie ?

3 Axes et centres de symétrie de figures

1 Les propositions suivantes sont-elles correctes ?

1. Tout quadrilatère qui possède un centre de symétrie a quatre côtés de même longueur.
2. Un demi-disque possède une infinité d'axes de symétrie.
3. Tous les triangles rectangles possèdent un axe de symétrie.
4. Il n'existe aucun quadrilatère qui ne possède qu'un seul axe de symétrie.
5. Il existe des polygones qui ont un nombre impair de côtés et un nombre impair d'axes de symétrie.

2 Complète par le nom adéquat.

1. Un quadrilatère qui n'a pas d'axe de symétrie mais un centre de symétrie est un…
2. Un quadrilatère dont les médianes sont les seuls axes de symétrie est un…
3. Un quadrilatère qui n'a qu'un seul axe de symétrie correspondant à l'une de ses diagonales est un…

4 Un triangle qui n'a pas d'axe de symétrie est un…
5 Un triangle rectangle possédant un axe de symétrie est…

3 Termine le tracé du polygone pour que la droite AB soit son seul axe de symétrie.

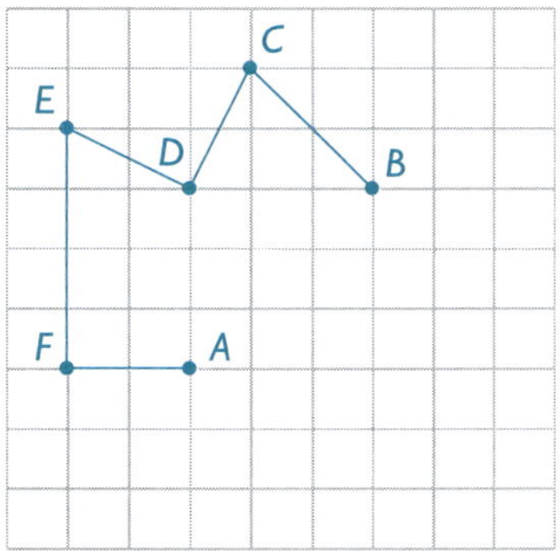

4 Trace le losange $\mathscr{L}$ si tu sais que…

- le rapport entre les longueurs des diagonales vaut 2 ;
- $s_P(\mathscr{L}) = \mathscr{L}$;
- $s_a(\mathscr{L}) = \mathscr{L}$.

La construction de $\mathscr{L}$ est-elle unique ?

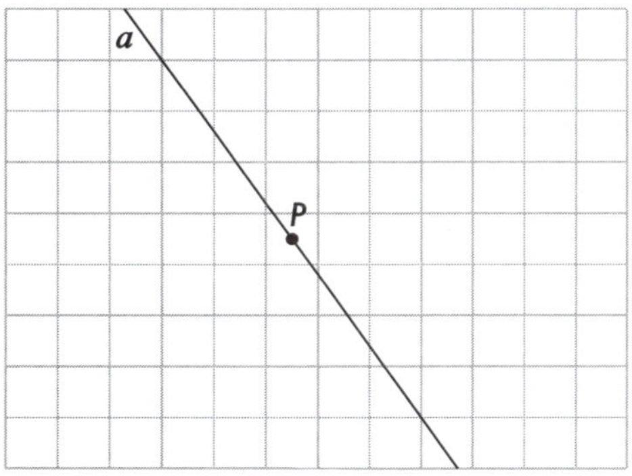

5 À quelle condition une médiane d'un quadrilatère est-elle un axe de symétrie ?

6 Construis le trapèze isocèle *ABCD* sachant que…

- l'une de ses bases mesure le double de l'autre ;
- le point *A* est une extrémité de la petite base ;
- d est son axe de symétrie ;
- sa hauteur est de 4 cm.

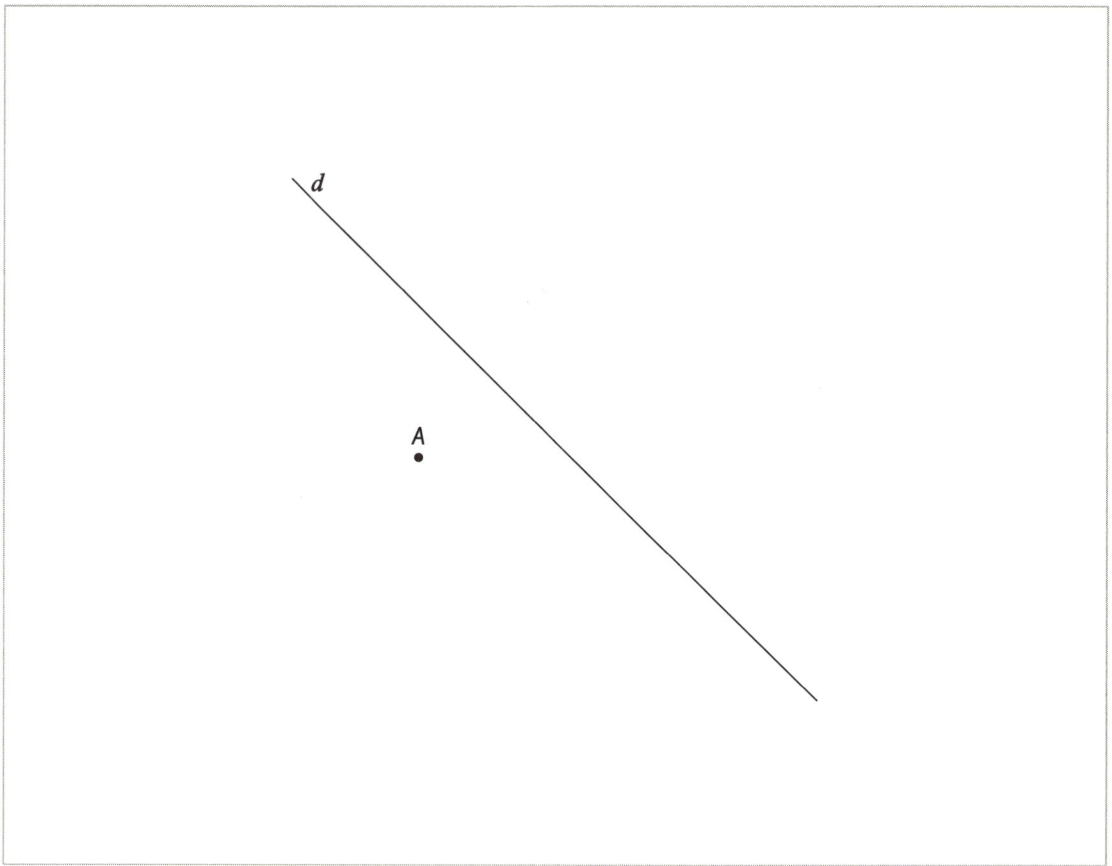

4 Axes et centres de symétrie des polygones réguliers

1 Représente un décagone régulier ainsi que ses axes et son centre de symétrie.

2 Détermine le nombre d'axes et de centres de symétrie d'un polygone régulier à n côtés ($n > 2$).

3 Détermine le nombre de côtés d'un polygone régulier si les amplitudes des angles de rotation qui le laissent invariant sont des multiples de 60°.

4 Combien d'angles de rotation dont l'amplitude est strictement inférieure à 360° laissent fixe un polygone régulier à 120 côtés ?

Teste-toi !

1 **COMPLÈTE** les phrases par le nom adéquat.

1 Un quadrilatère qui n'a pas d'axe de symétrie mais un centre de symétrie est un…

2 Un quadrilatère dont les médianes sont les seuls axes de symétrie est un…

3 Un triangle qui a trois axes de symétrie est un…

2 L'affirmation ci-dessous est-elle exacte ? **JUSTIFIE** ta réponse.

Un quadrilatère qui possède deux axes de symétrie est un losange.

3 Voici un polygone régulier. **DÉTERMINE**…

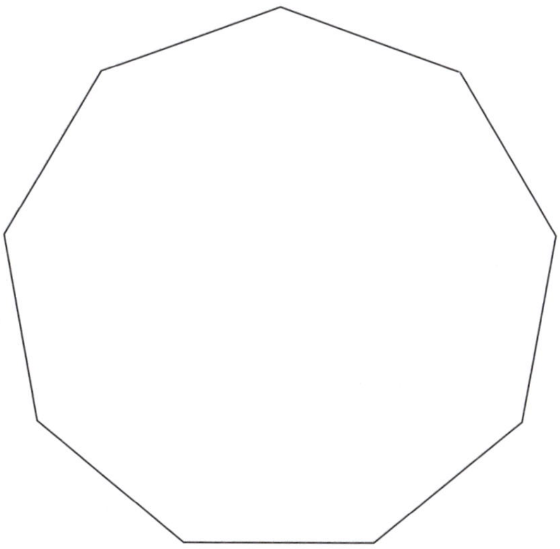

a sa nature ;

b le nombre d'axes de symétrie de ce polygone ;

c le nombre de centres de symétrie de ce polygone ;

d trois amplitudes d'angle (non nul) dont les rotations laissent invariant ce polygone. **INDIQUE** tes calculs.

4 Dans chaque figure, **TRACE** le ou les axes de symétrie en bleu et le centre de symétrie en vert, s'il existe.

1

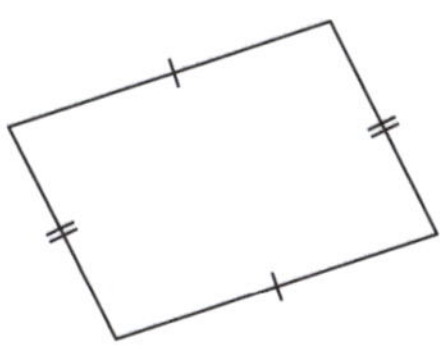

2

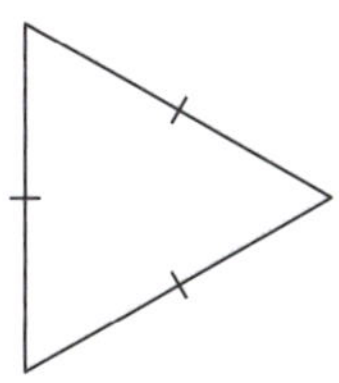

3

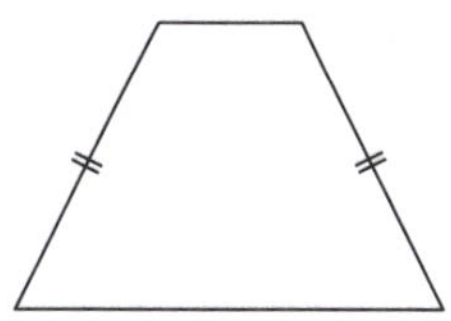

4

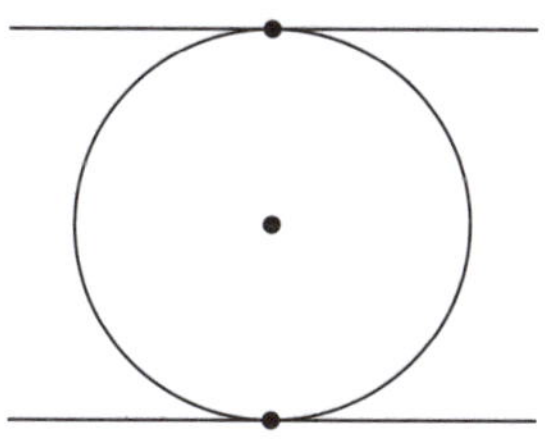

5

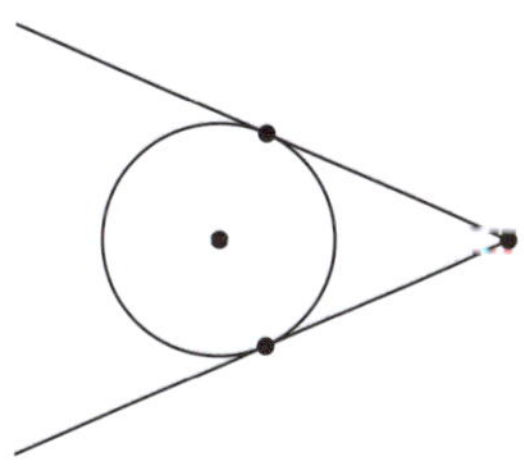

5 Soit A, un sommet d'un carré et d, un axe de symétrie de ce même carré. Le centre de symétrie du carré se trouve à 3 cm de A. Sans représenter le carré et sans sortir du cadre, **CONSTRUIS** en bleu les autres axes de symétrie du carré.

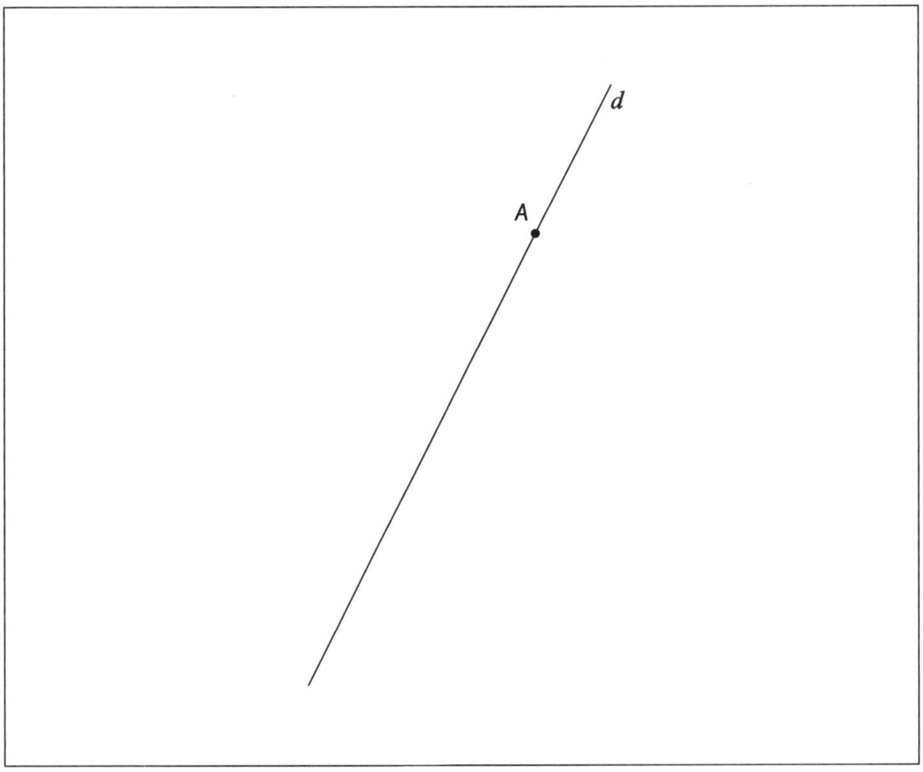

11

Correctif

1 [1] parallélogramme [2] rectangle [3] triangle équilatéral

2 L'affirmation est fausse car le rectangle possède également deux axes de symétrie. En effet, on ne précise pas si les axes de symétrie sont les diagonales (losange) ou les médianes (rectangle) du quadrilatère.

3 a ennéagone régulier b 9 axes de symétrie c 0 centre de symétrie

d $\frac{360}{9} = 40$

Les rotations d'un angle d'une amplitude de 40°, 80°, 120° ou de tout autre multiple de 40° laissent ce polygone invariant.

4 [1]

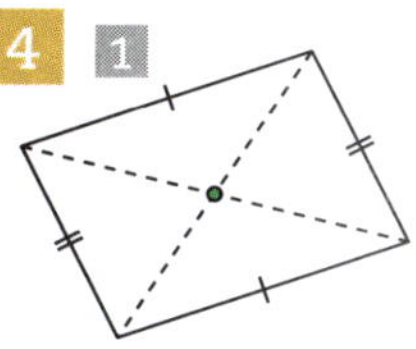

[2]

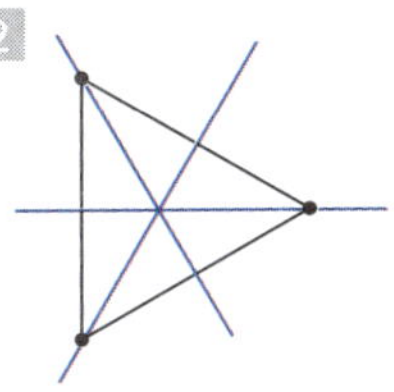

[3]

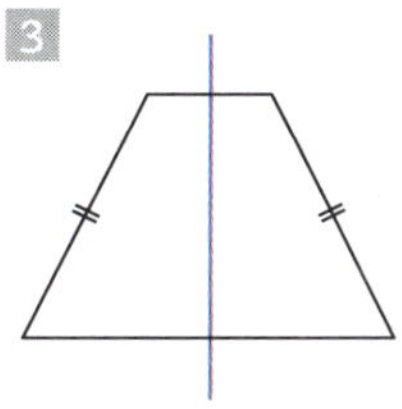

[4]

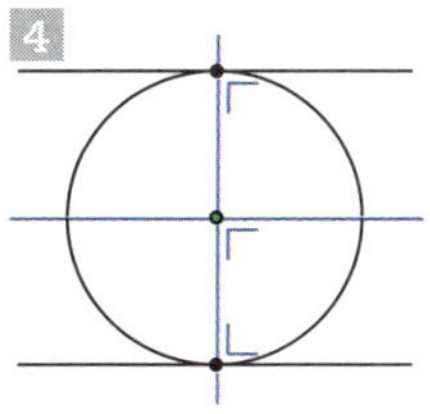

[5]

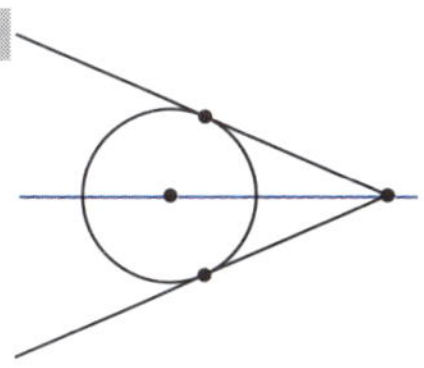

5

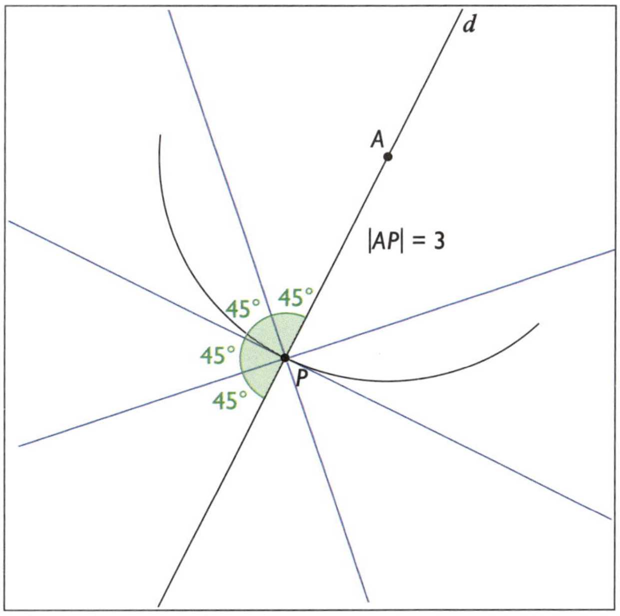

1. Souviens-toi du verbe d'action de la symétrie orthogonale et de celui de la symétrie centrale.
2. Utilise un crayon afin de repérer les axes de symétrie.
3. Réalise une représentation de la situation pour t'aider.
4. Aide-toi d'un dessin.
5. Rappelle-toi les invariants et points fixes de la symétrie orthogonale.
6. Cet organigramme est identique à celui que tu as rencontré l'année dernière.
   Représente chaque quadrilatère sur une feuille annexe.
7. Réalise un schéma de la situation.

RÉFÉRENTIEL 11

Axes et centres de symétrie

1 Dans la vie courante

• **Une droite** d est **un axe de symétrie** d'une figure si cette figure est **sa propre image** par **la symétrie orthogonale d'axe** d.

EXEMPLE : La droite d est l'axe de symétrie de ce papillon.

REMARQUES :
• Il peut y avoir plusieurs axes de symétrie pour une même figure.
• Si une figure possède un axe de symétrie, alors elle se superpose à elle-même par un pliage le long de l'axe de symétrie.

• **Un point C** est **un centre de symétrie** d'une figure si cette figure est **sa propre image** par **la symétrie centrale de centre C.**

EXEMPLE : Le point C est le centre de symétrie de la carte.

REMARQUES :
• Il ne peut y avoir qu'un seul centre de symétrie pour une figure. En effet, le centre d'une symétrie centrale est le seul point fixe.
• Si une figure possède un centre de symétrie, alors elle se superpose à elle-même par un demi-tour autour de ce centre.

11

2 Éléments géométriques de base

1 Axes et centre

Nom de l'objet	Axe(s) de symétrie	Centre de symétrie
Une droite	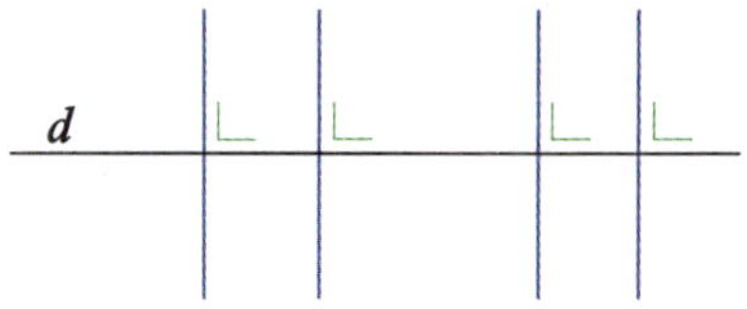 Une infinité : la droite elle-même et toute droite perpendiculaire à la droite	 Une infinité : tout point de la droite
Une demi-droite	 1 : la droite qui contient la demi-droite	
Un angle	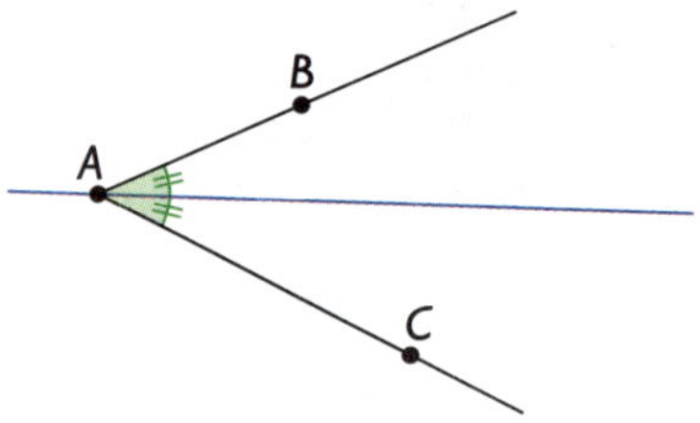 1 : la bissectrice de l'angle	
Un segment de droite	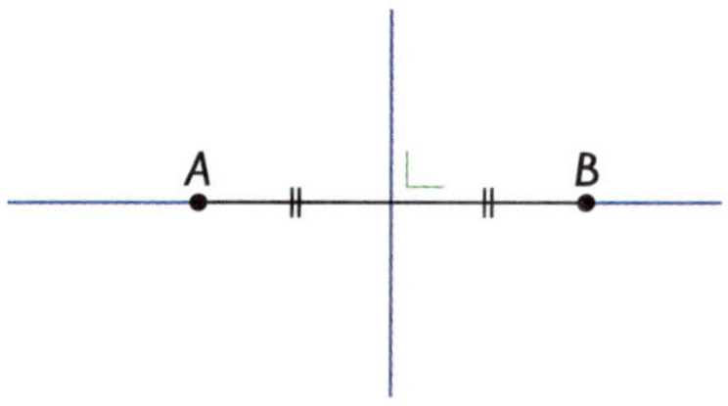 2 : la médiatrice du segment et la droite qui contient le segment	 1 : le milieu du segment
Un cercle	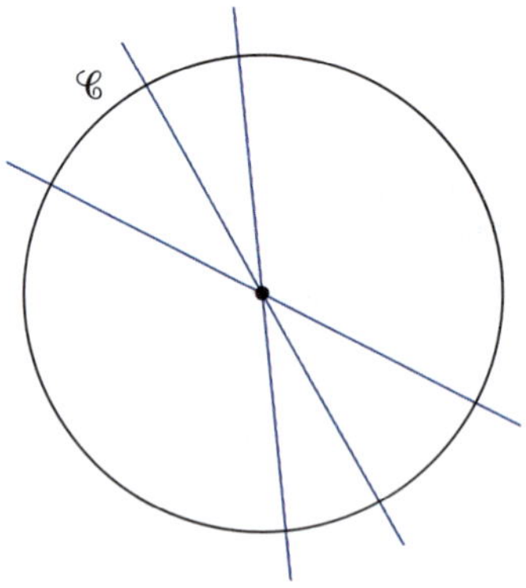 Une infinité : toute droite passant par le centre du cercle	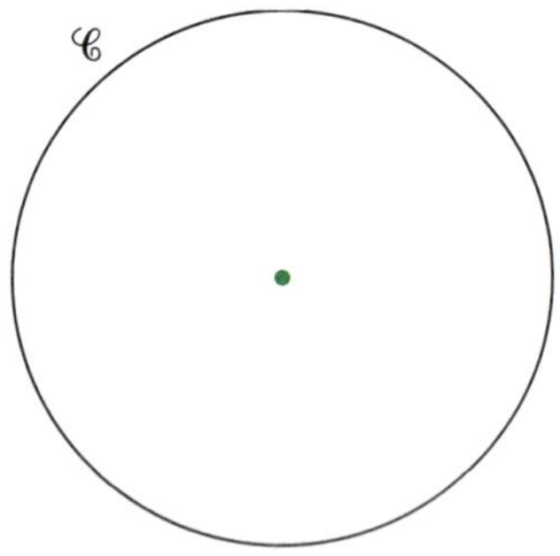 1 : le centre du cercle.

2 Propriété

Si une figure possède **deux axes de symétrie perpendiculaires**, alors **l'intersection** de ceux-ci est **un centre de symétrie**.

3 Axes et centre de symétrie de figures

1 Les triangles

Triangle	Représentation	Axe(s) et centre de symétrie
Triangle **quelconque**	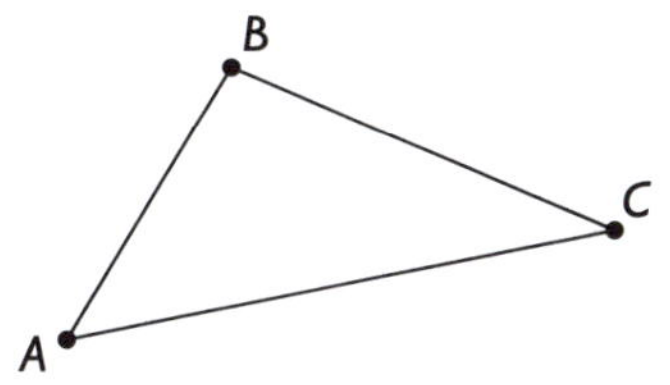	0 axe de symétrie 0 centre de symétrie
Triangle **isocèle**	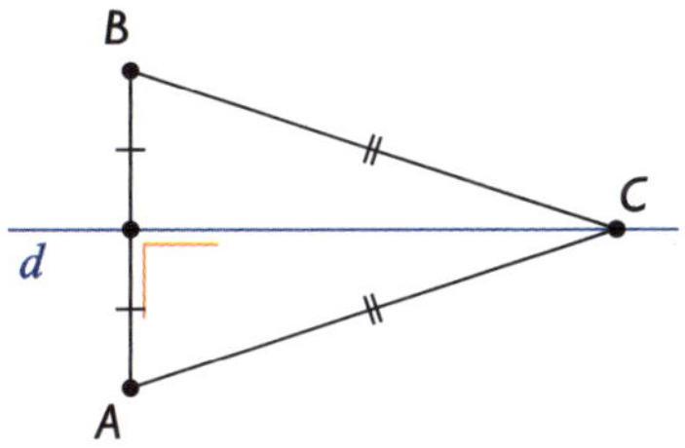	1 axe de symétrie (la médiatrice de la base) 0 centre de symétrie
Triangle **équilatéral**	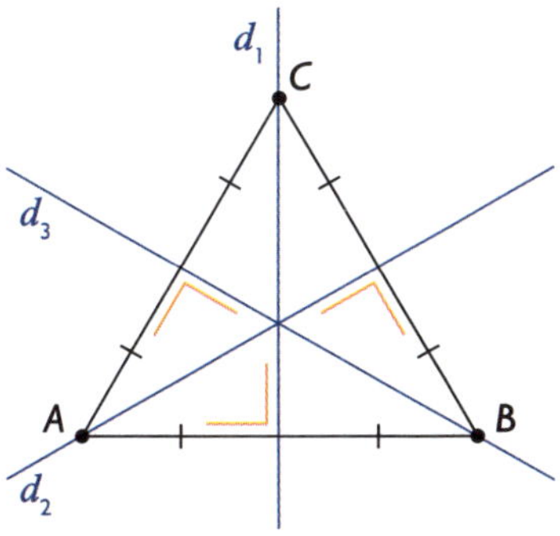	3 axes de symétrie (les médiatrices de chacun des côtés) 0 centre de symétrie

REMARQUE : Un triangle ne possède jamais de centre de symétrie.

2 Les quadrilatères

Quadrilatère	Représentation	Axe(s) et centre de symétrie
Le trapèze		0 axe de symétrie 0 centre de symétrie
Le trapèze isocèle	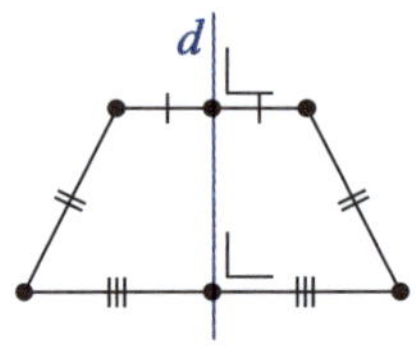	1 axe de symétrie (la médiane relative aux bases) 0 centre de symétrie
Le cerf-volant	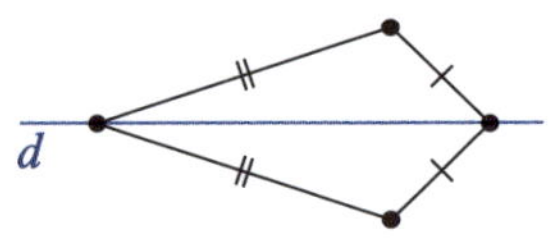	1 axe de symétrie (la grande diagonale) 0 centre de symétrie
Le parallélogramme	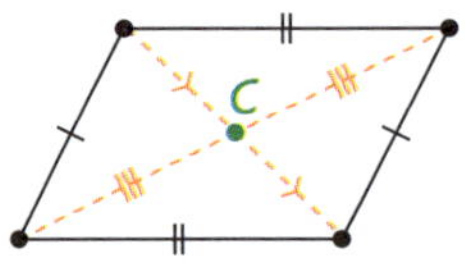	0 axe de symétrie 1 centre de symétrie (l'intersection des diagonales)
Le rectangle	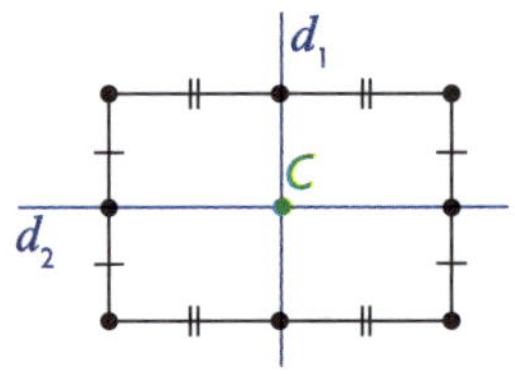	2 axes de symétrie (les médianes) 1 centre de symétrie (l'intersection des médianes)
Le losange	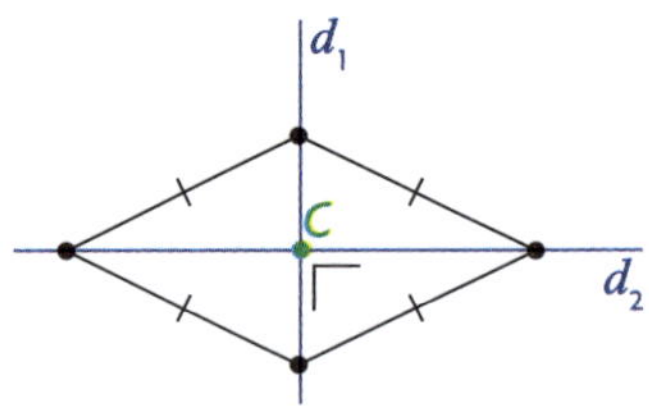	2 axes de symétrie (les diagonales) 1 centre de symétrie (l'intersection des diagonales)
Le carré	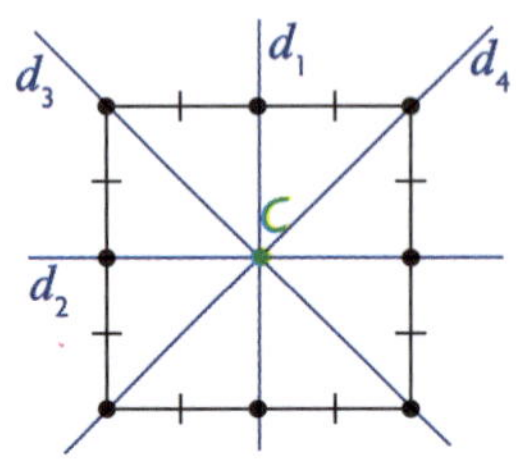	4 axes de symétrie (les médianes et les diagonales) 1 centre de symétrie (l'intersection des médianes ou des diagonales)

11

3 Organigramme des axes et centre de symétrie des quadrilatères

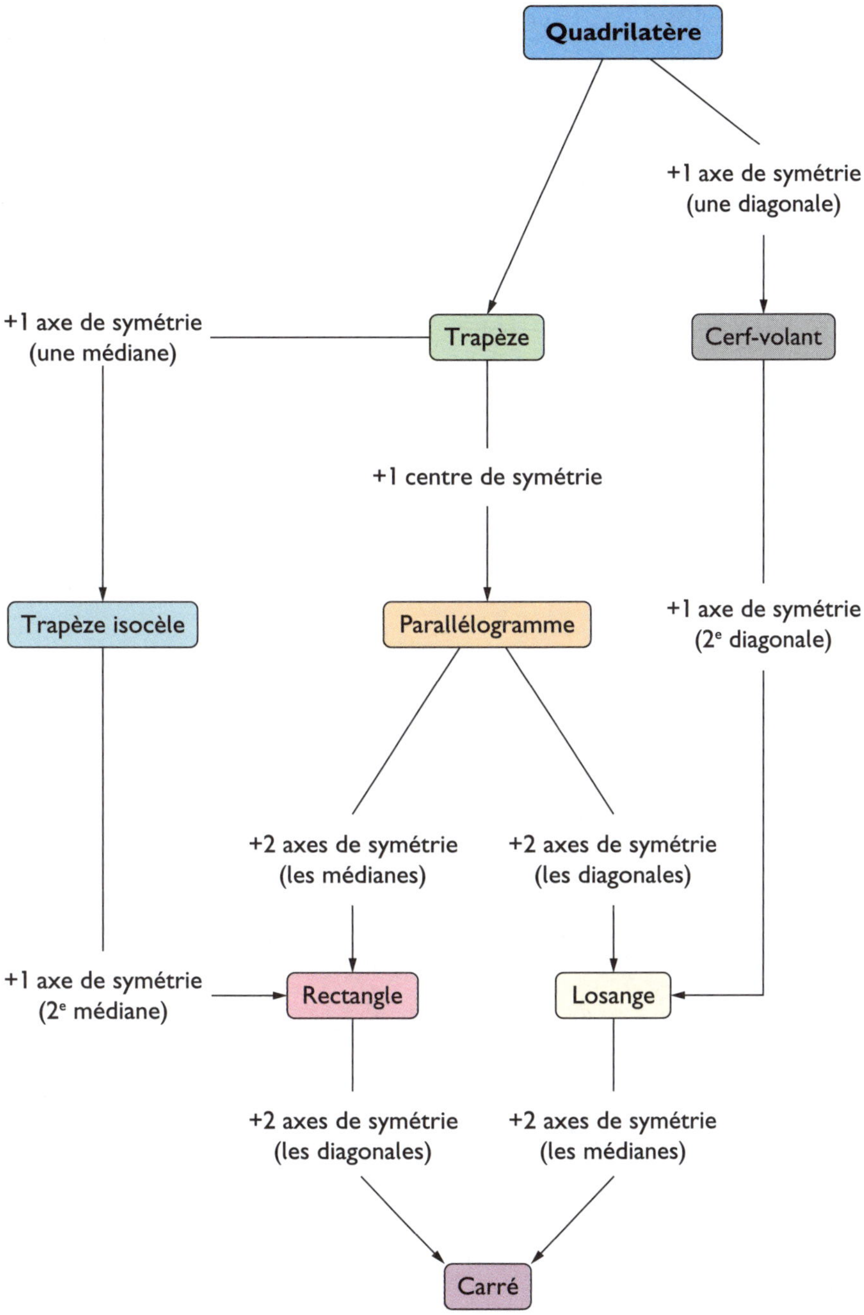

4 Axes et centres de symétrie des polygones réguliers

- **Un polygone régulier** possède **le même nombre d'axes** de symétrie que son nombre de **sommets** (de côtés).

- **Un polygone régulier** possède un **centre** de symétrie seulement si son nombre de **sommets** (de côtés) est **pair**.

Retrouve la définition du polygone régulier à la page R33.

EXEMPLES :

Nom	Triangle équilatéral	Carré	Pentagone régulier	Polygone régulier à n côtés
Nombre de côtés	3	4	5	n
Représentation	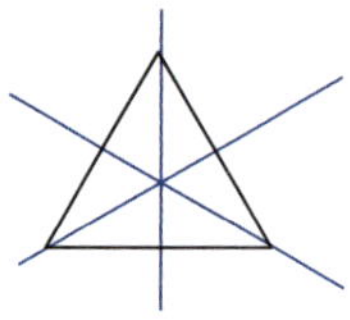	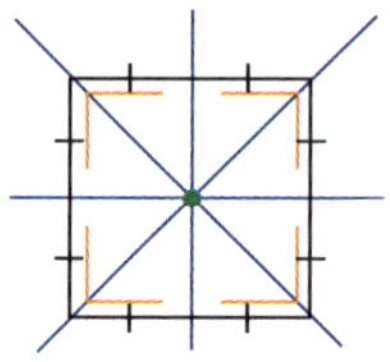	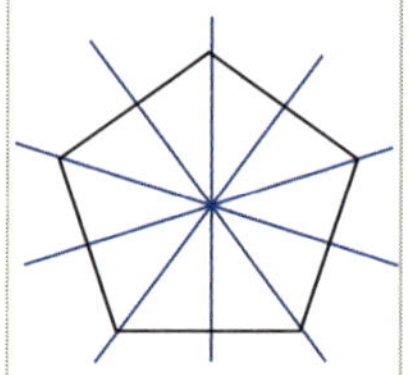	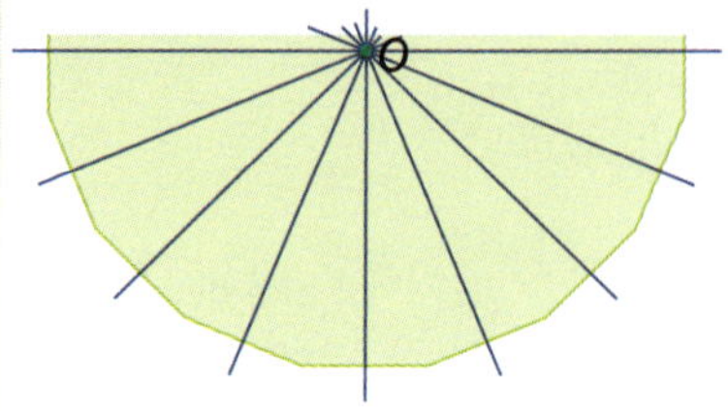
Nombre d'axes de symétrie	3	4	5	n
Nombre de centres de symétrie	0	1	0	1 si n est pair 0 si n est impair

• **Un polygone régulier** à n **côtés** est **invariant** par toutes **les rotations** dont **le centre** est **le point d'intersection des axes de symétrie** du polygone et dont **l'amplitude** de l'angle est un **multiple de** $\frac{360°}{n}$.

EXEMPLES :

Nombre de côtés	3	4	5
Représentation	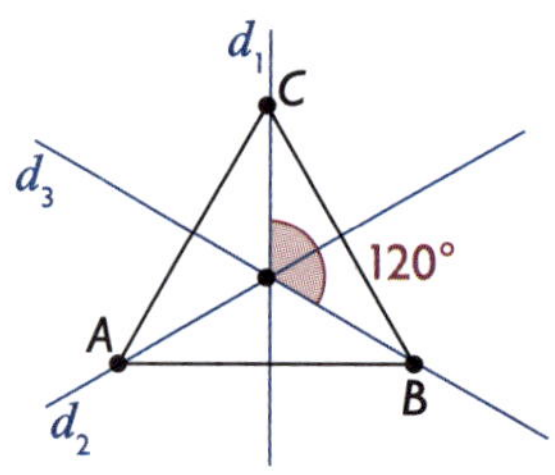	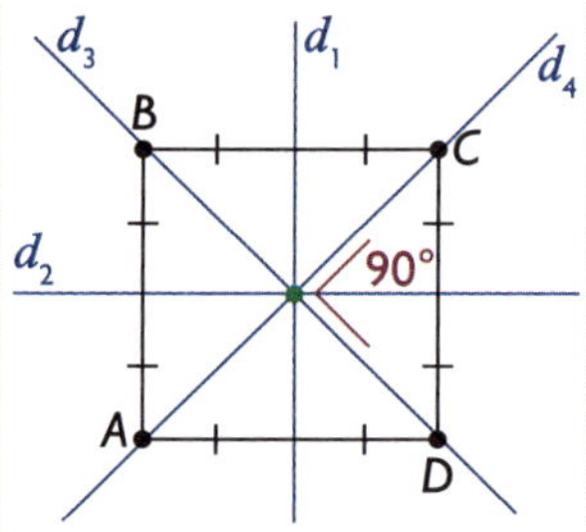	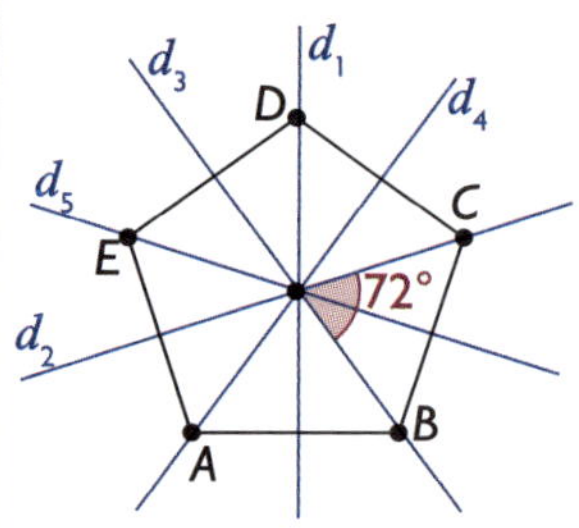
Le polygone régulier est invariant par toute rotation dont l'amplitude est un multiple de...	$\frac{360°}{3} = 120°$	$\frac{360°}{4} = 90°$	$\frac{360°}{5} = 72°$

Index du référentiel (R)

Notations mathématiques

FAMILLES DE NOMBRES

$\mathbb{N}$: l'ensemble des nombres naturels
$\mathbb{Z}$: l'ensemble des nombres entiers
$\mathbb{Z}_0$: l'ensemble des nombres entiers non nuls
$\mathbb{Z}^+$: l'ensemble des nombres entiers positifs
$\mathbb{Z}^-$: l'ensemble des nombres entiers négatifs
$\mathbb{Q}$: l'ensemble des nombres rationnels
$\mathbb{I}$: l'ensemble des nombres irrationnels
$\mathbb{R}$: l'ensemble des nombres réels
$2n$: un nombre pair
$2n+1$: un nombre impair
n et $n+1$: deux nombres naturels consécutifs
$n-1$ et n : deux nombres naturels consécutifs
$2n$ et $2n+2$: deux nombres naturels pairs consécutifs
$2n+1$ et $2n+3$: deux nombres naturels impairs consécutifs

SYMBOLES LIÉS AUX ENSEMBLES

$\in$: appartient à
$\notin$: n'appartient pas à
$\subset$: est inclus dans
$\cap$: l'intersection de
$\varnothing$: l'ensemble vide
$\exists$: il existe
$\nexists$: il n'existe pas

SYMBOLES LIÉS À LA GÉOMÉTRIE PLANE

// : est parallèle à
$\not\parallel$: est sécant à
$\perp$: est perpendiculaire à

SYMBOLES DE COMPARAISON

$=$: est égal à
$\neq$: est différent de
$>$: est strictement supérieur à
$\geq$: est plus grand ou égal à
$<$: est strictement inférieur à
$\leq$: est plus petit ou égal à
$\stackrel{?}{=}$: est-il égal à
$\cong$: est environ égal à

CONVENTIONS ET ÉCRITURES GÉOMÉTRIQUES

A : le point A
d : la droite d
(BC) : la droite passant par les points B et C
$[EF)$: la demi-droite d'origine E passant par F
$[GH]$: le segment de droite délimité par les points G et H
$\hat{A}$: l'angle $\hat{A}$ ou l'amplitude de l'angle $\hat{A}$
GH : la longueur du segment $[GH]$
$\hat{A}$ ou mes $(\hat{A})$: l'amplitude de l'angle $\hat{A}$
$\mathscr{C}_{(O,r)}$: le cercle $\mathscr{C}$ de centre O et de rayon r
$\mathscr{D}_{(O,r)}$: le disque $\mathscr{D}$ de centre O et de rayon r
r : le rayon r du cercle
$\overset{\frown}{AB}$: l'arc de cercle d'extrémités A et B
(ABC) : le plan comprenant les points A, B et C
α : le plan α
Abs (A) : l'abscisse du point A
$A(x\ ;\ y)$: le point A d'abscisse x et d'ordonnée y
P : le périmètre d'une figure
A : l'aire d'une figure
V : le volume d'un solide
CX : la distance du point C au point X
$d(X\ ;\ a)$: la distance du point X à la droite a
$d(a\ ;\ b)$: la distance de la droite a à la droite b

CONVENTIONS ET ABRÉVIATIONS LIÉES AUX OPÉRATIONS

a^m : a élevé à la puissance m
div a : l'ensemble des diviseurs de a
$a\mathbb{N}$: l'ensemble des multiples de a
PPCM : le plus petit commun multiple
PGCD : le plus grand commun diviseur

AUTRES SYMBOLES ET CONVENTIONS

$-n$ ou opp(n) : l'opposé de n
$n^{-1} = \frac{1}{n}$: l'inverse de n
$|n|$: la valeur absolue de n
$\forall a$: pour tout a
$\Rightarrow$: implique
$\Leftrightarrow$: si et seulement si
$S = \{\ldots\}$: l'ensemble des solutions d'une équation
π : le nombre pi
$\sqrt{\ }$: racine carrée

Notes